V&R unipress

Schriften zum
Internationalen Privatrecht
und zur Rechtsvergleichung

Band 47

Herausgegeben im
European Legal Studies Institute /
Institut für Europäische Rechtswissenschaft /
Institut pour le droit en Europe
der Universität Osnabrück

von
Professor Dr. Dr. h. c. mult. Christian von Bar, FBA, MAE,
Professor Dr. Christoph Busch,
Professor Dr. Hans Schulte-Nölke, MAE, und
Professor Dr. Dr. h. c. Fryderyk Zoll

Luise Pelzer

Die funktionale Methode im dynamischen Sachenrecht Schwedens aus deutscher Perspektive

V&R unipress

Universitätsverlag Osnabrück

UNIVERSITÄT OSNABRÜCK

MIX
Papier aus verantwortungsvollen Quellen
FSC® C083411
FSC www.fsc.org

Bibliografische Information der Deutschen Nationalbibliothek
Die Deutsche Nationalbibliothek verzeichnet diese Publikation in der Deutschen Nationalbibliografie; detaillierte bibliografische Daten sind im Internet über https://dnb.de abrufbar.

Veröffentlichungen des Universitätsverlags Osnabrück erscheinen bei V&R unipress.

Zgl. Dissertation, Rechtswissenschaftliche Fakultät der Universität Osnabrück, 2020.

Druck und Bindung: CPI books GmbH, Birkstraße 10, D-25917 Leck
Printed in the EU.

Vandenhoeck & Ruprecht Verlage | www.vandenhoeck-ruprecht-verlage.com

ISSN 2198-7041
ISBN 978-3-8471-1247-1

Inhalt

Abkürzungsverzeichnis

Abl.	Amtsblatt
Abs.	Absatz
Am.J.Comp.L.	The American Journal of Comparative Law
Bd.	Band
Bearb.	Bearbeiter
Begr.	Begründer
BGB	Bürgerliches Gesetzbuch
BGBl.	Bundesgesetzblatt
BGH	Bundesgerichtshof
DCFR	Draft Common Frame of Reference
ders.	derselbe
dt.	deutsch
EPLJ	European Property Law Journal
ERPL	European Review of Private Law
EU	Europäische Union
f., ff.	folgende
Fn.	Fußnote
FS	Festskrift (Festschrift)
gem.	gemäß
ggf.	gegebenenfalls
HD	Högsta Domstol
Hrsg.	Herausgeber
HS	Halbsatz
i. S. d.	im Sinne des
i. S.v.	im Sinne von
i. V. m.	in Verbindung mit
insbes.	insbesondere
InsO	Insolvenzordnung
Int. Enc. Comp.L.	International Encyclopaedia of Compartive Law
JFT	Tidskrift utgiven av Juridiska Föreningen i Finland
JP	Juridsik Publikation
JT	Juridisk Tidskrift

Kap.	Kapitel
NJA	Nytt Juridiskt Arkiv
m.m.	med mera (usw.)
Prop.	Proposition
Red.	Redaktor
Rn.	Randnummer
Rspr.	Rechtsprechung
RÅ	Regeringsrättens årsbok
S.	Satz, Seite
s. u.	siehe unten
Sc.St.L.	Scandinavian Studies in Law
SFS	Svensk författningssamling
SOU	Statens Offentliga Utredningar
st.	stycke (Absatz)
SvJT	Svensk Juristtidning
v.	von
vgl.	vergleiche
Vol.	Volume
Vorbem.	Vorbemerkung
Überbl.	Überblick
usw.	und so weiter
z. B.	zum Beispiel
ZPO	Zivilprozessordnung

Vorwort

Die vorliegende Arbeit wurde im Sommersemester 2020 von der Rechtswissenschaftlichen Fakultät der Universität Osnabrück als Dissertation angenommen.

Mein besonderer Dank gilt meinem Doktorvater, Herrn Professor Dr. Dr. h. c. mult. Christian von Bar für die hervorragende Betreuung meiner Arbeit, die ein Übermaß an Geduld auf seiner Seite erforderte. Seine juristische Brillanz und menschliche Güte haben mich beindruckt und inspiriert. In den entscheidenden Momenten hat er mich ermuntert und so entscheidend zum Gelingen meiner Arbeit beigetragen. Ebenfalls herzlich bedanken möchte ich mich bei Herrn Professor Dr. Hans Schulte-Nölke für die freundliche Übernahme des Zweitgutachtens und bei Herrn Professor Dr. Georg Gesk, der der Prüfungskommission vorsaß.

Ich möchte auch den Mitgliedern des Seminars zum Gemeineuropäischen Sachenrecht am Lehrstuhl von Professor von Bar danken, an deren Diskussionsrunden ich teilnehmen durfte. Der Blick über den Tellerrand in die unterschiedlichsten Sachenrechtsgebiete Europas war spannend und erleichterte mir auch den Zugang zum schwedischen Sachenrecht.

Schließlich möchte ich meinen Freunden und meiner Familie danken, die mich über die Promotionszeit hinweg stets begleitet haben, den Glauben an ein Gelingen nicht aufgaben, mich ermutigten und mich zu rechter Zeit auch auf andere Gedanken brachten. Meinen Eltern danke ich für ihre stete Förderung, ihren Rückhalt und ihren Zuspruch auf meinem Weg. Ihnen widme ich diese Arbeit.

Luise Pelzer

Zielsetzung

In einem Aufsatz hat der schwedische Zivilrechtslehrer *Jan Hellner* einmal gesagt, dass man englischer Jurist sein müsse, um wie ein solcher zu denken.[1] Darin liegt eine Herausforderung, die einem in allen Studien über fremde Rechtsgebiete begegnet. Mehr als eine Annäherung an das fremde Recht ist kaum möglich, wenn man in einer anderen Rechtstradition geschult wurde. Allerdings ist es in Anbetracht der engen Zusammenarbeit in Europa stets einen Versuch wert, über den Tellerrand des eigenen Rechts zu blicken. Ein vertieftes Verständnis der Rechtstraditionen unserer Nachbarländer hilft, diese Zusammenarbeit auf einer juristischen Ebene zu erleichtern und zu fördern und damit auch den gesellschaftlichen Dialog zu befruchten. Gerade in Zeiten einer Hinwendung zum eigenen Nationalstaat in der Politik und Skepsis an der gemeinsamen Idee Europas braucht es eine gemeinsame Gesprächsbasis. Gleichzeitig eröffnet sich ein frischer Blick auf das eigene Heimatrecht.

Jedes Land hat die eine oder andere Form von Sachenrecht und dieser Rechtsbereich hat in Europa – noch – keine Vereinheitlichung erfahren. Das deutsche Sachenrecht beispielsweise besteht überwiegend unangetastet seit über 100 Jahren und doch gelingt es, mit seinen Regeln Rechtsprobleme zu lösen, die sich der damalige Gesetzgeber im Traume nicht ausgemalt hat. Der Blick in den Norden Europas zeigt, dass Lösungen derselben Rechtsfälle in diesem Bereich aber auch auf ganz andere Weise gefunden werden können: nämlich ohne ein ausgefeiltes System von Normen und Konzepten wie man es mit dem deutschen Sachenrecht verbindet. *Ramberg* bezeichnet darum diese als funktional bezeichnete Herangehensweise in Schweden als geniale und einfache Lösung im Gegensatz zu den »Hokus-Pokus-Problemen«, die die Vertreter der substanziellen (deutschen) Methode beschäftigen.[2] Hat sie Recht?

Ziel dieser Arbeit ist es, dem deutschen Leser einen Blick auf das schwedische Sachenrecht zu ermöglichen. Die Untersuchung soll die hier weitgehend unbe-

1 Hellner, Att tänka som en engelsk jurist, S. 74.
2 Ramberg, SvJT 2004, 459, 472.

kannte Methode des dortigen »dynamischen« Sachenrechts beleuchten. Im Hinblick auf den europäischen Dialog ist eine vertiefte Kenntnis der Unterschiede und Gemeinsamkeiten der einzelnen nationalen Rechtsordnungen unabdingbar. Das schwedische Sachenrecht bietet sich für eine nähere Befassung damit an, weil es sich dezidiert von der in Deutschland praktizierten Form des Sachenrechts absetzen soll. Auch inwieweit dies gelingt, soll betrachtet werden. Die für deutsche Juristen provokante Aussage, dass Sachenrecht auch ohne Eigentum funktioniere, soll auf ihre Belastbarkeit untersucht werden. Gleichzeitig soll es für den deutschen Juristen ein zusammenfassendes Bild des schwedischen dynamischen Sachenrechts bieten, über das man bisher eher verstreut am Rande oder nur in fremdsprachigen Abhandlungen lesen kann.

Wie kommt es aber überhaupt zu einem Kontakt mit schwedischem Recht? Die Anwendung der *lex rei sitae* macht das Sachenrecht zu einer vergleichsweise nationalen Angelegenheit. Der Belegenheitsort einer Sache ist statisch. Gleichzeitig sind gerade bewegliche Sachen schon immer Objekt einer regen Handelstätigkeit gewesen. Handel ist Bewegung, auch über Staatsgrenzen hinweg. Das zeigt sich gerade im deutsch-schwedischen Verhältnis. Laut schwedischem Statistikamt ist Deutschland Schwedens wichtigster Handelspartner neben Norwegen.[3] In einer solchen Situation können Unterschiede zwischen den Eigentumsrechten die grenzüberschreitenden Investitionen und den Güteraustausch behindern, vor allem, wenn sie als unerwartete Überraschung daherkommen. Daneben spielen Eigentumsrechte in der Insolvenz eine maßgebliche Rolle. Hier gilt zwar grundsätzlich im Anwendungsbereich des EU-Rechts, damit also in beiden benannten Ländern, das Recht des Staates, in dem das Insolvenzverfahren eröffnet wird. Dingliche Rechte Dritter an Gegenständen des Schuldners bleiben aber unberührt, wenn sich die Gegenstände bei der Eröffnung des Insolvenzverfahrens in einem anderen Mitgliedstaat befinden.[4] Damit zeigt sich, dass die Kenntnis des schwedischen Rechts nicht nur von akademischer Bedeutung ist, sondern auch von wirtschaftlich-praktischer.

Es stellt sich folglich die Frage, was für einem Sachenrecht man in Schweden begegnet. Das dynamische Sachenrecht in Schweden beruht auf der Idee eines konzeptfreien Rechts, in dem Fakten unmittelbar mit Rechtsfolgen verknüpft werden und dies in kompletter Beschränkung auf eine gegebene Situation. Dies wird auch als »funktionale Methode« bezeichnet. Daraus ergeben sich zwei zu ergründende Fragestellungen: Wie wird dies unternommen? Und gelingt es, das Ideal zu erreichen?

3 https://www.scb.se/hitta-statistik/statistik-efter-amne/handel-med-varor-och-tjanster/utrikeshandel/utrikeshandel-med-varor/pong/tabell-och-diagram/export-till-vara-30-storsta-handelspartner/ (zuletzt abgerufen am 26. April 2020).

4 Art. 7 und 8 der Verordnung (EU) 2015/848 des Europäischen Parlaments und des Rates vom 20. Mai 2015 über Insolvenzverfahren, Abl. 2015 L 141,19.

I. Methode

Die Schwierigkeit bei einer Untersuchung fremden Rechts liegt darin, dass man dazu tendiert, nach Bekanntem zu suchen und teils vorschnell Übereinstimmungen zu entdecken, die sich bei näherem Hinsehen als das Gegenteil herausstellen. Man ist stärker in seinem heimatlichen Recht verfangen, als man es gerne wahrhaben will. Ausgeschlossen werden kann derartiges Fehlgehen nicht. Aber im Bewusstsein seiner Möglichkeit kann die Wahrscheinlichkeit doch auf ein erträgliches Maß reduziert werden.

Das dynamische Sachenrecht ist nicht ein nur in Schweden vorkommendes Phänomen. Auch die übrigen skandinavischen Länder verfolgen diesen Ansatz zumindest ähnlich.[5] Daher stützt sich diese Arbeit auch auf Quellen aus Norwegen, Dänemark und Finnland, wo diese einen mit Schweden identischen Ansatz verfolgen und eine Beachtung erhellend erscheint.[6]

Da es nur wenige gesetzgeberisch vorgegebene Begriffe im schwedischen Sachenrecht gibt, entwickeln die Vertreter der Lehre teilweise ihre eigenen Vorlieben, wenn es um die Benennung von Rechtsbegriffen geht. Während die Verwendung mancher Begriffe als herrschend bezeichnet werden kann, ist in anderen Fällen ein Variantenreichtum festzustellen, der es erforderlich macht, die verschiedenen Terminologien zu beleuchten und ihre Unterschiede herauszuarbeiten oder sie als Synonyme zu entlarven.

Wo aufgrund der verwendeten Quellen in schwedischer Sprache eine Übersetzung notwendig wird, so stammt diese von der Verfasserin.

II. Gegenstand der Untersuchung

Gegenstand dieser Arbeit ist das Eigentums- und Sachenrechtsverständnis in Schweden und wie beides durch eine funktionale Herangehensweise geformt wurde. Hintergrund dieses Interesses ist die fortschreitende Vereinheitlichung des Privatrechts in der europäischen Union oder vielmehr die Hoffnung auf die Schaffung eines eigenständigen unionseuropäischen Privatrechts. Im Zuge der bereits seit mehreren Jahren laufenden Entwicklungen fiel insbesondere bei der Arbeit der *European Study Group on a Civil Code* zum Entwurf eines Modellvorschlags zum Sachenrecht (*Draft Common Frame of Reference*) auf, dass sich das Sachenrechtsverständnis der skandinavischen Teilnehmer stark von dem der kontinentaleuropäischen Teilnehmer, insbesondere der deutschen, unterschei-

5 Lilja, National Report on the Transfer of Movables in Sweden, S. 10.

6 In Norwegen wird beispielsweise das dynamische Sachenrecht unter dem Schlagwort *rettsvern* (Rechtsschutz) untersucht.

det. Dies erschwert die Kommunikation und das Fortschreiten derartiger Arbeiten. Daher soll die Beschäftigung mit der als funktional bezeichneten Methode des schwedischen Sachenrechts dazu beitragen, durch Verständnis des Fremden ein Aufeinanderzugehen in der Schöpfung neuen Rechts zu ermöglichen. Es soll untersucht werden, was die funktionale Methode ausmacht und wie sie sich auf das Eigentum und die damit verbundenen Befugnisse und Pflichten auswirkt. Dazu soll die Betrachtung der historischen und ideengeschichtlichen Bezüge beitragen.

Das dynamische Sachenrecht zeichnet sich dadurch aus, dass es pragmatische Lösungen jenseits von vordefinierten Konzepten sucht. Im Hintergrund steht eine intensive, teils hitzige Debatte über das grundlegende Verständnis von Rechten in einer Gesellschaft, die in Skandinavien über 150 Jahre geführt wurde und teilweise auch heute noch geführt wird. Dieses Erbe darf man nicht außer Acht lassen, wenn man versucht, zu ergründen, wie in Schweden Sachenrecht einerseits verstanden und andererseits praktisch angewendet wird. Schließlich soll auch die schwedische Rechtspraxis dahingehend betrachtet werden, wie sie die funktionale Methode umsetzt.

Der Schwerpunkt der Untersuchung liegt auf dem schwedischen Recht. Das deutsche Recht soll demgegenüber eine untergeordnete Rolle einnehmen. Seine Betrachtung soll dazu dienen, die schwedische Herangehensweise durch die Darstellung eines gegenteiligen Ansatzes, wie er dem deutschen Recht zu Eigen ist, zu umgrenzen. Ziel ist es, ein Bild vom schwedischen Sachenrecht zu zeichnen, das den Leser verstehen lässt, wie sich ein funktionales Sachenrechtsverständnis auswirken kann, um damit eine weitere Facette zu einem generellen Verständnis von dem, was Sachenrecht sein kann, hinzuzufügen. Schließlich sollen mithilfe einer Gegenüberstellung von schwedischem und deutschem Sachenrechtsverständnis die Möglichkeiten eines innereuropäischen Dialogs ausgeleuchtet werden.

1. Kapitel: Einführung in die funktionale Methode

Die schwedische oder funktionale Methode beschreibt eine Art von Rechtsverständnis, die im weiteren Sinne das ganze schwedische Zivilrecht erfasst, im engeren Sinne aber eine genuin sachenrechtlich zu verortende Idee ist, die sich im Kern mit der Funktion des Eigentums in der Transaktion beschäftigt. Gemeint ist damit die Herangehensweise schwedischer Juristen an sachenrechtliche Konfliktfälle, die durch die Transaktion von Eigentum auftreten. Als Konfliktfälle sind solche Situationen zu verstehen, in denen mehrere Personen Rechte an derselben Sache geltend machen, die nicht nebeneinander bestehen können. Diese Konflikte treten insbesondere im Zusammenhang mit einer Übereignung auf, werden aber wegen der strukturellen Ähnlichkeit auch bei der Überlassung beschränkter Rechte akut. In der internationalen Diskussion hat sich hierfür der Begriff »*functional approach*« etabliert. Funktional meint dabei eine Herangehensweise, die ohne vorbestimmte Konzepte auskommen soll und die praktische Anwendbarkeit in den Vordergrund rücken will.[7] Ihren Ursprung findet diese Methode im sogenannten Rechtsrealismus, auf den noch einzugehen sein wird.

I. Ablehnung von Konzepten

Die funktionale Methode versteht sich vorrangig als Gegenentwurf zu einer konzeptgestützten Rechtsfindung. Konzepte als Konstrukt zur Kategorisierung von rechtlich relevanten Aspekten unter einen überordnenden Gesamtbegriff gelten der funktionalen Methode als formalistisch, inhaltslos und unselbständig, weil sie nicht ohne die Hinzunahme bestimmter Fakten und Konsequenzen aus sich selbst heraus erklärbar seien.[8] Vielmehr seien diese Fakten und Konsequenzen auch ohne das Konzept sinnvoll verknüpft. Die Zwischenschaltung

7 Faber, Functional method of comparative law, S. 25.

8 Lilja, The Relevance of Concepts for the Transfer of Movables under the Uniform Commercial Code, S. 23.

eines Konzepts oder abstrakten Begriffs sei ein Umweg, den es zu vermeiden gelte. *Cohen*, der für das US-amerikanische Recht zum schwedischen Recht parallele Tendenzen verfolgte, sieht in rechtlichen Konzepten sogar einen Zirkelschluss, wenn aus ihnen rechtliche Argumente gezogen würden, da sie selbst Erfindungen des Rechts und nicht wissenschaftlich überprüfbare Fakten darstellten. Überspitzt stellt er fest: »*such arguments add precisely as much to our knowledge as Moliere's physician's discovery that opium puts men to sleep because it contains a dormitive principle*«.[9]

Ein solches Verbindungsglied stellen nach dieser Ansicht auch Rechte dar. Sie stehen nach der Vorstellung der funktionalen Methode als zweiseitiges Element, nämlich als Konsequenz eines rechtlichen Faktums und Basis einer Rechtsfolge, als überflüssig in der Mitte.[10] Hier wird in der schwedischen funktionalen Methode der Bogen zum Eigentum geschlagen. Denn ein solches überflüssiges Mittelstück soll insbesondere das Eigentum darstellen. Der dänische Rechtsphilosoph *Ross* hat dies in einem berühmten Aufsatz anhand der Darstellung eines fiktiven primitiven Stammes skizziert.[11] Der Aufsatz ist in mehreren Fachzeitschriften publiziert und häufig als illustratives Beispiel für die Ideen der funktionalen Methode und des Rechtsrealismus zitiert worden. Deswegen bedarf er näherer Beachtung. Der Aufsatz handelt von einem Stamm, der auf einer Insel lebte und in seiner Sprache den Begriff »*tû-tû*« verwendete, was eine »Krankheit« beschrieb, die ein Mitglied des Stammes überfiel, wenn es bestimmte Tabus des Stammes brach. Ein solches Tabu war es, eine Mahlzeit, die für den Obersten des Stammes zubereitet worden war, zu verzehren. Genauso tabu, und damit »*tû-tû*«, war das Töten eines heiligen Tieres. Wer von »*tû-tû*« befallen war, musste in einer Reinigungszeremonie geheilt werden. Alle Stammesmitglieder wussten, was sie tun mussten, um »*tû-tû*« zu werden, und welche Folgen es hatte, »*tû-tû*« zu sein. Mit diesem albernen Wort ohne eigenen Sinn wollte *Ross* zeigen, dass der Begriff nur Sinn ergebe, wenn man seine Voraussetzungen und Konsequenzen definierte und diese Definition innerhalb einer Gemeinschaft bekannt war und ihr gemäß gehandelt wurde. Der Begriff selbst sei daneben bedeutungslos und durch jeden anderen Begriff, den Sprache zur Verfügung stelle, schadlos ersetzbar. Die Formulierung »Wer ein Totemtier tötet, ist ›*tû-tû*‹« sei für sich genommen ebenso wie »Wer ›*tû-tû*‹ ist, muss gereinigt werden« ohne semantische Bedeutung. Erst in Kombination beider Sätze erschließe sich eine Bedeutung, die aber nicht über das herausgehe, was auch ohne die Einfügung des Wortes »*tû-tû*« verstanden werde. *Ross* nutzte diese über-

9 Cohen, Columbia Law Review 1935, 809, 820.

10 Sandstedt, Comparative Property Law and the Profound Differences Between Nordic Functionalism and Continental Substantialism, S. 55.

11 Ross, Sc.St.L 1957, 137, 137ff.

spitzte Darstellung als Allegorie metaphysischer Konzepte, um darzulegen, dass Konzepte wie bestimmte Rechte oder eben das Eigentum ebenso wie »*tû-tû*« Begriffe ohne eigenständige Bedeutung seien. Sie sagten nichts aus, was über die zugrundeliegenden Voraussetzungen oder die daraus folgenden Konsequenzen hinausginge. Dadurch seien sie beliebig austauschbar. Dann seien derartige Konzepte aber überflüssig und verschleierten den Blick auf das Wesentliche. Überträgt man das von *Ross* Gesagte auf das Eigentum, können beispielhaft folgende Zusammenhänge dargestellt werden: Wer eine Sache rechtmäßig erwirbt, wird Eigentümer. Voraussetzung ist der Erwerb, Folge das Eigentum. Dem wird gegenüber gestellt: Wer Eigentümer ist, darf die Sache nach seinem Belieben benutzen. Voraussetzung ist das Eigentum, Folge die Nutzungserlaubnis. Ohne die Schlussfolgerungen beider Aussagen aufzuheben, kann im ersten Satz das Eigentum durch ein Set von Rechtsfakten ersetzt werden und im zweiten Satz durch eine oder mehrere Rechtsfolgen. Denn das Eigentum umschreibt in der ersten Aussage die Voraussetzung und in der zweiten Aussage die Folge. Um bei dem beispielhaften Ausschnitt zu bleiben, hieße der Ersatz: Wer eine Sache rechtmäßig erwirbt, darf die Sache nach seinem Belieben nutzen. Eine derartige Schlussfolgerung gelingt nur, wenn es mehrere Sätze gibt, in denen »Eigentum« vorkommt, die man dann als Fragmente eines Zusammenhangs ansehen kann und so das Eigentum aus ihnen herausstreichen kann. Dies ist eine verkürzte Darstellung, da das Eigentum auf einer Reihe von Rechtsfakten beruht, die positiv gegeben sein müssen, während andere Rechtsfakten nicht vorliegen dürfen. Auch führt das Eigentum zu mehr als nur einer Rechtsfolge. Eine Schwierigkeit liegt darin begründet, dass Eigentum kontextabhängig sowohl für Rechtsfakten als auch für Rechtsfolgen stehen kann. In beiden Aussagen muss also zunächst geprüft werden, ob das Eigentum einen Rechtsfakt oder eine Rechtsfolge substituiert. Denn die Verknüpfung Rechtsfolge – Rechtsfolge würde den logischen Zusammenhang aufheben. An dieser Stelle setzt auch eine Kritik an der Verwendung von Konzepten an, die beanstandet, dass eine logische Schlussfolgerung nicht möglich sei, wenn ein und derselbe Begriff alternative Bedeutungen haben könne.[12] Die Lösung soll darin bestehen, gänzlich auf das Eigentum als Konzeptbegriff zu verzichten. Wenn man statt Eigentum gleichermaßen von »*tû-tû*« sprechen könne, könne man es auch ganz weglassen. Die Idee von *Ross* wird dadurch deutlich. *Ross* beschrieb damit den Kern der funktionalen Methode. Das Bestreben dieser Methode ist darauf gerichtet, Fakten und Folgen unmittelbar zu verknüpfen und auf Konzepte als selbständiges Begründungselement zu verzichten. Zu welchem Grade dies gelingt, wird noch untersucht werden.

Die funktionale Methode nimmt hauptsächlich das Eigentum in den Blick, obwohl die Grundidee eine allgemeinere ist, da sie sich auf eine generelle Kon-

12 Sundby, Natural Law Forum 1968, 72, 84.

zeptvermeidung im Recht bezieht und für eine pragmatische Rechtsanwendung nicht nur im Zivil-, sondern auch im Straf-, Verwaltungs- und Prozessrecht eintritt, die sich an praktischen Interessen orientiert. Das wirft die Frage auf, wie es dazu kam, dass das Eigentum in den Mittelpunkt der Diskussion gerückt ist. Eine gesicherte Antwort darauf erscheint nicht möglich, aber es lassen sich einige plausible Beweggründe dafür anführen. Das Eigentum eignet sich besonders gut, um den Fragmentierungsgedanken der funktionalen Methode zu illustrieren, weil im Eigentum ganz unterschiedliche Rechte und Pflichten gebunden sind. Es ist das Verbindungsglied mehrerer Rechtsgebiete, da es neben dem Sachenrecht auch in andere zivilrechtliche Gebiete wie das Insolvenzrecht, Erbrecht und Kaufrecht ausstrahlt, aber auch auf öffentlich-rechtlicher Ebene im Steuerrecht, Strafrecht und Baurecht wirkt. Weiterhin war es das Beispiel, an dem die Entwicklung der funktionalen Methode ihren Ausgang nahm, weswegen der Fokus als historisch gewachsen bezeichnet werden muss. Schließlich lassen sich noch die gesellschaftspolitischen Bestrebungen der Vertreter der Methode anführen.[13] Gerade zu Beginn des 20. Jahrhunderts entwickelte sich eine starke Abhängigkeit von immer komplexerem Handel, in dem die Übertragung von Eigentum der Schlüsselmoment war, und daher vertieft analysiert wurde.[14] Das Eigentum hatte und hat ganz grundlegende Bedeutung für die gesamte Gesellschaftsordnung. Damit bildete das Eigentum aus wirtschaftlichen, historischen und praktischen Gründen den logischen Bezugspunkt der funktionalen Methode.

II. Konzeptersatz

In einem Sachenrecht wie dem deutschen, das das Eigentum als Konzept anerkennt, dient Eigentum im Mehrpersonenverhältnis dazu, eine eigentumsfähige Sache einer bestimmten Person zuzuordnen. Die Eigentümerstellung verleiht dem Inhaber rechtliche Macht über die Sache im Verhältnis zu Dritten. Da das Eigentum im dynamischen Sachenrecht in Schweden seiner Begründungsfunktion entledigt wurde, es jedoch nicht vollständig aus dem Sachenrecht verbannt wurde, mussten neue Erklärungsformen für die Rechte mehrerer Parteien im Konflikt um eine Sache gefunden werden. Diese sollten funktional und prag-

13 Eigentum war in Zeiten der sogenannten Uppsala-Schule, die als maßgeblicher Initiator der funktionalen Methode gilt, ein aktuelles politisches Thema. Beispielsweise gab es vor 1928 Bestrebungen der Sozialdemokraten, das Erbrecht in Schweden zu ändern. Der schwedische Rechtsphilosoph *Lundstedt*, der Mitglied dieser Schule war, debattierte auf Seite der Sozialdemokraten gegen die Konservativen, die darin unter anderem einen Eingriff in das Eigentum sahen. Er stützte sich dazu maßgeblich auf die Ideen der Rechtsrealisten und auf ihre Ablehnung des hergebrachten Eigentumskonzepts, vgl. Strang, Retfærd 2009, 62, 66f.

14 Husa, Nordic Law – Between Tradition and Dynamism, S. 26.

matisch sein. Die funktionale Methode lässt sich durch mehrere Merkmale charakterisieren, die der schwedische Jurist *Martinson* mit den Worten »Interessenanalyse, Begriffsrelativität und Folgenargumentation« umreißt.[15] Diese Aspekte sollen die Berufung auf Konzepte wie das Eigentum obsolet machen und ersetzen. Die Interessenanalyse rückt den Einzelfall mit einem bestimmten Personenverhältnis in den Vordergrund und macht dessen Entscheidung ausschließlich von den konkret involvierten Interessen abhängig. Die Idee der Begriffsrelativität knüpft daran an, indem postuliert wird, konzeptuelle Begriffe rein situationsbezogen zu verstehen und keine absoluten Rückschlüsse auf andere Rechtsprobleme zu ziehen. Die Folgenargumentation rundet die Lösungsfindung ab. Sie zielt darauf ab, dass Konfliktlösungen von ihren Konsequenzen her bedacht werden müssen und dementsprechend ausfallen sollen, nicht jedoch von einem apriorisch angenommenen Konzept her gefunden werden sollen.

Es werden typische sachenrechtliche Konfliktfälle bestimmt und deren Lösungsmöglichkeiten erforscht. Weil es verschiedene Fälle sind, können verschiedene Kriterien relevant werden, sowohl inhaltlich als auch zeitlich.[16] Es erfolgt jeweils eine Interessenabwägung. Interesse meint dabei nicht nur die Beweggründe der involvierten Parteien, sondern auch – und regelmäßig hauptsächlich – die sozialen, politischen oder wirtschaftlichen Interessen der Allgemeinheit. Stets wird betont, dass es ausschließlich auf die Interessen des konkreten Konfliktfalls ankomme.[17] Die funktionale Methode zielt damit auf die Förderung von Flexibilität in der Lösungsfindung unter Zuhilfenahme »realer« Erwägungen.[18] Das begründet und bedingt den Umstand, dass in Schweden Recht vornehmlich als ein gesellschaftlich-soziales Vorhaben verstanden wird.[19] Recht soll der Konstruktion eines Wohlfahrtsstaats dienen und muss dazu zwingend die gesellschaftlichen Bewegungen berücksichtigen. Diese Bestrebung soll die funktionale Methode durch ihren engen Realitätsbezug befördern. Zusammenfassend lässt sich festhalten, dass die funktionale Methode von drei Eigenschaften geprägt ist. Sie ist antidogmatisch, fragmentarisch und pragmatisch.

15 Martinson, SvJT 2008, 669, 678.
16 Faber, EPLJ 2013, 22, 28.
17 Faber/Lilja, EPLJ 2012, 10, 19.
18 Martinson, SvJT 2008, 669, 671.
19 Husa, Nordic Law – Between Tradition and Dynamism, S. 28f.

III. Aufspaltung des Eigentums

Die Konzeptkritik führte dazu, dass auch das Eigentum in der Transaktion in einem neuen Licht gesehen wurde. Nach der funktionalen Methode kann man mit der Zuordnung des Eigentums zu einer der involvierten Personen keine Rechte dieser Personen begründen. In dieser Situation sei mit dem Eigentum kein umfassendes Konzept verbunden, dass eine derartige Begründung zu liefern vermöchte.[20] Wenn statt des Eigentums Rechtsfakten unmittelbar mit Rechtsfolgen verknüpft werden sollten, mussten diese Rechtsfakten und – folgen erst einmal bestimmt werden. Folglich wurde das Eigentum in seine Funktionen unterteilt. Als für die Transaktionssituation relevante Funktion wurde der Schutz gegenüber Dritten ausgemacht. Dieser Aspekt ist es, der die Zuordnung eines Vermögenswerts zu dem Vermögen einer bestimmten Person gewährleistet, die über das Verhältnis zwischen den Akteuren der Transaktion hinausgeht.

Die Vertreter der funktionalen Methode sind der Ansicht, dass die Voraussetzungen, die zu einem »vollständigen« Eigentumsübergang führen, zu allgemein seien. Für bestimmte rechtliche Konsequenzen sei nur ein Bruchteil dieser Voraussetzungen maßgeblich. Deswegen sei es überflüssig, immer alle Voraussetzungen zu prüfen. Ein Beispiel: Es wird für den Schutz des Verkäufers gegenüber den Gläubigern des Käufers deswegen nicht gefragt, ob der Verkäufer Eigentümer sei, sondern welche Umstände gegeben sein müssen, um ihm gerade diesen Schutz gegenüber diesem bestimmten Personenkreis zu gewähren.[21] Andere Fragen, wie zum Bespiel das Recht, die Sache zu belasten oder weiterzuveräußern, die auch mit der Eigentümerstellung verknüpft sind, bleiben außen vor. Relevante Anknüpfungsumstände sind dabei Fakten wie die Übergabe der Sache, die Zahlung des Kaufpreises, die Einräumung eines Zurückbehaltungsrechts usw. Dadurch versucht die funktionale Methode eine direktere Verbindung zwischen der faktischen Lage und den rechtlichen Konsequenzen zu schaffen. Demgegenüber wird der Weg über das Eigentum als indirekt aufgefasst.

Die Vertreter der funktionalen Methode halten es für undurchführbar, alle erdenklichen Konsequenzen, die der Eigentumserwerb mit sich bringen kann, auf einen Akt und einen Zeitpunkt zurückzuführen. Das Eigentum spiele in derart vielen unterschiedlichen Konstellationen eine Rolle, dass sich eine einheitliche Bestimmung dessen, was für den Eigentumsübergang notwendige Voraussetzung in all diesen Konstellationen sei, nicht durchführen ließe.[22] Dies gelte auf mehreren Ebenen. Es sei nicht nachvollziehbar, warum eine Person in allen Rechtsgebieten, in denen Verknüpfungen mit dem Eigentum vorkämen,

20 Lilja, National Report on the Transfer of Movables in Sweden, S. 22.
21 Lilja, National Report on the Transfer of Movables in Sweden, S. 57.
22 Færstad, National Report on the Transfer of Movables in Norway and Danmark, S. 225.

einheitlich als Eigentümer eingestuft werde solle. Es sei auch nicht erforderlich, dass das Eigentum gegenüber allen Personen, die auch einen Anspruch an der Sache geltend machen würden, gleichermaßen gelte. Es sei vielmehr denkbar, dass eine Person ihr Eigentum zwar gegenüber bösgläubigen Erwerbern, nicht aber gegenüber Insolvenzgläubigern schützen könne.[23] Je nach involviertem Personenkreis seien auch die schützenswerten Interessen andere, so dass sich ein Rückschluss von einer Konstellation auf eine andere verbiete.

Damit bedeutet die Idee der funktionalen Methode, dass das Eigentum als Ganzes keine Rolle spielen soll. Präziser formuliert geht es um den Übergang des Eigentums (*äganderättens övergång*)[24]. Dieses Moment soll bedeutungslos sein. Ziel der funktionalen Methode ist folglich eine Segmentierung des Eigentumsübergangs. Für die Vertreter dieser Ansicht steht der in einem bestimmten Augenblick allseitig wirkende Eigentumserwerb nicht im Einklang mit dem Umstand, dass für verschiedene Konstellationen verschiedene Regeln gelten und verschiedene Interessen Einfluss haben.[25] Eigentum wird als Strauß unzusammenhängender Rechtspositionen aufgefasst.[26] Es handelt sich nicht um ein unteilbares Ganzes, dass wie eine physische Sache nur einer Person zugeordnet werden kann.[27] Nur wenn man diese Teilbarkeit berücksichtige, könne gewährleistet werden, dass der unterschiedlichen Interessenentwicklung bei einer Transaktion Rechnung getragen werde. Die Anknüpfung an das Eigentum vermöge dies nicht. Denn es könne durchaus vorkommen, dass ein berechtigtes Interesse bestehe, einem Käufer schon vor vollständigem Vollzug der Transaktion gewisse Rechte einzuräumen, andere jedoch noch nicht. Dies sei ausgeschlossen, wenn man das Eigentum nur im Ganzen zugleich übergehen lasse. Ein schrittweiser Übergang des Eigentums erlaubt es, dass es Zeitpunkte oder Zeitspannen gibt, in denen sowohl der Veräußerer als auch der Erwerber »Eigentümer« der Sache sind. Dabei handelt es sich nicht um Miteigentum, das den Beteiligten dieselben Rechte an der Sache einräumt. Es wird vielmehr so interpretiert, dass der Erwerber bereits Rechte haben kann, die für einen Eigentümer üblich sind, während andere Rechte, die aus dem Eigentum fließen, noch beim Verkäufer verbleiben. Deswegen kritisiert *Strahl*, selbst ein Vertreter der funktionalen Methode, das Bild vom sukzessiven Eigentumsübergang, weil darin noch immer das veraltete Bild des Eigentums als etwas Ganzem hervorscheine. Der einzige Unterschied sei, dass sich das Eigentum in der Transaktion in seine Einzelbestandteile zerlegen ließe, um schließlich wieder als Ganzes beim Erwerber zu entstehen. Stattdessen zieht er vor, je nach betroffener Rechtsfrage zu

---

23 Færstad, National Report on the Transfer of Movables in Norway and Danmark, S. 225.
24 Martinson, SvJT 2008, 669, 671.
25 Lilja, National Report on the Transfer of Movables in Sweden, S. 28.
26 von Bar, The Numerus Clausus of Property Rights, S. 453.
27 Strahl, SvJT 1960, 256, 263.

urteilen und abzuwägen, ob der vom Rechtsstreit Betroffene als Eigentümer in deren Sinne einzustufen sei.[28]

Gleichzeitig führt die Aufspaltung des Eigentums dazu, dass das Personenverhältnis der Beteiligten in den Vordergrund tritt. In der funktionalen Methode wird aus dem Eigentum als Person-Objekt-Beziehung eine Beziehung zwischen zwei Subjekten. Eigentum wird als Bündel von Rechten verstanden. Hierin spiegelt sich der rechtsrealistische Ansatz vom Recht als sozialisiertem und relativem Begriff wider. In der funktionalen Methode wird Eigentum dekonstruiert und dadurch in einem weiteren Schritt der Sozialisierung geöffnet, da sich der Fokus vom Objekt auf die beteiligten Subjekte verschiebt.

IV. Abschaffung des Eigentums?

Die schwedische Rechtsordnung verzichtet auf einen einheitlichen Eigentumsübergang. Im dynamischen Sachenrecht wird er für irrelevant gehalten und nicht an den Ausgangspunkt einer Untersuchung gestellt. Wird der Erwerber nur in Bezug auf eine konkrete Rechtsfrage als Eigentümer angesehen, so hat das den Vorteil, dass nur die Interessen dieser speziellen Situation gewürdigt werden müssen. Das wirft jedoch die Frage auf, für welchen Preis dieser Vorteil erkauft wird. Führt er zu einer Abschaffung des Eigentums?

Die funktionale Methode ist gerade nicht so zu verstehen, dass das Eigentum, wenn schon nicht Ausgangspunkt der Überlegung, so doch der Zielpunkt der Problemlösung sei. Es soll schlicht *gar nicht* Teil der Problemlösung sein. Die funktionale Methode lehnt eine Deduktion zur Erkenntnisgewinnung, mithin vom Allgemeinen zum Besonderen zu schauen, ab. Die naheliegende Vermutung, dass stattdessen mittels Induktion vom Einzelnen zum Allgemeinen gedacht werde, bestätigt sich nur teilweise. Denn der letzte Schritt einer Induktion wäre die Schlussfolgerung auf eine Gesetzmäßigkeit aus den gewonnenen empirischen Beobachtungen. Gerade diese Allgemeingültigkeit wird jedoch nicht angestrebt. Es genügt der Methode der Schluss vom Einzelfall zu seinem unmittelbaren Resultat, die Verknüpfung Rechtsfaktum mit Rechtsfolge, ohne eine Regel zu entwerfen. Dies zeigt sich deutlich in der Fragmentierung des Eigentumsübergangs. Die schwedische Ansicht lässt nur vorsichtig einen Schluss auf das Vorliegen von Eigentum aus dem Ergebnis eines Konfliktfalls zu, da es ihr sinnlos erscheint.[29] So nehmen es die Vertreter der funktionalen Methode zwar hin, dass Eigentum im Nachhinein als vorliegend festgestellt wird. Im Nachgang könne auch festgehalten werden, zu welchem Zeitpunkt von einem vollständigen Ei-

28 Strahl, SvJT 1960, 256, 263.
29 Sandstedt, Sakrätten, Norden och Europeiseringen, S. 123f.

gentumsübergang ausgegangen werden könne. Dies sei aber eine rein terminologische Spielerei.[30]

Im Gegensatz zum deutschen Sachenrecht tauchen die Begriffe »Eigentümer« und »Besitzer« folgerichtig nicht oder nur sehr selten im schwedischen Recht auf, auch wenn die eine Seite tatsächlich Eigentum hat und die andere Besitz. Auch darin zeigt sich, dass diese Kategorien bedeutungslos sind oder jedenfalls vermieden werden. Gleichzeitig gelingt es nicht, den Begriff des Eigentums vollständig aus dem Gebiet des Sachenrechts auszulöschen. Zumindest sind die gebrauchten Formulierungen nachlässig. Eine Beschreibung des sachenrechtlichen Schutzes zeigt, dass er doch immer wieder an das Vorhandensein eines Sachenrechts anknüpft. So heißt es in einem juristischen Aufsatz jüngeren Datums: »*Vissa rättigheter – främst äganderätt och panträtt – kan åtnjuta sakrättsligt skydd gentemot tredje man, t.ex. på så sätt att äganderätten/panträtten medför separationsrätt/förmånsrätt i konkurs.*«[31] (»Gewisse Rechte – vor allem Eigentum und Pfandrecht – können sachenrechtlichen Schutz gegenüber Dritten genießen, z.B. in der Weise, dass das Eigentum/Pfandrecht ein Separationsrecht/Vorzugsrecht in der Insolvenz mit sich bringt«). Es zeigt sich auch an den Rückgriffen auf das Eigentum in Gesetzesformulierungen, Urteilsentscheidungen und Lehrbüchern, dass der Begriff des Eigentums(-übergangs) eigentlich sinnvoll ist, scheint es doch ohne ihn nicht zu gehen.

Auch die Umsetzung der funktionalen Methode selbst deutet darauf hin, dass Eigentum weiterhin vorausgesetzt wird. Wenn Vertreter die funktionale Methode unter anderem damit erklären, dass es in Konfliktfällen nicht auf die »Belegenheit des Eigentums« als Entscheidungskriterium ankomme[32], klingt das eindeutiger, als es in der Praxis gehandhabt wird. Denn gleichzeitig wird das Vorgehen auch als schrittweiser Übergang von Schutz bezeichnet. Darin scheint auf, was hinter einer Transaktion steckt: die Eigentümerstellung des Verkäufers berechtigt zur Veräußerung, da die Verfügung über das Eigentumsobjekt ein Teil seiner eigentumsimmanenten Rechte oder Funktionen ist. Auf der Gegenseite erstrebt der Erwerber bei Vollendung des Erwerbsvorgangs in Bezug auf das Objekt die Stellung des Veräußerers zu übernehmen und diesen gänzlich zu ersetzen. Diese endgültige Zuordnung der Sache ist eine der Funktionen, die dem Eigentum auch in Schweden zugerechnet wird. Auch wenn eine Gerichtsentscheidung über einen Konflikt um eine Sache gänzlich ohne die Erwähnung des Eigentums oder dessen Zuordnung auskommen kann, trägt die Belegenheit des Eigentums im Hintergrund dazu bei, den Streit zu entscheiden. Das hängt damit zusammen, dass es in den Konfliktfällen des dynamischen Sachenrechts um die

30 Håstad in Strömholm, An Introduction to Swedish Law, S. 409.
31 Sjöman, SvJT 2015, 826, 827.
32 Vgl. Martinson, SvJT 2008, 669, 670f.

Zuordnung einer Rechtsposition geht, die durch eine Transaktion verwirrt wurde. Das Gericht fragt nicht nach dem Eigentümer, aber es fragt nach den erfolgten Tatbestandsmerkmalen eines Eigentumserwerbs. Es fragt vor allem danach, ob der Erwerb vom berechtigten Veräußerer ausging und ob der Erwerber schon Besitz oder Ähnliches an der Sache erlangt habe. Und je nachdem, welche Tatbestandsmerkmale zu bejahen sind, entscheidet sich der Fall zugunsten des Erwerbers, des bisherigen Rechtsinhabers oder dessen Geldgläubiger. Alle Prüfungen, die vorgenommen werden, sind zwar »realistischer«, weil begreifbarer als die Verortung des Eigentums, das Eigentum bleibt aber die Quelle der Erwägungen, die im Hinterkopf mitgedacht wird. Erwerb vom Nichtberechtigten heißt nichts anderes als Erwerb von einem, der über den Verbleib des Eigentums nicht bestimmen darf. Gutgläubig ist, wer eben daran glaubt, dass diese Berechtigung besteht. Der begehrte Schutz wird nicht gewährt, wenn der Kläger nur eine schuldrechtliche Forderung als Begründung angibt, ihm muss ein Sachenrecht zur Seite stehen. Die Berechtigung entspringt dem Eigentum oder jedenfalls der Regel, die der Gesetzgeber als Ausdruck dieser Quelle eingefügt hat.

An dieser Stelle mag ein Vertreter der funktionalen Methode einwerfen, dass der dargelegte Gedankengang mit der Rückführung auf das Eigentum durch und durch von der substanziellen Idee geprägt sei und daher die funktionale Idee gar nicht begreife. Dann muss sich die funktionale Methode fragen lassen, worin die Begründung der Rechtsdurchsetzung stattdessen liegt. Hierzu schweigt sie.

Alternativ bietet sich noch eine andere Möglichkeit an, nach der sich begründen ließe, dass Eigentum in Schweden faktisch als universales und einer einzigen Person zugeordnetes Recht nicht existiert. Betrachtet man die Fragmentierung des Eigentums, so könnte man schlussfolgern, dass Eigentum in Schweden ein »relatives« Recht und kein allumfassendes Vollrecht ist. Verfolgt man den erwähnten »Tû-Tû«- Gedanken weiter, könnte man in einer Konfliktsituation des dynamischen Sachenrechts wohl sogar von mehreren Eigentumsrechten sprechen, die parallel bestehen, solange damit nur eine partielle Aussage über den Drittschutz getroffen werden soll. Nach dem schwedischen Verständnis wäre das möglich und unschädlich, weil mit der Bezeichnung als Eigentum nichts verbunden sein soll und nur ein Ausschnitt beschrieben würde. Das schwedische Recht sieht hingegen nicht mehrere allumfassende Eigentumsrechte an demselben Vermögensgegenstand vor. Es ist anerkannt, dass es nebeneinander nicht mehrere Sachenrechte geben kann, die jeweils nur negativ bestimmt und an sich unbegrenzt sind.[33] Letztlich ist mit einer solchen Formulierung, sei es relatives Eigentum oder paralleles Eigentum, jedoch nichts gewonnen, vielmehr wird eine Verwirrung gestiftet, die es zu vermeiden gilt. Schließlich ist Drittschutz nichts,

33 Bergström, SvJZ 1956, 145, 162.

was für das Eigentum exklusiv besteht, sondern Drittschutz besteht aufgrund der Sachenrechtsqualität des Eigentums. Allein das Bejahen von Drittschutz macht ein Recht nicht zu einem Eigentumsrecht.

Mithin wird man unterscheiden müssen: Das Eigentum als subjektives dingliches Recht wird in Schweden anerkannt. Das zeigt sich auch in der Anerkennung des statischen Sachenrechts, das den Schutz des Eigentumsrechts und anderer Sachenrechte außerhalb einer Transaktionssituation regelt. Ebenfalls ist anerkannt, dass Eigentum im Grunde absoluten sachenrechtlichen Schutz genießt, weil dies »der Konstruktion dieses Rechtstypus«[34] immanent sei. Davon abgekoppelt muss man die Durchsetzungsfähigkeit des Eigentums im Einzelfall sehen. Diese ist relativ und von unterschiedlichen Voraussetzungen abhängig.

V. Zusammenfassung

Die funktionale Methode ist davon geprägt, dass vornehmlich die möglicherweise involvierten Interessen statt des Sachenrechts als solchem begutachtet werden. Gleichzeitig werden auch die Folgen, die eine denkbare Lösung haben könnte, in Betracht gezogen.[35] Daneben tritt die Vermeidung von festen Begrifflichkeiten. Insbesondere wird es für fruchtlos erachtet, in Konflikten um Rechte an einer Sache auf das Eigentum zu rekurrieren. Dies hängt damit zusammen, dass diese Konfliktfragen als derartig unterschiedlich beurteilt werden, dass das Eigentum als einziges Entscheidungskriterium ausscheiden müsse. Dies erscheint als zu »abstrakt«.[36] Damit ist ausgeschlossen, dass ein sachenrechtlicher Konfliktfall gelöst wird, indem zur Begründung der Lösung allein herangezogen wird, wer Eigentum an der Sache hat. Denn das Eigentum als solches bietet nach schwedischem Verständnis keine Begründung. Das hängt damit zusammen, dass davon ausgegangen wird, dass die einzelnen Funktionen des Eigentums unabhängig voneinander seien. Dadurch sei mit der Aussage »A hat Eigentum« nicht gesagt, dass A auch in dem konkreten Konflikt gegenüber der konkreten anderen Person Vorrang haben müsse. Denn es ist denkbar, dass das Eigentum von A nur gegenüber anderen Personen Geltung hat, (noch) nicht jedoch gegenüber der Person im konkreten Konflikt. Eine eigene Funktion soll das Eigentum in diesen Konfliktfällen nicht haben.[37] Nach schwedischem Verständnis hat das Eigentum keinen eigenständigen Bedeutungsinhalt für die mit einer Transaktion verbundenen rechtlichen Veränderungen.[38] Statt auf das Eigentum abzustellen, wird

34 Hessler, Allmän Sakrätt, S. 80.
35 Martinson, SvJT 2008, 669, 678.
36 Færstad, National Report on the Transfer of Movables in Norway and Danmark, S. 225.
37 Andreasson, SvJT 2005, 522, 525.
38 SOU 2015:18, S. 51.

direkt an einen Rechtsfakt eine bestimmte Rechtsfolge geknüpft.[39] Interessen, die bei einer sachenrechtlichen Fragestellung eine entscheidende Rolle spielen, können bei einer anderen schon nicht mehr relevant sein. Aus diesem Grund verbietet sich nach schwedischem Verständnis eine einheitliche Entscheidung.[40] Auch die Frage nach verschiedenen möglichen Befugnissen, die dem Eigentum entspringen oder ihm innewohnen könnten, wird in Schweden nicht gestellt. Sie wird gar als irrig und irrelevant bezeichnet.[41] Auch besteht aus schwedischer Sicht kein Interesse an einem umfassenden Bild des Eigentums. Jedes einzelne Fragment des Sachenrechts wird für sich isoliert betrachtet und unabhängig entschieden.

Zugleich lässt sich zweierlei festhalten: Erstens gibt es Eigentum im schwedischen Recht auch im dynamischen Sachenrecht, selbst wenn es auf eine »Hintergrundstrahlung«[42] reduziert ist, deren Existenz mitunter verneint wird.

Zweitens zeigt sich darin die große Begründungsschwierigkeit, unter dem die funktionale Methode leidet. Dabei wird diese Schwierigkeit von den Vertretern der Methode nicht zwingend als Manko angesehen oder es wird schlicht darüber hinweggegangen. In der dynamischen Situation wird der Schritt über das Eigentum als »Umweg« eingestuft.[43] Die Vorstellung, dass das Eigentum etwas Relatives und Elastisches ist, verbiete eine generelle, universal geltende Anknüpfung im dynamischen Konflikt.[44] Eine apriorische Festlegung des Eigentumsinhalts kann nach dieser Vorstellung nicht Grundlage einer Konfliktlösung sein, weil damit dem Eigentum ein eigenständiger Inhalt beigemessen würde. Der Begriff Eigentum wird in Schweden so verwendet, dass er bedeutet, Vorrang gegenüber einer bestimmten Person zu einer bestimmten Zeit in Bezug auf eine bestimmte Sache mit der Konsequenz zu haben, etwas tun oder lassen zu können in Bezug auf die Sache, das die andere Person nicht darf.[45] Dies ist jedoch keine Definition von Eigentum, sondern nur ein Zustandsbeschreibung. Denn so kann man auch ein Nutzungsrecht definieren oder ein Recht aus einem Vertrag in seiner Wirkung gegenüber dem Vertragspartner. Möchte man sich an einer Definition des Eigentums für das dynamische Sachenrecht versuchen, die sich von anderen Sachenrechten abhebt, müsste man einschränkend hinzufügen, dass der erwähnte Vorrang aufgrund des beibehaltenen oder erworbenen Vollrechts an der Sache gilt. Dieser letzte Schritt einer Begründung ist von den

39 Sandstedt, Sakrätten, Norden och Europeiseringen, S. IX.
40 Andreasson, SvJT 2005, 522, 533.
41 Sandstedt, Sakrätten, Norden och Europeiseringen, S. 1.
42 von Bar, Gemeineuropäisches Sachenrecht, Bd. 1, S. 507.
43 Sandstedt, Sakrätten, Norden och Europeiseringen, S. 3.
44 Andreasson, SvJT 2005, 522, 525.
45 Vgl. Martinson, How Swedish Lawyers Think about ›Ownership‹ and ›Transfer of Ownership‹, S. 94.

Vertretern der funktionalen Methode nicht gewollt und wird in den Hintergrund gedrängt, wie die Darstellung der einzelnen Konfliktgruppen noch zeigen wird. Die von den Vertretern der funktionalen Methode zudem vorgebrachte Kritik, Eigentum sei ein beliebiger Begriff und könne jederzeit ersetzt werden (beispielsweise durch »*tû-tû*«) geht dabei fehl. Natürlich kann das, was Eigentum ausmacht, auch anders benannt werden. Aber wäre es wirklich ein beliebiger Begriff, so könnte schadlos auch ein Nutzungsrecht als Eigentum bezeichnet werden. Dies geschieht jedoch gerade nicht.

2. Kapitel: (Ideen-)Geschichtlicher Ursprung und Entwicklung der funktionalen Methode

Um die Besonderheiten der schwedischen Methode im Sachenrecht besser zu verstehen, ist ein kurzer Einblick in die rechtsgeschichtliche Entwicklung, und insbesondere in die rechtsphilosophische, sinnvoll. Dabei soll vorrangig der generelle Einfluss beleuchtet werden, den schwedische Rechtsphilosophen auf das Rechtsverständnis im Sachenrecht genommen haben und es so nachhaltig geprägt haben. Denn es ist bemerkenswert, wie stark dieser ideologische Einfluss auf das Rechtsgebiet bis heute ist.

I. Einordung in einen Rechtskreis und äußere Rechtseinflüsse

Zunächst soll die Zugehörigkeit des schwedischen Rechts zu einem bestimmten Rechtskreis beleuchtet werden, da sich darin erste Hinweise auf die Hintergründe des dynamischen Sachenrechts entdecken lassen.

Die Einordnung einer Rechtsordnung in einen Rechtskreis kann das Verständnis dieser Rechtsordnung erleichtern. Es kann die Aufmerksamkeit für bestimmte Rechtsphänomene erhöhen, die als typisch für den Rechtskreis gelten. Es kann als erste Richtschnur dafür dienen, ob es sich lohnt, anschließend verwandte Rechtsordnungen zum Verständnis einer Rechtsordnung hinzuzuziehen. Gleichzeitig muss man diese Klassifizierung kritisch sehen. Vorschnell zieht man so grobe Trennlinien, die lokale Strömungen außer Acht lassen und zu Schubladendenken verleiten. Ein uneingeschränkter Gewinn mag in der Einordnung auch nicht zu erkennen sein, da sie über das Ergebnis einer Erforschung eines bestimmten Rechts nichts hinzufügt außer dem Umstand, dass die Rechtsordnung kein Unikat darstellt, sondern sich in Gesellschaft befindet. Wenn man weiß, dass Kanada dem Common Law-Rechtkreis zugeordnet wird, entwickelt man gewisse Erwartungen an das dortige Recht. Diese Erwartungen entheben den Anwender jedoch nicht von der weiteren Überprüfung des kanadischen Rechts, da die Einordnung keine Gewähr für Ausnahmslosigkeit gibt. Auch im Lichte dieser Skepsis soll hier dennoch eine kurze Einordnung vorgenommen werden, da im Falle von Skandinavien tatsächlich ein enger Verbund der Rechte besteht und die dortigen Rechtsordnungen für den deutschen Leser noch fremder sind als das Common Law, das doch mehr Aufmerksamkeit findet. Da die übereinstimmenden Merkmale eines Rechtskreises grober Natur sind, dienen sie hier als erster Einstieg in die Charakteristika des schwedischen Rechts. Die Beschreibung des nordischen Rechtskreis soll einen ersten Einblick in dieses Recht geben, indem augenfällige Unterschiede zum Common Law wie zum Civil Law aufgezeigt werden.

In der klassischen Einteilung der Rechtstraditionen nach Common Law und Civil Law findet sich das schwedische Zivilrecht irgendwo dazwischen wieder.[46] Es nimmt Anleihen am kontinental-europäischen Recht, aber auch am angloamerikanischen Recht. Es fehlt eine umfangreiche Kodifizierung wie es etwa das Bürgerliche Gesetzbuch in Deutschland oder der französische Code Civil vormachen. Der einzige Ansatz einer Kodifikation ist im *1734års-lag* (dem Gesetz von 1734) zu sehen, das mehrere Rechtsgebiete umfasste. Von dieser Kodifikation gelten heute jedoch nur noch einzelne, wenige Normen. Stattdessen gibt es diverse Einzelgesetze, die spezielle Rechtsfragen regeln, so zum Beispiel das *Lag (1970:980) om retentionsrätt för fordran hos hotellgäst,* das in seinem einzigen Paragraphen das Zurückbehaltungsrecht des Gastwirts regelt. Eine erschöpfende gesetzliche Regelung ist im schwedischen Zivilrecht nicht vorgesehen. Im Ausgleich ist die analoge Anwendung von Normen gängiger und nicht eine Ausnahmeerscheinung wie im deutschen Recht.[47] Gerade im Sachenrecht zeigt sich, dass vieles nur rudimentär gesetzlich festgehalten ist. Es finden sich nur wenige gesetzliche Regelungen. Diese verteilen sich über verschiedene Gesetze und sind nicht in einem bestimmten Gesetz zusammengefasst.[48] Insbesondere betrifft dies auch die Konfliktfälle, die als Kernregelungsgehalt des dynamischen Sachenrechts angesehen werden.[49] Das hängt nicht zuletzt mit den Einflüssen des Rechtsrealismus zusammen, auf die noch einzugehen sein wird.

Eine Zuordnung zum Common Law verbietet sich jedoch ebenfalls. Trotz des Fehlens umfangreicher Gesetzgebung orientiert sich das schwedische Recht stärker an gesetzlichen Vorschriften als das Common Law.[50] Auch ist die Relevanz von Gerichtsentscheidungen nicht so hoch wie im Common Law. Eine *stare decisis* gibt es nicht, auch wenn die unteren Instanzen regelmäßig den höheren folgen.[51] Die Gerichte verweisen in ihren Urteilsbegründungen auf bereits ergangene Urteile zur Stützung ihrer Argumentation. Sie tun dies aber nicht in dem

46 Ring/Olsen-Ring, Einführung in das skandinavische Recht, S. 4.
47 Ring/Olsen-Ring, Einführung in das skandinavische Recht, S. 10.
48 Håstad, SvJT 1988, 224, 225.
49 Faber/Lilja, EPLJ 2012, 10, 19.
50 Schultz, European Business Law Review, 2004, 223, 249.
51 Carlson, The Fundamentals of Swedish Law, S. 48.

akribischen Maße wie es im Common Law üblich ist, sondern eher am Rande. Der schwedische Richter interpretiert Gesetze, sieht sich aber nicht in der Rolle eines weiteren Gesetzgebers.[52] Dem schwedischen Recht fehlt auch der historische Bezug zum mittelalterlichen englischen Recht, wie er dem Common Law eigen ist.[53] Das schwedische Zivilrecht gründet auf germanischem Recht, beruht aber auch auf Einflüssen des römischen Rechts, wobei letzteres nicht in dem Maße eine Rolle spielte wie in anderen kontinentaleuropäischen Ländern.[54]

Die Mittelstellung gründet auch auf den vielen unterschiedlichen Rechtstraditionen, die das schwedische Recht über die Zeit prägten. Der Einfluss einzelner europäischer Zivilrechtstraditionen auf das schwedische Recht veränderte sich dabei über die Jahrhunderte. So wurde das schwedische Zivilrecht von deutschen, französischen und englischen Ideen beeinflusst. Während im 19. Jahrhundert besonders das deutsche Recht als Richtschnur galt, verschob sich im 20. Jahrhundert dieser Fokus auf das anglo-amerikanische Recht.[55] Aktuell hat das Recht der Europäischen Union den vorherrschenden, äußeren Einfluss auf das schwedische Recht[56], wobei hier zu bemerken ist, dass dieser auf dem Gebiet des Sachenrechts mangels Vereinheitlichung auf europäischer Ebene noch größtenteils keine Auswirkungen hat.

Das schwedische Recht nimmt folglich eine Mittelposition zwischen Common Law und Civil Law ein und gleicht darin dem Recht von Norwegen, Dänemark, Finnland und Island. Diese nordischen Länder teilen eine lange gemeinsame Tradition.[57] Sie wurden später christianisiert als der Rest Europas, ein Großteil ihrer Bevölkerung bekennt sich zum protestantischen Glauben. Schweden, Norwegen, Dänemark, Island und Teile Finnlands waren seit 1397 fast zwei Jahrhunderte in der Kalmarer Union vereint. Auch danach unterstanden die Länder über längere Zeitabschnitte teils demselben König. Ihre Sprachen ähneln sich, so dass eine grenzüberschreitende Kommunikation nahezu problemlos möglich ist. Das färbt auch auf ihr jeweiliges Recht ab. Hier eint sie ein geringer Grad von Gesetzeskodifizierung. Im 19. Jahrhundert verstärkte sich die juristische Zusammenarbeit innerhalb der skandinavischen Länder, mit der Folge, dass gleichartige Gesetze in den einzelnen Ländern verabschiedet wurden. Dies hatte nicht zuletzt handelspolitische Gründe, weswegen gerade im Schuld- und Sachenrecht auf kompatible Rechtsordnungen hingearbeitet wurde. Zu diesem Rechtsdialog trugen und tragen besonders die seit 1872 regelmäßig stattfindenden Treffen von Juristen der skandinavischen Länder beim nordischen Ju-

52 Carlson, The Fundamentals of Swedish Law, S. 39.
53 Zweigert/Kötz, Einführung in die Rechtsvergleichung, S. 271.
54 Zweigert/Kötz, Einführung in die Rechtsvergleichung, S. 271.
55 Sundell, Tysk påverkan på svensk civilrättsdoktrin 1870–1914, S. 12.
56 Carlson, The Fundamentals of Swedish Law, S. 38.
57 Lando, Global Jurist Advances, 2001, Issue 2, Art. 5, S. 6f.

ristentag, dem *juristmöte* bei.[58] Ein weiteres Symbol der engen Zusammenarbeit ist die gesamtnordische, rechtswissenschaftliche Zeitschrift *Tidskrift for Retts-vitenskap*, in der seit 1888 Juristen aus ganz Skandinavien publiziert werden.[59] Es kann daher von einer Nordischen Rechtsfamilie gesprochen werden, zu der man Schweden zählen kann.[60] Zugleich haben die Rechte Englands, Frankreichs und vor allem Deutschlands das schwedische Recht geprägt, ohne Teil der nordischen Rechtsfamilie zu sein. Diese Einflüsse werden im Folgenden aufgezeigt.

II. Sachenrecht in Schweden im 19. Jahrhundert

Im ausgehenden 19. Jahrhundert wurde das schwedische Zivilrecht maßgeblich vom deutschen Zivilrecht beeinflusst und geformt. Römisch-rechtlich geprägte Sachenrechtsvorstellungen fanden ihren Eingang in die schwedische Rechtwissenschaft vornehmlich erst jetzt und über diesen Umweg, eine direkte Rezeption gab es nie.[61] Dabei erfuhr die durch die deutschen Pandektisten entwickelte Methode der systematischen Ordnung des Rechtsstoffes großen Zuspruch von schwedischer Seite, die anhand deren Begriffs- und Systemmodells ihr Zivilrecht zu formen suchte.[62] Schwedische Juristen lasen rechtswissenschaftliche Abhandlungen deutscher Gelehrter in Übersetzung und im Original. Begabten schwedischen Rechtswissenschaftlern wurden Studienreisen nach Deutschland mit längeren Aufenthalten an den dortigen Universitäten finanziert und jene brachten sodann ihre Erfahrungen mit zurück nach Schweden.[63] In der Gesetzgebung zeigen sich auch französische Einflüsse; der *Code civil* diente als Inspiration für den Versuch eines Zivilgesetzbuches im Jahre 1826, das aber nicht verabschiedet wurde.[64] In der Lehre richtete sich der Blick dagegen mehr nach Deutschland. Die dortige Blütezeit der Historischen Schule mit ihrer Betonung der geschichtlichen Entwicklung des Rechts wurde aufmerksam verfolgt.[65] Sie traf in schwedischen rechtswissenschaftlichen Kreisen auf Interesse, da sich dort erste Zeichen einer empirischen Betonung in der Rechtswissenschaft zeigten.[66]

Vor diesem Hintergrund entwickelte sich die Unterscheidung zwischen statischem und dynamischen Sachenrecht und damit die Hinwendung zu einer

58 Zweigert/Kötz, Einführung in die Rechtsvergleichung, S. 274, http://www.norsisktjuristmote.se/.
59 Björne, Nordische Rechtssysteme, S. 56.
60 Zweigert/Kötz, Einführung in die Rechtsvergleichung, S. 280.
61 PEL/Lurger/Faber, Acquisition and Loss of Ownership of Goods, S. 267.
62 Kohler, Die Entwicklung des schwedischen Zivilprozesses, S. 146.
63 Sundell, Tysk påverkan på svensk civilrättsdoktrin 1870–1914, S. 71, 335.
64 Björne, Nordische Rechtssysteme, S. 81.
65 Sundell, Tysk påverkan på svensk civilrättsdoktrin 1870–1914, S. 304ff.
66 Björne, SZ (Germ. Abt.) 2010, 262, 275f.

Vorgehensweise im Sachenrecht, die später mit dem Etikett »*functional approach*« versehen wurde, in mehreren Schritten. Sie ist letztlich auf die rege Beschäftigung mit Rechtsfragen, die sich vor allem deutsche Juristen in der Aufklärung und später in einer Renaissance des römischen Rechts stellten, zurückzuführen, weil sie in deren Nachfolge steht und weil sie zugleich einen Kontrast dazu setzte. Diese Fragen betrafen die Begründung und Herleitung von Recht. Sie hingen aber auch eng damit zusammen, was ein Recht ausmachen muss, um als Sachenrecht bezeichnet zu werden. In der zweiten Hälfte des 19. Jahrhunderts wurde noch ein absoluter Sachenrechtsbegriff vertreten, der auf den Vorstellungen des römischen Rechts und des Naturrechts gründete. Diese Idee wurde allmählich von positivistischem Denken abgelöst, was jedoch nichts an dem Verständnis von Eigentum als objektivem Ganzen änderte.[67] Die damaligen sachenrechtlichen Debatten in Schweden kreisten noch nicht um das Konzept des Eigentums, sondern behandelten den Eigentumsübergang vorrangig vor dem Hintergrund der Frage, ob bereits mit Vertragsschluss oder unter zusätzlichen Voraussetzungen sachenrechtliche Wirkung eintreten würde.[68] Dabei wurde ein Sachenrecht als absolut und als einheitliches Ganzes aufgefasst, so dass die Konkurrenz zu allen denkbaren Dritten, die das Recht streitig machen könnten, gleich behandelt wurde. Entsprechend waren auch die wenigen Gesetze zu dieser Thematik formuliert. In den Vorarbeiten zur *inteckningsförordning* (Verordnung über Registereintragungen) von 1875 lautet der dortige § 46: »*Är egendarätt öfverlåten till en och nyttjanderätt upplåten till annan; gälle nyttjanderätten, om inteckning derför sökes förr än lagfart å fanget.[...]*« (»Wurde das Eigentum auf eine Person übertragen und das Nutzungsrecht auf eine andere, gilt das Nutzungsrecht, wenn die Eintragung davon vor der Eintragung des Eigentumserwerbs beantragt wurde.«).[69] Hier wird noch von der Übertragung des Rechts gesprochen, ohne dass nach der Wirkung gegenüber bestimmten Personengruppen differenziert würde. Diese Gleichstellung unterschiedlich bedingter Konkurrenzen wurde erst mit Entwicklung der funktionalen Methode aufgegeben.

Die funktionale Methode entwickelte sich erst Anfang des 20. Jahrhunderts zu einem Thema des schwedischen Sachenrechts. Anklänge gab es aber schon seit Mitte des 19. Jahrhunderts. Die Diskussion in der schwedischen Lehre schwankte zwischen den möglichen Definitionen eines Sachenrechts; sie hob einmal die Absolutheit des Rechts hervor, einmal den Sachbezug.[70] Ausgehend von der Unterscheidung in *ius ad rem* und *ius in re* entwickelte sich in Schweden Anfang

67 Rakneberg Haug, EPLJ 2017, 236, 241.
68 Forsell, Tredjemansskyddets Gränser, S. 88f.
69 Prop. 1875: 27, S. 21.
70 Forsell, Tredjemansskyddet gränser, S. 27ff.

des 19. Jahrhunderts im Zuge der Vorarbeiten zu einem neuen Handelsgesetz von 1815 und 1826 die Vorstellung, dass ein Sachenrecht ein Recht sei, das sich auf eine bestimmte Sache beziehe, aber nicht absolut gegenüber jedermann wirke, sondern nur relativ gegenüber bestimmten Personen.[71] Wenn auch im 19. Jahrhundert die »klassische« Vorstellung von Eigentum und Eigentumstransfer vorherrschend war, kann man diese frühe Phase der rechtlichen Umorientierung im Sachenrecht im 19. Jahrhundert bereits als »frühen« Rechtsrealismus bezeichnen.

III. Früher Rechtsrealismus

Auch wenn die Hochphase der rechtsphilosophischen Beschäftigung mit Konzepten im Recht und Rechten als solchen in den 20er Jahren des 20. Jahrhunderts zu verorten ist, kamen Zweifel an bestehenden Konzepten im Sachenrecht in Skandinavien nicht erst anschließend auf, sondern diese Fragen wurden bereits vorher und parallel aufgeworfen. Einerseits war die Rechtsphilosophie ein Initiator der funktionalen Methode, indem sie den rechtstheoretischen Unterbau dafür begründete. Andererseits war sie Katalysator für Ideen, die in der Rechtspraxis bereits diskutiert wurden, ohne dass dabei unbedingt die unterliegende, philosophische Ebene ergründet wurde.

Die herrschende Ansicht im 19. Jahrhundert in Skandinavien zu Eigentum und Eigentumstransfer entsprach wie beschrieben zunächst der kontinentaleuropäischen. Es gab jedoch bereits nordische Rechtsgelehrte, die bestehende Konzepte hinterfragten und versuchten, einen realistischen Pfad einzuschlagen. Zu nennen sind hier der Norweger *Anton M. Schweigaard* (1808–1870) und der Däne *Anders S. Ørsted* (1778–1860).[72] Letzterer betonte, wie wichtig die Argumentation unter Zuhilfenahme realer Erwägungen für die Rechtswissenschaft war.[73] Ein entscheidendes Schlüsselmoment für die Abwendung vom Eigentum als maßgeblicher Faktor in der Transaktion kam aus Dänemark. Das funktionale Eigentumsverständnis im skandinavischen Raum geht maßgeblich auf den Dänen *Carl Torp* und das Jahr 1892 zurück, in dem *Torp* sein Buch *»Dansk tingsrett«* (»Dänisches Sachenrecht«) veröffentlichte. Die Idee traf aber erst 1902 bei einem Treffen von Juristen der nordischen Länder, dem 10. *Juristmöte*, in Kopenhagen auf ein breiteres Publikum. Dort hielt *Torp* einen Vortrag über mögliche Grundsätze zur Regelung des Eigentumsübergangs beim Verkauf von *lösöre* (beweglichen Sachen) und über eine mögliche entsprechende Gesetzge-

71 Forssell, Tredjemansskyddet gränser, S. 23.
72 Björne, Den nordiska rättsvetenskapens historia, Teil IV, S. 370f.
73 Björne, Det nordiska rättsarvet – myt eller verklighet?, S. 528.

bung unter dem Titel »*Hvilke Grundsætninger bør være afgørende for Spørgsmaalet om Ejendomsovergangen ved Køb og Salg af individuelt bestemte Løsøregenstande, og hvorvidt egner dette Forhold sig til positiv Lovordning?*« (»Welche Grundsätze sollen für die Frage des Eigentumsübergangs bei Kauf und Verkauf von individualisierten beweglichen Sachen gelten; und wie weit eignet sich dies für eine positive Gesetzgebung?«) *Torp* war der Auffassung, dass Eigentum viele verschiedene Fakten beschreibe, diese aber voneinander unabhängig seien. Es sei deswegen nutzlos, Eigentum definieren zu wollen, weil es zu viele unterschiedliche Aspekte gebe, die unterschiedlichen Lösungen zugeführt werden müssten.[74] Sinnvoller sei es, diese Gesichtspunkte voneinander getrennt zu behandeln. Deswegen sei die vorherrschende Diskussion darum, welcher Voraussetzungen es generell für einen Eigentumsübergangs bedürfe, sei es das Konsensprinzip oder das Traditionsprinzip, müßig. Stattdessen solle die ursprüngliche Frage dahingehend umformuliert werden, was in der jeweils vorliegenden, individuell verschiedenen Situation maßgebliche Voraussetzung sei. Es sorgte für Unverständnis, dass unzusammenhängende Rechtsfragen nach ein und demselben Schema gelöst werden sollten.[75] Aufkommende Rechtsfragen sollten auf möglichst niedrige Ebene heruntergebrochen werden, um so individuell angepasste Lösungen schaffen zu können.

Auch wenn *Torp* ganz am Anfang der Entwicklung stand, gelang es ihm bereits in der ersten Vorstellung die fundamentale Idee der funktionalen Methode im Sachenrecht zu formulieren. Trotzdem blieb es zunächst ruhig um das Thema.[76]

Man kann in der Entwicklung der schwedischen Methode zwei Wellen ausmachen: eine erste, dänische, entscheidend durch *Torp* inspirierte, und eine zweite, durchschlagende, schwedische in Form der Uppsala-Schule. Die zweite Welle legte das Gewicht auf die rechtsphilosophische Begründung des Wandels im Eigentumsverständnis und beschäftigte sich mit dem Recht in einem umfassenderen Sinne. Regelmäßig wird die Uppsala-Schule als Bewegung des Skandinavischen Rechtsrealismus ausgemacht, während die dänischen Entwicklungen um die Jahrhundertwende nur als Vorarbeit gelten.[77]

---

74 Torp, Det Tiende Nordiske Juristmøde, 1902, Annex IV, S. 7.

75 Helin, Sc.St.L. 1989, 139, 151.

76 Noch auf dem Juristentag 1902 meldete sich der Jurist *Hagerup* zweifelnd mit Widerspruch zu Wort: »*Det kan efter min Mening kun lede til Usikkerhed i Retsanvendelsen at ville erstatte et sikkert og givet traditionelt Begreb med en Række meget diskutable og tildels meget svævende legislative Betragtninger [...]*« (Das kann meiner Meinung nach nur zu Unsicherheit in der Rechtsanwendung führen, wenn man einen sicheren und gegebenen traditionellen Begriff mit einer Reihe sehr diskutabler und teils sehr schwebender gesetzgeberischer Betrachtungen ersetzen will.), Hagerup, Forhandlingerne på det tiende Nordiske Juristmøde i Kjøbenhavn (1902), S. 169. Damit benannte er bereits Kritikpunkte, die auch heute noch vorgebracht werden.

77 Alexander, 50 Am. J. Comp. L. 131, 148.

IV. Rechtsphilosophische Einflüsse – Der Skandinavische Rechtsrealismus

Der skandinavische Rechtsrealismus ist eine Richtung in der Rechtsphilosophie und Rechtstheorie, die das Recht in seiner Art, Herkunft und Funktion philosophisch erklären will und sich mit Rechtsregeln und Rechten als solchen sowie mit der Bestimmung der Aufgabe der Rechtswissenschaft auseinandersetzt. Kennzeichnend ist die Ablehnung der idealistischen Vorstellung, dass Rechte wirklich existieren. Der Rechtsrealismus geht davon aus, dass alles Recht menschengemacht sei und nicht von einer höheren, göttlichen Macht herstamme. Recht sei der Wirklichkeit zu entnehmen. Daraus resultiere seine Fehleranfälligkeit, aber auch seine Veränderbarkeit. Diese rechtsphilosophische Denkweise hatte maßgeblichen Einfluss auf die Entwicklung des schwedischen Sachenrechts.

1. Die Reinigung des Rechts von Konzepten und metaphysischen Elementen

Der schwedische Rechtsrealismus verstand sich als Gegenentwurf und Weiterentwicklung der herrschenden Rechtstheorien. Er wandte sich vom Naturrecht und seinen Konzepten ab und betonte, dass alles Recht auf Erfahrung und unmittelbarem Erleben beruhe, weil es »real« sei. Der Rechtsrealismus wandte sich insbesondere gegen die naturrechtliche Idee vom Recht als etwas Überpositivem, als einem vom Menschen nicht beeinflussbaren, in der Natur, Gott oder Vernunft begründeten Grundsatz. Er erinnert ideengeschichtlich an den rechtswissenschaftlichen Positivismus, der, wie es *Wieacker* formulierte, »die Rechtssätze und ihre Anwendung ausschließlich aus System, Begriffen und Lehrsätzen der Rechtswissenschaft ableitet, ohne außerjuristischen, etwa religiösen, sozialen oder wissenschaftlichen Wertungen und Zwecken, rechtserzeugende oder rechtsändernde Kraft zuzugestehen«.[78] Aber auch der Positivismus stieß auf Kritik bei den Rechtsrealisten, indem sie die Vorstellung, dass Recht auf einen Staatswillen gründe, angriffen.[79] In ihren Augen konnte ein solcher unitärer Wille nicht existieren, da jedes Individuum einen eigenständigen Willen habe.[80] Damit war ein solcher Allgemeinwille als Geltungsgrund für das Recht unbrauchbar. Das Ziel der Rechtsrealisten bestand nunmehr darin, jegliche Metaphysik aus dem Recht zu verbannen. Auch den Ansichten der historischen Rechtsschule mit ihrer

78 Wieacker, Privatrechtsgeschichte der Neuzeit, S. 431.
79 Bjarup, Skandinavischer Realismus, S. 118ff.
80 Olivecrona, Law as Fact, S. 543.

Vorstellung vom Recht als historisch gewachsener, im Volksgeist unterbewusst vorhandener Überzeugung erteilte der Rechtsrealismus eine Absage. Der Rechtsrealismus verstand das Recht als veränderlich und damit als offenen Prozess, der nicht historisch festgelegt ist. Der neue gedankliche Ansatz setzte sich auch in Widerspruch und Ablehnung zur sogenannten Begriffsjurisprudenz, die es nach Ansicht der Vertreter des Rechtsrealismus aus der rechtswissenschaftlichen Forschung zu entfernen galt. Denn es handelte sich nach ihrem Empfinden dabei um »*the dirtiest of all dirty words known to a young lawyer of the 1940s and 1950s*«.[81] Als »Paradebeispiel« diente in der Diskussion häufig das deutsche Zivilrecht.[82]

Das Schlagwort »Begriffsjurisprudenz« wird immer wieder in der schwedischen Rechtsdiskussion geradezu als Nemesis der funktionalen Methode gehandelt. Dabei ist anzumerken, dass die Begriffsjurisprudenz auch in Schweden im 19. Jahrhundert begeisterte Anhänger hatte.[83] Der Terminus Begriffsjurisprudenz ist auf *von Jhering* zurückzuführen.[84] Für Vertreter des Rechtsrealismus ist er negativ konnotiert und wird in der Regel abwertend und polemisch verwendet. Charakteristisch ist eine starke Hinwendung zum Formalistisch-Logischen. Die Begriffsjurisprudenz wird deswegen als lebensfremde Überschätzung rechtsdogmatischer Lösungswege kritisiert. Ihr Kern liegt in einer starken Betonung einer begrifflichen Herleitung und Systematisierung des Rechts. Die Basis der objektiven Auslegung ist eine pyramidale Struktur von aufeinander aufbauenden Normen.[85] Das Ideal dieses logischen Systems sieht an der Spitze der »Begriffspyramide« einen allgemeinen Begriff, unter den sich alle übrigen Begriffe stufenweise unter schrittweiser Weglassung des Besonderen subsumieren lassen, so dass der höchste Begriff alle anderen Begriffe inhaltlich mitbestimmt. Der Begriff an der Spitze ist nicht durch positives Recht vorgegeben. Durch die Verbindung und hierarchische Einordnung von rechtlichen Begriffen soll auf theoretischem Weg ein lückenloses Rechtssystem geschaffen werden, so dass jeglicher Rechtsfall unter diesen einen Begriff zu subsumieren ist.[86] Bei der Einordnung eines Rechtssatzes in das System kommt es weder auf dessen Sinnzusammenhang noch auf dessen Zweck an, sondern nur auf seine formale Stellung. Die formale Analyse von Begriffen stand den Vertretern im Vordergrund, während die Überbetonung der Dogmatik das tatsächliche Rechtsleben in

81 Bengtsson, Sc.St.L. 1992, 37, 42.

82 Das Unverständnis wird bei *Sundell* deutlich, der das BGB als »sehr schwer zugängliches Gesetz mit schwer verständlicher Begriffsbildung und kompliziertem Verweisungssystem« bezeichnet, Sundell, Tysk påverkan på svensk cilivrättsdioktrin 1870–1914, S. 47.

83 Björne, Nordische Rechtssysteme, S. 57.

84 Seinecke, ZRG GA 2013, 238, 238f.

85 Wieacker, Privatsrechtsgeschichte der Neuzeit, S. 400.

86 Wieacker, Privatsrechtsgeschichte der Neuzeit, S. 436.

den Hintergrund weichen ließ, indem Recht von seinen sozialen Bezügen abstrahiert wurde.

Dieses Bild einer Überhöhung von theoretischen Begriffen hatten die skandinavischen Juristen vor Augen, als sie eine andere Herangehensweise zur Lösung von Rechtsfällen erörterten. Die Idee war keine rein nordische, sondern orientierte sich lose an der Interessenjurisprudenz mit ihrem Ansatz, Rechtsfragen mittels Interessenabwägung zu lösen, die in Deutschland von *Heck* und dem »späten« *von Jhering* entwickelt wurde.[87] Die Hinwendung zum Rechtsrealismus und zur funktionalen Methode im Zivilrecht erfolgte maßgeblich durch den Einfluss der sogenannten Uppsala-Schule. Als solche wird eine Gruppe von Juristen und Rechtsphilosophen bezeichnet, die von *Axel Hägerström* (1868–1939) und *Adolf Phalén* (1884–1931) in Schweden gegründet wurde, wobei die nachhaltigsten und wirkungsvollsten Beiträge von *Hägerström* stammten. Zum Kern der Anhänger zählen *Vilhelm Lundstedt* (1882–1955), *Karl Olivecrona* (1897–1980) und *Alf Ross* (1899–1979), die bedeutsame Beiträge zur Entwicklung dieser Schule leisteten.[88] Der Name rührt von der der Universität in Uppsala her, an der *Hägerström* lehrte. Die geographische, sprachliche und theoretische Einordung führte zu dem Namen »Skandinavischer Rechtsrealismus« für diese Bewegung. Die Vertreter des skandinavischen Rechtsrealismus bildeten keine homogene Gruppierung, sondern entwickelten jeweils eigene Begründungen und verfolgten jeweils einen eigenständigen Fokus. Sie übten auch untereinander Kritik, gerade *Lundstedt* und *Ross* debattierten hitzig über die richtige Auslegung ihrer Ideen.[89] Einige der Vertreter änderten auch während ihrer Laufbahn ihre Ansichten. Während vor allem *Hägerström* und *Lundstedt* als besonders harsche Kritiker der bestehenden Rechtslehren galten, waren *Olivecrona* und *Ross* in ihrer Nachfolge etwas gemäßigter und suchten einen Weg, die philosophischen Ideen für das angewandte Recht fruchtbar zu machen.[90] Eine generelle oder pauschalisierende Klassifizierung des skandinavischen Rechtsrealismus erweist sich als schwierig, wenn man bedenkt, dass die realistischen Ideen über mehrere Jahrzehnte, vor verschiedenen politischen Hintergründen, in verschiedenen Ländern und von Philosophen wie von Rechtswissenschaftlern entwickelt wurden. Es ergibt sich ein facettenreiches Bild des skandinavischen Rechtsrealismus, der nur an der Oberfläche als abgrenzbare Strömung bezeichnet werden kann. Für die hier interessierende Frage, welche Hintergründe

87 Björne, Det nordiska rättsarvet – myt eller verklighet?, S. 526.

88 PEL/Lurger/Faber, Acquisition and Loss of Ownership of Goods, S. 269.

89 Vgl. *Strang*, der vorschlägt, zwischen verschiedenen Generationen von Rechtsrealisten zu unterscheiden, Strang, Retfærd 2009, Nr. 1/124, 62, 76f.

90 Strang, Retfærd 2009, Nr. 1/124, 62, 63.

das schwedische Sachenrecht prägten, ist eine detaillierte Einordnung nicht erforderlich.[91]

Das alle einende Ziel des Rechtsrealismus war es, für rechtliche Problemstellungen pragmatische Lösungen zu suchen anstatt sich auf hergebrachte, feststehende Konzepte zu berufen.[92] Pragmatisch war dabei so zu verstehen, dass eine Theorie nicht bestimmen konnte, was Recht sei. Der Blick auf das Recht sollte vielmehr realistisch werden und sich am tatsächlichen Leben orientieren.[93] Die einzige Wirklichkeit sei die, die in Raum und Zeit erkenn- und erfahrbar sei. Rechtslehre sollte empirisch begründet werden. Das subjektive Recht sollte keine eigenständige Bedeutung haben, an seine Stelle traten rechtliche Tatsachen und Rechtsfolgen.[94] Für Rechtsfragen sollten eher praktische Erwägungen eine Rolle spielen als festgelegte Konzepte und Dogmen. Für die Rechtrealisten waren Konzepte im Recht wie »subjektive Rechte«, »Pflichten«, »Eigentum« leere Hüllen. Das hatte Konsequenzen für die Rechtsfindung. Eine Deduktion von juristisch tragbaren Argumenten aus derartigen Leerformeln musste sich danach verbieten.[95] Die praktischen Erwägungen sollten sich aber trotzdem auf geschriebenes Recht, soweit vorhanden, und ergangene Gerichtsentscheidungen stützen, die den Rahmen für diese Erwägungen bilden.[96] *Olivecrona* erklärte, was »wirklich« gemeint sei, wenn von Rechten und Pflichten gesprochen werde:[97] Es seien keine objektiv bestehenden Einheiten. Es sei aber auch nicht das, was durch Urteil zugesprochen werde, weil der Richter die Rechte oder Pflichten als Grundlage seiner Entscheidung voraussetzen müsse. Ein Recht werde mit einem Machtgefühl verbunden, eine Pflicht korrespondierend mit einem Gefühl, gehorchen zu müssen. Die Idee von Macht beim Rechtsinhaber sei mit einem Zwangsmittel zur Durchsetzung verbunden. Es komme dabei nicht auf das tatsächlich erfolgreiche Durchsetzen der Macht oder das tatsächliche Beugen unter diese Macht an. Es sei auch nicht davon abhängig, dass die gefühlte Macht durch ein Gerichtsurteil durchgesetzt werde. Denn ein Gerichtsurteil hänge von zusätzlichen Faktoren ab, als von dem, dass das geltend gemachte Recht bestünde. Die Abkehr von Konzepten gelinge, wenn man sich vor Augen führe, was Gesetze wirklich enthielten: Gesetze und frühere Gerichtsentscheidungen stellten Verhaltensmuster dar. Gleichzeitig enthielten sie ein imperatives Element. Durch

91 Die vertiefte Beschäftigung mit den Feinheiten des skandinavischen Rechtsrealismus erfordert eine weitgehende rechtsphilosophische und rechtshistorische Studie, die hier nicht geleistet werden soll. Diejenigen Merkmale, die das schwedische Sachenrecht geprägt haben, werden ohnehin deutlich.

92 Helin, Sc.St.L. 1989, 138, 141.

93 Bjarup, Skandinavischer Realismus, S. 13.

94 Helin, Sc.St.L. 1989, 139, 161.

95 Helin, Sc.St.L. 1989, 139, 141.

96 Helin, Sc.St.L. 1989, 139, 162.

97 Olivecrona, Law as Fact, S. 540 ff.

diese Art ihrer Formulierung lösten sie im Rezipienten das Gefühl aus, sich dem Muster entsprechend verhalten zu müssen.[98] Denn das imperative Element wirke befehlend, weil es durch Erziehung oder gesellschaftliche Konditionierung im Bewusstsein des Einzelnen so verankert sei. Zugleich dienten die Verhaltensmuster dazu, die Gerichte in ihrer Entscheidung zu lenken. Der Richter vergleiche die ihm dargebotenen Fakten mit den Verhaltensmustern, die ihm das Gesetz vorgebe, und entscheide entsprechend. Seine Entscheidung enthalte wiederum ein Verhaltensmuster für die Klageparteien und ein imperatives Element. Als drittes Element käme hinzu, dass das Verhaltensmuster selbst oder der Kontext, in den es integriert sei, mit dem Etikett »Gesetz« (bzw. »Urteil«) versehen sei. Denn diese Form sei ein Anreiz für die Empfänger, die Regel als Verhaltensmuster für sich aufzufassen.[99] So versuchte *Olivecrona* das Konzept von Rechten und Pflichten aufzuschlüsseln und darzulegen, dass man stattdessen die Fakten der Situation zusammentragen müsse, um zu einer Lösung zu gelangen.

Im Unterschied zum amerikanischen Rechtsrealismus war der skandinavische nicht nur pragmatisch, sondern betont anti-metaphysisch geprägt. Im Kern ging es den Vertretern darum, darzulegen, dass die geläufigen Rechtsbegriffe keine Grundlage im Faktischen haben. Stein des Anstoßes für Vertreter des Rechtsrealismus war die Verwendung von von ihnen als metaphysisch bezeichneten Begriffen im Recht.[100] Unter dem Begriff der Metaphysik verstanden die Vertreter des Rechtsrealismus Postulate jenseits des empirisch Erfahrbaren, die Werte und die Geltung von Werten betreffen, auf die sich Menschen in ihrem praktischen Handeln in einer Gesellschaft berufen.[101] Es ging nicht nur um übersinnliche Objekte, sondern alles, was »den Anspruch erhebt, auf apriorischen Wegen zu Wirklichkeitsbehauptungen oder zu normativen Aussagen gelangen zu können«,[102] wurde der Metaphysik zugeordnet. Vor allem die religiöse oder pseudoreligiöse Herleitung von Recht beschäftigte die Rechtsphilosophen. *Hägerström* entwickelte seine Theorie, dass das bestehende Recht tief metaphysisch geprägt sei, anhand seiner Studien des römischen Rechts. Als erläuterndes und vielfach angebrachtes Beispiel diente ihm das Ritual der *mancipatio* aus dem römischen Recht, das den Eigentümerwechsel in Bezug auf einen Sklaven oder eine Sache betraf. Der Käufer eines Sklaven oder einer Sache wurde danach Eigentümer, indem er vor Zeugen eine bestimmte Erwerbsformel aussprach und seinen Willen durch das Schlagen eines Kupferstücks an eine Waagschale manifestierte.[103] Für *Hägerström* war dies nichts anderes als die Nutzung einer

98 Olivecrona, Law as Fact, S. 552.
99 Olivecrona, Law as Fact, S. 546f.
100 Schultz, European Business Law Review 2004, 223, 234.
101 Orfield, Wisconsin Law Review 1956, 585, 592.
102 Bjarup, Skandinavischer Realismus, S. 31.
103 Olivecrona, Sc.St.L 1959, 125, 133.

Zauberformel. In veränderter Form habe sich diese Vorstellung, so *Hägerström*, in die Gegenwart hinübergerettet.[104] *Hägerström* beabsichtigte, metaphysische Elemente aufzuspüren, um dann eine rein wissenschaftliche Theorie des Rechts zu entwickeln, die ohne derartige Elemente auskommen sollte. Den Konzeptionen, die er vorfand, warf er vor, Rechte als mystische Kräfte zu erklären, die durch erfundene Akte übertragen würden, die nur als Zauberei bezeichnet werden könnten. Für *Hägerström* sollten Rechte auf einer vom Menschen gemachten Ideenwelt, nicht auf etwas Göttlichem oder Magischem basieren. Recht gehe vom Menschen aus und bezwecke allein die faktische Beeinflussung menschlichen Verhaltens. Der Inhalt des Rechts erschöpfe sich in seiner tatsächlichen, psychischen Wirkung auf die Menschen. Es gebe im Recht keinen normativen, eigenständigen Sinn.[105] Rechte seien vergleichbar mit Emotionen, womit er insbesondere Machtgefühle meinte.[106] Diese psychologischen Fakten bestimmten die Handlungsmuster der Menschen. Er stimmte darin ganz mit *Olivecrona* überein. Seiner Ansicht nach sei eine ethische Rechtfertigung einer Rechtsnorm nicht möglich, weil nicht wissenschaftlich untersuchbar, sondern metaphysisch und damit sinnlos. Rechte könnten allein durch psychologische Fakten erklärt werden.[107] Er erkannte an, dass dem Recht eine Tendenz zum Metaphysischen innewohne, weil Recht allein auf (staatlicher) Autorität beruhe. Durch die jahrhundertelange Prägung der Gesellschaft durch Konzepte hätten die Menschen diese derart verinnerlicht, dass sie ihnen einen eigenständigen Inhalt zusprächen. Diesen Zustand gelte es zu beseitigen, da es sich bei Rechten und Pflichten um Pseudokonzepte handle. Sie repräsentierten etwas, was in Zeit und Raum nicht existiere. Kein Mensch habe Rechte je sehen oder berühren können. Recht beruhe auf Aberglauben und Magie.[108] Der Alternativvorschlag lautete: Das Recht solle nicht auf moralischen Imperativen, sondern auf wissenschaftlichen Fakten gründen.[109] Alles, was nicht wahrheitsfähig sei, sei unwissenschaftlich. Aussagen über das Recht seien nur wahrheitsfähig, wenn sie eine Erfahrung in Raum und Zeit beschrieben, also deskriptiv seien. Aussagen über Wertungen oder Imperative des Rechts erfüllten dieses Kriterium nicht. Recht bezwecke allein die Beeinflussung menschlichen Verhaltens. Die psychische Wirksamkeit, die es dabei entfalte, sei das Einzige, was ihm Geltung verschaffe, da es einen eigenständigen Sinnbereich eines Sollens, eine Normativität des Rechts nicht gebe. Dies determiniere auch die Rechtswissenschaft. Diese diene einzig dazu, das menschliche Verhalten zu prognostizieren, das aus der

104 MacCormack, The Juridical Review 1970, 33, 34.
105 von der Pfordten, Rechtsethik, S. 124.
106 Schmidt, The Uppsala School of legal thinking, S. 156f.
107 MacCormack, The Juridical Review 1970, 33, 33.
108 Strang, Retfærd 2009, Nr. 1/124, 62, 65.
109 Carlson, The Fundamentals of Swedish Law, S. 52.

psychischen Wirksamkeit folge, die eine Rechtsnorm auslöse.[110] *Hägerström* und *Olivecrona* fassten Rechte in der Folge als Zwangsapparat auf. Normen bildeten danach Verhaltensmuster ab, die von ihrem Empfänger als verbindlich empfunden werden.[111] Die bindende Kraft einer Norm liege nicht in einem »objektiven Sollen«, sondern in dem Gefühl, durch ein Gesetz gebunden zu sein.[112] Als zweiter Faktor trete die Furcht vor dem in einer Norm vorgeschrieben Zwang hinzu. Beide Faktoren seien der Grund für die Geltung von Recht in einem realistischen Sinne, weil sie empirisch erkennbar seien.[113] Die Untersuchung der Aspekte, die durch als Druckmittel verstandene Rechtsnormen bei ihren Adressaten ausgelöst werden, sei die einzig wissenschaftlich denkbare Untersuchung von Recht, weil diese Aspekte »realistisch« seien. Der Appell, den man mit Rechten und Pflichten, durch das enthaltene »Sollen« verbinde, beruhe auf einem Werturteil. Denn ob jemand etwas solle, sei eine Wertfrage. Als solche sei sie nicht wahrheitsfähig und damit unwissenschaftlich und für die Rechtswissenschaft ungeeignet. Deswegen wird *Hägerströms* Lehre auch als Wertnihilismus bezeichnet.[114] *Hart* beschrieb *Hägerströms* Streben unter dem Schlagwort *»censeo metapysicam esse delendam«*, denn er bezwecke zu zeigen, dass die Strukturen des Rechts durch Begriffe geprägt seien, die nichts anderes als *»myths«*, *»fictions«*, *»magic«* seien.[115] Dies dürfte auch auf die anderen skandinavischen Rechtsrealisten zutreffen. Kern des rechtsrealistischen Anspruchs war es, sich von »höheren Werten« zu verabschieden und stattdessen ein realistisches Bild davon zu zeichnen, wie Recht in der Praxis tatsächlich funktioniert.

Ross wiederum knüpfte seine Kritik an den Dualismus von Rechtsgeltung und Rechtsrealität an. Er lehnte ihn ab. Beides sei miteinander verbunden, man könne das eine nur mit dem jeweils anderen interpretieren und verstehen. Er versuchte, diese Bereiche zu vereinen, indem er die Geltung von Recht nicht als etwas Außenstehendes, sondern als »Erfahrung von Geltung« wie als einen psychologischen Effekt verstand und damit in die Rechtsrealität einzubinden suchte.[116] In dieselbe Richtung zeigte *Olivecrona*, wenn er anerkennt, dass es im rechtlichen Zusammenhang ein *Sollen* gibt: *»As social beings, we all of us have a complex of ideas on what we, and other people, ought, or ought not to do. Without such ideas, we simply could not live in a community. They are essential to our character as human beings; and we reckon them as part of our innermost personality.«*[117] Man

110 Ross, On Law and Justice, S. 40.
111 Olivecrona, Law as Fact, S. 547.
112 Bjarup, Skandinavischer Realismus, S. 148.
113 Bjarup, Skandinavischer Realismus, S. 151f.
114 Laurén, SvJT 2010, 821, 821.
115 Hart, 17 CLJ 1959, 233, 233.
116 Ross, Towards a realistic Jurisprudence, S. 73ff.
117 Olivecrona, 26 N.Y.U. Law Review, 1950, 120, 130.

müsse aber zwischen Sollen und Sein trennen, da das Sollen nichts objektiv Vorhandenes, sondern eine subjektive Idee sei: »*The objective ought is a myth. What actually exists is our ideas of the ought, the sentences expressing them, and the emotions connected with them.*«[118] Das, was mit »geltendem Recht« beschrieben werde, bilde nur das Sollen ab. Das »geltende Recht« bilde eine Welt ab, die außerhalb der Realität stehe. Denn es sei nicht gleichzusetzen mit dem, was ein Richter in einem faktischen Rechtsstreit entscheide. In einem Rechtsstreit hinge das Ergebnis nämlich von weiteren Bedingungen ab, wie der Beweisbarkeit. So könne eine Person einen Rechtsstreit verlieren, obwohl ihr nach »geltendem Recht« das geltend gemachte Recht zustünde. Die Schlussfolgerung, die *Olivecrona* daraus zieht, ist, dass das »geltende Recht« kein Untersuchungsgegenstand der Rechtswissenschaft sein könne.[119] Indem er Ideen über das Sollen und deren Formulierung dem Bereich des empirisch Erfassbaren zuordnet, versucht *Olivecrona* eine realistische Erkenntnis des Rechts zu ermöglichen. Demnach lasse sich Recht nicht danach bestimmen, was es sein soll, sondern was es tatsächlich sei oder zu was es tatsächlich gemacht werde. Darum kann nach Auffassung der Rechtsrealisten auch ein *a priori* festgelegtes Eigentum nicht existieren, weil es nur ein Eigentum sein könnte, wie es sein sollte, nicht wie es tatsächlich auch ist. Dass die Realität mit dem Sollen übereinstimmen könne, ändere daran nichts. Das Postulat der Rechtsrealisten an die Rechtswissenschaft lautete, dass sie erkennen und untersuchen solle, was tatsächlich sei, anstatt zu regeln, was sein solle.[120]

Lundstedt, ein Schüler *Hägerströms*, griff die Diskrepanz zwischen Sein und Sollen auf und erklärte, dass es keine objektive Gerechtigkeit im Recht gebe, auch keine rechtlichen Befehle, mithin auch keine Rechte, Pflichten oder Rechtmäßigkeit und Unrechtmäßigkeit.[121] Es kann nach seiner Auffassung keine objektiven Werte geben, da alle Urteile über Werte nur ein Ausdruck von Gefühlen seien, die entstünden, wenn eine Person etwas wahrnehme. Diese Gefühle seien aber nicht gleichzusetzen mit den Wahrnehmungen, die sie auslösten. Und als Gefühle seien sie nicht wahrheitsfähig. Er betonte, dass Begriffe wie Rechte, Pflichten, Ansprüche, aber auch Eigentum auf einem unwissenschaftlichen »Sollen« beruhten und nicht auf der »Wahrheit«, um die es bei Wissenschaft im Kern ginge. Die nur gefühlte Macht diene dazu, dass der Staat die Ordnung in der Gesellschaft aufrechterhalten könne.[122] Damit bestätigte er *Olivecronas* Ansichten. In seine Überlegungen nahm er auf, wie mit diesen subjektiven Begriffen, die einmal in die Rechtswissenschaft gelangt seien, umzugehen sei. Er kam zu dem

118 Olivecrona, 26 N.Y.U. Law Review, 1950, 120, 131.
119 Olivecrona, Några synpunkter på de juridiska begreppen, S. 222.
120 Bjarup, Skandinavischer Rechtsrealismus, S. 12.
121 Lundstedt, Law and Justice, S. 450f.
122 Lundstedt, Legal Thinking Revised, S. 99.

Schluss, dass die danach überkommenen Begriffe nur noch als Verständigungserleichterung oder Kennzeichen verstanden und nur so weiterverwendet werden dürften.[123]

Die Rechtsrealisten versuchten, deutlich zu machen, dass juristische Begriffe und Regeln Werturteile enthielten. Aus diesem Grund verneinten sie deren Wissenschaftlichkeit. Das führte im Extremfall dazu, dass man sich bemühte, derartige Werturteile aus der Rechtswissenschaft zu verbannen. *Rodhe* war dafür ein bekanntes Beispiel, wie seine Abhandlung über das Sachenrecht zeigt, in der er bestrebt war, jegliche Werturteile in der Beschreibung des Rechts zu vermeiden.[124] Andererseits war selbst *Lundstedt* bereit, gewisse Werte anzuerkennen, wenn er forderte, dass Recht sich an seinem »Gesellschaftsnutzen« orientieren solle.[125]

2. Die Überprüfung der Rechtssprache

In ihrem Streben nach einer Entmystifizierung des Rechts beschäftigten sich die schwedischen Rechtsrealisten eingehend mit der Rechtssprache. Dies ist nur folgerichtig, da sie Recht als eine sprachlich-psychische Realität verstanden und eine rechtsethische Rechtfertigung des Rechts ausschlossen. Aufgabe der Rechtsphilosophie, von den skandinavischen Rechtsrealisten auch als Rechtstheorie interpretiert, müsse sein, rechtswissenschaftliche Aussagen zu analysieren, um durch die begriffliche Klärung der verwendeten Begriffe Rechtswissenschaft zu ermöglichen.[126] Realistisch verstandenes Recht musste sich auch in realistischer Sprache widerspiegeln. *Olivecrona* strich heraus, wie wichtig Sprache für das Recht sei, weil sie zu mehr diene als zu einer bloßen Beschreibung:

> *»Legal language is not primarily a reporting language. It is a directive language since its principal function is to influence people's behaviour. Legal language is a means to this end. Therefore it is not a veil hiding the true contents of the law, like clouds concealing the face of the earth to the eyes of an astronaut. It is an integral part of the legal system.«*[127]

Für ihn hatten Rechtsbegriffe mehrere Funktionen: eine beschreibende, eine gestaltende und eine technische, wenn es um die Formulierung von Gesetzestexten geht.[128] *Olivecrona* bestimmte deswegen als Gegenstand der Rechtswissenschaften die Ausdrücke, die in Rechtsnormen enthalten sind. Rechtswis-

123 Lundstedt, Legal Thinking Revised, S. 16.
124 Vgl. Rodhe, Handbok i Sakrätt; Björne, Die nordische Rechtswissenschaft, S. 288.
125 Lundstedt, Law and Justice, S. 476f.
126 Bjarup, Skandinavischer Realismus, S. 11.
127 Olivecrona, Current Legal Problems, 1978, 227, 235.
128 Sundby, Natural Law Forum 1968, 72, 99.

senschaft diene der sinnhaften Bestimmung dieser Ausdrücke und der Untersuchung über die Art ihrer Verwendung in Rechtsnormen.[129] Entsprechend versuchten die Rechtsrealisten zu erörtern, welche Auswirkungen die Verwendung bestimmter Begriffe, denen ein Konzept zugrundelag wie Eigentum, Recht oder Pflicht, auf den Empfänger der Botschaft oder auch die Gesellschaft im Allgemeinen haben könnte. Es wurde auch darüber debattiert, in welchen semantischen Zusammenhängen rechtliche Begriffe wie das Eigentum vorkommen und was das für Auswirkungen auf ihre Bedeutung haben könnte. Es galt einen Weg zu finden, der die Verwendung der von ihnen als inhaltslos verstandenen Begriffe im Recht erklären könnte. Dabei wurde einerseits die Streichung derartiger Begriffe postuliert, andererseits wurde versucht, diese Begriffe nach ihrem realistischen Verständnis zu arrangieren und auszulegen. *Ross* fand breite Zustimmung, als er erklärte, dass Rechte nur Werkzeuge zur Präsentation seien. Sie seien ohne eigenständige Bedeutung. Allerdings erkannte er diese reine Präsentationsfunktion als durchaus legitim an.[130]

Der Begriff Eigentum hat danach keinen Mehrwert, da er nur Platzhalter oder Etikett sein kann und erst nachträglich festgestellt werden kann. Nach *Ross* ist daher ein Satz wie »Eigentum umfasst oder vermittelt die Berechtigungen 1, 2, 3« nicht sinnvoll. Denn eine derartige Verallgemeinerung sei nicht möglich, weil es am erweiterungsfähigen Gehalt mangele. Allenfalls stelle es eine Aussage über eine individuelle Konstellation dar.[131] *Olivecrona* erachtete Rechte für sich betrachtet ebenfalls als überflüssige Bindeglieder zwischen gewissen Umständen und daraus hergeleiteten Konsequenzen. Rechte hätten aber einen informatorischen Gehalt, da sie der Kommunikation dienten. Gleichzeitig löste die Äußerung eines Rechtsbegriffs wie Eigentum bei dem Empfänger eine Emotion aus, die diesen in der Regel dazu verleite, sich dem Recht zu beugen und das Eigentum des anderen hinzunehmen.[132] Das rechtfertige den Fortgebrauch dieser Begriffe, da eine entsprechende Konditionierung in der Gesellschaft auf eben solche Begriffe zu erkennen sei. Rechtsregeln enthielten Handlungsanweisungen für ihren Adressaten in bestimmten Situationen. Durch ein Studium der existierenden Rechtsquellen sei es möglich, diese Handlungsanweisungen wahrzunehmen. Derartige Handlungsmuster könnten mit den hergebrachten Rechtsbegriffen bezeichnet werden, ohne dass dies bedeute, dass die Rechtsbegriffe real existierende Ideen ausmachten.[133]

Bei dem Versuch die Rechtssprache entsprechend der rechtsrealistischen Idee auszugestalten kamen die Rechtsrealisten folglich zum Schluss, dass herge-

129 Bjarup, Skandinavischer Realismus, S. 88.
130 Strang, Retfærd 2009, Nr. 1/124, 62, 76.
131 Ross, Sc.St.L. 1957, 137, 149ff.
132 MacCormack, The Juridical Review 1970, 33, 51.
133 Olivecrona, Rätt och Dom, S. 143ff.

brachte Begrifflichkeiten nach Möglichkeit zu vermeiden seien. Wenn das nicht möglich sei, sollten sie aber entsprechend der rechtsrealistischen Lehre ausgelegt werden. Es wurde dabei nicht diskutiert, zu welchen Unklarheiten eine derartige Weiterverwendung vermeintlich überkommener Begriffe führen könnte.

3. Gesellschaftspolitische Bestrebungen der Rechtsrealisten

Da die Rechtsrealisten die soziologischen und praktischen Aspekte von Recht in ihr Blickfeld nahmen und es als gesellschaftliches Phänomen auffassten, lag es nahe, ihre Erkenntnisse auch auf politischer Ebene einzubringen. Das gilt jedenfalls für die Hochzeit der Uppsala-Schule in den 1920-Jahren, in denen dem Rechtsrealismus eine pluralistische Demokratisierung und Modernisierung entgegenkam. Der schwedische Rechtsrealismus hatte durchaus auch gesellschaftspolitische Ambitionen und reformistische Züge. Recht sollte zweckgerichtet verstanden werden und bei seiner Anwendung das Gemeininteresse der Gesellschaft beachtet werden. Die sozialen Konsequenzen von Rechtsregeln standen im Vordergrund. *Lundstedt* erklärte, dass es keine Rechtsnormen gebe, die die Rechtsverhältnisse bindend bestimmten. Stattdessen werde das Verhalten insbesondere von Richtern dadurch bestimmt, »welche Wirkungen die eine oder die andere Art des Urteilens auf das Gemeinwesen und seine Ordnung hat«.[134] Bei der Auslegung von Normen solle der gesellschaftliche Allgemeinnutzen (*samhällsnyttan*) als Entscheidungskriterium herangezogen werden.[135] Weil sich Recht nicht auf ideologische Quellen berufen könne, müsse es auf Fakten aus der Gesellschaft zurückgreifen:

> *»for a view of law which itself is freed from legal ideology, there is nothing on which to base arguments except social realities, i. e. people, as they are physically and psychically constituted, the facts which form conditions precedent for people's relations to each other, these relations themselves, and the actual aspirations of people.«*[136]

Der Gesellschaftsnutzen ersetzte das vorgegebene Konzept.

Das politische Schweden, das der Phase des Rechtsrealismus voranging, war geprägt von einem Machtgespann aus Aristokratie und Kirche. Die Vertreter des Rechtsrealismus fassten die hergebrachten Rechtskonzepte als Zeichen von Rückständigkeit und als Stütze dieser Politik auf, die es für sie zu ändern galt.[137] Sie verstanden Recht als Vehikel zur Veränderung gesellschaftlicher und sozialer Strukturen (*social engineering*). Gerade die Historische Schule mit ihrer Rück-

134 Lundstedt, Die Unwissenschaftlichkeit der Rechtswissenschaft, S. 261.
135 Illum, Sc.St.L. 1968, 49, 57.
136 Lundstedt, Law and Justice, S. 476.
137 Alexander, 50 Am. J. Comp. L. 131, 167ff.

besinnung auf eine gewachsene Rechtsordnung erschien ihnen in diesem Rahmen als reaktionär. Sie sahen in der Abkehr von deren Konzepten eine Möglichkeit, die Macht auf die vom Volk bestimmte Legislative zu verschieben, und so einem demokratischen Aufschwung den Weg zu bereiten, in dem Recht allen und nicht Einzelnen dienen sollte. Indem sich die Rechtsphilosophen auch aktiv politisch betätigten, erweiterten sie das Einflussgebiet ihrer Gedanken, die so einem breiteren Publikum zuteilwurden, als nur einem kleinen Kreis interessierter Juristen. Mehrere einflussreiche Vertreter der Uppsala-Schule standen der Sozialdemokratie nahe. *Lundstedt* war neben seiner Professur von 1929–1948 aktiv als Abgeordneter des schwedischen Parlaments für die sozialdemokratische Partei tätig.[138] *Undén* war ebenfalls Sozialdemokrat, Regierungsmitglied und fast zwanzig Jahre Außenminister Schwedens.[139] Die funktionale Auffassung des Eigentums als etwas, das zwischen mehreren nach Bedarf teilbar war, weil es kein untrennbares Ganzes darstellte, kam der Bildung eines Wohlfahrtsstaats nach sozialdemokratischen Verteilungsmustern entgegen, in dem jeder nach seinen Bedürfnissen an allgemeinen Gütern teilhaben sollte. Die Aufteilung nach Funktionen sollte es ermöglichen, den Wert des Eigentums je nach Funktion unter Einsatz von steuerrechtlichen, verbraucherschützenden oder ähnlichen Regelungen wohlfahrtsadäquat auf verschiedene Akteure zu verteilen.

Die Idee der Rechtsrealisten vom realistischen Recht als Vehikel für politische Reformen zu einem Wohlfahrtsstaat blieb jedoch vergleichsweise unspezifisch. Politische Bestrebungen spielten für die skandinavische Strömung insgesamt eine geringere Rolle als für die Vertreter des Rechtsrealismus in den USA.[140]

4. Das Eigentum im Rechtsrealismus

Während sich die frühen Rechtsrealisten um *Torp* mit der unmittelbaren Rechtsanwendung auseinandersetzen und sich dabei insbesondere dem Eigentum und der Übereignung zuwandten, war dies nicht das vorrangige Ziel der Uppsala-Schule. Deren Vertreter beschäftigten sich in ihren Abhandlungen zwar auch mit dem Eigentum, nahmen es aber zugleich nur als geeignetes Beispiel, um ihre philosophischen Rechtsansichten zu illustrieren.[141] Da sie von einem philosophischen Standpunkt aus das Recht untersuchten, war ihr Betätigungsfeld weiter gesteckt und erfasste Rechte und Pflichten im Allgemeinen, so dass auch strafrechtliche und völkerrechtliche Aspekte in ihrem Fokus lagen. Vornehmlich

138 Laurén, SvJT 2010, 821, 824.
139 Wiklund, Juristokratin och den Skandinaviska rättsrealismens uppgång och fall, S. 588.
140 Alexander, 50 Am. J. Comp. L. 131, 165.
141 Rakneberg Haug, EPLJ 2017, 236, 254.

Ross entwickelte dann doch die von *Torp* vorgebrachte Relativierung des Eigentums und den veränderten Blick auf den Eigentumsübergang weiter und verband Rechtsphilosophie mit Rechtsanwendung im Sachenrecht. Im Gegensatz zu den frühen Rechtsrealisten war aber auch *Ross* vornehmlich von der Kritik an metaphysischen Konzepten geprägt und angetrieben. Eigentum stellt ein solches Konzept in den Augen der Rechtsrealisten dar; es ist gleichsam die konkretere Form eines Rechts und den korrespondierenden Pflichten.

Das Bild vom Eigentum, das rechtsrealistisch geprägt ist und sich so von anderen Definitionsversuchen absetzt, könnte danach folgendermaßen aussehen: Das entscheidende Merkmal liegt darin, dass eine realistische Definition des Eigentums nicht allein objektfokussiert ist, sondern auf Personenverhältnisse ausgerichtet ist. Eigentum befähige Individuen dazu, mit Hilfe vom Staat zur Verfügung gestellter Mittel andere von einer Sache auszuschließen oder diesen Ausschluss aufzuheben.[142] Da das Eigentum nicht naturrechtlich vorbestimmt ist, sondern von der Rechtsgestaltung unterworfenen Fakten bestimmt wird, ist es in seiner Ausgestaltung flexibel. Daraus folgt für die Rechtsrealisten gleichzeitig, dass es nicht im Vorhinein definierbar ist, weil sich diese Vorbestimmung in Widerspruch zur Faktenabhängigkeit setzen würde. Eigentum repräsentiert nur »die je konkrete Rechteverteilung«.[143] In diesem Sinne betont *Lundstedt*, dass der Schutz des Eigentums und die Macht, die es verleihe, nichts seien, was dem Eigentum im Augenblick der Inanspruchnahme innewohne. Sondern etwas, was im Nachhinein durch prozessuale Mittel, die der Staat bereitstelle, durchgesetzt werde. Das sei aber zu spät. Damit kritisierte er insbesondere die Vorstellung der Historischen Rechtsschule vom Eigentum als »geschütztem Interesse«.[144] Die Macht entspringe gerade nicht dem Eigentum, sondern basiere auf einem durchsetzungsfähigen Staat.[145] Auch *Undén* hob diesen politischen Aspekt hervor und sah ergänzend die Gefahr, dass die Rechtswissenschaft ihre Wissenschaftlichkeit verliere, wenn man das Eigentum als »a priori- Prinzip« hinnehme.[146]

5. Kritische Stimmen in Schweden

Auch wenn der skandinavische Rechtsrealismus die nachfolgende Rechtswissenschaft prägte, wurde er nicht ohne Kritik aufgenommen. Da es sich um eine Bewegung handelte, die stark von Individualisten geprägt wurde, kam die Kritik auch aus den eigenen Reihen. Erwähnenswert ist an dieser Stelle *Strahl*, der sich

142 Cohen, Rutgers Law Review 1954, 357, 378.
143 Goldhammer, Geistiges Eigentum und Eigentumstheorie, S. 55.
144 PEL/ Lurger/Faber, Acquisition and Loss of Ownership of Goods, S. 269.
145 Lundstedt, Legal Thinking Revised, S. 85.
146 Undén, Svensk Sakrätt, S. 58.

selbst als Befürworter des Rechtsrealismus bezeichnete, aber mit den Ansichten gerade *Olivecronas* nicht vollkommen einverstanden war.[147] Er knüpfte seine Kritik vornehmlich an die Annahme, dass alle Rechtsregeln nur aus der Beobachtung und Untersuchung von Fakten gefolgert werden könnten.[148] Er entgegnete diesem Anspruch, dass die Realität derart mannigfaltige Einzelfälle hervorbringe, dass eine Regelfindung auf dieser Grundlage gar nicht gangbar sei. Hinzukomme, dass sich Menschen nicht regelkonform verhielten, weswegen aus ihrem Verhalten erst recht nicht auf eine Regel geschlossen werden könne. Es lasse sich nicht beweisen, dass eine Rechtsregel in der Wirklichkeit existiere, wenn sie nicht befolgt oder durchgesetzt werde. Ähnliches gelte für Rechte selbst. Es könne mitunter schwierig sein, aus rein tatsächlicher Anschauung auf ein Recht zu schließen. Ein Recht wie das Eigentum bestehe auch unbestritten dann, wenn der Rechtsinhaber sein Recht nicht ausübe oder sogar nicht ausüben könne, weil er beispielsweise nicht im Besitz seiner Sache sei.[149] Gleichzeitig sei der Dieb nicht Eigentümer, auch wenn sein tatsächliches Gebaren dafür spreche. Dies entspreche der einhelligen Auffassung. Daher könnten Rechtsregeln nicht bloß solche sein, denen gefolgt werde.

Angriffen war auch die radikale Auffassung *Lundstedts* ausgesetzt, dass es keine Rechte, Rechtsregeln oder Rechtsprinzipien geben könne und sie daher abzuschaffen seien. Dies wurde als zu extrem abgelehnt, da eine Gesellschaft ohne sie nicht funktioniere. Stattdessen gelte es, Recht in seinem gesellschaftlichen Rahmen zu verorten und Rechte nicht als gegeben, sondern als kommunikative und verhaltensbestimmende Faktoren zu verstehen, die durch jeden Rechtsanwender beständig verändert werden, und deren steter Abgleich mit der komplexen Realität sicherzustellen sei.[150] Weiterhin wurde seine Idee vom Gesellschaftsnutzen als ebenso subjektiv wie ein Konzept kritisiert, da es einen objektiven Nutzen nicht gebe, sondern dessen Annahme stets von subjektiven Erfahrungen geprägt sei.[151] Die kritischen Stimmen erwiesen sich in Schweden nicht als durchschlagend.

V. Warum Schweden?

Die funktionale Methode war in Schweden nicht immer das Mittel der Wahl. Noch im 19. Jahrhundert hob sich das schwedische Sachenrecht nicht von Rechtsordnungen im übrigen Europa ab. Daher fragt sich, wie es zu dem Um-

147 Strahl, SvJT 1941, 302, 312.
148 Strahl, SvJT 1941, 302, 306f.
149 Strahl, SvJT 1941, 302, 309f.
150 Glavå/Petrusson, Illusionen om rätten, S. 112 und 119.
151 Arvind, Beyond ›Right‹ and ›Duty‹: Lundstedt's Theory of Obligations, S. 178.

schwung kam und was dem Rechtsrealismus in Schweden den Weg ebnete. Die Hinwendung des schwedischen Sachenrechts zu einer funktionalen Methode muss im Lichte der historischen Entwicklung des Zivilrechts in Schweden gesehen werden, die unter dem Einfluss von einerseits ausländischem Recht und andererseits philosophischen Strömungen stand. Das wirft aber auch die Frage auf, warum gerade in Schweden oder Skandinavien diese Veränderung eintrat, ohne sich auf die Rechtsordnungen des europäischen Kontinents auszubreiten.[152] An dieser Stelle lassen sich nur Vermutungen aufstellen, aber es lassen sich verschiedene Faktoren aufzeigen, die eine Rolle gespielt haben dürfen. Wie bereits dargelegt, bilden die skandinavischen Staaten aufgrund ihrer geographischen Lage und Nachbarschaft, einer gemeinsamen Sprachfamilie und einer engen Verflechtung der Herrschaftsverhältnisse über eine lange Zeitspanne eine Einheit, die sich zwar national im Inneren vielfältig unterscheidet, sich aber doch gemeinsam vom kontinentalen Europa isoliert. Da sich die Länder außerhalb des Herrschaftsbereichs des deutsch-römischen Reichs befanden, wurde das Gemeine Recht (*ius commune*) der frühen Neuzeit, das auf dem römischen Recht gründete, dort nie formell eingeführt.[153] Die Zersplitterung des Rechts in Gemeines Recht, Kanonisches Recht, Ständerechte und Städterechte im kontinentalen Europa, derer man mit aufwendigen Kodifikationen Herr werden wollte, gab es in diesem Ausmaße in Schweden nicht. Das vergleichsweise simple Recht und das Fehlen unterschiedlicher Rechtsquellen machte Kodifizierungen nicht nötig.[154] Im ausgehenden 19. Jahrhundert – der Zeit der ersten rechtsrealistischen Gehversuche – setzte zudem ein gewisser Skandinavismus auf dem Gebiet der Rechtwissenschaften in den nordischen Staaten ein. Die Universitäten stockten die Zahl ihrer rechtswissenschaftlichen Lehrstühle auf und besetzten sie mit Landsleuten.[155] Darin zeigt sich ein Streben, etwas »Eigenes« aufzubauen und sich von den ausländischen Rechtseinflüssen zu emanzipieren.[156] Nicht zu unterschätzen ist auch, dass der Rechtsrealismus maßgeblich von einem kleinen

152 Eine ähnliche Idee konnte sich beispielsweise in Deutschland nicht durchsetzen: Die Bewegung der Freirechtsschule in Deutschland zu Beginn des 20. Jahrhunderts. Diese postulierte eine radikal freie Rechtsfindung durch den Richter und wies darin Parallelen zum Rechtsrealismus auf.

153 Allerdings ist bereits in den Begründungen der Gerichtsentscheidungen des 17. Jahrhunderts in Schweden eine Kenntnis der Rechtsregeln des Gemeines Rechts, insbesondere des *Corpus Iuris Civilis*, zu bemerken, die jedoch verdunkelt wurde, da die Urteile selbst nur schwedische Terminologie enthalten durften. Diese Urteile bildeten die Grundlage des Gesetzbuchs von 1734, sodass ein gewisser römisch-rechtlicher Einfluss des schwedischen Zivilrechts nicht von der Hand zu weisen ist, Jägerskiöld, Sc.St.L. 1967, 175, 178.

154 Husa, Nordic Law – Between Tradition and Dynamism, S. 25.

155 Björne, SZ (Germ. Abt.) 2010, 262, 272.

156 Da sich im ausgehenden 19. Jahrhundert auch in Deutschland eine Methodenkritik gegenüber allzu rigoroser Begriffshörigkeit Bahn brach, dürfte auch ein Blick nach Deutschland zu der Entwicklung in Schweden mit beigetragen haben.

Kreis von Juristen und Rechtsphilosophen geprägt wurde, die alle Skandinavier waren und kaum internationale Bestrebungen erkennen ließen.[157] Der rechtswissenschaftliche Austausch zwischen Schweden und Deutschen muss auch eher als Einbahnstraße bezeichnet werden, da die Schweden deutsches Recht rezipierten, aber dies umgekehrt, nicht zuletzt wegen der Sprachbarriere, ausblieb.[158] Es kommt hinzu, dass schwedische Juristen, die lehrend tätig waren, häufig auch in der Politik tätig wurden oder in die Gesetzgebung einbezogen waren und so zwangsläufig mit der Praxistauglichkeit von Recht und daraus resultierenden Billigkeitslösungen konfrontiert waren. Das schwedische Rechtswesen vertraut traditionell auf eine starke Einbindung von Laien, was einer pragmatischen, wenig formalistischen Rechtsmethodik entgegenkam.[159] Das spiegelt sich auch in dem Umstand wider, dass vor Gericht kein Anwaltszwang herrscht und sich eine Prozesspartei auch von einem Laien vertreten lassen kann.[160] Hinzu kommt eine zunehmende Hinwendung zum Common Law im 20. Jahrhundert, was den Blick für eine praktische, fallorientierte Rechtsanalyse schärfte. Letztlich entspricht ein pragmatisches Recht wohl auch der skandinavischen Mentalität.[161] In Anlehnung an *Nipperdey* fasst *Björne* zusammen, dass die »Theoriesucht der Deutschen und ihre Neigung zum Grundsätzlichen den nordischen Rechtswissenschaftlern völlig fremd war.«[162] Kurz: die rechtsrealistische, funktionale Methode fiel in Schweden auf fruchtbaren Boden. Demgegenüber war – um bei diesem Bild zu bleiben - das juristische Feld in Kontinentaleuropa und vor allem in Deutschland schon bestellt.

Der skandinavische Rechtsrealismus hat im deutschen Recht keine nennenswerten Spuren hinterlassen. Die Gründe dafür sind mannigfach. Ein Hauptgrund ist in der historisch gewachsenen Rechtslandschaft in Deutschland zu suchen. In Deutschland gab es eine vielschichtige Gesetzgebung, die Rechtsanwendung war professionalisiert und basierte auf einer Rezeption des römischen Rechts. Im 19. Jahrhundert setzte sich das Streben nach einer feingliederigen Systematisierung des Rechts durch, die in der Schaffung des BGB mündete. Dieses gilt in seinen Grundannahmen und Strukturen noch heute unverändert. Wo ein funktionierendes, etabliertes System besteht, hat es ein neuer Denkansatz schwer. Dabei ist es nicht so, dass die Gedanken des Rechtsrealismus dem deutschen Recht völlig fremd wären. In Form der Interessenjurisprudenz und der nachfolgenden Wertungsjurisprudenz wurden gesellschaftliche Interessen

157 Einschränkend muss man aber festhalten, dass diverse Abhandlungen der schwedischen Vertreter der Uppsala-Schule in die deutsche und englische Sprache übersetzt wurden.

158 Björne, SZ (Germ. Abt.) 2010, 262, 280.

159 Pihlajamäki, 52 American Journal of Comparative Law 2004, 469, 486f.

160 Vgl. Husa, Nordic Law – Between Tradition and Dynamism, S. 22f.

161 Kohler, Die Entwicklung des schwedischen Zivilprozessrechts, S. 153.

162 Björne, SZ (Germ. Abt.) 2010, 262, 291.

und Billigkeitserwägungen in die Rechtsentwicklung eingegliedert. Dies geschah aber nicht in Form einer radikalen Wende, sondern im Rahmen einer stetigen, schrittweisen Entwicklung, die an den Grundsätzen der Begriffsbedeutung festhielt.

VI. Die funktionale Methode in anderen Ländern

Die funktionale Methode hat sich nicht nur in Schweden durchgesetzt, sondern ist auch in den skandinavischen Nachbarstaaten bekannt. Dies basiert auf der engen Zusammenarbeit und gegenseitigen Einflussnahme in diesen Ländern. Daneben entwickelte sich in den USA eine vergleichbare, ungefähr zeitgleich entstehende Strömung, geprägt durch den sogenannten amerikanischen Rechtsrealismus.[163] Eine gegenseitige Beeinflussung ist hier nicht zu erkennen. Es kann aber nicht ausgeschlossen werden, dass amerikanische Rechtsrealisten vereinzelt mit schwedischem Material in Kontakt kamen, wie das auch umgekehrt möglich ist. Als prägend wurde dies jedoch nicht empfunden.[164] Erst im Nachgang seiner Studien erkannte *Ross* die Parallelität und betonte die Ähnlichkeiten der beiden Strömungen:

> »*There should, I think, be good possibilities for a contact between Scandinavian and Anglo-American views in legal philosophy. In both these cultural circles a decisive tendency towards a realistic conception of the legal phenomena is traceable; by this I mean a conception which in principle and consistently considers the law as a set of social facts – a certain behavior and ideas and attitudes connected with it – and the study of the law as a ramification of social psychology. This realistic conception is decidedly opposed to the traditional continental view, which, since the days of Natural Law and Kant's idealistic philosophy, has tried to interpret the law in principle as a system of binding norms deriving their validity from certain a priori principles of justice.*«[165]

Trotz seiner Ähnlichkeiten mit dem skandinavischen Rechtsrealismus hat sich die amerikanische Variante anders entwickelt und beansprucht eine eigenständige Rolle im Kreis der rechtsphilosophischen Theorien. Es lohnt sich aber dennoch auch im hiesigen Kontext ein Blick auf den amerikanischen Rechtsrealismus, da die dort hervorgebrachten Argumentationen auch zum Verständnis der schwedischen Sichtweise beitragen.

---

163 Carlson, The Fundamentals of Swedish Law, S. 51.

164 Der Schwede *Lundstedt* soll beispielsweise die Schriften des amerikanischen Realisten *Pound* in seinen Arbeiten zugrunde gelegt haben, was er jedoch bestritt, Kohler, Die Entwicklung des schwedischen Zivilprozessrechts, 155.

165 Ross, Towards a realistic Jurisprudence, S. 9.

1. Die funktionale Methode in anderen Teilen Skandinaviens

Die Idee der funktionalen Methode beschränkt sich nicht auf das schwedische Recht, sondern findet sich auch in den Rechtsordnungen der Nachbarländer Norwegen, Finnland und Dänemark wieder.[166] In Norwegen wird das Phänomen mit *relasjonell eiendomsrett* (relationales Eigentumsrecht) bezeichnet, in Dänemark firmiert es unter dem Begriff *relativitetsteori* (Relativitätstheorie), wodurch beide die Relativität im Sachenrecht hervorheben. In der Begründung gleichen sich die Rechtsordnungen, was mit der engen nordischen Zusammenarbeit und regem wissenschaftlichen Austausch in diesem Bereich zusammenhängt. In Norwegen war es vor allem *Hagerup*, der nach anfänglicher Sympathie für den Positivismus der Deduktion aus Begriffen eine Rechtserzeugungskraft absprach. Er sah darin die Gefahr, dass der reine Rückgriff auf vermeintlich objektive Begriffe übersehe, dass diese nicht naturgegeben, sondern subjektiv seien, und daher einer ständigen Abgleichung mit der Realität und aktuellen Rechtsregeln bedürfen.[167] Wie in Schweden änderte dieser Blick auf Konzepte auch das Verständnis vom Eigentum. Die bisherige Auffassung wurde als irrational empfunden, da das Eigentum nicht mehr als die Summe seiner Funktionen sei.[168] Tatsächlich forderten wie bereits dargelegt gerade dänische Juristen Anfang des 20. Jahrhunderts eine Abwendung vom Konzept des Eigentums für den Transfer von Vermögensgegenständen hin zu einer praktikableren, fallgruppenbezogenen Methode.[169] Denn solange eine Transaktion noch nicht vollständig abgeschlossen sei, könne weder der Käufer noch der Verkäufer als Eigentümer »in jeder Beziehung« gelten, da sich die Rechtslage noch stetig verändere.[170] In Norwegen galt das funktionale Eigentumsverständnis spätestens in den 1960er Jahren als fest etabliert.[171] Wie in Schweden hat auch in Norwegen, Dänemark und Finnland die daraus resultierende Unterscheidung nach dynamischem und statischem Sachenrecht Einkehr in das jeweilige Rechtssystem gehalten.

2. Die funktionale Methode in den USA

Eine ähnliche Strömung wie die der skandinavischen funktionalen Methode entwickelte sich auch in den USA. Als Verfechter einer funktional-pragmatischen Lösung trat dort besonders *Karl Llewellyn* hervor. *Llewellyn* betonte die Zweck-

166 Lilja, National Report on the Transfer of Movables in Sweden, S. 17.
167 Andersen, SvJT 1945, 426, 428.
168 Brækhus/Hærem, Norsk Tingsrett, S. 375ff.
169 Færstad, National Report on the Transfer of Movables in Norway and Danmark, S. 214.
170 Brækhus, Omsetning og kreditt, S. 20.
171 Brækhus/Hærem, Norsk Tingsrett, S. 377.

orientierung des Rechts und verstand es rein funktional. Er postulierte, dass Recht allein anhand seiner Wirkungen in der Gesellschaft zu beurteilen sei. Es gehe um einen realistischen Blickwinkel und darum, wie Recht im Jetzt *sei*. Erst in einem zweiten Schritt lohne sich ein Blick darauf, wie Recht sein *solle*.[172] Er wirkte an der Ausarbeitung des *Uniform Commercial Code* mit, der als funktional geprägte Kodifikation gilt.[173] In den USA wird diese Methode nicht als *functional approach*, sondern stattdessen mit Umschreibungen wie »*step by step performance*« oder als »*narrow issue approach*« bezeichnet.[174] So stellt der offizielle Kommentar zu § 2–401 *Uniform Commercial Code*, der unter der Überschrift »*Passing of Title; Reservation for Security [...]*« steht, ausdrücklich klar: »*This Article [Chapter] deals with the issues between seller and buyer in terms of step by step performance or non-performance under the contract for sale and not in terms of whether or not ›title‹ to the goods has passed.*«[175] Von der Idee her ist die Behandlung des Eigentums in der Transaktion im amerikanischen Recht der schwedischen ganz ähnlich. Eigentum wird nicht als unteilbares Ganzes angesehen: »*Ownership, or the right of property is, moreover, not a single indivisible concept but a collection or bundle of rights, of legally protected interests*«.[176] Genauso wie im schwedischen Recht wird dem Eigentum in der Transaktion keine Bedeutung beigemessen. Aus dem Grund der »Unfassbarkeit« des Eigentums wurde der Schluss gezogen, stattdessen auf beweisbare Fakten und Handlungen zurückzugreifen, um Rechtsfolgen im Rahmen einer Transaktion zu bestimmen.[177] Es soll nicht auf den Übergang des Eigentums[178] ankommen, sondern auf die einzelnen Aspekte, die im Verlaufe eines Verkaufs von Bedeutung sein können. Es werden die Absonderung der Sache für den Käufer, die Übergabe an einen Transporteur, die Abnahme durch den Käufer und die Kaufpreiszahlung als Beispiele für mögliche Aspekte aufgezählt, die bei einer Transaktion eine Rechtsfolge nach sich ziehen können.[179] »*Passing of Title*«, der Übergang des Eigentums, soll nur für Fälle gelten, die nicht schon im *Uniform Commercial Code* anderweitig geregelt sind. Es soll als Auffanglösung für unvorhergesehene Situation mit Relevanz für das Eigentum dienen: »*title location*

172 Llewellyn, 44 Harvard Law Review 1931, 1222, 1224.
173 Lilja, Concepts, Functional Approaches, and Argumentation Analysis in the Field of the Transfer of Movables, S. 18.
174 Stone, Uniform Commercial Code in a Nutshell, S. 46.
175 Uniform Commercial Code : official text with comments, herausgegeben von The American Law Institute.
176 Brown, The Law of Personal Property, S. 6.
177 Stone, Uniform Commercial Code in a Nutshell, S. 44.
178 »Title« im Sinne des Uniform Commercial Code meint Eigentum, Tabac, 50 Md. L. Rev. (1991), 408, 410.
179 Stone, Uniform Commercial Code in a Nutshell, S. 47.

[...] under the UCC is the last thing [a researcher] looks to«.[180] Dies gilt aber nur für den Anwendungsbereich des *Uniform Commercial Code*, mithin für die rechtsgeschäftlichen Transaktionen von Eigentum. Außerhalb davon, hierzu gehören insbesondere Steuer- und Strafgesetze, ist ein Zurückgreifen auf »*passing of Title*« erlaubt. Geht es um die Strafbarkeit eines Diebstahls oder die Besteuerung von einem Verkauf in einem bestimmten Bundesstaat, ist nur ein Zeitpunkt entscheidend, weswegen auf den »*Title*« zurückgegriffen werden muss.[181] Da § 2–401 *Uniform Commercial Code* Regeln für das »*passing of Title*« aufstellt, ist es möglich, diese dann zu Rate zu ziehen.

In den USA formulierte *Llewellyn* die herrschenden Zweifel an der Relevanz von Eigentum in der Transaktion am eindrücklichsten und ganz ähnlich zu *Ross:*

> »*To a silly issue no sane answer is possible. This one we currently pose thus: Has Title passed? And solve by locating a mythical – or should I say more accurately ›mystical‹? – essence known as Title, which is hung over the buyer's head or the seller's like a halo. Halos are, it appears, indivisible. And there is only one halo for buyer and seller to make out with. [...] Nobody ever saw a chattel's Title.*«[182] Und er führt weiter aus: »*[Title] remains, in the sales field, an alien lump, undigested. It even interferes with the digestive process.*«[183]

Nach seinem Dafürhalten sei ein Konzept wie »Title« zu theoretisch und zu statisch für eine dynamische Situation wie der Verkauf von Sachen. Denn die Verkaufssituationen seien zu unterschiedlich, um alle aufkommenden Fragen über die Zuordnung des »Title« an den Käufer oder den Verkäufer zufriedenstellend zu beantworten. Dies sei nur sinnvoll in Fällen eines »einaktigen« Verkaufs, bei dem die Ware sofort vollständig bezahlt werde und direkt übergeben werde. Schon bei Verkäufen, bei denen dies zeitlich gestreckt werde, entspreche eine Lösung über das Konzept des »Title« nicht der Vielschichtigkeit der wechselnden Interessenlagen in dieser Situation. Ein Verkauf erfordere so viele unterschiedliche Aktionen der Beteiligten, die die Lage schrittweise veränderten, dass ein statisches Konzept ungeeignet sei, den jeweiligen Status gerecht abzubilden. In der Übergangsphase sei es sinnlos, der einen oder anderen Seite den »Title« zuzuordnen, weil noch nicht alle Befugnisse, die damit einhergehen, auf eine Partei verteilt seien.[184] *Llewellyn* wollte jedoch nicht das ganze Konzept des »Title« aufgeben, sondern erkannte an, dass es durchaus eine »Auffangfunktion« haben könne, wenn sich eine andere Problemlösung nicht anbiete.[185] Als Ziel verfolgte er eine Lösung, die gerade von juristischen Laien durch unmittelbare

180 Stone, Uniform Commercial Code in a Nutshell, S. 51.
181 Stone, Uniform Commercial Code in a Nutshell, S. 50.
182 Llewellyn, N.Y.U. L. Q. 1938, 159, 165.
183 Llewellyn, N.Y.U. L. Q. 1938, 159, 169.
184 Llewellyn, N.Y.U. L. Q. 1938, 159, 166ff.
185 Llewellyn, N.Y.U. L. Q. 1938, 159, 170.

Lektüre des Gesetzes verstanden und angewendet werden könne. Konzepte, die erst noch einer zusätzlichen Erklärung ihres Inhalts bedürften, seien dabei hinderlich.[186]

Ebenso wie im schwedischen Recht hat diese Änderung des Rechtsverständnisses in den USA rechtsphilosophische Hintergründe. Die anti-dogmatischen Reflexionen des amerikanischen Rechtsrealismus des späten 19. und frühen 20. Jahrhunderts beeinflussten das Rechtsdenken über einen rein philosophischen Bereich hinaus. Der amerikanische Rechtsrealismus kritisierte die formell-analytisch Sichtweise, die Recht als ein geschlossenes und autonomes System auffasste. Vielmehr handele es sich bei Recht um einen organischen Teil der Gesellschaft, der es zu dienen bestimmt sei. Recht wurde nicht nur als ein Konstrukt fester Regeln, sondern als sozial-determiniert und veränderlich verstanden.[187] Wichtiger als die Kohärenz theoretischer Rechtsfragen war die Analyse der praktischen Folgen der unmittelbaren Rechtsanwendung. In dieser Weise beantwortet ein Vertreter des amerikanischen Rechtsrealismus, *Holmes*, die Frage, was Recht sei, so:

> *»But if we take the view of our friend the bad man then we shall find that he does not care two straws for the axioms or deductions, but that he does want to know what the [...] courts are likely to do in fact. I am much of his mind. The prophecies of what the courts will do in fact, and nothing more pretentious, are what I mean by the law.«*[188]

Darin lag ein charakteristisches Merkmal des amerikanischen Rechtsrealismus, der zwar auch beim skandinavischen Pendant Widerhall fand, aber dort nicht in diesem Maße im Fokus stand. Die Aufgabe der Rechtswissenschaft wurde folglich vorrangig in der Prognose von Gerichtsentscheidungen gesehen. Hier wird einmal mehr deutlich, wie wichtig den Vertretern des Rechtsrealismus die Verständlichkeit von Recht für den Laien in seinem Alltag war, auch mit dem Hintergedanken, diesen in seinem Verhalten zu determinieren. Gleichzeitig waren Gerichtsentscheidungen für sie maßgeblich nicht durch die Gesetze, sondern durch die sozialen Einflüsse, die auf die Richter wirkten, vorbestimmt. Die Regelskepsis war dabei eher eine »Ergebnisskepsis«, in dem Sinne, dass das Ergebnis einer Entscheidung im Einzelfall weniger durch das vorhandene Gesetzesrecht als vielmehr von den subjektiven Erfahrungen des Richters geleitet wurde.[189] Die anti-metaphysische Einstellung aus Skandinavien war im amerikanischen Rechtsrealismus hingegen weniger ausgeprägt.

186 Lilja, Concepts, Functional Approaches, and Argumentation Analysis in the Field of the Transfer of Movables, S. 16f.

187 Hilgendorf in Hilgendorf/Joerden, Handbuch Rechtsphilosophie, S. 161f.

188 Holmes, Harvard Law Review 10 (1897), 457, 460f.

189 Arvind, Beyond ›Right‹ and ›Duty‹: Lundstedt's Theory of Obligations, S. 155.

Es zeigt sich, dass die beiden Spielarten des Rechtsrealismus unterschiedliche Nuancen aufweisen. Zugleich sind beide jedoch in ihrer Kritik an Rechtskonzepten, dem Streben nach Pragmatismus und vor allem, sachenrechtlich relevant, in ihrer Ablehnung des Eigentums als selbständiger Begründungseinheit im Recht vereint.

VII. Wiederentdeckung der funktionalen Methode

Nachdem es um die schwedischen Rechtsphilosophen still geworden war und die funktionale Methode Einkehr in den allgemeinen Rechtsgebrauch in Schweden gefunden hatte, schien der Bedarf an Erklärungen und Abhandlungen darüber erloschen zu sein. Dies änderte sich Anfang des 21. Jahrhunderts mit Aufkommen der europäischen Idee von einem vereinheitlichten Sachenrecht für die Länder der Europäischen Union. So, wie die frühen Rechtsrealisten in Dänemark im ausgehenden 19. Jahrhundert ihr neues Verständnis vom »fragmentierten« Eigentum dem skandinavischen Publikum vorstellten, berichten heute schwedische Juristen auf europäischer Ebene von der »besonderen« Art des Eigentumsverständnisses in ihrer Heimat. Denn augenscheinlich erfolgten die Entwicklungen, die das schwedische Sachenrecht in den vergangenen bald 150 Jahren genommen hat, vom kontinentaleuropäischen Diskurs weitgehend unbeachtet. Die Andersartigkeit der schwedischen Sichtweise des Sachenrechts geriet erst jetzt bewusster in das Blickfeld internationaler Gelehrter im restlichen Europa.[190] Dies geschah im Zuge der Diskussionen um den *Draft Common Frame of Reference (Principles, Definitions and Model Rules of European Private Law)*, kurz *DCFR*, einem Text mit Regelvorschlägen für ein europäisches Zivilgesetzbuch, der von einer von der EU eingesetzten Studiengruppe, die mit internationalen, anerkannten Akademikern aus dem Bereich des Zivilrechts besetzt wurde, erarbeitet wurde. Der Vorschlag enthält auch Regeln zu einem vereinheitlichten Sachenrecht. Dabei zeigte sich, dass sich die skandinavische und die kontinentaleuropäische Vorstellung von Sachenrecht und insbesondere Eigentum nicht decken. Seitdem sind vereinzelte Aufsätze entstanden, die sich mit dem »Phänomen« der funktionalen Methode in Schweden auseinandersetzen, um eine Verständigung zu fördern. Versucht man eine Einordnung der heutigen Vertreter der skandinavischen Methode in die Entwicklung des Rechtsrealismus, kann man sie als »moderne« Rechtsrealisten bezeichnen. Die »modernen« Rea-

190 Dies ist insofern etwas überraschend, als dass die schwedische funktionale Methode stark an das US-amerikanische Eigentumsverständnis vom Eigentum als Rechtebündel erinnert, die dort als herrschend bezeichnet werden kann, und dieser Umstand auch in Europa bekannt ist (vgl. Goldhammer, Geistiges Eigentum und Eigentumstheorie, S. 66ff.).

listen erinnern an die frühen Realisten, da sie sich mit der praktischen Rechtsausübung auseinandersetzen und weniger die philosophischen Hintergründe betonen, so dass die Uppsala-Schule nicht fortgeführt wird, sondern eher am Rande erklärende Erwähnung findet.

VIII. Zusammenfassung

Die Rechtsrealisten haben ihre Ideen über ein praktisches Recht zum Nutzen der Gesellschaft nicht über Nacht erfunden, sondern die Ideen haben sich in einem langjährigen Prozess mit unterschiedlichen Schwerpunkten entwickelt. Während die frühen dänischen Realisten eher die praktische Rechtsanwendung im Auge hatten, beschäftigte sich die schwedische Uppsala-Schule teils radikal mit den Urfragen juristischer Philosophie. Zusammenfassend lässt sich als prägendes Merkmal des skandinavischen Rechtsrealismus die Ablehnung metaphysischer Elemente im Recht und darauf aufbauend die Ablehnung von Konzepten als Ausgangspunkt für die Begründung von Rechtsinhalten feststellen. Ziel eines Gesetzes ist danach nicht eine abstrakte, absolute Wahrheit, sondern eine nützliche Wirkung. Die skandinavischen Rechtsrealisten fassen Normen als soziopsychologische Phänomene auf, die Teil der Faktenwelt sind. Rechte gewähren damit aus sich selbst keine Macht, sondern erhalten ihren Inhalt erst in der Geltendmachung vor Gericht und durch die staatliche Ordnung einer Gesellschaft. Rechte sind somit kein Fixum, sondern situationsabhängig. Ziel des Rechtsrealismus war es, die Rechtswissenschaft zu einer Wissenschaft zu machen, die sich an Fakten orientiert. Während bestehende rechtliche Konzepte als Mittel der Argumentationsbildung mangels erfahrbaren Inhalts abgelehnt wurden, wurde das Recht nicht gänzlich seiner vorhandenen Begrifflichkeiten beraubt. Es veränderte sich jedoch die Auffassung der Aufgabe konzeptueller Begriffe hin zu einem reinen Mittel der Präsentation und Werkzeug der Kommunikation. Dabei hatten die Vertreter des Rechtsrealismus unterschiedliche Schwerpunkte und Zwecksetzungen, die von sprachlich-logischer Beschäftigung mit Recht bis zu Versuchen gesellschaftspolitischer Erneuerung reichten. Der einende Grundgedanke war, dass Recht menschengemacht sei und dadurch steter Erneuerung unterworfen werden könne und müsse. Diese Ideen des Rechtsrealismus haben das skandinavische Sachenrecht geformt und müssen bei einer Analyse der Methode der praktischen Rechtsanwendung stets mitgedacht werden. Die Ideen der Rechtsphilosophen blieben nicht theoretischer und rein philosophischer Natur, sondern prägten die juristische Denkweise in Schweden in ihrer praktischen Anwendung. Dabei fiel die pragmatische und laienfreundliche Beschäftigung mit dem Recht in Schweden auf fruchtbaren Boden. Die Ablehnung von Konzepten durch die Rechtsrealisten wurde insbesondere im

Sachenrecht reflektiert, weil sich gerade das Eigentum in seiner bestehenden Form als Paradebeispiel eines abzulehnenden Konzepts darstellte. Die Ideen schlugen sich im Sachenrecht darin nieder, dass sich die Praktiker in der Rechtsanwendung davon abwandten, Rechtsfolgen aus dem Vorliegen von Eigentum zu ziehen. Die Zuordnung des Eigentums sollte nicht länger den maßgeblichen Ausgangspunkt für sachenrechtliche Fragen im Zusammenhang mit einer Transaktion bilden.

Damit war die Wende vollzogen. Die Hochzeit der wissenschaftlichen Beschäftigung mit den Eigenheiten der funktionalen Methode lag in den 20er Jahren des 20. Jahrhunderts. Seit Ende der 70er Jahre des 20. Jahrhunderts galt die funktionale Methode als in Schweden etabliert und das Interesse an diesem Themenkomplex ebbte ab – es schien alles gesagt zu sein.[191] Erst das Streben nach einer zunehmenden Vereinheitlichung des europäischen Binnenmarktes auf zivilrechtlicher Ebene rückte die funktionale Methode wieder ins Blickfeld. Dies war insbesondere dem Umstand geschuldet, dass sich in den Diskussionen innerhalb der europäischen Arbeitskreise zeigte, dass die Beteiligten aus den nordischen Jurisdiktionen an die Rechtsprobleme auf eine Weise herangingen, die den Beteiligten mit kontinentaleuropäischem Rechtshintergrund fremd war. Dadurch wurden Erklärungen notwendig, die gleichzeitig den Blick der skandinavischen Juristen kritisch auf ihr eigenes Recht lenkten. Es lässt sich jedoch nicht erkennen, dass es dadurch zu einer Abkehr oder Reformbestrebungen innerhalb des schwedischen Sachenrechts gekommen wäre.

191 Martinson in Faber/Lurger, Rules for the Transfer of Movables, S. 70.

3. Kapitel: Auswirkungen der funktionalen Methode auf das Sachenrecht

Wie schon die Entwicklungsgeschichte der funktionalen Methode andeutet, hat diese nicht nur Auswirkungen auf das Eigentum selbst, sondern auch auf die Systematik des Vermögensrechts, das sich um das Eigentum herum aufbaut. Dazu gehört die Frage nach der Trennung zwischen Schuld- und Sachenrecht ebenso wie die Modifizierung sachenrechtlicher Grundprinzipien. Im Hinblick darauf soll überprüft werden, welche Rechtspositionen in Schweden sachenrechtliche Wirkung haben können und in Bezug auf welche Vermögensobjekte diese Rechte bestehen. Der Pragmatismus der funktionalen Methode lässt sich auch dort nachweisen.

I. Auflösung der traditionellen Trennung zwischen Schuld- und Sachenrecht

Das schwedische dynamische Sachenrecht beschäftigt sich in seinem Kern nicht mit Sachenrechten allgemein, sondern mit ihrer speziellen Rolle bei der Rechtsübertragung, die mit den Rechten Dritter kollidiert. Damit verwebt es sich mit dem Schuldrecht. Was das für die Trennung von Sachenrecht und Schuldrecht als »Rechtsbereich« bedeutet, soll im Folgenden untersucht werden.

1. Entwicklung der Trennung von Schuld- und Sachenrecht

Die Trennung von Schuld- und Sachenrecht hat sich über einen langen historischen Zeitraum entwickelt. Die Unterteilung findet ihren Ursprung bereits im römischen Recht, das – zunächst auf prozessualer Ebene – eine Aufteilung nach *actio in rem* und *actio in personam* vorsah.[192] Diese Unterscheidung bezog sich

192 Forssell, Tredjemansskyddet Gränser, S. 11.

darauf, worüber jemand Herrschaft ausüben konnte. Die Klagearten unterschieden sich in ihrem Haftungsobjekt: war die eine Klage auf die Herausgabe einer bestimmten Sache gerichtet, so bezweckte die andere den Zugriff auf eine Person, und damit das Tun einer Person, eines Schuldners. Aus diesem prozessualen Institut entwickelten sich mit der Zeit korrespondierende materielle Rechte, die von der Rechtsdurchsetzung unabhängig waren. Im Mittelalter entwickelte sich im kanonischen Recht die Abwendung von der Macht über eine Person hin zu einem Sachbezug, der sich in einer Unterscheidung zwischen *ius ad rem* und *ius in re* niederschlug. Diese Entwicklung vertiefte sich mit dem Einfluss des Humanismus im 16. Jahrhundert.[193] Das *ius ad rem* bzw. das »Recht zur Sache« verstand man als indirekte, mittelbare Herrschaft über eine Sache, begründet durch einen Vertrag, der den Schuldner zur Übergabe der Sache verpflichtete, und das daran anschließende *ius in re* als die durch die Übergabe bewirkte unmittelbare Macht über die Sache.[194] Während das eine die Option auf das Erlangen der Befugnis beinhaltete, war Inhalt des anderen die tatsächliche Befugnis selbst. Im Naturrecht entwickelte sich ein moderner Rechtsbegriff, subjektive Rechte wurden konstruiert und das Eigentum als rechtliches Zuordnungsmittel unabhängig von der tatsächlichen Sachherrschaft begründet.[195] Mittels des Eigentums bildete sich ein Verhältnis zu allen anderen Teilnehmern des Rechtsverkehrs über eine Vertragsbeziehung hinaus. Diese *erga omnes*-Wirkung eines Rechts an einer Sache trat in den Vordergrund. Im 19. Jahrhundert zeichnete sich der Weg einer strikten Zweiteilung im Vermögensrecht nach Obligationen, die auf Handlungen gerichtet waren, und nach Rechten an Sachen ab. Die Historische Schule des deutschen Rechts formulierte im 19. Jahrhundert eine Sachenrechtsdefinition, nach der ein Sachenrecht ein absolutes Recht unmittelbar an einer Sache sei.[196] Demgegenüber war ein Schuldrecht das Recht, ein Handeln, Dulden oder Unterlassen von einer Person fordern zu können.

Diese dargestellte Entwicklung, die vor allem in Deutschland ihren Ursprung hatte und dort vertieft wurde, betraf auch das schwedische Recht. Denn wie bereits gezeigt, war das deutsche Recht bis weit ins 19. Jahrhundert hinein Vorbild für die schwedische Rechtsentwicklung, die maßgeblich davon beeinflusst wurde und Vieles aus dem deutschen Zivilrecht übernahm.[197] Aber schon das schwedische Gesetz von 1734 (*1734-års-lag*) kannte Schuld- und Sachenrechte, unterschied sie in seiner Systematik jedoch nicht konsequent und vermischte im Handelsgesetzteil sachenrechtliche und schuldrechtliche Regelungen.[198] Die

193 Forssell, Tredjemansskyddet Gränser, S. 202.
194 Forssell, Tredjemansskyddets Gränser, S. 204.
195 Michaels, Sachzuordnung durch Kaufvertrag, S. 132.
196 Forssell, Tredjemansskyddets Gränser, S. 15.
197 Forssell, Tredjemansskyddets Gränser, S. 22.
198 Undén, Svensk Sakrätt, S. 5.

Einteilung wurde dann in der nachfolgenden Gesetzgebung zumindest zeitweise verfolgt. Der erste Entwurf zu einem Kaufgesetz aus dem Jahr 1894 sah eigenständige Bestimmungen zum Verhältnis zu Dritten und zu dem Übergang des Eigentums vor, wurde aber letztlich nicht verabschiedet.[199] Zumindest spielte der Grundgedanke einer Trennung bei der Entscheidung, welche Regelungen in dem neuen Gesetz getroffen werden sollten, eine Rolle.[200] Das heutige schwedische Recht unterteilt die Vermögensrechte nach wie vor im Grunde nach Schuldrechten und Sachenrechten. Dies geschieht nicht ausdrücklich, wird aber stillschweigend vorausgesetzt.[201] Es gibt jedoch keine Trennung wie sie der Systematik des BGB zugrundeliegt. Es lässt sich eine gewisse Durchlässigkeit feststellen, auf die noch einzugehen sein wird.

2. Zweck einer Trennung

Bevor die Ausgestaltung der Trennung beleuchtet wird, sollte die Frage nach dem Zweck einer Trennung gestellt werden. Die Trennung hängt mit den unterschiedlichen Wirkungen von Sachen-und Schuldrechten zusammen, die der Gesetzgeber nicht jedem beliebigen Recht zuteilen will. Das Schuldrecht setzt den Rahmen dafür, in welcher Weise und in welchem Umfang sich Personen zu einem Tun oder Unterlassen verpflichten können.[202] Das Sachenrecht regelt dagegen das Tun und Unterlassen unabhängig vom Willen der betroffenen Person, vornehmlich, in welchem Umfang die Person das Sachenrecht einer anderen Person gegen sich gelten lassen muss und ihr Verhalten darauf einstellen muss, dass z. B. nicht ihr, sondern eben der anderen Person eine Sache gehört. Ein Sachenrecht hat eine umfassende Durchsetzungskraft. Es hat im Gegensatz zu einem Schuldrecht selbst in der Insolvenz des anderen Bestand, so dass die betroffene Sache unter Umständen auch herausverlangt werden kann. Ein Dritter kann nicht ohne Weiteres Einfluss auf das Sachenrecht nehmen, denn grundsätzlich kann ein Sachenrecht allein durch gutgläubigen Wegerwerb gegen den Willen des bisher Berechtigten eingeschränkt werden.

Sachenrecht verfolgt die exklusive Zuordnung zu einem Rechtssubjekt. Die Zuordnung einer Sache zu einer bestimmten Person, die durch die sachenrechtlichen Regelungen erreicht werden soll, hat in Schweden insbesondere im Zwangsvollstreckungs- und Insolvenzrecht Bedeutung. Dies zeigt sich in Kap. 3 § 3 *Konkurslag (1987:672): »Till ett konkursbo räknas [...] all egendom som*

199 Hellner, Sc.St.L. 2000, 325, 327.
200 Undén, Svensk Sakrätt, S. 6.
201 Hellner, Sc.St.L. 2000, 325, 326.
202 von Bar, Gemeineuropäisches Sachenrecht Bd. 1, S. 77.

tillhörde gäldenären när konkursbeslutet meddelades eller tillfaller honom under konkursen och som är sådan att den kan utmätas.« (»Zu der Insolvenzmasse gehören all die Sachen, die dem Schuldner bei Mitteilung des Insolvenzbeschlusses gehörten oder ihm während der Insolvenz zufallen und pfändbar sind.«) Als »dem Schuldner gehörig« sind solche Vermögensgegenstände anzusehen, an denen der Schuldner ein Vollrecht mit Gläubigerschutz hat. Ein Schuldrecht kann dagegen nur die Zuordnung zwischen den am Vertrag beteiligten Parteien bestimmen.

Die Trennung von Schuld- und Sachenrecht manifestiert sich im Fehlen bzw. Vorhandensein von Drittwirkung des Rechts. Diese dient mehreren Zwecken, die teils rechtlicher, teils wirtschaftlicher Natur sind. Zunächst soll der Umsatz von Wirtschaftsgütern erhalten werden.[203] Nur bestimmte Rechte behalten ihre Wirkung, wenn die Sache, mit der sie verknüpft sind, in die Hände Dritter gelangt. Durch die Einteilung wird verhindert, dass der Eigentümer durch jegliche vertragliche Bindung langfristig, fast dauerhaft, seiner Befugnisse beschnitten wird. Ist das bestehende Recht, das das Eigentum einschränkt, bloß schuldrechtlicher Natur, macht sich der Eigentümer zwar möglicherweise schadensersatzpflichtig, aber er behält die Möglichkeit, sein Eigentum belastungsfrei weiterzugeben. Andererseits müssen sich so Gläubiger nur auf bestimmte Rechtsverhältnisse einstellen, die eine volle Verwertung einer Sache des Schuldners verhindern. So schmälern nur sachenrechtliche Ansprüche die Vermögensmasse eines Schuldners in Zahlungsschwierigkeiten unmittelbar, so dass sein restliches Vermögen gegebenenfalls noch als Kreditunterlage dienen kann und so möglicherweise den rettenden Zahlungsaufschub mit sich bringt.[204] Letztlich schützt die Einteilung auch vor betrügerischen Geschäften, da die weitreichenden Sachenrechte zusätzliche Publizitätsakte für ihre Gültigkeit erfordern und durch diese Öffentlichkeit gleichzeitig dem Rechtsinhaber Schutz bieten und potentiellen Erwerbern ein den Verhältnissen entsprechendes Bild der Erwerbsmöglichkeiten vermitteln. Daneben beruht die Einteilung darauf, dass Sachen ihrer Art nach unterschieden werden und so ein Unterschied zwischen Ansprüchen auf individualisierte Sachen und nur der Gattung nach bestimmten Sachen gemacht wird.[205] Personen mit Anspruch auf eine individualisierte Sache werden mit anderen Rechten ausgestattet als Personen, die nur einen Anspruch auf eine Gattungssache haben. Denn Ansprüchen, die sich auf eine individualisierte Sache beziehen, wird regelmäßig ein größeres Interesse des Anspruchsinhabers an der konkreten Sache zugesprochen, das es zu schützen gelte.

---

203 Forssell, Tredjemansskyddets Gränser, S. 201.
204 Forssell, Tredjemansskyddets Gränser, S. 207.
205 Forssell, Tredjemansskyddets Gränser, S. 166.

Durch die Einteilung in Schuld- und Sachenrechte wird so den verschiedenen Ansprüchen nachgekommen, die Wirtschaftssubjekte gerechterweise an den Handel haben dürfen. Für manche Sachverhalte genügt ein Schuldrecht, für andere ist ein Sachenrecht die passendere Variante. Dieser Umstand spiegelt sich auch im schwedischen Recht wider, das Schuld- und Sachenrechte kennt. Weiterhin soll eine handelbare Sache nicht auf Dauer dem Warenverkehr entzogen werden, sondern der Umsatz gefördert werden. Diesem Zweck laufen langfristige Bindungen des Eigentümers durch beschränkte Rechte zuwider. Dies kann verhindert werden, indem gewisse Nutzungs- und Sicherungsrechte bei einer Weiterveräußerung der Sache erlöschen, weil sie nur vertragsintern wirken. Aus Sicht des Erwerbers kommt eine dritte Funktion hinzu. Indem nicht jedem Recht sachenrechtliche Wirkung beigemessen wird, werden die Bestandsaussichten seines Erwerbs kalkulierbar.[206] Damit nutzt auch das schwedische Recht die Trennung als Steuerungsmechanismus für die widerstreitenden Interessen in der Güterzuordnung und -nutzung.

3. Ausgestaltung und Folge der Trennung

Die Differenzierung zwischen Schuld- und Sachenrecht ist in Schweden bekannt, wird aber nicht streng verfolgt.[207] Schuldrecht ist auch im schwedischen Recht dadurch gekennzeichnet, dass es auf Zweipersonenverhältnisse abstellt und nur dort Wirkung entfaltet, in dem Sinne, dass dieses Schuldverhältnis ausschließlich die beteiligten Vertragsparteien berechtigt und verpflichtet (*inter partes*-Wirkung). Diese *inter partes*-Wirkung findet sich auch an zwei Stellen im schwedischen Gesetz: »*Genom ett avtal som sluts på bolagsmännens vägnar eller under en benämning varmed bolagsmännen samfällt betecknas blir endast den bolagsman som har deltagit i avtalet berättigad eller förpliktad i förhållande till medkontrahenten*« (»Durch einen Vertrag, der im Namen der Gesellschafter geschlossen wird, wird im Verhältnis zum Vertragspartner nur derjenige Gesellschafter berechtigt oder verpflichtet, der an dem Vertrag beteiligt war«), Kap. 4 § 5 *Lag (1980:1102) om handelsbolag och enkla bolag* (Gesetz über Handelsgesellschaften und einfache Gesellschaften) sowie »*Genom avtalet mellan kommissionären och tredje man förvärvar tredje man rätt mot kommissionären men inte mot kommittenten*« (»Durch einen Vertrag zwischen dem Kommissionär und einem Dritten erwirbt der Dritte Rechte gegenüber dem Kommissionär, aber nicht gegenüber dem Kommittenten.«), § 24 *Kommissionslag(2009:865)* (Gesetz über

206 Forssell, Tredjemansskyddets Gränser, S. 41f.
207 Ring/Olsen-Ring, Einführung in das skandinavische Recht, S. 222.

Kommissionsgeschäfte).[208] Allerdings beziehen sich diese Beispiele auf klassische Mehrpersonenverhältnisse wie Kommission und Gesellschaften, bei denen von Beginn an ein Dritter im Raum steht, und nicht erst, wie in sachenrechtlichen Konflikten üblich, als unerkannter Konkurrent oder Gläubiger in Erscheinung tritt. Beide Institute werden aber als Beispiel fehlender sachenrechtlicher Wirkung herangezogen, da sie die Wirkung vertraglicher Regelungen auf die unmittelbar beteiligten Vertragsparteien beschränken.[209]

Ein Schuldrecht unterscheidet sich von einem Sachenrecht auch durch den Umstand, dass die Parteien im Vertragsrecht im weitesten Sinne frei in der Gestaltung ihrer gegenseitigen Rechte und Pflichten sind. Dies trifft nicht auf das Sachenrecht zu, das gerade diese Freiheit nicht gewährt, um Schaden von unbeteiligten Dritten abzuwenden. Darüber hinaus ist ein Sachenrecht im Wesentlichen durch zwei Aspekte gekennzeichnet: ein Sachenrecht ist gegenüber jedermann wirksam (*erga omnes*-Wirkung). Dazukommt, dass es sich auf ein bestimmtes Rechtsobjekt bezieht. Der Fokus in Schweden entwickelte sich mit der Zeit weg vom Objektsbezug hin zur Wirkung gegenüber jedermann bzw. hin zum Drittschutz.[210] In der schwedischen Rechtssprache wird entsprechend weniger von *sakrätter* (Sachenrechten) als vielmehr von *sakrättsligt skydd* (sachenrechtlicher Schutz) gesprochen.[211] So schlägt *Lejmann* auch vor, nicht länger von Sachenrecht, sondern von *»tredjemansrätt«* zu sprechen (was einerseits das Recht gegenüber einem Dritten und andererseits das Recht eines Dritten in Bezug auf eine Sache meint).[212] *Hessler* trägt zu Recht dagegen vor, dass diese Formulierung zwar stimmig, aber doch zu unpräzise sei, da es Drittwirksamkeit auch in anderen rechtlichen Zusammenhängen gebe wie im Familien- oder Arbeitsrecht.[213] Dennoch spricht auch *Hessler* in Ermanglung einer besseren Alternative vom vermögensrechtlichen Drittschutz.[214] Auch *Undén* betont, dass das maßgebliche Charakteristikum nicht der Objektsbezug sei. Als Beispiel führt *Undén* das Pfandrecht an Forderungen auf, welches sachenrechtliche Wirkung im Konkurs des Pfandgebers entfaltet, obwohl eine physische Sache nicht un-

208 Der Oberste Gerichtshof bestätigte den Grundsatz der Relativität von Schuldverhältnissen außerdem in einem Fall, in dem es um die Frage ging, ob ein Bauherr von dem Vertrag zwischen seinem Generalunternehmer und einem Subunternehmer gebunden sei. Der Oberste Gerichtshof verneinte dies entsprechend, NJA 1997 S. 44.

209 Forssell, Tredjemansskyddets Gränser, S. 183ff.

210 Åqvist, Revue Internationale de Philosophie 1981, 3, 4.

211 Die Betonung des Schutzmoments erinnert entfernt an *von Jherings* Definition von Rechten, über die er festhält: »Rechte sind rechtlich geschützte Interessen, Recht ist die rechtliche Sicherheit des Genusses«, von Jhering, Geist des römischen Rechts auf den verschiedenen Stufen seiner Entwicklung, Band 3:1, S. 327.

212 Lejmann, SvJT 1957, 383, 385.

213 Hessler, Allmän Sakrätt, S. 14.

214 Hessler, Allmän Sakrätt, S. 5.

mittelbar involviert sei. Er zieht daraus die Konsequenz, auf das Erfordernis, dass erst der Bezug zu einer Sache ein Sachenrecht ausmachen könne, zu verzichten.[215] *Hessler* betrachtet in seiner Abhandlung über das dynamische Sachenrecht ebenfalls Forderungen und Anteilsrechte neben gegenständlichen Sachenrechtsobjekten, ohne einen Unterschied zu gegenständlichen Sachen zu machen. Er spricht diesbezüglich von »Vermögensgegenständen im weiteren Sinne«.[216]

Die Hinwendung zur interpersonalen Beziehung des Drittschutzes im schwedischen Recht führte auch dazu, dass betont wird, dass nicht Sachenrechte konfligieren, sondern Ansprüche. So wurde der Rechtsbereich des dynamischen Sachenrechts entwickelt. Zwar werden Ansprüche, die sich auf noch nicht individualisierte Sachen richten, als schuldrechtlich angesehen. Andererseits ist es eine Frage des dynamischen Sachenrechts, ob ein solcher Anspruch ein Recht an der Sache begründet, das auch gegenüber anderen Personen als beispielsweise dem verkaufswilligen Eigentümer Geltung beanspruchen darf. Gleiches gilt für die Frage, ob der Mieter einer Sache - wiederum ein grundsätzlich rein schuldrechtlicher Anspruch - sein Mietrecht auch gegenüber anderen Personen als dem Vermieter berechtigt durchsetzen kann.[217] Diese Einordnung erfolgt unabhängig davon, ob letztlich Drittschutz zuerkannt wird oder nicht.[218] Es wird nicht vom Ergebnis her gedacht, es wird aber auch kein Recht kategorisch von Beginn an ausgeschlossen. Es genügt, dass ein Anspruch mit Bezug zu einer Sache besteht, der auf ein Recht daran gerichtet ist, und sich dieser Anspruch gegen einen Anspruch durchsetzen soll, der dieselbe Richtung hat und daher nicht parallel zur Erfüllung kommen kann.

Auf Ebene der Drittwirksamkeit als Mittel der Trennung unterscheidet das schwedische Recht nach der Art des Anspruchs. Diese Trennung ist strikt. Der Anspruch kann sich auf das sogenannte *generiskt bestämt egendom* (Gattungssache) oder das *individuellt bestämt egendom* (Speziessache) richten. *Hessler* nennt erstere Ansprüche *»fordringsrätt«*, wohingegen er solche, die eine bestimmte Sache betreffen, mit *»äganderättsanspråk«* betitelt.[219] Ein *fordringsrätt* kann in unterschiedlichen Situationen entstehen. Es kann sich um den Zahlungsanspruch eines Verkäufers handeln, da Geld keine Speziessache ist. Es kann aber auch um die Rückgabe einer Sache im Rahmen eines Sachdarlehens gehen, wenn der Schuldner nur die Rückgabe von etwas gleicher Art und Güte schuldet.[220] *Ross* trennt bei der Benennung mit der gleichen Begründung zwischen

215 Undén, Svensk Sakrätt, S. 9.
216 Hessler, Allmän Sakrätt, S. 16.
217 Håstad in Strömholm, An Introduction to Swedish Law, S. 406.
218 Håstad, aaO.
219 Hessler, Allmän Sakrätt, S. 39.
220 Hessler, Allmän Sakrätt, S. 55f.

fordringsrätt und *sakrätt*.[221] *Undén* hält fest, dass es dem Spezialitätsgrundsatz widerspreche, wenn man den Eigentumserwerb einer unbestimmten Sache zulasse.[222] Eine nur nach der Gattung bestimmte, aber nicht individualisierte Sache könne nicht mit Drittwirkung erworben werden. *Henriksson* bezeichnet stattdessen *fordringsrätter* als »Ansprüche, die nicht gegenüber Dritten geschützt sind« und Forderungen, die diesen Schutz genießen, als »Sachenrecht«.[223] Im Ergebnis meinen die Autoren damit ein und denselben Sachverhalt: Sachenrechte können sich nur auf bestimmte, individualisierte Gegenstände beziehen. Schuldrechte können hingegen Rechte an Gattungssachen gewähren. Man muss an dieser Stelle jedoch beachten, dass mit dieser Unterscheidung noch nichts über die Anwendbarkeit der Regeln des dynamischen Sachenrechts gesagt ist. Da sich dieses mit Rechtskollisionen befasst, schaut es zunächst nicht auf die Art des Anspruchs. Dies wird erst bei der Frage nach einer Drittwirkung virulent. Entstehende Anspruchskonkurrenzen in Bezug auf Gattungssachen werden nach festgelegten Prinzipien des Vorrangs oder Gleichrangs aufgelöst.[224] Kollisionen drittwirksamer Rechte werden darüber hinaus nach weiteren Kriterien entschieden. Diese werden später näher beleuchtet. Damit ist nicht die Natur des Rechts, sondern die Situation, in der die Ausübung des Rechts in Frage steht, das entscheidende Kriterium der Einordnung. Dadurch nähert sich das Sachenrecht dem Schuldrecht an, das ausschließlich die betroffenen Personenverhältnisse betont. Damit wird Sachenrecht außerdem situativ verstanden.

Auf der Ebene der Ansprüche mit Bezug auf individualisierte Objekte kann die Einteilung von Schuld- und Sachenrechten auch nur situationsbezogen sein. Das ist beispielsweise der Fall beim Pfandrecht an einer verbrieften Forderung. Das Pfandrecht an einer verbrieften Forderung (*panträtt i fordran enligt skuldebrev*) ist gegenüber den Gläubigern des Pfandgebers geschützt, nicht jedoch gegenüber den Gläubigern des Schuldscheinausstellers (= Forderungsschuldners). Damit wird es situationsabhängig einerseits als Sachenrecht, andererseits als Schuldrecht bezeichnet.[225] Zwischen Sachen- und Schuldrechten gibt es damit Rechte, die nur in bestimmten Konstellationen als Sachenrecht eingestuft werden, in anderen aber nur ein Schuldrecht bleiben. Sie bilden eine »Zwischenform«.[226] Zu nennen sind als weiteres Beispiel Nutzungsrechte, die teils sachenrechtliche Qualität aufweisen, denen teils jedoch nur Wirkung zwischen den Vertragsparteien zukommt. Auf die Bedeutung dieses Umstands für den Numerus Clausus der Sachenrechte wird noch einzugehen sein.

221 Ross, Virkelighed og Gyldighed i Retslæren, S. 311.
222 Undén, Sakrätt, S. 60.
223 Henriksson, Sakrättsliga moment och deras ekonomiska konsekvenser, S. 46.
224 Forssell, Tredjemansskyddets Gränser, S. 231.
225 Undén, Svensk Sakrätt, S. 9.
226 Håstad, Sakrätt, S. 430.

Die funktionale Methode geht damit davon aus, dass grundsätzlich jeder vermögensrechtlichen Position Drittschutz zukommen kann, sofern es sich nicht um eine nicht ausgesonderte Gattungssache handelt. Ob es sich tatsächlich um eine drittgeschützte Position handelt, hängt von den Umständen im Einzelfall ab. Auch der Umfang des Schutzes ist verschieden. Während beim Eigentum an Sachen einhellig davon ausgegangen wird, dass der Erwerber irgendwann eine Position erhält, in der er vor Zugriffen jeglicher Dritter auf Verkäuferseite geschützt ist, ist dies bei beschränkten dinglichen Rechten nicht gegeben.[227] Dies ist ihrer immanenten Begrenzung und dem Umstand geschuldet, dass sie auf einer zeitlichen Vertragsbindung mit dem Überlassenden beruhen, die nicht zu einem endgültigen Wechsel in der Person des Rechtsinhabers führen soll wie es bei der Eigentumsübertragung der Fall ist.

In der Konsequenz wird in der Rechtssprache die Trennung zwischen Schuld- und Sachenrecht im schwedischen Recht nicht ausgedrückt, indem einer Person Eigentum oder ein anderes Sachenrecht zugeordnet wird (was im deutschen Recht implizieren würde, dass es gegenüber Dritten wirkt) und einer anderen nur ein Recht aus einem Vertrag. Stattdessen wird festgestellt, dass dieses oder jenes Recht gegenüber einem Dritten gilt, beispielsweise: »*En dylik säkerhetsöverlåtelse blir giltig mot överlåtarens borgenärer redan genom avtalet.*«[228] (»Eine derartige Sicherungsübereignung wird gegenüber den Gläubigern des Übereignenden schon mit dem Vertragsschluss gültig.«). Ein solches Recht wird dann wie ein Sachenrecht behandelt oder zumindest sachenrechtlich geschützt, auch wenn dieser Zustand nur situationsabhängig sein mag.

Ungeachtet einer grundsätzlichen Differenzierung der beiden Rechtsbereiche verfolgt das schwedische Recht keine strenge Trennung der Bereiche. Die Aufgabe der strikten Trennung von Schuld- und Sachenrecht wurde in der schwedischen Lehre auf unterschiedliche Art und Weise entwickelt. *Undén* verfolgt noch vergleichsweise konsequent eine Trennung zwischen Sachenrechten und Schuldrechten, indem er die Sachenrechte zunächst abschließend benennt und sich dabei am »klassischen« Kanon von Sachenrechten orientiert.[229] Für bewegliche Sachen zählt *Undén* drei verschiedene Sachenrechte auf: *äganderätt* (Eigentum), *panträtt* (Pfandrecht) und *retentionsrätt* (Retentionsrecht bzw. Zurückbehaltungsrecht).[230] Für *fast egendom* (Immobilien) erkennt er *äganderätt* (Eigentum), *panträtt* (Pfandrecht), *nyttjanderätt* (Nutzungsrecht), *servitut* (Servitut) und andere, eintragungsfähige Reallasten als Sachenrechte an. Dane-

227 Hessler, Allmän Sakrätt, S. 50.

228 Håstad, SvJT 1988, 234, 256.

229 Klassisch in dem Sinne, dass diese Rechte schon im römischen Recht als Sachenrechte eingestuft wurden oder im internationalen Vergleich überwiegend einheitlich als Sachenrechte verstanden werden.

230 Undén, Svensk Sakrätt, S. 6.

ben nennt er das *företagsinteckning* (Unternehmenseintragung, heute abgelöst durch die *företagshypotek*, Unternehmenshypothek[231]), bezeichnet dieses aber nur als »Quasi-Sachenrecht«[232], weil es nur ein spezielles Vorzugsrecht zur Kreditsicherung sei. Da für ein Pfandrecht an sich nichts anderes gilt, ist diese begründungslose Einordnung nicht erhellend. Als dritte Kategorie benennt *Undén* »*ofullgångna sakrätter*« (unvollständige oder unvollendete Sachenrechte).[233] Er versteht darunter eine »Rechtslage, die sich typischerweise zu einem vollständigen Sachenrecht entwickeln wird«. Als Beispiel dafür nennt er den Anspruch des Käufers auf die noch nicht übergebene Kaufsache. Das deutet die funktionale Richtung bereits an.

Während *Undén* sein Werk noch unter der letzten Einwirkung des klassischen Trennungsverständnisses verfasste, hat sich im Lichte der funktionalen Methode in Schweden allmählich ein anderes Abgrenzungskriterium entwickelt, das die klassische Trennung nach Schuld- und Sachenrecht relativiert. Dies klingt bereits bei *Undén* am Rande an. Es entwickeln sich je nach Autor ähnliche Umschreibungen, die aber unterschiedliche Nuancen hervorheben.

Håstad und *Hessler* bezeichnen Sachenrechte auch als »starke Rechte«, wohingegen bloß schuldrechtlich wirkende Rechte mit Blick auf ihre beschränkte Wirkung *inter partes* »schwache Rechte« seien.[234] Diese Sichtweise ist stark geprägt von der Relativität des Drittschutzes eines Rechts. Der Schutz eines »starken Rechts« kann variieren. *Hessler* spricht von »vollständigem Schutz«, wenn ein Recht sowohl *borgenärsskydd* (Gläubigerschutz) als auch *omsättningsskydd* (Umsatzschutz) umfasst. Ist dies nicht gegeben, so ist das Recht nur partiell geschützt, gilt aber immer noch als »starkes Recht«.[235] Rechte an Sachen, die nur gegenüber bestimmten Personengruppen wirksam seien, gewährten nur einen »gewissen Schutz«.[236] Eine Kreditsicherheit wie die Unternehmenshypothek wirke beispielsweise gegenüber den Gläubigern des Sicherungsgebers, nicht aber gegenüber einem späteren Erwerber einzelner Objekte, da sich die Unternehmenshypothek nicht auf ein einzelnes Objekt, sondern auf das ganze wechselnde *lös egendom* des gewerblichen Betriebs beziehe.[237] Im Falle eines Kaufs des gesamten Unternehmens bestehe dagegen sachenrechtlicher Schutz gegenüber dem Käufer. Die Rechte, die klassischerweise als Sachenrechte bezeichnet wer-

231 Die Unternehmenshypothek bezieht sich auf Warenlager, Inventar und Kundenforderungen, die im Bestand wechseln. Sie ähnelt dem englischen Institut der *floating charge* und dem französischen *nantissement de fonds de commerce*, Lögdberg, RabelsZ 1967, 319, 319.

232 Undén, Svensk Sakrätt, S. 6.

233 Undén, Svensk Sakrätt, S. 10.

234 Håstad, Sakrätt, S. 430; Hessler, Allmän Sakrätt, S. 277.

235 Hessler, Allmän Sakrätt, S. 279.

236 Hessler, Allmän Sakrätt, S. 278.

237 Hessler, Allmän Sakrätt, S. 278.

den, wie das Eigentum, könne man laut *Hessler* weiterhin als solche bezeichnen, da sie eine besondere »Qualität«[238] Drittschutz genössen.

Daneben unterscheidet *Hessler* nach »relativem« und »absolutem« Schutz. Der damit verfolgte Unterschied wird beim Konflikt mit Zweiterwerbern deutlich. Wenn der Ersterwerber keinen Besitz an dem erworbenen *lösöre* (bewegliche Sachen) erhält, ist er nur relativ gegenüber möglichen Zweiterwerbern geschützt. Seinen Erwerb kann er nämlich nur gegenüber solchen Zweiterwerbern durchsetzen, die entweder ebenfalls keinen Besitz erlangen oder bösgläubig sind. Einem Zweiterwerber, der gutgläubig Besitz erlangt, muss er weichen. Wird dem Ersterwerber dagegen die Sache übergeben, genießt sein Erwerb absoluten Schutz. Man dürfe daraus nur nicht den Schluss ziehen, dass Rechte, die nicht als Sachenrecht bezeichnet würden, nicht mit Drittschutz ausgerüstet seien. Trotz dieser im Vergleich zu *Undén* offenen Herangehensweise, ähnelt die Aufzählung der Sachenrechte von *Hessler* derjenigen von *Undén*. Nach *Hessler* zählen zu den Sachenrechten an *fast egendom* alle Rechte, die eintragungsfähig sind, insbesondere *äganderätt, nyttjanderätt* und *servitut*. Bezogen auf *lös egendom* sind Sachenrechte *äganderätt, panträtt* und *retentionsrätt*.

Auch *Karlgren* hält es für möglich, dass obligatorische Rechte in bestimmten Konstellationen sachenrechtliche Wirkung entfalten. Er begrenzt dies aber auf das Verhältnis zu Einzelrechtsnachfolgern des Vertragspartners und damit auf Situationen des *omsättningsskydd*. Wenn diese Rechtsnachfolger Kenntnis von dem obligatorischen Recht hätten, das sich auf die erworbene Sache bezieht, so müssten sie es auch gegen sich gelten lassen. Ein Kennenmüssen genüge dafür jedoch nicht.[239] Die Ansicht, dass nur gutgläubige Einzelrechtsnachfolger bestimmte obligatorische Rechte nicht gegen sich gelten lassen müssen, ist nicht unbestritten, findet sich aber in einigen älteren Entscheidungen des *Högsta Domstolen* (Oberster Gerichtshof) wieder, in denen es um noch nicht vollzogene Pfandrechtsabsprachen und ein Konkurrenzverbot ging.[240] Dementsprechend ist *Forssell* der Auffassung, dass das schwedische Recht keinesfalls einen Schutz aller obligatorischen Rechte mit Sachbezug gegenüber Dritten mit Kenntnis dieser Rechte vorsehe, sondern dass es sich dabei um gesondert zu begründenden Ausnahmen handele.[241]

Lindskog hält es dagegen für fragwürdig, die Schutzbedürftigkeit gegenüber Gläubigern und anderen Erwerbern unterschiedlich zu gewichten.[242] Deswegen spricht er sich gegen einen teilweisen sachenrechtlichen Schutz von obligatorischen Rechten aus. Auch *Ekelöf* hält diese Variante für halbherzig und lehnt sie

238 Hessler, Allmän Sakrätt, S. 14.
239 Karlgren, SvJT 1956, 246, 249f.
240 NJA 1924 S. 329; NJA 1925 S. 80; NJA 1940 S. 297; NJA 1993 S. 188.
241 Forssell, Tredjemansskyddets Gränser, S. 198.
242 Lindskog, SvJT 2011, 265, 287.

ab.[243] *Sjöman* beleuchtet die Situation im Zusammenhang mit Veräußerungsverboten bei Aktien und kommt zu dem Schluss, dass es einer Einzelfallentscheidung bedürfe, bei der das Interesse am Warenumsatz und der Schutz eines vereinbarten Rechts gegeneinander individuell gewichtet werden müssten. Die vorhandenen Fälle, in denen obligatorischen Rechten partiell sachenrechtlicher Schutz von Gerichten zugesprochen werde, zeigten, dass dies grundsätzlich möglich sei. Gleichzeitig sei eine generelle Ausdehnung auf alle obligatorischen Rechte nicht gewollt.[244] Diese Absage an einen generellen sachenrechtlichen Schutz obligatorischer Rechte teilt auch *Nial.*[245]

Ross schließlich hält die Trennung nach Schuld- und Sachenrecht zumindest im dynamischen Sachenrecht für falsch. Der dynamische Schutz sei bedingt durch Kollisionstypen, nicht dadurch, ob das geltend gemachte Recht ein dingliches oder ein obligatorisches Recht sei.[246] Es könnten dingliche mit dinglichen Rechten, obligatorische mit obligatorischen Rechten oder auch ein dingliches mit einem obligatorischen Recht kollidieren. Der obligationsrechtliche Schutz sehe dabei anders aus als der dingliche Schutz und nur danach ließe sich eine sinnvolle Einteilung treffen.[247] Zudem hält er die Einteilung für willkürlich. Denn ein Eigentümer, dem die Sache weggenommen werde, habe einen dinglichen Herausgabeanspruch gegen den Dritten, während ein Käufer, der die Sache bezahlt, aber noch nicht erhalten hat, nur einen schuldrechtlichen Anspruch habe. Mit der hinter dieser Unterscheidung stehenden Gewichtung von Besitz als Zeichen sachenrechtlicher Zuordnung setzt sich *Ross* jedoch nicht näher auseinander.

Vinding Kruse bezeichnete die Unterscheidung zwischen Schuld- und Sachenrecht schließlich als »unhaltbar, die Frucht einer übertriebenen Neigung zur Systematik und Konstruktion«.[248]

Wie so häufig in Schweden ist das Gesetz in dieser Frage zurückhaltend. Eine vereinzelt gebliebene, ausdrückliche Unterscheidung zwischen beiden Komplexen findet sich dann aber doch in einer nicht ganz unwichtigen Norm, nämlich in § 2 *preskriptionslag (1981:130)* (Gesetz über die Verjährung). Nach dieser Vorschrift sind sachenrechtliche Forderungen nicht der Verjährung unterworfen, obligatorische Forderungen hingegen schon.[249] Damit wird einmal mehr deutlich, dass eine Trennung der beiden Bereiche tatsächlich besteht.

243 Ekelöf in Anmerkung zu Nial, SvJT 1940, 673, 683.
244 Sjöman, SvJT 2015, 826, 833f.
245 Nial, SvJT 1940, 673, 680f.
246 Ross, On Law and Justice, S. 242f.
247 Ross, On Law and Justice, S. 228ff.
248 Vinding Kruse, Das Eigentumsrecht, Bd. 2, S. 1443.
249 Prop. 1979/80:119, S. 88; Forssell, Tredjemansskyddets Gränser, S. 199.

4. Auswirkung auf den Numerus Clausus der Sachenrechte

Die eingeebnete Trennung zwischen Schuld- und Sachenrecht tangiert auch die Frage nach dem Bestand eines *numerus clausus* der Sachenrechte im schwedischen Recht. Das Prinzip des *numerus clausus* der Sachenrechte, das besagt, dass es nur eine festgelegte Anzahl an Sachenrechten gibt und die sachenrechtliche Wirkung dem Parteiwillen entzogen ist, ist in Schweden bekannt, wird aber nicht strikt verfolgt. Das hängt nicht zuletzt damit zusammen, dass die damit einhergehende strikte Abgrenzung zwischen Sachen- und Schuldrechten im schwedischen Recht wie aufgezeigt nicht verfolgt wird. Während im deutschen Recht die existierenden Sachenrechte im BGB aufgelistet sind, findet sich eine derartige Aufzählung und Definition in Schweden nicht. Es gibt keinen gesetzlich festgehaltenen Numerus Clausus.[250] Ganz ohne Einfluss ist dieses Prinzip jedoch auch in Schweden nicht geblieben.[251] Es ist auch nach schwedischem Recht so, dass der Eintritt dinglicher Rechtswirkung nicht im Ermessen der Vertragsparteien liegt. Das Sachenrecht ist davon geprägt, dass ihm ein im Vergleich zum Schuldrecht starres System zugrunde liegt. Es herrscht keine beliebige Vertragsfreiheit. Die Mechanismen, die eine Drittwirkung hervorrufen, sind abschließend geregelt und der Parteiautonomie entzogen.[252] Das entspringt nicht zuletzt dem Gedanken der Rücksichtnahme innerhalb der Gesellschaft, da der Dritte zwar vom Sachenrecht betroffen werden kann, aber anders als eine Vertragspartei keinerlei Einfluss darauf nehmen kann, und dem damit einhergehenden grundsätzlichen Verbot von Verträgen zulasten Dritter. Das Prinzip des Typenzwangs wirkt sich in Schweden somit dahingehend aus, dass Vertragsparteien die Drittwirkung ihres Vertrags nicht vereinbaren können.

Gleichzeitig wurde der Kreis der sachenrechtsfähigen Bezugsobjekte beständig vergrößert. Indem die funktionale Methode nicht nach festen Konzepten vorgeht, sondern Drittschutz von der Einzelfallabwägung abhängig macht, kann von einem geschlossenen Kreis nicht gesprochen werden. Das Fehlen eines *numerus clausus* und die Bereitschaft, auch anderen, nicht genuin dinglichen Rechten zumindest teilweise sachenrechtlichen Schutz zuzusprechen, wirft außerdem die Frage auf, ob diese Einordnung nur der Gesetzgeber vornehmen kann oder ob auch Gerichte dies vermögen. Das ist in Schweden nicht geklärt. Im Rahmen von Nutzungsrechten an Immaterialgüterrechten, insbesondere Patenten, entspann sich bereits diese Frage. Während eine Ansicht dies als genuine

250 Auch das deutsche Recht enthält keine gesetzliche, ausdrückliche Fixierung des *numerus clausus* der Sachenrechte, er ist aber unbestritten anerkannt, von Bar, Gemeineuropäisches Sachenrecht, Bd. 1, S. 87. Es findet aber eine stete Aufweichung statt, man denke nur an Wohnungseigentum und Anwartschaftsrechte.

251 Forssell, Tredjemansskyddets Gränser, S. 31.

252 Akkermans, EPLJ 2013, 95, 101.

Aufgabe des Gesetzgebers ansieht[253], wird ebenfalls Gegenteiliges vertreten und eine gefestigte Rechtsprechung als ausreichend angesehen.[254]

Festzuhalten bleibt, dass es in Schweden keine Begrenzung von Drittschutz auf bestimmte, vorab festgelegte Rechte gibt. Letztlich schafft ein *numerus clausus* Rechtssicherheit. Zwingende Voraussetzung für ein funktionierendes Sachenrecht muss er aber nicht sein.

5. Stellungnahme

Die Vertreter der funktionalen Methode machen auf unterschiedliche Weise deutlich, dass sie eine strikte Trennung von Schuld- und Sachenrecht zu einem gewissen Grad für sinnlos zu erachten scheinen. Nach ihrer Interpretation eignet sich die Trennung kaum, um den Inhalt eines Rechts zu bestimmen. Nach ihrem Dafürhalten ist es methodisch falsch, aus einer Einordnung als dinglich oder obligatorisch irgendetwas zu schlussfolgern. Schließlich werden jegliche Rechtsverhältnisse als personenbezogen ausgelegt, auch solche mit Sachbezug.

Auch wenn dadurch vordergründig der Eindruck entstehen kann oder vertreten wird, dass eine Trennung von Schuld- und Sachenrecht im schwedischen Zivilrecht nicht aufrechterhalten wird: Die Abgrenzung zwischen Schuld- und Sachenrecht ist Teil der schwedischen Zivilrechtssystematik. Diese grundsätzliche Einteilung ist nicht aufgegeben worden, da nach wie vor zwischen rein zwischenparteilich wirkenden Rechten und außerhalb eines Vertragsverhältnisses wirkenden Rechten differenziert wird. Es gibt Vermögenspositionen, die sachenrechtlich geschützt sind, während andere nur zwischen den Parteien wirken. Dadurch, dass der sachenrechtliche Schutz in Abstufungen besteht, verliert die Abgrenzung jedoch an Bedeutung.

Die Sachenrechtsqualität im Sinne von Drittschutz wird mehr als ein Aspekt unter vielen verstanden, der mit der Übertragung von Rechten einhergehen kann.[255] Die Vorrangstellung gegenüber Zugriffen Dritter ist nur eine der Funktionen, die ein Sachenrecht erfüllt. Dass eine strikte Trennung fehlt oder nicht erstrebt wird, hängt auch mit der schwedischen, funktionalen Denkweise zusammen, die strenge Konzepte ablehnt.[256] Die Unterscheidung nach dem Bezugspunkt – Person zu Sache im Sachenrecht, Person zu Person im Schuldrecht – ist mit Blick auf das dynamische Sachenrecht nicht zwingend. In diesem Teil des Sachenrechts geht es ebenfalls um Personenbeziehung, sodass man auch die

253 Bengtsson, Särskilda avtalstyper I, S. 19.
254 Walin, Separationsrätt, S. 47.
255 Hessler, Allmän Sakrätt, S. 5.
256 Faber, Scepticism about the functional approach, S. 121.

Rechtsverhältnisse im schwedischen Sachenrecht als interpersonal ansehen kann. Weil Rechte an Sachen ihres Inhalts entkleidet werden und als Verhältnis zwischen Personen verstanden werden, verliert auch die Aufteilung nach dinglichen und obligatorischen Rechten an Relevanz. Schuld- und Sachenrecht erscheinen als zusammenhängender Komplex. Die Besonderheit des schwedischen Zivilrechts liegt darin, dass die Abgrenzung nicht länger nur nach bestimmten Rechtsfiguren erfolgt, sondern die Perspektive dahin verschoben wurde, dass die Abgrenzung ausgehend von Drittschutzkonflikten vorgenommen wird. Auch Rechte, die traditionell keine Sachenrechte waren, können in einen Drittschutzkonflikt treten und so Gegenstand des Sachenrechts sein. Dies beruht auf einer Verschiebung der Differenzierungsparameter, die nicht mehr auf den Inhalt eines Rechts, sondern auf eine Unterscheidung nach obligatorischen oder sachenrechtlichen Relationen abstellen. Das dynamische Sachenrecht befasst sich mit Problemen, die nicht allein von ihrem Sachbezug abhängen, sondern von den Handlungen und Beziehungen der involvierten Personen, und betrifft damit etwas, was sich bei allen Rechten finden lassen kann, auch traditionellen Schuldrechten.[257] *Ross* argumentiert so, wenn er darauf hinweist, dass der Schutz eines Rechts allein von der Konfliktsituation abhängt und nicht vom Rechtsinhalt: »*For så vidt angår den dynamiske beskyttelse må det derimod hævdes, at det på forhånd er udelukket at der kan bestå en sammenhæng mellem indhold og beskyttelse på den måde, at visse rettigheder er udrustet med ›tinglig‹, andre med blot ›obligatorisk‹ beskyttelse. Det beror simpelthen på, at reglerne om dynamisk beskyttelse angår en kollision mellem flere hver for sig gyldige succesioner og følgelig må være betinget af kollisionstypen, ikke af rettighedstypen.*«[258] (»Was den dynamischen Schutz betrifft, muss hingegen hervorgehoben werden, dass es von vornherein ausgeschlossen ist, dass ein Zusammenhang zwischen dem Inhalt und dem Schutz in der Weise bestehen kann, dass gewisse Rechte mit »dinglichem«, andere bloß mit »obligatorischem« Schutz ausgerüstet sind. Das beruht schlicht darauf, dass die Regeln über den dynamischen Schutz eine Kollision zwischen mehreren, jeweils für sich gültigen Rechtsnachfolgen betreffen und folglich vom Kollisionstypus bedingt sein müssen, nicht vom Rechtstypus.«)

Die funktionale Methode hat damit unmittelbare Auswirkung auf die Systematisierung des schwedischen Zivilrechts. Die Gefahr eines Sachenrechts, das als rein interpersonales Phänomen verstanden wird, liegt jedoch in einer gewissen Beliebigkeit. Dieser Gefahr begegnet das schwedische Zivilrecht damit, dass es die Drittschutzproblematik nicht ausschließlich anhand der Personenkonstellation bestimmt, sondern der Art des involvierten Objekts maßgebliche Bedeutung beimisst. Dieses Objekt muss nicht zwingend faktischer Natur sein. Es kann auch

257 Håstad, Sakrätt, S. 16; Andreasson, Intellektuella resurser som kreditsäkerhet, S. 365.
258 Ross, Om Ret og Retfærdighed, S. 240.

ein normativ determiniertes sein. Die beteiligten Personen haben jedenfalls ein gegenständliches oder objektbezogenes Interesse, das zu berücksichtigen ist.

Man kann diese Erweiterung drittwirksamer Rechte aus zwei Blickwinkeln betrachten: Entweder zeugt es von einer Auflösung der Kategorie Sachenrecht, indem die Abgrenzung zwischen nur zwischenparteilich und absolut wirkenden Rechten verwischt wird, weil alle Rechte in einem gewissen Maße absoluten Charakter haben können.[259] Oder es stellt sich als eine Erweiterung des Sachenrechts dar, dass auch Objekte erfasst werden, die ursprünglich keine Sachen waren und daher nur im Schuldrecht eine Rolle spielten.[260] Jedenfalls sind Sachenrechte im schwedischen Recht nicht strikt an die Existenz eines körperlichen Gegenstands gebunden, sondern es handelt sich vielmehr um drittwirkende Vermögensrechte jeglicher Couleur. Dennoch ist das schwedische Recht nicht den letzten Schritt gegangen, den Sachbezug vollständig aufzuheben.

Es gibt folglich Rechtspositionen, die nur in bestimmten Situationen als drittwirksam aufgefasst werden. Es wird nicht vom Sachenrecht auf die Drittwirksamkeit geschlossen, sondern von der Drittwirksamkeit kann höchstens andersherum auf die Qualifizierung als Sachenrecht geschlossen werden. Dabei ist letzteres wiederum nicht ausnahmslos so. Die Schwierigkeit einer derartigen Schlussfolgerung liegt darin, dass sie dem schwedischen Sachenrechtsverständnis fremd ist und dementsprechend nicht gezogen wird. Denn der Begriff »Sachenrecht« stellt ein juristisches Konzept dar und damit verbietet er sich nach schwedischem Verständnis als Begründungselement. Daher lässt sich auch in der Lehre eine einheitliche Bezeichnung der Rechtsarten nicht feststellen. Teils werden dementsprechend Rechte mit auch nur relativer sachenrechtlicher Wirkung als Sachenrechte bezeichnet. Es wird alles einbezogen, was – zumindest in einem gewissen Ausmaß – sachenrechtlich relevant sein könnte. Deswegen werden Miete und Leasing auch im sachenrechtlichen Kontext von Autoren behandelt.[261]

Zusammenfassend lässt sich festhalten, dass obligatorische Rechte nur in bestimmten Konstellationen, abhängig von Art ihres Objekts, der konkreten Situation und der involvierten Personenkreise, mit sachenrechtlichem Schutz ausgestattet sind. Die Einordnung erfolgt nicht im Vorhinein, sondern in Ansehung des individuellen Falles. Dabei ist es möglich, dass sich der Schutz nie auf

259 Was gewissermaßen die Verwendung des Begriffs »absolut« zweifelhaft macht, da »teilweise« genaugenommen gerade das Gegenteil von »absolut« bedeutet. Diesem Widerspruch wird jedoch terminologisch entgegengewirkt, indem statt von Absolutheit von Drittschutz gesprochen wird und dieser so verstanden wird, dass nicht zwingend jeder Dritte gemeint sein muss.

260 von Bar, The Numerus Clausus of Property Rights: A European Principle?, S. 452.

261 Millqvist, Sakrättens Grunder, S. 100ff.

alle denkbaren Dritten ausdehnt, sondern nur gegenüber einer bestimmten Personengruppe wirkt.

II. Einfluss auf den Bestand der Sachenrechte

Wie sich gezeigt hat, ist die Trennung zwischen Schuld- und Sachenrecht nicht strikt. Das bezieht sich nicht allein auf den Rechtsbereich »Sachenrecht«, sondern auch auf den Kanon der Sachenrechte. Das schwedische Recht kennt verschiedene Sachenrechte. Diese werden teils als *sakrätter* (Sachenrechte), teils als *sakrättsligt skyddad rätter* (sachenrechtlich geschützte Rechte) und in seltenen Fällen auch als *ius in rem* bezeichnet.[262] Damit sind zunächst die Rechte gemeint, die traditionell als drittwirkende Rechte an Sachen verstanden werden. Das ist zunächst das Eigentum (*äganderätt*) als umfassendes Recht. Neben dem Eigentum gibt es im schwedischen Sachenrecht noch beschränkte Rechte, Forderungsrechte und Anteilsrechte. Weil sich diese Rechte ähneln können, werden sie teilweise alle unter dem Oberbegriff *äganderätt* behandelt.[263] Es kommt dabei zu einer Vermischung von Sachenrechtsobjekt und dem Sachenrecht selbst. Denn einerseits wird beispielsweise ein Anteilsrecht als Vermögensrecht, das sachenrechtliche Wirkung haben kann verstanden. Gleichzeitig findet sich aber auch die Formulierung, dass eine Person Eigentum an einem Anteilsrecht hat oder ein Anteilsrecht verpfändet wird.[264]

Rechte, die in Schweden regelmäßig und autorenübergreifend als Sachenrechte bezeichnet werden oder denen Drittschutz gewährt werden kann, sind folgende:
- Eigentum (*äganderätt*),
- Kreditsicherheiten wie das Pfandrecht (*pant*) oder die Unternehmenshypothek (*företagshypotek*),
- Nutzungsrechte (*nyttjanderätt*) wie Pacht (*arrende*) oder Holzschlagrechte[265]
- Zurückbehaltungsrechte (*retentionsrätt, stoppningrätt*) sowie
- Grunddienstbarkeiten (*servitut*).

Diesen Rechten ist gemein, dass sie einen Objektsbezug haben und neben der Ausübung des Rechts regelmäßig folgende Befugnisse gewähren: Die Geltendmachung gegenüber Dritten, die Disposition über das Recht und die Möglichkeit, das Recht als Kreditunterlage zu nutzen.[266]

262 Millqvist, Sakrättens Grunder, S. 19, 45.
263 Hessler, Allmän Sakrätt, S. 36.
264 Hessler, Allmän Sakrätt, S. 36.
265 Lilja, National Report on the Transfer of Movables in Sweden, S. 46.
266 Hessler, Allmän Sakrätt, S. 20.

Umfassende, gesetzliche Aufzählungen der bestehenden Sachenrechte sucht man im schwedischen Recht dennoch vergebens. Einen ersten Hinweis auf die Existenz von Sachenrechten gibt das Kaufrecht, das die Rechte Dritter benennt, die einen rechtlichen Mangel der Kaufsache begründen. Diese Rechte schließen das Recht des Käufers entweder komplett aus oder begrenzen es teilweise.[267] § 21a Konsumentköplag (1990:932) bestimmt, was einen solchen Fehler begründet: »*Varan har ett rättsligt fel, om tredje man har äganderätt till varan eller har panträtt eller annan liknande rätt i den [...]*« (»Die Ware hat einen rechtlichen Mangel, wenn ein Dritter Eigentum an der Ware oder ein Pfandrecht oder ein anderes, ähnliches Recht daran hat [...].«) Damit wären zwei Rechte, nämlich Eigentum und Pfandrecht benannt, für die übrigen Rechte hilft dies jedoch nicht weiter. Da es kein Gesetz gibt, dass dem dritten Buch des BGB über das Sachenrecht entspräche, und somit eine Erfassung der in Schweden gesetzlich anerkannten Sachenrechte erleichterte, und es auch sonst an einer gesetzlichen Definition fehlt, muss auf die Aussagen der Lehre zurückgegriffen werden.

1. Eigentum

Auf das funktionale Eigentumsverständnis in Schweden wurde bereits eingangs eingegangen. Danach ergab sich, wenn man die Nuancierungen in der Transaktionssituation beiseitelässt, dass im schwedischen Recht Eigentum anerkannt wird. Die Definition von Eigentum ist jedoch eine Herausforderung. Dies gilt unabhängig von der Rechtsordnung und trifft auch in Schweden zu. Viele Faktoren spielen dabei eine Rolle. Sie sind wissenschaftlicher, politischer, philosophischer, sozialer oder praktischer Natur. Eigentum ist ein komplexes Gebilde, dem verschiedene Funktionen nicht nur im Privatrecht zukommen, sondern auch im gesellschaftlichen Gefüge, der Allokation von Ressourcen und der Marktwirtschaft. Auch je nach betroffenem Rechtsgebiet können andere Aspekte für eine Definition des Eigentums relevant werden.

Es gibt in Schweden keine einfachgesetzliche Norm, die das Eigentum ausdrücklich gewährleistet. Es findet aber Erwähnung in der Verfassung. Das Eigentum ist in seinem Bestand gemäß Kap. 2 § 15 *Kungörelse (1974:152) om beslutad ny regeringsform*[268] verfassungsrechtlich geschützt, indem es nur ausnahmsweise unwillentlich und dann auch nur gegen einen Ausgleich entzogen werden kann: »*Vars och ens egendom är tryggad genom att ingen kan tvingas avstå sin egendom till det allmänna eller till någon enskild genom expropriation*

267 Millqvist, Sakrättens Grunder, S. 74.

268 *Regeringsformen* ist eines der vier schwedischen *grundlover* (Grundgesetze), die die schwedische Verfassung bilden.

eller något annat sådant förfogande eller tåla att det allmänna inskränker användningen av mark eller byggnad utom när det krävs för att tillgodose angelägna allmänna intressen. Den som genom expropriation eller något annat sådant förfogande tvingas avstå sin egendom ska vara tillförsäkrad full ersättning för förlusten.[…]« (»Jedermanns Eigentum ist geschützt, dass niemand gezwungen werden kann, darauf zugunsten der Allgemeinheit oder einer Privatperson durch Enteignung oder eine andere, ähnliche Verfügung zu verzichten oder zu dulden, dass die Allgemeinheit die Nutzung von Land oder Bauwerk einschränkt, außer, wenn es notwendig ist, um allgemeine Interessen zu befriedigen. Demjenigen, der durch Enteignung oder eine ähnliche Verfügung gezwungen wird, sein Eigentum aufzugeben, soll die volle Erstattung seines Verlusts zugesichert sein.«). Neben dem Schutz stellt die Verfassung damit die Sozialpflichtigkeit des Eigentums sicher.

Im Privatrecht stellt das Eigentum nach schwedischem Recht das umfassendste aller Sachenrechte dar. Eine einfachgesetzliche Definition, was genau Eigentum ausmacht oder umfasst, gibt es jedoch nicht. In der Lehre finden sich aber einige Beschreibungsversuche. Der ehemalige Justizrat[269] *Torgny Håstad* konkretisiert es folgendermaßen: *»Såvida begränsningar inte följer av lag eller avtal som ägaren ingått kan han bruka sin egendom som han vill. Men man måste i detta sammanhang hålla fast vid att äganderätten, trots den negativa definitionen, inte har en av naturen given innebörd och att det är en politisk lämplighetsfråga i vilken utsträckning ersättning skall utgå till ägaren i det fall hans dispositionsrätt begränsas genom lagstiftning«.*[270] (»Soweit es keine gesetzlichen oder vertraglichen Grenzen gibt, kann der Eigentümer sein Eigentum benutzen, wie er möchte. Aber man muss in diesem Zusammenhang festhalten, dass das Eigentumsrecht trotz seiner negativen Definition keinen von Natur aus gegebenen Inhalt hat und dass es eine politische Zweckmäßigkeitsfrage ist, in welchem Ausmaß der Eigentümer entschädigt werden soll, falls seine Dispositionsbefugnis durch Gesetzgebung begrenzt wird.«).

Auch andere Autoren haben versucht, eine Definition des Eigentums im schwedischen Recht zu entwickeln. *Andreasson* bezeichnet das Eigentum als »eine Art Sammelbegriff für alle Rechte und Pflichten, die demjenigen gebühren bzw. treffen, den wir Eigentümer nennen«.[271] Damit ist jedoch wenig gesagt. *Undén* präzisiert und bezeichnet das Eigentum als die Gesamtheit aller Befugnisse, die einem Eigentümer grundsätzlich zustehen:[272] *»Äganderätten är den starkaste av sakrätterna. Den innebär befogenhet att råda över en sak i skilda*

269 *Justitieråd* (Justizrat) ist die Bezeichnung für die Richter des schwedischen Obersten Gerichtshofs, *Högsta Domstolen*, sowie seit 2011 die des Obersten Verwaltungsgerichts.
270 Håstad, Sakrätt, S. 23.
271 Andreasson, SvJT 2005, 522, 525.
272 Undén, Svensk Sakrätt, S. 64 und 120.

hänseenden, att förfoga över saken i dess totalitet inom de gränser, som verje rättsordning utstakar, och med de inskränkningar som ägaren själv genom rättshandlingat med andra personer ålagt sig. [...] Det maximum av befogenheter över en sak, som en viss rättsordning medgiver, sammanfattas såsom äganderätt.« (»Das Eigentumsrecht ist das stärkste der Sachenrechte. Es beinhaltet die Befugnis, über die Sache in dem Sinne zu herrschen, dass [der Eigentümer] über die Sache im Ganzen innerhalb der von der jeweiligen Rechtsordnung vorgezeichneten Grenzen und mit den Einschränkungen, die sich der Eigentümer selbst durch Rechtshandlungen mit anderen Personen auferlegt hat, verfügt. [...] Das Maximum von Befugnissen über eine Sache, die eine Rechtsordnung mitgibt, fasst man als Eigentumsrecht zusammen.«)

Insoweit unterscheidet sich die schwedische Vorstellung vom Eigentum nicht von derjenigen, die als europäische Vorstellung vom Sachenrecht in Paragraph VIII – 1: 202 DCFR[273] vorgeschlagen wird, die da lautet: »*›Ownership‹ is the most comprehensive right a person, the ›owner‹, can have over property, including the exclusive right, so far as consistent with applicable laws or rights granted by the owner, to use, enjoy, modify, destroy, dispose of and recover the property.*« In diesem Sinne legt auch die deutsche Rechtsordnung die Befugnisse des Eigentümers fest. Es ist das umfassenste Verfügungs-, Nutzungs- und Besitzrecht an einer beweglichen oder unbeweglichen Sache, das das deutsche Zivilrecht kennt. Ebenso wie das schwedische Recht sieht das deutsche Recht dennoch keine Legaldefinition des Eigentums vor. Nur der wesentliche Umfang des Inhalts der Rechte des Eigentümers wurde im BGB geregelt. Die in § 903 BGB enthaltene Regel, dass der Eigentümer in den gesetzlichen Schranken und vorbehaltlich der Rechte Dritter nach seinem Belieben mit einer Sache verfahren darf, entspricht dem schwedischen Verständnis von Eigentum.

Die Befugnisse, die im schwedischen Privatrecht im Eigentum »gebündelt« sind, sind nicht willkürlich wählbar, sondern aus rechtspolitischen Erwägungen wurden bestimmte Befugnisse dafür festgelegt.[274] Mit dem Eigentum gehen deshalb ganz unterschiedliche Befugnisse einher.

Hessler kategorisiert diese Rechte des Eigentümers in drei Typen.[275] Das Eigentum berechtigt zur Ausübung (*utövning*), damit sind das schlichte »Haben« und Nutzen, mithin faktische Handlungsmöglichkeiten gemeint. Zweitens berechtigt es zu rechtlichen Verfügungen (*rättsligt disponera*) über einen Gegenstand. Drittens geht damit einher, dass die Sache dem Vermögen des Eigentümers zugerechnet wird und damit für seine Schulden verpflichtet werden kann (*förpliktelseunderlåg*).

273 PEL/Lurger/Faber, Acquisition and Loss of Ownership of Goods, S. 257.
274 Hessler, Allmän Sakrätt, S. 19.
275 Hessler, Allmän Sakrätt, S. 20f.

Vinding Kruse fasst die entscheidenden Befugnisse folgendermaßen zusammen[276]: Das Eigentum gewähre das Recht zum Gebrauch der Sache, ebenso wie zum Verbrauch oder gar zur Zerstörung. Es berechtige, etwaige Erträge und Früchte zu ziehen und zu behalten. Der Eigentümer könne sein Eigentum oder beschränkte Rechte daran nach seinem Belieben auf andere Personen übertragen oder die Nutzung des Eigentums durch einen anderen temporär erlauben. Er könne die Sache, die ihm gehöre, als Kreditsicherheit einsetzen. Das Eigentum sei gegenüber Dritten geschützt, die die Ausübung des Rechts zu beeinträchtigen oder zu vereiteln trachteten. Die grundsätzliche Allmacht des Eigentümers wird nur durch den Gesetzgeber eingeschränkt. Das Gesetz kann vorsehen, dass beispielsweise bestimmte Formen der Nutzung des Eigentums untersagt werden. Auch wenn beschränkte Rechte Dritter am Eigentum bestehen, muss der Eigentümer diese respektieren. Erlischt das Recht des Dritten, fällt die Beschränkung weg und das Recht, das dem Dritten gebührte, gebührt dem Eigentümer. Darin zeigt sich die auch im deutschen Recht bekannte Elastizität des Eigentums, die sich aus seiner Eigenschaft als Sachenrecht speist und dazu führt, dass Eigentum zu fast allem oder zu fast nichts berechtigen kann, ohne seine Eigentumsqualität einzubüßen.

Zitting versucht sich an einer Einteilung, die sich so nicht bei andern Autoren findet. Er teilt die Rechte des Eigentümers in drei Teile, die zusammen ein »vollständiges« Eigentum ausmachten.[277] Von diesen Teilen sieht er als Primärrecht das Recht zur Nutzung und das »Haben und Halten« der Sache an, dessen Schutz statisch sei.[278] Erst davon abgeleitet gebe es auf zweiter Ebene das Recht des Eigentümers, über die Sache zu verfügen und einen Wechsel in der Person des Rechtsinhabers herbeizuführen. Es sei allein die Kompetenz des Eigentümers, eine rechtliche Veränderung des primären Rechts herbeizuführen. Damit verknüpft sei wiederum als dritter Part der dynamische Schutz, der den Schutz des neuen Eigentümers gegenüber den Gläubigern des alten Eigentümers meine, und das Recht des Erwerbers erst vervollständige.

Die schwedischen Gerichte sehen sich hingegen eher nicht berufen, explizit eine feste Definition des Eigentums zu erarbeiten. Sie wirken daran zwar durch ihre Entscheidungen mit, sind aber mit theoretischen und allgemeingültigen Aussagen sehr zurückhaltend. Allerdings nahm der Oberste Gerichtshof einmal Stellung zur Auffassung vom Eigentum als Summe von Rechten, als er beispielhaft zum Verhältnis von Eigentum und Nutzugsrecht erklärte: »*Äganderättens innehåll blir sedan automatiskt – utan att detta behöver anges – vad som blir kvar, sedan nyttjanderättens innehåll undantagits från summan av befo-*

276 Vinding Kruse, Das Eigentumsrecht, Bd. 1, S. 143.
277 Zitting, Sc.St.L. 1959, 227, 230.
278 Zitting, Sc.St.L. 1959, 227, 230.

genheterna över marken.« (»Der Inhalt des Eigentumsrechts bleibt automatisch – ohne dass dies angegeben werden muss – das, was übrig bleibt, wenn der Inhalt eines Nutzungsrechts aus der Summe der Befugnisse über ein Stück Land herausgelöst wird.«). Damit bestätigt er, dass Eigentum eine Summe von Befugnissen umfasst, sagt aber auch, dass das Eigentum nicht untergeht, wenn eine Befugnis daraus herausgelöst wird. Dabei wird deutlich, dass die Reduzierung des Eigentums darauf, dass es eine Summe aller mit dem Eigentum einhergehenden Befugnisse und Pflichten sei, eine zu oberflächliche Aussage ist, die in die Irre leiten kann. Denn das Eigentum bleibt bestehen, auch wenn man einzelne Befugnisse entzieht, beispielsweise indem sie auf andere Personen übertragen werden. Auch der Eigentümer, der die Sache nicht nutzen kann, ist noch Eigentümer, obwohl das Recht zur Nutzung eine der Funktionen ist, die dem Eigentum zugeordnet werden. Auf der anderen Seite sind die einzelnen Befugnisse und Pflichten nicht kennzeichnend, weil auch andere Rechte zu diesen Befugnissen verhelfen können. Der Pächter ist nicht Eigentümer, er kann das Grundstück aber sehr wohl nutzen. Einigkeit herrscht aber, dass das Eigentum das einzige Recht ist, das überhaupt alle diese Befugnisse gleichzeitig bieten kann.

Daneben gibt es noch einige generelle Charakteristika: Eigentum ist in seinem Bestand nicht abhängig von einer bestimmten Person, da es auf einen Nachfolger übergehen kann. Der Eigentumsanspruch verjährt grundsätzlich nicht.[279] Allerdings kann der Anspruch des Eigentümers erlöschen, wenn ein anderer die Sache ersitzt.[280] Eigentum kann nicht nur einer Person allein zustehen, sondern auch mehreren Personen zur selben Zeit. Das *samäganderätt* (Miteigentum) wird von mindestens zwei Personen ausgeübt, denen das Eigentum an einer Sache jeweils zu einem bestimmten ideellen Bruchteil zusteht. Die Einzelheiten der Begründung, Verwaltung, Nutzung und Auflösung richten sich nach dem *Lag (1904:48 s.1) om samäganderätt.* Miteigentum kann durch Bearbeitung entstehen, wenn keine große Wertdiskrepanz zwischen Material und Arbeitsleistung nachweisbar ist.[281]

Auch wenn die Definition der einzelnen Rechte und Pflichten des Eigentümers in Schweden und Deutschland einander ähneln, gibt es einen »übergeordneten« Unterschied, der das grundsätzliche Verständnis betrifft. Denn das schwedische Recht hat dem Eigentum jegliche konzeptuelle Bedeutung aberkannt oder sich dies jedenfalls zum Ziel gesetzt.[282] Konzept bedeutet dabei, dass man das Eigentum als Begründung für Rechtsfolgen heranzieht, beispielsweise

279 SOU 2005:3, S. 86.

280 PEL/Lurger/Faber, Acquisition and Loss of Ownership of Goods, S. 1266.

281 Anderenfalls wird derjenige Alleineigentümer, der den höheren Wert beisteuert, Millqvist, Sakrättens Grunder, S. 29.

282 Lilja, Concepts, Functional Approaches, and Argumentation Analysis in the Field of the Transfer of Movables, S. 21.

»weil A Eigentümer ist, darf er die Sache von B heraus verlangen und weil A Eigentümer ist, darf er gleichzeitig C von der Nutzung der Sache abhalten«. *Lilja* stellt fest, »*[ownership] only means that one person has a better right, in some or every aspect, to the object than another, or any other person, depending on agreements he or she may have concluded or legal restrictions that are imposed for this type of property.*«[283] Das Eigentum nach schwedischem Recht ist einerseits fragmentiert, wenn man berücksichtigt, dass es als Bündel eigenständiger Funktionen aufgefasst wird. Auf der anderen Seite ist es als Ganzes verfassungsrechtlich geschützt und als Institut gewährleistet. Die Eigenständigkeit der Funktionen wird im dynamischen Sachenrecht betont, während das statische Sachenrecht das Eigentum als Ganzes behandelt.

2. Beschränkte dingliche Rechte

Neben dem Eigentum als umfassendem Recht kennt das schwedische Recht auch beschränkte dingliche Rechte. Es handelt sich ebenfalls um dingliche Rechte, weil sie einen Objektsbezug und eine Drittwirkung aufweisen, sie gewähren aber im Vergleich zum Eigentum von vornherein lediglich eine begrenzte Rechtsmacht. Sie belasten das Eigentum, weil sie naturgemäß dem Eigentümer selbst zustehen würden. Im Unterschied zum Eigentum setzen sie immer eine Parteiabrede voraus – ein Pfandrecht kann man nicht »finden«. Wie beim Eigentum auch hält sich der schwedische Gesetzgeber zurück und die Lehre sucht nach gangbaren Definitionen für beschränkte dingliche Rechte. *Nordling* beschrieb sie im 19. Jahrhundert als Rechte, die nur für eine gewisse Dauer und aufgrund von Parteiabreden bestehen und bei ihrem Erlöschen wieder im Eigentum enthalten sind (»*vid sitt upphörande omedelbart uppgå i honom [äganderätten]*«) (»mit seinem Erlöschen unmittelbar im Eigentum aufgehen«).[284] In der Regel handelt es sich um Belastungen des Eigentumsrechts durch Vermögensrechte, vergleichbar mit den deutschen beschränkten dinglichen Rechten. Wegen der funktionalen Sichtweise des schwedischen Rechts werden damit aber auch andere Befugnisse in Bezug auf bestimmte Sachen erfasst, die nicht zwingend sachenrechtliche Wirkung haben müssen bzw. diese Wirkung nicht gegenüber jedem Dritten entfalten.[285] Sie werden teilweise als *särskilda rättigheter* (spezielle Rechte), teilweise als *begränsade rättigheter* (begrenzte bzw. beschränkte Rechte) bezeichnet.[286] Statt *sakrätter* wird in diesem Zusammenhang regelmäßig *rättig-*

283 Lilja, National Report on the Transfer of Movables in Sweden, S. 22f.

284 Nordling, Lagfarts- och inteckningslagarne af den 16 juni 1875 med tillhörande författningar, S. 25.

285 Hessler, Allmän Sakrätt, S. 26.

286 Hessler, Allmän Sakrätt, S. 25.

heter benutzt, was einmal mehr die Weite des sachenrechtlichen Anwendungsbereichs betont. *Hessler* teilt die beschränkten Rechte in drei Arten auf: *bruksrättigheter* (Gebrauchsrechte), *säkerhetsrätter* (Sicherungsrechte) und *betingelser* (Bedingungen).[287] Zu letzteren zählt er Rückkaufsrechte, Veräußerungsverbote und Nutzungsvorgaben.[288] *Håstad* ergänzt dazu Optionsrechte, die den zukünftigen Erwerb des Eigentums oder eines beschränkten Rechts zusichern.[289] Zu den beschränkten Rechten in Form von Sicherungsrechten zählen *panträtt* (Pfandrecht), *retentionsrätt* (Zurückbehaltungsrecht), *fastighetspant* (Grundpfandrecht) und die *företagshypotek* (Unternehmenshypothek).[290] All diesen Rechten ist zu Eigen, dass sie ein »Mutterrecht«[291] haben, an das sie anknüpfen und das sie auf die eine oder andere Weise beschränken. *Håstad* bevorzugt statt »beschränkte Rechte« die Formulierung »spezielle Rechte«, weil auch das Eigentum kein unbeschränktes Recht sei, da es ja gerade durch solche speziellen Rechte oder auch durch gesetzgeberische Entscheidungen beschränkt werden könne.[292] *Bergström* weist allerdings darauf hin, dass ein beschränktes Recht immer positiv bestimmt werde und stets begrenzt sei. Das Eigentum hingegen sei negativ bestimmt und im Grunde unbegrenzt, auch wenn der Gesetzgeber sich Begrenzungen einfallen lassen könne.[293]

Die beschränkten Rechte lassen sich nach ihrer Zwecksetzung in solche aufteilen, die die Nutzung einer Sache bezwecken, und in solche, die der Sicherung eines Kredits dienen sollen. Die gängigsten beschränkten Rechte des schwedischen Rechts werden im Folgenden kurz vorgestellt und voneinander abgegrenzt.

a) Zurückbehaltungsrecht (*retentionsrätt, stoppningsrätt*)

Für das schwedische Sachenrecht unüblich, findet sich eine Definition eines Zurückbehaltungsrechts im Gesetz. Das *retentionsrätt* wird am Rande im *Förmånsrättlag (1970:979)* legaldefiniert als: »*rätt att kvarhålla lös egendom till säkerhet för fordran (retentionsrätt)*« (»das Recht, bewegliche Sachen als Sicherheit für eine Forderung zurückzubehalten«). Das *retentionsrätt* gibt ein Zurückbehaltungsrecht an einer fremden Sache, um so eine eigene, bisher unerfüllte Forderung durchzusetzen. Es kann vertraglich vereinbart werden,[294] seine

287 Hessler, Allmän Sakrätt, S. 26. *Liljebäck* nennt die letzte Kategorie *belastingar* (Belastungen), Liljebäck, JP 2017, 399, 399. Da letztlich alle beschränkten dinglichen Rechte eine Belastung des Eigentums darstellen, ist diese Formulierung eher irreführend.

288 Hessler, Allmän Sakrätt, S. 26.

289 Håstad, Sakrätt, S. 28.

290 Håstad, Sakrätt, S. 26f.

291 Hessler, Allmän Sakrätt, S. 25.

292 Håstad, Sakrätt, S. 26.

293 Bergström, SvJT 1956, 145, 148.

294 Håstad, Sakrätt, S. 350.

Entstehung ist aber auch für einige Situationen gesetzlich geregelt. Die älteste Regelung findet sich im *Handelsbalk* wieder, die als generelle Regel eines Zurückbehaltungsrechts bis zu einem Ausgleich notwendiger Verwendungen auf eine fremde Sache verstanden wird.[295] Kap. 11 § 3 *Handelsbalk (1736:0123 2)* legt fest: »*Ingen må, för egen, eller annans skuldfordran, hålla det inne, som han till låns fått, utan […] med ägarens vilja nödig kostnad där å gjort.*« (»Niemand darf für eine eigene oder fremde Forderung etwas zurückbehalten, was er geliehen bekommen hat, außer [für] im Willen des Eigentümers darauf erbrachte Kosten.«) Das Zurückbehaltungsrecht bezieht sich nur auf Forderungen, die in einem Zusammenhang mit dem Besitz an der fremden Sache stehen.[296] Neben dieser allgemeinen Regel gibt es noch spezialgesetzliche. Einmal hat ein Gastwirt gemäß dem *Lag (1970:980) om retentionsrätt för fordran hos hotelgäst* (Gesetz über ein Zurückbehaltungsrecht bei Forderungen gegenüber Hotelgästen) ein derartiges Recht an dem eingebrachten Gepäck des Gastes für seine Zahlungsforderungen gegen den Gast. Zum anderen hat ein Unternehmer gemäß *Lag (1985:982) om näringsidkares rätt att sälja saker som inte har hämtats* (Gesetz über das Recht des Unternehmers, nicht abgeholte Sachen zu verkaufen) ein Zurückbehaltungsrecht an Sachen, die ihm zu Reparatur, Bearbeitung oder Verwahrung vom Besteller überlassen wurden und die dieser nicht abgeholt hat. Das Zurückbehaltungsrecht dient der Durchsetzung der Forderung des Unternehmers gegen den Besteller auf das vereinbarte Entgelt für Reparatur oder Verwahrung. Sowohl Gastwirt als auch Unternehmer dürfen die Sache nicht behalten oder nutzen. Das Zurückbehaltungsrecht berechtigt ausschließlich dazu, die Sache zu verkaufen oder zu versteigern und sich aus dem Erlös zu befriedigen. Es ist vergleichbar mit dem Unternehmerpfandrecht des deutschen Rechts, das ebenfalls nur ein Verwertungsrecht begründet. Daneben gibt es noch das *retentionsrätt* des Verwahrers gemäß Kap. 12 § 8 *Handelsbalk (1736:0123 2)* und dasjenige des Entleihers gemäß Kap. 11 § 3 *Handelsbalk (1736:0123 2)*. Beide richten sich auf die Durchsetzung einer Ersatzforderung für Kosten, die für den notwendigen Erhalt der Sache angefallen sind. Das *retentionsrätt* ist dem Pfandrecht in der Insolvenz gemäß Kap. 1 § 5 *Konkurslag (1987:672)* gleichgestellt, ebenso in der Zwangsvollstreckung. So erhält dieses Recht sachenrechtlichen Schutz in Form von Gläubigerschutz.

Im Kaufrecht gibt es noch ein weiteres spezielles Zurückbehaltungsrecht oder vielmehr ein Zurückholungs- oder Aufhalterecht. Vor der Übergabe soll der Verkäufer, der noch die Zahlung erwartet, gegenüber den Gläubigern und Rechtsnachfolgern des Käufers geschützt werden. Der Verkäufer wird durch ein *stoppningsrätt* geschützt. Das *stoppningsrätt* des Verkäufers ist in § 61 *Köplagen*

295 Carlson, The Fundamentals of Swedish Law, S. 269.
296 NJA 1985 S. 205.

(1990:931) geregelt. Es ermöglicht dem Verkäufer, die Übergabe einer Kaufsache an den Käufer zu verhindern, wenn sich ernstzunehmende Anzeichen ergeben, derentwegen anzunehmen ist, dass der Käufer den Kaufpreis nicht oder nicht rechtzeitig zahlen werde. Dieses Recht besteht nach § 61 Abs. 2 *Köplagen (1990:931)* auch, wenn der Verkäufer die Ware bereits in Richtung des Käufers versendet und einer Transportperson übergeben hat. Das *stoppningsrätt* gebührt nicht dem Verkäufer allein, sondern wird auch im umgekehrten Fall dem Käufer gewährt, wenn der Käufer einen Vertragsbruch des Verkäufers antizipiert und deswegen die Zahlung zurückhält.

Verhält sich der Vertragspartner dagegen tatsächlich bereits vertragswidrig, so steht dem anderen ein *detentionsrätt* nach § 10 *Köplagen (1990:931)* zur Seite. Auch dieses ist auf Zurückbehaltung der eigenen geschuldeten Leistung gerichtet. Führt ein Vertragsbruch dazu, dass die andere Partei vom Vertrag zurücktritt, hat sie ebenfalls hinsichtlich der von ihr zurückzugewährenden Leistung ein *detentionsrätt* gemäß § 64 Abs. 2 *Köplagen (1990:93)* bis ihr ihrerseits Leistungen zurückgewährt wurden. Es ist nicht zu verwechseln mit dem *retentionsrätt*, das ebenfalls zum Zurückbehalten einer Sache zur Durchsetzung eines Anspruchs berechtigt. Gegenstand des *retentionsrätt* ist gerade nicht eine eigene geschuldete Sache, sondern eine fremde Sache.

Stoppningsrätt und *detentionsrätt* sind sachenrechtlich geschützt gegenüber den Gläubigern des Vertragspartners. Denn wie sich aus § 63 Abs. 3 *Köplagen (1990:931)* ergibt, können die Gläubiger nur in den Vertrag an Stelle des bisherigen Vertragspartners eintreten und damit nur die Rechte erhalten, die dieser selbst genoss. Dieser musste sich den Zurückbehaltungsrechten beugen, so dass es nach der Vertragsübernahme auch die Gläubiger tun müssen.[297] Übernehmen sie den Vertrag nicht und erfüllen auch sonst nicht die ausstehende Leistung, darf der andere Vertragspartner vom Vertrag zurücktreten. Die Konstruktion des *stoppningsrätt* müsste an sich eine überflüssige Sache sein, da sich diese Berechtigung gegenüber Dritten schon daraus ergeben müsste, dass der Verkäufer bis zu Besitzerlangung durch den Käufer zumindest Dritten gegenüber Eigentümer ist und schon aus diesem Grund ein besseres Recht an der Sache hat. Zurückbehaltungsrechte an eigenen Sachen bedürfen eines Drittschutzes nicht.[298] An dieser Stelle tritt erneut die Strategie des schwedischen Rechts zutage, in der Transaktion das Eigentum außen vor zu lassen. So entschied der Oberste Gerichtshof in NJA 1985 S. 879 über die Frage des Bestandes eines *stoppningsrätt*, in einer Situation, die sich auch anhand der Eigentumsverhältnisse hätte bestimmen lassen können. Eigentum kam aber nicht mit einem Wort vor, sondern die kaufrechtliche Situation stand im Vordergrund. In dem Fall hatte ein Un-

297 Håstad, Sakrätt, S. 178.
298 von Bar, Gemeineuropäisches Sachenrecht, Bd. I, S. 753.

ternehmen an ein anderes Unternehmen Textilien verkauft. Der Käufer geriet in Zahlungsschwierigkeiten als sich die Ware schon in einem Lager befand, in das sie von einem durch den Käufer instruierten Transporteur verbracht worden war. Zu klären war, ob die Ware dem Verkäufer zugeordnet werden sollte oder der Insolvenzmasse. Das Gericht prüfte dazu einzig die Frage, zu welchem Zeitpunkt der Käufer Besitz erlangt habe und dadurch das *stoppningsrätt* erloschen sei. Die Frage war nicht, ob durch die Besitzerlangung von einem Eigentumsübergang auszugehen sei. Durch die sachenrechtliche Wirkung, die in dieser Weise dem *stoppningsrätt* zugesprochen wird, ergibt sich eine Dopplung mit dem Herausgaberecht aus Eigentum, die keinen Mehrwert hat. Da das *stoppningsrätt* gerade nicht ein fremdes Recht belastet, gehört es auch nicht in die Reihe der beschränkten dinglichen Rechte. Es wird aber in sachenrechtlichen Abhandlungen behandelt.[299]

b) Pfandrecht (*Panträtt*)

Als klassisches Sicherungsmittel sieht das schwedische Recht Pfandrechte vor. Mit Vertragsschluss besteht das Pfandrecht nur zwischen den beteiligten Parteien. Erst mit der Übergabe des Pfandgutes erhält das Rechtsgeschäft auch Drittwirkung. *Hessler* bezeichnet diesen Zustand auch als *fullbordad panträtt* (vollendetes oder vollzogenes Pfandrecht).[300] Mit Besitzübergang ist das Pfandrecht sowohl gegenüber den Geldgläubigern als auch gegenüber einer Person geschützt, die die Sache später zu Eigentum erwirbt. Diese erwirbt grundsätzlich belastetes Eigentum. Das Pfandrecht hat jedoch nur Vorrang gegenüber den Gläubigern des Pfandgebers, wenn der Pfandgläubiger noch Besitz an der Pfandsache hat, wenn der Pfandgeber insolvent wird. Eine Ausnahme hiervon wird nur zugelassen, wenn der Besitz versehentlich verloren geht[301] oder der Pfandgeber die Pfandsache eigenmächtig an sich nimmt.[302]

In der Rechtsprechung wurde auch schon die Drittwirkung eines noch nicht vollendeten Pfandrechts bejaht, das an Sachen eingeräumt wurde, die dem Pfandgläubiger noch nicht übergeben worden waren. Die Drittwirkung wurde partiell gegenüber einem Erwerber der Sache, der von der Pfandvereinbarung Kenntnis hatte, bejaht.[303]

---

299 Håstad, Sakrätt, S. 51.
300 Hessler, Allmän Sakrätt, S. 360.
301 NJA 1958 S. 422.
302 Håstad, Sakrätt, S. 290.
303 NJA 1925 S. 80.

c) Nutzungsrecht (*Nyttjanderätt*)

Wie auch das deutsche Recht kennt das schwedische Recht Nutzungsrechte an Sachen, die eine Person haben kann, ohne zugleich Eigentümer zu sein. *Nyttjanderätter* (Nutzungsrechte) werden in Schweden nur in bestimmten Fällen als Sachenrechte eingestuft und genießen folglich nicht immer sachenrechtlichen Schutz. Klassisch zählt das Nutzungsrecht nicht zu den Sachenrechten, sondern ist ein rein schuldrechtliches Recht.[304] Unter die sachenrechtlich geschützten Rechte fallen diejenigen Nutzungsrechte, die im Immobiliarsachenrecht angesiedelt sind. In Kap. 7 § 1 *Jordabalk (1970:994)* werden Nutzungsrechte an *fast egendom* aufgezählt, nämlich *arrende* (Pacht), *hyra* (Miete), *tomträtt* (Erbbaurecht), *servitut* (Dienstbarkeit), *rätt till elektrisk kraft* (Recht auf elektrische Energie) und ähnliche Nutzungsrechte.

Für den Bereich des Gläubigerschutzes bedeutet der Drittschutz, dass die Gläubiger in der Insolvenz oder Zwangsvollstreckung die Sache nur unter dem Vorbehalt des Nutzungsrechts verwerten können.[305] Im Verhältnis zu späteren Erwerbern der Sache, an der ein Nutzungsrecht besteht, bedeutet es, dass der Erwerber das Nutzungsrecht respektieren muss und nur belastetes Eigentum erwirbt. Wird *fast egendom*, an dem ein Nutzungsrecht einem anderen gegenüber eingeräumt ist, übertragen, so gilt das Nutzungsrecht dabei nur gegenüber dem Erwerber, wenn bestimmte Voraussetzungen erfüllt sind. Dies richtet sich nach Kap. 7 § 11 *Jordabalk (1970:994):* Entweder muss das Nutzungsrecht im Grundstückregister eingetragen sein, da dann der Käufer davon Kenntnis nehmen kann. Oder der Verkäufer muss einen entsprechenden Vorbehalt beim Kauf machen. Nach Kap. 7 § 11 *Jordabalk (1970:994)* bleibt ein eingeräumtes Nutzungsrecht auch ohne Vorbehalt bestehen, wenn die Überlassung des Nutzungsrechts mit schriftlichem Vertrag erfolgte und der Nutzungsberechtigte bereits vor der Veräußerung des *fast egendom* Zugang zu diesem erhalten hatte. Schlussendlich ist der Bestand des Nutzungsrechts gemäß Kap. 7 § 14 Abs. 1 *Jordabalk (1970:994)* auch gesichert, wenn der Käufer des *fast egendom* davon Kenntnis hatte oder haben musste. Gleiches gilt, wenn der Käufer nicht binnen drei Monaten seit der Übertragung des *fast egendom* auf ihn den Nutzungsvertrag kündigt, wenn es sich bei der Nutzung um Pacht oder Miete handelt. Sein Schweigen führt dazu, dass die Belastung bestehen bleibt. Im Immobiliarsachenrecht setzt die Drittwirksamkeit von Nutzungsrechten danach die Erfüllung gewisser, fallspezifischer Voraussetzungen voraus.

Während es für Nutzungsrechte an *fast egendom* demnach verhältnismäßig umfangreiche gesetzliche Regelungen gibt, findet man solche für Nutzungsrechte

304 Tiberg, SvJT 1964, 497, 503.
305 Håstad, Sakrätt, S. 429.

an *lös egendom* nicht.[306] Dabei sind Nutzungsrechte an beweglichen Sachen weit verbreitet und bilden einen beachtlichen wirtschaftlichen Faktor. Diese gesetzgeberische Vernachlässigung dürfte teilweise dem Umstand geschuldet sein, dass früher Nutzungsrechte als etwas Kurzfristiges aufgefasst wurden, weswegen das Regelungsbedürfnis einer Drittwirkung nicht entstand.[307] Heutzutage sind Nutzungsrechte häufig auf eine lange Zeit angelegt und bilden einen wichtigen ökonomischen Wert. Zur Veranschaulichung seien in dem Zusammenhang nur die Miete oder das Leasing von Fahrzeugen, Büroausstattung oder Maschinen oder Patentlizenzen zu erwähnen. Dadurch ist eine Debatte aufgekommen, ob Nutzungsrechte an beweglichen Sachen – und wenn ja, welche – Dritten gegenüber wirksam sein sollten. Einen Vorstoß in diese Richtung gab es in Form eines Gesetzesvorschlags über das Finanzierungsleasing, der in seinen §§ 23–30 umfassenden Schutz des Leasingnehmers beim Leasing beweglicher Sachen sowohl gegenüber Gläubigern als auch gegenüber anderen Erwerbern vorsah. Begründet wurde dies mit dem hohen Investitionsvolumen dieser Verträge und deren wirtschaftlicher Bedeutung.[308] Der Gesetzesvorschlag fand jedoch keine Zustimmung. In einem der wenigen Rechtsprechungsfälle aus diesem Bereich, NJA 1975 S. 528, ging es zwar nur am Rande um die sachenrechtliche Wirkung von Nutzungsrechten an *lös egendom*, weil es vorrangig um eine strafrechtliche Frage von Einziehung und Verfall ging, der Fall bestätigte aber die allgemeine Auffassung: Das betroffene Objekt der Einziehung war ein Roulettetisch, der vermietet war. Deswegen kam die Frage auf, ob das Mietrecht bei einer etwaigen Einziehung als *särskild rätt* Bestand haben solle.[309] Der Oberste Gerichtshof verneinte, dass es sich beim Mietrecht an einem *lösöre* um ein *särskild rätt* handele. Auch wenn keine sachenrechtliche Mehrpersonenkonstellation vorlag, wurde aus dem Urteil geschlussfolgert, dass zumindest ein Nutzungsrecht in Form einer Miete von *lösöre* keinen sachenrechtlichen Schutz genieße.[310] *Undén* verneint für *nyttjanderätt* an *lösöre* kategorisch jeglichen sachenrechtlichen Schutz und sieht von einer näheren Erörterung ab, weil es allein im Rahmen einer Darstellung von Schuldrechten behandelt werden könne.[311]

Insgesamt lässt sich feststellen, dass ein *nyttjanderätt* an *lösöre* in der Regel keinen sachenrechtlichen Schutz gegenüber den Erwerbern der Sache genießt.

306 In § 101 *Patentlag (1967:837)* und Kap. 12 § 6 *Ärvdabalk (1958:637)* finden sich zumindest Regelungen für die Spezialfälle von einer Lizenzvergabe und von Nutzungsrechten an *lös egendom*, die mittels Testament eingeräumt wurden.

307 Millqvist, Sakrättens Grunder, S. 24.

308 SOU 1994:120, S. 437 ff.

309 Nach Kap. 36 § 5b *Brottsbalk (2008:370)* bleibt ein *särskild rätt* an einer Sache bestehen, wenn es nicht eigenständig der Einziehung unterworfen wird.

310 Håstad, Sakrätt, S. 433; Hessler, SvJT 1983, 161, 184.

311 Undén, Svensk Sakrätt, S. 6.

Einige Ausnahmen von diesem Grundsatz sind jedoch gesetzlich statuiert oder werden in der Lehre befürwortet. Gesetzlich ist für einen Spezialfall eine Ausnahme dieser Regel statuiert. So sieht § *2f Lagen (1955:227) om inskrivning av rätt till luftfartyg* (Gesetz über die Eintragung von Rechten an Luftfahrzeugen) für Nutzungsrechte an Flugzeugen einen vollständigen sachenrechtlichen Schutz vor. Das dürfte vor allem das Leasing von Flugzeugen betreffen und dem hohen Wert eines Flugzeugs geschuldet sein. Eine weitere Ausnahme soll gelten, wenn der Erwerber von dem *nyttjanderätt* weiß.[312] Entsprechende Rechtsprechung existiert jedoch nicht. Ein solches Wissenselement kann allerdings nur beim Verkehrsschutz oder beim Schutz gegen Einzelzwangsvollstreckung relevant werden, da der Gläubigerschutz in der Insolvenz ein derartiges subjektives Element wie guten oder schlechten Glauben nicht vorsieht. Eine weitere Möglichkeit besteht in einer vertraglichen Regelung: Hat der Verkäufer in einem Kaufvertrag, der einem bestehenden Nutzungsrecht zuwiderlaufen würde, einen Vorbehalt bezüglich dieses Nutzungsrechts erklärt, muss der Erwerber dies gegen sich gelten lassen.[313] Durch den Vorbehalt erhält das Nutzungsrecht sachenrechtliche Wirkung.

Wird die Sache erst veräußert und dann einem Dritten vom bisherigen Eigentümer ein *nyttjanderätt* daran eingeräumt, kann der Nutzungsberechtigte dieses Recht allenfalls nach Gutglaubensregeln erwerben, weil der bisherige Eigentümer zur Verfügung nicht mehr berechtigt war.[314] Werden mehreren Personen miteinander unvereinbare *nytanderätter* überlassen, gilt gemäß Kap. 13 § 2 *Handelsbalk (1736:0123 2)* das Prioritätsprinzip, so dass derjenige Vorrang gewinnt, der das Recht zuerst erworben hat. Davon ist eine Ausnahme zu machen, wenn der Zweiterwerber gutgläubig ist und die Sache in Besitz nimmt.[315] Dies entspricht der Regelung zum Doppelverkauf.

Nutzungsrechte an Anteilsrechten oder Forderungen können gegenüber den Gläubigern des Eigentümers der Sache Schutz genießen. Voraussetzung für einen sachenrechtlichen Schutz ist wie gegenüber späteren Erwerbern der Forderung oder des Anteilsrechts auch gegenüber Gläubigern des Forderungs- oder Anteilsinhabers eine Mitteilung (*denuntation*) gegenüber dem Schuldner.[316]

312 Håstad, Sakrätt, S. 437; SOU 1929:22, S. 288.
313 Millqvist, Sakrättens Grunder, S. 23.
314 Håstad, Sakrätt, S. 438.
315 Håstad, Sakrätt, S. 439.
316 Forssell, Tredjemansskyddets Gränser, S. 154.

d) Optionsrecht (*Optionsrätt*)

Ein *optionsrätt* ist ein Recht, das Eigentum oder ein anderes Recht an einer Sache eines anderen in der Zukunft zu erwerben oder zu übertragen.[317] Damit ist es eigentlich ein Schuldrecht und genießt damit in der Regel keinen sachenrechtlichen Schutz. Dies soll aber nicht ausnahmslos gelten.[318] Das Mindesterfordernis für die sachenrechtliche Wirksamkeit eines *optionsrätt* an *lös egendom* ist, dass der Erwerber Besitz an der Sache, die er erwerben will, erlangt. Wegen des Übergabeerfordernisses beim Erwerb von *lös egendom* für das Zustandekommen von sachenrechtlichem Schutz soll auch das davor liegende *optionsrätt* nicht ohne zusätzlichen Akt sachenrechtlich geschützt sein. Grundsätzlich gilt daher, dass ein Optionsrecht nur nach den allgemeinen sachenrechtlichen Regeln gegenüber Gläubigern sachenrechtlich geschützt sein kann, spezielle Regeln nur für das Optionsrecht gibt es nicht.[319] Im Konflikt mit einem anderen Erwerber soll dagegen bereits der Vertragsschluss genügen, wenn der andere vom *optionsrätt* positive Kenntnis hat.[320] Die Drittwirkung von Optionsrechten an Immobilien wird abgelehnt, da darin eine Umgehung des Formerfordernisses liegen könnte.[321]

Neben dem Optionsrecht gibt es das *förköpsrätt* (Vorkaufsrecht), das sich ebenfalls auf die Übereignung in der Zukunft bezieht und sie dem Vertragspartner als vorrangiges Recht gegenüber einem anderen Käufer einräumt. Es ist nicht eindeutig geklärt, ob einem solchen Recht sachenrechtliche Wirkung zukommt oder ob es sich um ein rein innerparteiliches Recht handelt. Betrifft das Vorkaufsrecht *fast egendom*, ist es nach einer Auffassung selbst zwischen den Parteien ungültig, eine Drittwirkung scheide erst recht aus.[322] Ein Vorkaufsrecht betreffend *lös egendom* soll zwar zwischen den Vertragsparteien, nicht jedoch gegenüber Gläubigern oder neuen Erwerbern wirken.[323] Nach anderer Ansicht soll ein Vorkaufsrecht in einem Schenkungsvertrag über Immobilien Drittwirkung entfalten, weil es den Eigentümer weniger einschränke als ein generelles Überlassungsverbot, welches bei Schenkungen auch drittwirksam sei.[324]

317 Millqvist, Sakrättens Grunder, S. 22.
318 Liljebäck, JP 2017, 399, 410.
319 Millqvist, Sakrättens Grunder, S. 22.
320 Håstad, Sakrätt, S. 443.
321 SOU 2017:31, S. 242.
322 Forssell, Tredjemansskyddets Gränser, S. 175; NJA 1990 S. 18; Das gilt jedoch nicht für das Vorkaufsrecht von Kommunen, das gesondert im Förköpslag (1967:868) geregelt ist.
323 Forssell, Tredjemansskyddets Gränser, S. 175.
324 NJA 1931 S. 897.

e) Übereignungsverbot (*Överlåtelseförbud*)

Vertragsparteien können in ihrem Vertrag über den Verkauf oder die Schenkung einer Sache vereinbaren, dass es dem Erwerber untersagt ist, die Sache weiterzuveräußern. Die Motivation dazu kann ganz unterschiedlicher Natur sein. Als Beispiel sei nur ein Haus genannt, das auf die Kinder übergehen soll, aber auch zukünftig in Familienbesitz bleiben soll. Derartige Auflagen kommen vor allem im Familien- und Erbrecht vor.[325] Es fragt sich, ob ein solches Übereignungsverbot auch gegenüber Dritten Wirkung entfaltet. Teilweise bezieht sich das Übereignungsverbot auch nicht auf die Übereignung der Sache als solche, sondern auf die Frage, ob einzelne Rechte aus dem ersten Vertrag durch spätere Erwerber geltend gemacht werden können. Es betrifft vornehmlich den sachenrechtlichen Schutz gegenüber gutgläubigen Erwerbern, die das Übereignungsverbot nicht kannten. Die Rechtslage variiert in diesem Bereich stark, je nachdem, welcher Art die Übertragung ist (Kauf oder Schenkung) oder welcher Natur das betroffene Objekt ist (Mobilie oder Immobilie). Es herrscht keine Einheitlichkeit. Ein Übereignungsverbot im Rahmen einer Schenkung von *fast egendom* soll Gläubigerschutz genießen.[326] Ein Übereignungsverbot in einem Kaufvertrag dagegen nicht.[327] Dies gilt auch für Kaufverträge über *lösöre.*[328] Teils wird es sogar als »etabliertes sachenrechtliches Prinzip« bezeichnet, dass es keine Drittwirkung von Übereignungsverboten in Kaufverträgen gebe.[329] Begründet wird dies damit, dass ein drittwirksames Übereignungsverbot im Verhältnis zu den Gläubigern des Vertragspartners ein Pfändungsverbot nach sich ziehe und so betrügerisch das Massevermögen verkleinert werden könne.[330] Die sachenrechtliche Behandlung von Übereignungsverboten durch die Gerichte verdeutlicht einmal mehr, dass eine Klassifizierung eines Rechts als reines Schuldrecht oder reines Sachenrecht im schwedischen Recht nicht ohne Weiteres und nicht pauschal möglich ist.

f) Zweckbestimmungen (*Ändamålsbestämmelser*)

Ändamålsbestämmelser (Zweckbestimmungen) beschränken die Ausübung eines Sachenrechts, indem sie bestimmte Verwendungsarten ausschließen oder nur eine bestimmte Verwendung zulassen. Insbesondere im Rahmen von Tes-

325 Millqvist, Sakrättens Grunder, S. 21.
326 NJA 2010 S. 390.
327 NJA 2015 S. 1040.
328 Liljebäck, JP 2017, 399, 421.
329 NJA 2007 S. 455.
330 Das Pfändungsverbot folgt aus Kap. 5 § 5 *Utsökningsbalk (1981:774),* aus dem sich ergibt, dass eine Sache nur pfändbar ist, wenn sie übertragbar ist.

tamenten oder eines *enkelt bolag* (einfache Gesellschaft)[331] sind derartige Bestimmungen zu finden. Die Drittwirkung von Zweckbestimmungen wird nicht automatisch bejaht. *Hessler* macht seine Entscheidung davon abhängig, ob es sich um unbedeutende Bestimmungen handelt oder um solche, die als prägend und wichtig angesehen werden müssen. Nur letztere könnten sich gegenüber Dritten auswirken. Es könne auch eine Rolle spielen, ob der Dritte von der Zweckbestimmung wisse.[332]

Nach *Håstad* sollen auch vertragliche Schiedsklauseln, die eine Forderung einzig der Gerichtsbarkeit eines Schiedsgerichts unterwerfen, für einen Erwerber der Forderung oder für einen Erwerber, der den gesamten Vertrag übernimmt, verbindlich sein. Denn der Umstand, dass einzig schiedsfähige Forderungen geltend gemacht werden könnten, solle ein »Moment in dem Recht selbst« darstellen.[333] Dieser Komplex wird im sachenrechtlichen Kontext behandelt, weil es um das Recht gegenüber einem Dritten geht. Die Einordnung von Zweckbestimmungen als drittwirksam hängt insgesamt von höchst unklaren und einzelfallbezogenen Voraussetzungen ab. Eine eindeutige Zuordnung lässt sich nicht treffen.

g) Unternehmenshypothek (*Företagshypotek*)

Ein weiteres Kreditsicherungsmittel, das sachenrechtlichen Schutz genießen kann, ist die *företagshypotek* (Unternehmenshypothek). Ein Unternehmer kann mit diesem Mittel seinen wechselnden Warenbestand als Kreditunterlage einsetzen, ohne den Besitz daran aufgeben zu müssen. Der Unternehmer gewährt die Sicherheit für eine Forderung, indem er dem anderen einen *företagshypoteksbrev* (Unternehmenshypothekenbrief) übergibt. Dieser ist Beweis dafür, dass der Unternehmer den Forderungsbetrag auf das Unternehmen in ein Register (*företagsinteckningsregistret*) eingetragen lassen hat. Die Einzelheiten sind im *Lag (2008:990) om företagshypotek* geregelt. Die *företagshypotek* umfasst jegliches *lös egendom* des Unternehmens mit Ausnahme der in Kap. 2 § 1 Abs. 2 *Lag (2008:990) om företagshypotek* (Gesetz über die Unternehmenshypothek) aufgezählten Arten, darunter insbesondere Bar- und Bankvermögen, Aktien und Gegenstände, die durch Eintragung verpfändet werden, wie Schiffe. Damit sind Hauptgrundlage einer *företagshypotek* Waren, Kundenforderungen und der *good-will* des Unternehmens. Der Vorteil dieses Sicherungsmittels liegt darin begründet, dass es sich nicht auf bestimmte, individualisierte Sachen bezieht,

331 Ein *enkelt bolag* ist vergleichbar mit einer Gesellschaft bürgerlichen Rechts im deutschen Recht.

332 Hessler, Allmän Sakrätt, S. 461 ff.

333 Håstad, Sakrätt, S. 442.

sondern auf den revolvierenden Bestand an Waren und Kundenforderungen. Das hat zugleich zu Folge, dass eine Sache, die der Unternehmer verkauft, aus dem Haftungsverbund der Unternehmenshypothek ausscheidet, ohne dass es dafür auf den guten Glauben des Erwerbers ankommt.[334] Die Unternehmenshypothek bleibt nur gegenüber einem Dritten wirksam, wenn das gesamte Unternehmen verkauft wird.[335] Im Gegensatz zum Pfandrecht können außerdem die Sachen bei dem Unternehmer verbleiben und er kann sie weiterhin nutzen. Wer dieses Recht als Gläubiger geltend machen möchte, muss im Besitz des *företagshypoteksbrev* sein. Der Gläubiger hat dann ein Vorzugsrecht in der Insolvenz auf den Erlös, nicht aber ein Aussonderungsrecht. Die Übergabe des Unternehmenshypothekenbriefs führt dazu, dass die Unternehmenshypothek auch gegenüber anderen Gläubigern des Unternehmers wirkt.[336] Die Unternehmenshypothek kann folglich sachenrechtliche Wirkung im schwedischen Sinne entfalten.

3. Anteilsrechte

Das schwedische Recht kennt verschiedene Anteilsrechte, die die Teilhabe an einer juristischen Person oder die Teilhabe an einer Sache durch mehrere Personen betreffen können. Die Anteile sind ideeller Natur. Unter bestimmten Voraussetzungen kann ein Inhaber eines Anteilsrechts dieses auch gegenüber Dritten geltend machen.[337]

4. Besitz

Der Besitz (*besittning*) wird im schwedischen Recht nicht als Sachenrecht verstanden, hat aber im sachenrechtlichen Zusammenhang verschiedene Funktionen und sollte daher hier kurz Erwähnung finden. Sachenrecht als Recht an einer Sache ist, solange es einen Objektsbezug aufweist, ohne Besitz nicht denkbar. Insgesamt fehlt es in Schweden an einer ausgeprägten Diskussion über die rechtliche Natur des Besitzes. Ob es sich beim Besitz um ein Recht, ein Rechtsfaktum, ein Rechtsverhältnis oder noch etwas anderes handelt, wird in der schwedischen Rechtswissenschaft nicht untersucht. Auch das entspricht der Pragmatik des schwedischen Rechts. Seine Relevanz ist aber unumstritten. Der

334 Håstad, Sakrätt, S. 366.
335 Hessler, Allmän Sakrätt, S. 439f.
336 NJA 2000 S. 88.
337 Millqvist, Sakrättens Grunder, S. 153.

Besitz hat im schwedischen Sachenrecht verschiedene Funktionen. Der Besitz schafft Legitimation in Konfliktfällen um das Eigentum und ist in dieser Funktion ein wichtiges Merkmal, an dem sich der Schutz im dynamischen Sachenrecht häufig entscheiden kann. Auf der anderen Seite nimmt der Besitz auch eine wichtige Funktion im statischen Sachenrecht ein, da mehrere strafrechtliche Vorschriften wie Diebstahl, Unterschlagung oder unerlaubte Eigenmacht neben dem Eigentum auch auf die Besitzverhältnisse abstellen.[338] Das rechtliche Verhältnis zwischen Eigentümer und Besitzer, das im deutschen Recht in §§ 987ff. BGB ausführlich geregelt ist, wird im schwedischen Recht nicht ausdrücklich adressiert. Es dürfte nach schwedischem Verständnis vornehmlich im statischen Sachenrecht zu verorten sein.

a) Besitzbegriff

Besitz ist wie das Eigentum im schwedischen Recht nicht gesetzlich definiert. Hinzukommt, dass der Begriff des Besitzes nicht immer dieselbe Bedeutung haben muss, selbst wenn er im selben Gesetz mehrfach verwendet wird. Dies hat auch der Oberste Gerichtshof in einem Urteil festgehalten, in dem es um die Anforderungen an den Besitz bei einem gutgläubigen Erwerb ging[339]: »*Besittningsbegreppet kommer vid sidan av godtrosförvärvslagen till användning i många olika rättsliga situationer och kan inte tillskrivas någon specifik allmängiltig innebörd. Även med beaktande av det lämpliga i en enhetlig innebörd inom ramen för godtrosförvärvslagen, kan det inte antas att lagens två besittningsrekvisit har identiskt innehåll.*« (»Der Besitzbegriff wird außer im Gesetz über den gutgläubigen Erwerb auch in vielen verschiedenen rechtlichen Situationen verwendet und ihm kann kein spezifischer, allgemeingültiger Inhalt zugeschrieben werden. Selbst bei Beachtung der Zweckmäßigkeit eines einheitlichen Inhalts innerhalb des Gesetzes über den gutgläubigen Erwerb kann nicht angenommen werden, dass die zwei Besitzvoraussetzungen des Gesetzes identischen Inhalts seien.«)

Ganz ohne Anhaltspunkte bleibt der Rechtsanwender jedoch nicht. Es lassen gerade die Normen des *Brottsbalken* über die Strafbarkeit von Besitzstörungen zumindest einen Rückschluss auf die Rechte des Besitzers zu. Besitz meint im schwedischen Recht den rein faktischen Zustand, über eine Sache Gewalt zu haben.[340] Besitz wird als unmittelbare Sachgewalt verstanden, die aber normativ auszulegen ist: »*Den fundamentala kärnan har emellertid sedan länge ansetts bestå i att mellan ett subjekt och ett objekt finns en relation, som genom den*

338 Millqvist, Sakrättens Grunder, S. 39.
339 NJA 2009 S. 889.
340 SOU 2005:3, S. 88.

fysiska närheten ger subjektet en faktisk makt över objektet. Frågan om en tillräcklig närhet föreligger är likväl normativ (vilket blir särskilt tydligt när det gäller andra besittningsformer än den omedelbara)«[341] (»Der fundamentale Kern [des Besitzes] wird inzwischen seit Langem darin gesehen, dass zwischen einem Subjekt und einem Objekt eine Relation besteht, die durch die physische Nähe dem Subjekt eine tatsächliche Macht über das Objekt verleiht. Die Frage, ob eine hinreichende Nähe gegeben ist, ist dennoch eine normative (was besonders deutlich wird, wenn es andere Besitzformen betrifft als den unmittelbaren Besitz).«) Es sind zwar verschiedene Besitzformen wie unmittelbarer und mittelbarer Besitz oder Mitbesitz anerkannt, aber wiederum werden diese nicht einheitlich benutzt und es wird allgemein vertreten, dass es sich verbiete, materiellrechtliche Schlussfolgerungen daraus zu ziehen.[342] *Hessler* erachtet das Begriffspaar »unmittelbarer« und »mittelbarer« Besitz sogar als überflüssig.[343] Einige Autoren unterscheiden auch zwischen selbständigem und unselbständigem Besitz, vergleichbar mit dem deutschen Fremdbesitz.[344] Schließlich wird einem Willen zum Besitz nur wenig Bedeutung beigemessen. Vorrangig entscheidet sich die Erforderlichkeit und Art des Besitzwillens nach dem Kontext des Einzelfalls. Ausführliche Untersuchungen finden sich zu dieser Fragestellung nicht.

Besitz bezieht sich in der Regel nur auf körperliche Gegenstände. Es gibt aber auch Fälle, in denen der Besitz auch an Forderungen anerkannt wurde, beispielsweise für die Forderung gegen eine Bank auf Auszahlung von einem Konto.[345] Es ist zunächst ohne Bedeutung, ob dieser Besitz rechtmäßig oder unrechtmäßig ausgeübt wird. Mit dem Besitz geht eine Eigentumsfiktion einher, so dass von der Person, die im Besitz einer Sache ist, vermutet wird, dass sie Eigentümer dieser Sache ist.

b) Besitzschutz

Der Besitz ist wie ein Recht gegenüber Störungen geschützt (*besittingsskydd).*[346] Wie der Geschädigte gegen einen Besitzentzug oder eine andere Besitzstörung vorgehen kann, ist in § 4 *Lag (1990:746) om betalningsföreläggande och handräckning (2017:468)* geregelt. Er muss sich an die Vollstreckungsbehörde (*kronofogdemydighet*) wenden. Es genügt das Vorbringen, dass eine Besitzstörung gegeben sei, ein Recht zum Besitz muss nicht nachgewiesen werden.[347]

---

341 NJA 2011 S. 524.
342 Millqvist, Sakrättens Grunder, S. 42.
343 Hessler, Allmän Sakrätt, S. 100f.
344 Göranson, Traditionsprincipen, S. 463ff.
345 NJA 1994 S. 480.
346 Undén, Svensk Sakrätt, S. 34ff.
347 NJA 1999 S. 474.

Der Begriff *besittningsskydd* (Besitzschutz) kann im Zusammenhang mit einem Nutzungsrecht (*nyttjanderätt*) verwendet – vor allem das Recht des Mieters ist davon erfasst – einen leicht modifizierten Bedeutungsgehalt erhalten. *Besittningsskydd* umschreibt dort das Recht des Nutzers, die Sache zu behalten bzw. eine Verlängerung des Nutzungsvertrags zu erzwingen, wenn der Eigentümer die Nutzung zukünftig beenden will. Dieser Schutz greift vornehmlich im Mietrecht bei der Miete von Wohnraum, bei der der Mieter als besonders schutzwürdig angesehen wird. Nach Kap. 12 § 46 *Jordabalk (1970:994)* hat ein gekündigter Mieter ein Recht auf Verlängerung des Mietvertrags, wenn nicht eine der dort aufgezählten Ausnahmen greift. Die Ausnahmen betreffen schwere Pflichtverletzungen seitens des Mieters oder einen zukünftigen Abriss des Wohnhauses oder eine Nutzungsänderung. Der so verstandene *besittningsskydd* setzt damit bestehenden Besitz voraus und gilt nur im Verhältnis zum Vertragspartner.

5. Stellungnahme

Die Untersuchung der in Schweden als Sachenrechte bezeichneten Rechte hat gezeigt, dass eine systematische und vollständige Benennung von Sachenrechten im schwedischen Recht schwierig ist, aber dennoch auch von schwedischen Autoren versucht wird. Abgesehen von einigen Rechten, die man schadlos als Sachenrechte bezeichnen kann, da mit ihrem Vorliegen alle Befugnisse einher gehen, die man einem Sachenrecht zuspricht, gibt es Rechte, die nur manchmal als Sachenrechte zu verstehen sind und auch nur relativen Schutz genießen. Insgesamt lässt sich festhalten, dass heute mehr Rechtspositionen mit sachenrechtlichem Schutz ausgestattet sind als früher. Maßgeblich ist, ob einem Recht Drittwirkung zukommen kann in einer bestimmten Situation. Dies wird besonders deutlich bei vertraglich vereinbarten Rechten, die eine Einschränkung eines Sachenrechts bedeuten, sei es durch die Einräumung von bestimmten Nutzungsrechten oder durch die Vorgabe bestimmter Bedingungen oder Verfügungsverbote. Gerade bei Zweckbestimmungen wird deutlich, wie weit der Anwendungsbereich ist, handelt es sich dabei noch nicht einmal um eigenständige Rechte, sondern um Ausgestaltungen eines Rechts. Selbst das Aufrechnungsrecht wird als sachenrechtlich geschützt angesehen, da es in der Insolvenz des Schuldners geltend gemacht werden kann und damit über Kap. 5 § 5 *Konkurslag (1987:672)* Gläubigerschutz entfaltet.[348]

Im Ausgangspunkt ist anerkannt, dass derartige vertragliche Belastungen des Eigentums an einer Sache schuldrechtlicher Natur sind und entsprechend keinen

348 Håstad, SvJT 2017, 357, 365.

sachenrechtlichen Schutz genießen. Teilweise soll das aber nicht für Belastungen zutreffen, wenn die Sache von einem Erwerber erworben wird, der von der Beschränkung weiß, also nicht gutgläubig ist. In einigen Fällen soll eine Belastung unabhängig vom guten oder schlechten Glauben des Dritten Drittwirkung entfalten. Einigkeit herrscht, dass dies nicht pauschal für alle Belastungen, nicht einmal pauschal für Belastungen derselben Art festgelegt werden könne, sondern im Einzelfall entschieden werden müsse.[349] Der Bezug zum Einzelfall führt letztlich dazu, dass eine Einordnung als Sachenrecht nur durch die Gerichte und erst im Nachhinein geschieht. Die Abneigung gegen Konzepte wird deutlich: Das Vorliegen beispielsweise eines Anteilsrechts soll aus sich heraus keine sachenrechtlichen Rechtsfolgen begründen.

Anstatt von Sachenrechten zu sprechen, müsste von Rechten gesprochen werden, die potentiell einige, aber nicht zwingend alle Eigenschaften eines Sachenrechts aufweisen können, um noch einen Bezug zum Begriff »Sachenrecht« aufrechtzuerhalten. Inhaltlich geht es bei »*sakrätt*« nur noch um Drittschutz. Die Abkehr von einem festen Kanon an Sachenrechten lässt sich auch bei den Objekten von Sachenrechten erkennen. Dies soll im Folgenden untersucht werden.

III. Objekte des Sachenrechts

Wie festgestellt, hat das schwedische Sachenrecht im Vergleich zum deutschen Sachenrecht einen sehr weiten Anwendungsbereich. Das lässt sich darauf zurückführen, dass das Sachenrecht in Schweden funktional verstanden wird. Damit sind einerseits alle Vermögensrechte mit Drittwirkung als Sachenrecht oder zumindest als drittwirksam zu verstehen. Andererseits hat sich die frühere Anknüpfung an körperliche Gegenstände erhalten, so dass diese den wesentlichen Anwendungsbereich ausmachen. Deswegen lassen sich Objekte ausmachen, die sicher Objekte eines Sachenrechts sein können. Daneben treten wiederum Einzelfälle, in denen sich ein Sachenrecht auf etwas Unkörperliches beziehen kann.

Man könnte nun argumentieren, dass sich die Aufzählung von Sachenrechtsobjekten in Schweden wegen dieser Sichtweise nicht anbietet, weil sie zu unvollständig wäre und schlicht dem Kern des schwedischen Sachenrechts nicht gerecht würde. Auf der anderen Seite kommt auch das schwedische Recht nicht ganz ohne Katalogisierung bzw. Unterscheidung aus, da sich je nach Objekt unterschiedliche sachenrechtliche Fragestellungen ergeben können, die unterschiedlichen gesetzlichen Regelungen unterworfen werden. Dies spielt in der Urteilsfindung der Gerichte eine Rolle, die sich dabei durchaus auf diese Kate-

349 Håstad, Sakrätt, S. 441; Tredjemansskyddets Gränser, S. 210f.; NJA 2017 S. 289.

gorien stützen. So entschied sich beispielsweise in NJA 2014 S. 35 die Frage des besseren Rechts an einer Trocknungsanlage nebst verschiedenen Einzelteilen, die sich in einer Scheune befanden, die wiederum auf einem verkauften Grundstück stand, dadurch, ob es sich um bewegliche oder unbewegliche Sachen handle. Die Unterscheidung hat auch wirtschaftliche Auswirkungen, da es beispielweise für die Kreditsicherung einen Unterschied macht, ob es sich bei der Kreditunterlage um Mobilien oder Immobilien handelt. Ebenso interessiert es den Verkäufer eines bebauten Grundstücks, was alles als Grundstückszubehör in den Verkauf eingeht und was als bewegliche Sache beim Verkäufer verbleibt.[350] Außerdem bedeutet Objekt *eines* Sachenrechts sein zu können, nicht zugleich, Objekt *jeden* Sachenrechts sein zu können.[351] Das wird deutlich im Vergleich von Nutzungsrecht und Eigentum: Sehr wohl kann man sachenrechtlich geschützter Eigentümer einer beweglichen Sache sein. Ein sachenrechtlich geschütztes Nutzungsrecht an einer beweglichen Sache sieht das schwedische Recht wie bereits ausgeführt in der Regel dagegen nicht vor.

Solange sich nicht feststellen lässt, dass für alle denkbaren Vermögensobjekte dieselben Regelungen greifen, ist daher eine Einordnung in Kategorien unvermeidlich. Das sieht das schwedische Recht nicht zwingend auch so. Bereits die Begrifflichkeiten, die in der Rechtwissenschaft zur Beschreibung von Sachenrechtsobjekten vorherrschen, deuten auf eine Indifferenz gegenüber einer Einordnung oder Kategorisierung auf diesem Gebiet hin. Die verwendete Terminologie spiegelt wider, dass das schwedische Sachenrecht zu einem gewissen Grad als unbestimmt bezeichnet werden muss. Sie ist voll von Synonymen und wechselnden Begriffen, bei denen eine genaue Abgrenzung zum Teil schwerfällt. Das Objekt eines Sachenrechts wird in älteren Gesetzestexten häufig als *gods/godset* (Gut) bezeichnet. So z.B. in Kap. 1 § 5 *Handelsbalk* betreffend Doppelverfügungen über dieselbe Sache: »*den behålle godset, som först kjöpte*«, der schon im 1734-års lag so auftaucht; oder in § 3 *Lag (1904:48, S.1) om samäganderätt* betreffend das Miteigentum an bestimmten Sachen: »*förfogande över det samfällda godset*«. Seltener wird der Begriff *sak* (Sache) verwendet: »*Äro två eller flera samfällt ägare av fastighet eller lös sak*« (§ 1 *Lag (1904:48) om samäganderätt*). Soll der sachenrechtliche Zusammenhang verdeutlicht werden, wird auch *egendom*, oder bei der Hingabe einer Sache als Pfand, *pant* benutzt. *Egendom* bedeutet dabei zum einen Objekt des *äganderätt* (Eigentumsrecht). In dieser Weise wird *egendom* beispielsweise in § 22 *Utsökningsbalk* verstanden, der die Zwangsvollstreckung in Eigentum des Schuldners regelt. Denn neben dieser Norm gibt es noch § 23 *Utsökningsbalk*, der im selben Regelungszusammenhang als zusätzliche Vollstreckungsobjekte »*fordran eller rättighet*« (Forderung oder

350 Millqvist, Sakrättens Grunder, S. 34.
351 von Bar, Gemeineuropäisches Sachenrecht, Bd. 1, S. 130.

Recht) aufzählt. Daraus schließt *Hessler*, dass in diesem Kontext mit *egendom* Dinge im Eigentum des Schuldners gemeint seien.[352] Die naheliegende Übersetzung von *egendom* in das Deutsche mit »Eigentum« wäre jedoch zu kurz gegriffen. Denn es kann auch Sachen im Allgemeinen bezeichnen ohne die Frage des Eigentums überhaupt aufzuwerfen. Teilweise tritt dann noch eine nähere Bestimmung hinzu. *Fast egendom* meint dasselbe wie *fastighet*, nämlich Grundstück,[353] wird aber auch für Grundstückszubehör als Bezeichnung verwendet. Der Begriff *lös egendom* meint »lose« oder »nicht feste« Sachen, jedoch nicht zwingend körperliche oder bewegliche Sachen. Mit *egendom* ist aber zunächst nicht notwendigerweise auch eine Aussage über die Eigentumsverhältnisse ausgedrückt. Es kann mit der Bedeutung benutzt werden, dass damit gemeint ist, dass der Besitzer des *egendom* zugleich der Eigentümer ist, muss es aber nicht. In der Regel wird *egendom* benutzt, wenn man nach deutschem Recht »Sache« sagen würde. Eine Übersetzung mit »Sachenrechtsobjekt« oder »Eigentumsobjekt« ist ebenfalls denkbar, da es eben Bezugspunkt eines solchen Rechts sein kann. Während im deutschen Recht dem Begriff der Sache eine feste Definition innerhalb des Sachenrechts zukommt, kann man eine solche dem *egendom* nicht zuschreiben. Hier kommt es grundsätzlich auf den Kontext an, ob der Begriff als vermögensrechtlicher Gattungsbegriff oder als eigentumsbezogen verstanden werden muss. Die Mannigfaltigkeit des Begriffs *egendom* wird ebenfalls deutlich, wenn man die dafür vorgeschlagenen Übersetzungen in die englische Sprache betrachtet. Die Vorschläge reichen von *property, estate, assets* bis hin zu *possession*. Neben *egendom* wird häufig auch ein Bezeichnung der Sache nach einer Eigenschaft gewählt, wie *fastighet* (Grundstück), *lösöre* (bestimmte Mobilien) und *värdepapper* (Wertpapiere).

Dagegen ist von *äganderätt* die Rede, wenn das Recht des Eigentümers gemeint ist, mit der Sache wie ein Eigentümer zu verfahren. Teilweise wird *äganderätt* verwendet, um eine Rechtsfolge zu beschreiben (wer etwas kauft, erhält *äganderätt*). Teils meint *äganderätt* den Rechtsgrund, wenn es darum geht, zu beschreiben, dass jemand, der *äganderätt* hat, das Recht hat, über die Sache zu verfügen.[354] *Äganderätt* entspricht damit am ehesten »Eigentum« in der deutschen Rechtssprache. Es muss aber nicht explizit von *äganderätt* gesprochen werden, auch wenn es dennoch um Eigentum geht: die Verwendung beispielsweise des Begriffes *lösöre* – der eigentlich bewegliche Sachen meint – kann auch eine Kurzform von *äganderätt till lösöre* sein.[355]

352 Hessler, Allmän Sakrätt, S. 28.
353 Undén, Svensk Sakrätt, S. 12.
354 Hessler, Allmän Sakrätt, S. 18.
355 Undén, Svensk Sakrätt, S. 13.

Hat man die verschiedenen Bezeichnungen kennengelernt, fragt sich in einem nächsten Schritt, *was* eigentlich alles Gegenstand von Sachenrechten sein kann. Grundsätzlich kann Sachenrechtsobjekt im Sinne des schwedischen Sachenrechts alles sein, was von einer Person auf eine andere Person übertragen werden kann, woran ein Recht eingeräumt werden kann oder was als Kreditsicherheit eingesetzt werden kann.[356] Das endet nicht bei körperlichen Gegenständen. Trotzdem ist im Sachenrecht eine objektfixierte Perspektive zu erkennen. Diese übertragbaren Vermögenswerte werden ihrer Art nach in verschiedene Gruppen unterteilt. Die Kategorisierung hat Auswirkungen auf die Voraussetzungen, die erfüllt sein müssen, um ein wirksame Übertragung eines darauf bezogenen Sachenrechts zu bewirken.

Es gibt die primäre Einteilung in *fast egendom* und *lös egendom*. Innerhalb dieser Kategorien gibt es weitere Untereinteilungen zur Feingliederung. Die sachenrechtliche Wirksamkeit ist bei *fast egendom* von anderen Umständen abhängig als bei *lös egendom*. Dieser Unterschied wird besonders virulent, wenn es um Zubehör geht, das sowohl der einen als auch der anderen Kategorie zugeordnet werden kann.

1. Fast egendom

Obwohl das schwedische Sachenrecht Legaldefinitionen vermeidet, gibt es im Immobiliarsachenrecht eine Begriffsregelung zu Immobilien. In kap 1 § 1 *Jordabalken (2003:626)* sind unbewegliche Sachen als *jord* (Land, Boden, Grund) definiert: »*Fast egendom er jord. Denna är indelad i fastigheter […].*« (»Grund und Boden sind unbewegliche/feste Sachen. Der Boden ist in Grundstücke aufgeteilt.«). Das gesamte schwedische Staatsgebiet bis auf vier große Seen ist in Grundstücke aufgeteilt.[357] Zum Grundstück als abgegrenzter Teil des Grundes gehören noch verschiedene Arten von Zubehör und Grunddienstbarkeiten.[358] Die Definition von *fast egendom* als Boden ist aus sachenrechtlicher Perspektive schwierig, da ein Sachenrecht auch in Schweden nur an einem abgrenzbaren, individualisierten Gut möglich ist. Das geht aus der Definition nicht unmittelbar hervor. Da die gesamte Begriffswahl in diesem Bereich mehrdeutig ist, darf man diesen Umstand nicht überbewerten, zumal Begriffe und Definitionen unter der funktionalen Methode nur geringe Bedeutung beigemessen wird. Das Eigentum an Grundstücken wird teilweise auch zu *fast egendom* gezählt, obwohl es kein

356 Hessler, Allmän Sakrätt, S. 6.
357 Tiberg in Tiberg/Sterzel/Cronhult, Swedish Law – a survey, S. 151.
358 Carlson, The Fundamentals of Swedish Law, S. 288.

Rechtsobjekt, sondern selbst ein Recht ist.[359] Der Unterschied zwischen *fast egendom* oder Immobilie und Grundstück wird nicht deutlich gezogen. Die Begriffe werden teils synonym gebraucht,[360] gleichzeitig wird *tillbehör* (Zubehör) nur einer *fastighet* zugeordnet, aber dann als *fast egendom* bezeichnet.

a) Zubehör

Weiter fällt unter *fast egendom* noch *tillbehör* (Zubehör). *Tillbehör* sind regelmäßig Gegenstände, die man andernfalls als bewegliche Sache einstufen würde, gäbe es nicht die Besonderheit, dass sie einem Grundstück zugeordnet werden. Was zum *tillbehör* gezählt wird, regelt das zweite Kapitel des Jordabalken. Es gibt allgemeines Zubehör, Gebäudezubehör und Industriezubehör. Die Aufzählung ist dabei recht detailliert und listet viele Einzelbeispiele auf. In Kap. 2 § 1 *Jordabalk (1970:994)* werden als Zubehör Gebäude, Versorgungsleitungen, Zäune, permanente Anlagen, Bäume und andere Pflanzen, die in der Erde verwurzelt sind, bis hin zu Misthaufen (bzw. Dünger) aufgezählt. Die Aufzählung in Kap. 2 *Jordabalk (1970:994)* ist dabei nicht abschließend, sondern nur beispielhaft und zählt besonders gängige Zubehörsteile auf. Die Beispiele deuten bereits an, was die rechtlichen Voraussetzungen des Zubehörbegriffs sein können. Da sind zum einen mit dem Grundstück verbundene Sachen. Die Zubehörseigenschaft ist jedoch nicht allein rein physisch in einer Verankerung der Sache auf dem Grundstück zu verstehen. Eine solche Verbindung ist noch nicht einmal hinreichend, um etwas zu Zubehör zu machen. Käme es allein darauf an, ließe sich die Besonderheit des fremden Hauses auf eigenem Grund nicht mehr erklären, das gerade nicht durch seinen Standort Zubehör wird, sondern eigenständig bleibt. Es kann ein funktionaler Zusammenhang genügen, wenn die Sache erkennbar zum ständigen Gebrauch auf das Grundstück verbracht wurde und diesem zu dienen bestimmt ist.[361] Die Voraussetzung der Eignung zum ständigen Gebrauch ist objektiv zu verstehen und hängt nicht von den Absichten des Eigentümers der Immobilie ab, die er bei der Anschaffung des Gegenstands gehabt haben mag.[362] Erst wenn ein Gegenstand seinen endgültigen Bestimmungsort auf dem Grundstück oder im Gebäude erreicht hat, wird er zu rechtlichem Zubehör.[363]

359 Håstad, Sakrätt, S. 41.
360 So wechselt das *Lag (1982:352) om rätt till fastighetsförvärv för ombildning til bostadsrätt eller kooperativ hyresrätt* zwischen beiden Begriffen und spricht abwechselnd vom *förvärv av fast egendom* und vom *fastighetsförvärv*; Undén, Svensk Sakrätt, S. 12.
361 Carlson, The Fundamentals of Swedish Law, S. 290.
362 Håstad, Sakrätt, S. 31.
363 Håstad, Sakrätt, S. 31.

Nicht zum Zubehör gehören demgegenüber Gegenstände, die zwar von ihrer Beschaffenheit solches sein könnten, aber nicht im Eigentum des Grundstückeigentümers stehen. Zubehör setzt die Einheit des Eigentums voraus. Das betrifft sowohl Gegenstände, die von Dritten auf das Grundstück verbracht werden, als auch solche, die vom Grundstückeigentümer selbst dorthin verbracht werden. Diese Einschränkung erstreckt sich vor allem auf geliehene oder gemietete und teils auf unter Eigentumsvorbehalt[364] gekaufte Gegenstände.

Das Phänomen des wesentlichen Bestandteils (*beståndsdel*) an Immobilien wird durch das schwedische Recht nicht gesetzlich geregelt, ist aber bekannt. Ein Bestandteil ist nicht selbständig sachenrechtsfähig. Damit etwas als Bestandsteil angesehen werden kann, muss es mit dem Grundstück oder dem Gebäude fest verbunden sein. In der Regel wird der Bestandteil mit dem Zubehör gleichgestellt. Teilweise wird auch eine Unterscheidung danach getroffen, ob die Sache für die Hauptsache (das Grundstück oder Gebäude) notwendig oder bloß nützlich ist. Es gibt auch die Variante, dass eine bewegliche Sache in eine andere bewegliche oder unbewegliche Hauptsache so eingefügt wird, dass sie ein wesentlicher Teil davon wird (auch *infogande,* Einfügung, genannt). Voraussetzung ist dann, dass sie für die Hauptsache nicht nur nützlich, sondern notwendig ist.[365] In dem Fall wird der Eigentümer der Hauptsache auch als Eigentümer der eingefügten Sache angesehen.

b) Gebäudezubehör

Gebäude (*byggnad*) sind zwar selbst Zubehör im Sinne von Kap. 2 § 1 *Jordabalk (1970:994),* aber auch daran gibt es Zubehör, das sogenannte Gebäudezubehör (*byggnadstillbehör*). Zum Gebäudezubehör zählen gemäß Kap. 2 § 2 *Jordabalk (1970:994)* fest angebrachte Gegenstände und Gegenstände, die dem dauerhaften Gebrauch des Gebäudes dienen, wie Verschläge, Aufzüge, Geländer, Leitungen für Wasser, Wärme oder Elektrizität[366], andere Sachen, die mit Wasserhähnen, Schaltern oder ähnlichem ausgestattet sind, darüber hinaus Heizkessel, Kaminöfen, Kachelöfen, Innenfenster, Markisen, Feuerschutzeinrichtungen, Zivilschutzmaterial sowie Schlüssel. Wohnungsspezifisches Zubehör fällt in Form von Badewannen, sanitären Einrichtungen, Öfen, Kühlschränken und Waschmaschinen darunter. Für Ladengeschäfte und Vereinslokale werden noch Regale, Theke, Podium und feste Bestuhlung benannt. Statt sich auf eine abstrakte Be-

364 Der Eigentumsvorbehalt ist dagegen wirkungslos, wenn er sich auf einen Gegenstand bezieht, der einem Grundstück oder Gebäude so hinzugefügt wird, dass er als Zubehör im Sinne von Kap. 2 §§ 1, 2 *Jordabalk (1970:994)* klassifiziert werden muss, Kap. 2 § 5 *Jordabalk (1970:994).*

365 NJA 1960 S. 9.

366 Das Gesetz spricht wörtlich von Licht (*ljus*) statt von Elektrizität, meint aber wohl letzteres.

stimmung von Gebäudezubehör zu beschränken, hat es der Gesetzgeber vorgezogen, sehr spezielle Einzelgegenstände aufzuzählen. Hier klingt einmal mehr die Einzelfallorientierung des schwedischen Rechts an.

c) Industriezubehör

Industritillbehör (Industriezubehör) wird schließlich in Kap. 2 § 3 *Jordabalk (1970:994)* als dritte Kategorie von Zubehör erfasst. Danach gehören Maschinen und andere Ausstattung, die nicht schon unter die anderen Zubehörsbegriffe fallen und die auf ein Grundstück verbracht werden, um hauptsächlich für den dortigen industriellen Betrieb genutzt werden, zum Industriezubehör. Voraussetzung ist, dass der Betrieb auf dem Grundstück Produkte mit Hilfe von Maschinen herstellt. Es ist weder eine feste Verbindung, noch eine dauerhafte Nutzung für den Betrieb erforderlich.[367] Dies eröffnet dem Unternehmer eine breite Vermögensunterlage für etwaige Kreditsicherheiten. Als nicht zum Industriezubehör gehörig gelten Gegenstände, die nicht im Eigentum des Eigentümers des Unternehmens stehen, Kap. 2 § 4 *Jordabalk (1970:994).*[368] Es geht dabei um Sachen, die auf das Grundstück von einem Dritten oder einem Nutzungsberechtigten verbracht werden (»*annan en fastighetsägaren*«). Einen typischen Fall dieser Ausnahme stellen unter Eigentumsvorbehalt gelieferte Sachen dar. Anders als beim übrigen Zubehör erlischt der Eigentumsvorbehalt somit nicht, sondern die betroffene Sache wird kein Industriezubehör.[369] Das kann sich ändern, wenn die Sache mit dem Grundstück derartig verbunden wird, dass sie Bestandteil davon wird. Kann eine Sache sowohl Gebäude-, als auch Industriezubehör sein, so muss vorrangig geprüft werden, ob es Gebäudezubehör ist. Nur wenn dies verneint werden muss, ist in einem zweiten Schritt zu prüfen, ob die Sache unter das Industriezubehör fällt.[370] Während die ersten beiden Zubehörkategorien auf die Verbindung der Sache mit dem Grundstück und ihren Verwendungszweck abstellen, wird beim Industriezubehör vorrangig auf die Eigentumsverhältnisse abgestellt.

Damit ähnelt das schwedische Verständnis vom Zubehör dem deutschen Recht, das ebenfalls Funktionseinheiten mehrerer an sich unabhängiger Sachen

367 Håstad in Strömholm, An Introduction to Swedish Law, S. 407.

368 Daneben besteht für den Grundstückseigentümer die Möglichkeit, Gegenstände, die unter die Definition des *industritillbehör* fallen, nach Kap. 24 *Jordabalk (1970:994)* im Grundstücksregister eintragen zu lassen mit der Folge, dass sie *lös egendom* bleiben und nicht automatisch beim Verkauf des Grundstücks mit übergehen, Kap. 2 § 3 *Jordabalk (1970:994).* Das eröffnet ihm die Möglichkeit als Kreditunterlage entweder das Grundstück nebst Industriezubehör zu wählen oder die Mobilien im Rahmen einer Unternehmenshypothek zu belasten.

369 Millqvist, Sakrättens Grunder, S. 35.

370 NJA 1985 S. 232.

anerkennt. Dazu gehören das Zubehör nach § 97 BGB und die wesentlichen Bestandteile nach § 93 BGB. Wesentliche Bestandteile teilen ein rechtliches Schicksal wie eine einheitliche Sache, weil ihre Verbindung so eng ist, dass eine neue körperliche Einheit besteht.[371] Zubehör sind demgegenüber Sachen, die einer Hauptsache dienen und in einem gewissen räumlichen Verhältnis zu ihr stehen. Das Zubehör ist zwar rechtlich selbständig, aber teilt im Zweifel das rechtliche Schicksal der Hauptsache wie z. B. § 926 BGB zeigt.

2. Lös egendom

Die zweite Hauptkategorie von Sachenrechtsobjekten bildet das sogenannte *lös egendom*. Alle beweglichen Sachen und einige Rechte werden unter dem Oberbegriff *lös egendom* zusammengefasst. Eine gesetzliche Definition von *lös egendom* gibt es nicht. *Lös egendom* wird negativ bestimmt als nicht zu den unbeweglichen Sachen gehörend. Erfasst ist also alles, was nicht *fast egendom* ist.[372] Dadurch erhält die Legaldefinition, die ausnahmsweise im Immobiliarsachenrecht zu finden ist, einen weiteren Anwendungsbereich als es der Wortlaut vermuten lässt. Anders als im deutschen Sachenrecht ist weit mehr von *lös egendom* erfasst als nur bewegliche Sachen. Neben diesen, als *lösöre* bezeichneten, fallen darunter Wertpapiere wie Schuldbriefe und Aktien, aber auch Buchgeld. Selbst eine Milchquote ist *lös egendom*, weil sie einen bezifferbaren Vermögenswert darstellt, aber gleichzeitig nicht untrennbar mit einem Grundstück verbunden ist oder diesem dient.[373] Aber auch beschränkte dingliche Rechte an Grundstücken oder an *lösöre* wie Nutzungsrechte oder Pfandrechte werden zum *lös egendom* gezählt, weil sie nicht unbewegliche Sachen im Sinne des Gesetzes sind.[374] Daneben sind Immaterialgüterrechte und Forderungsrechte erfasst.[375] Eine Beschränkung auf körperliche Gegenstände gibt es folglich nicht.

a) Lösöre

Als *lösöre* oder *lösa saker* werden solche Sachen bezeichnet, die beweglich oder transportierbar sind. *Lösöre* sind beispielsweise Autos, Haushaltsgegenstände, Möbel, Baumaterial, Aktienpapiere oder Sparbücher. Zum *Lösöre* gehören auch Busse, Lastwagen, Boote, Schiffe und Flugzeuge. Dabei gelten für Boote, Schiffe

371 Baur/Stürner, Sachenrecht, S. 13.
372 Ring/Olsen-Ring, Einführung in das skandinavische Recht, S. 222.
373 NJA 2001 S. 46.
374 Ring/Olsen-Ring, Einführung in das skandinavische Recht, S. 222.
375 Undén, Svensk Sakrätt- Lös egendom, S. 18.

und Flugzeuge zusätzliche Spezialregeln.[376] Entscheidend ist dabei die Größe des Fahrzeugs, ein Boot wird beispielsweise ab einer Größe von 12x4 m zum Schiff in diesem Sinne. Im Unterschied zu *lösöre* gelten diese Objekte als nicht »von Natur aus« beweglich. Die Einteilung erscheint fragwürdig, weil die Abgrenzung von einem Boot zu einem Schiff oder von einem Auto zu einem Lastwagen oder Bus zu einem gewissen Grad willkürlich wirkt, sie dient aber praktischen Zwecken der Handelbarkeit mit diesen Sachen und berücksichtigt die höhere Schutzwürdigkeit bestimmter Fahrzeuge aufgrund ihres hohen wirtschaftlichen Wertes.

Lösöre entspricht den beweglichen Sachen im deutschen Recht. Ein Großteil täglicher Rechtsgeschäfte wird derartige Sachen betreffen. Dennoch hat der schwedische Gesetzgeber nur Reglungen zu sehr spezifischen Fällen des Eigentumsübergangs getroffen, nicht jedoch zum normalen Regelfall. Einmal zum gutgläubigen Erwerb im *Godtrosförvärvlag (1986:796)* (Gesetz über gutgläubigen Erwerb) und einmal Regelungen zum Erwerb von beweglichen Sachen ohne Übergabe im *lösöreköpslagen (Lag (1845:50 S.1) om handel med lösören, som köparen låter i säljarens vård kvarbliva)* (Gesetz über den Handel mit beweglichen Sachen, die der Käufer in der Obhut des Verkäufers belässt).

b) Byggnad på annans grund (Gebäude auf fremdem Grund)

Byggnad på annans grund oder auch *på ofri grund* (Bauwerke auf fremden Grundstücken) bilden eine eigenständige Art von *lös egendom.*[377] Diese haben die besondere rechtliche Eigenschaft, dass sie im Eigentum einer Person stehen, die nicht zugleich Eigentümer des Grundstücks ist, auf dem sich das Bauwerk befindet. Der Umstand, dass sie mit dem Grundstück verbunden sind, macht sie dennoch nicht zu *fast egendom.* Denn dies bestimmt sich allein nach den Eigentumsverhältnissen, die in diesem Fall nicht durch die bloße Verbindung von Bauwerk und Grundstück beeinflusst werden. Erwirbt also der Eigentümer des Grundstücks das Gebäude, das bis dahin *byggnad på annans grund* war, wird es zu *fast egendom,* weil es sich dann in derselben Hand wie das Grundstück befindet. Andernfalls werden solche Bauwerke dem *lös egendom* zugeordnet und sind kein Grundstückszubehör. Derartige Bauwerke sind in Schweden verbreitet. Früher wurden sie vor allem von Bauern, die das bestellte Land nur pachteten, gebaut.[378] Heute werden diese als Lagerhäuser oder häufig auch als Ferienhäuser genutzt.[379]

376 Håstad, Sakrätt, S. 41.
377 Millqvist, Sakrättens Grunder, S. 32.
378 Bergström, SvJT 1955, 369, 369.
379 Millqvist, Sakrättens Grunder, S. 154; Der Vorteil dieser Konstruktion liegt auch in Steuerersparnissen, da der Ferienhauseigentümer so keine Grundsteuern zahlen muss für ein Stück Land, das er nur selten im Jahr nutzt.

c) Andelsrätter (Anteilsrechte)

Auch Anteilsrechte können zum *lös egendom* gezählt werden.[380] Dazu gehört das Miteigentum an *lösöre*. Ebenso werden Anteilsrechte an Aktiengesellschaften oder Handelsgesellschaften und Vereinsmitgliedschaften dem *lös egendom* zugeschlagen.[381] Anders liegt es bei Anteilsrechten aufgrund von *samäganderätt* (Miteigentum) an einem Grundstück. Es ist *fast egendom*. Dies steht in Einklang mit der Einordnung des Eigentums einer Einzelperson an einem Grundstück, das ebenfalls zum *fast egendom* gezählt wird. Statt von einem Anteilsrecht wird teilweise synonym von *äganderätt till andel* (Eigentum am Anteil) gesprochen.[382]

d) Immaterialrätter (Immaterialgüterrechte)

Auch Immaterialgüterrechte sind *lös egendom* und können Objekt von Sachenrechten sein.[383] Damit ist geistiges Eigentum hauptsächlich in Form von Patent- und Markenrechten sowie Urheberrechten gemeint.[384] Daneben sind Musterrechte, Rechte am Firmennamen, Sortenschutzrechte für Pflanzenzüchtungen und Kennzeichenrechte erfasst.[385]

e) Beschränkte dingliche Rechte

Beschränkte dingliche Rechte *(begränsade rättigheter)* sind wie bereits festgestellt einerseits selbst Sachenrechte. Da sich das schwedische Sachenrecht in seinem Anwendungsbereich aber nicht auf körperlich-gegenständliche Sachen beschränkt, können auch solche Rechte selbst Sachenrechtsobjekt sein. Sie gehören dann zur Kategorie des *lös egendom*. Obwohl sich beispielsweise beschränkte dingliche Rechte an *fast egendom* auf Immobilien beziehen, gelten sie nicht selbst als *fast egendom*, sondern zählen zum *lös egendom*.[386] Zu nennen sind hier wegen ihrer Häufigkeit insbesondere Hypothek und Pacht.

Ein spezielles Nutzungsrecht an Immobilien ist das *tomträtt*, das vergleichbar mit dem deutschen Erbbaurecht ist. Es handelt sich um ein Nutzungsrecht an einem Grundstück, das im Eigentum der öffentlichen Hand steht. Es wird auf unbestimmte Zeit gegen Zahlung einer jährlichen Abgabe gewährt. Die Einzelheiten richten sich nach Kap. 13 *Jordabalk (1970:994)*. Gleichzeitig ist es Sa-

380 Undén, Svensk Sakrätt, S. 15.
381 Håstad, Sakrätt, S. 41.
382 Karlgren, SvJT 1956, 609, 618.
383 Undén, Svensk Sakrätt, S. 17.
384 Håstad, Sakrätt, S. 41.
385 Millqvist, Sakrättens Grunder, S. 155.
386 Håstad, Sakrätt, S. 41.

chenrechtsobjekt: Da es weder Grundstück, noch Zubehör eines Grundstücks ist, zählt es zum *lös egendom.*[387] Dennoch richtet sich sein Erwerb nach den Regeln über den Erwerb von Immobilien, da der Inhaber des tomträtt weitestgehend dieselben Rechte hat wie ein Grundstückseigentümer.[388] Er kann beispielweise Pfandrechte und Nutzungsrechte am *tomträtt* einräumen.

Ebenso kann ein Nutzungsrecht an Anteilsrechten (mit anderen Worten das Recht, Ausschüttungen zu erhalten) verpfändet werden und damit Objekt eines Sachenrechts sein.[389]

f) Fordringar (Forderungen)

Forderungsrechte werden im schwedischen Recht neben dem Eigentum, den beschränkten Rechten und den Anteilsrechten als Vermögensrechte aufgezählt. Zugleich werden Forderungen als Objekte eines Sachenrechts verstanden.[390] Mit *fordran/fordring/fordringsrätt* ist ein schuldrechtlicher Anspruch gemeint, der auf die Erlangung von Eigentum an einer noch nicht individualisierten Gattungssache abzielt,[391] also Forderungen, die z.B. auf die Lieferung eines Massenartikels wie eines neuen Handys aufgrund eines Kaufvertrags gerichtet sind. Typischer Fall ist auch der Geldanspruch des Verkäufers. Nicht erfasst werden Forderungen ohne Objektsbezug wie Dienstleistungsobligationen. Wandelt sich ein Anspruch auf eine Sache in einen Schadensersatzanspruch, weil die Sache untergeht oder abhandenkommt, ist dieser Schadensersatzanspruch ebenfalls ein *fordringsrätt.*[392] All diese Ansprüche können grundsätzlich abgetreten werden, endgültig oder sicherungshalber. Damit ist der Anspruch ein Vermögensobjekt, das der Forderungsinhaber im Rechtsverkehr weitergeben kann. Ursprünglich wurden nur verbriefte Forderungen als Sachenrechtsobjekt anerkannt, mittlerweile erfasst dies auch unverbriefte Forderungen. Nach schwedischem Verständnis handelt es sich um *lös egendom*, so dass auch die Bezeichnung *äganderätt till fordringen* (Eigentum an einer Forderung) gebräuchlich ist.[393] *Hessler* spricht in diesem Zusammenhang auch von »Eigentum im engeren Sinne« und im »weiteren Sinne«.[394] Unter ersterem versteht er das Eigentum als »Totalrecht«, das sich nur auf Sachen bezieht. Eigentum »im weiteren Sinne« meine darüber hinaus das Eigentum an Forderungen und Anteilsrechten. Im

387 SOU 1980:49, S. 40.
388 NJA 1985 S. 659.
389 Hessler, Allmän Sakrätt, S. 27.
390 Hessler, Allmän Sakrätt, S. 16.
391 Håstad, Sakrätt, S. 41.
392 Hessler, Allmän Sakrätt, S. 41.
393 Håstad, Sakrätt, S. 42.
394 Hessler, Allmän Sakrätt, S. 113.

Weiteren bejaht *Hessler* dann auch die Möglichkeit, Nutzungsrechte an Forderungen mit sachenrechtlicher Wirkung zu übertragen. Nutzungen einer Forderung seien die Zinsforderungen, die man separat abtreten könne. Eine solche Abtretung würde gegenüber Dritten sachenrechtlich gültig mit der Mitteilung der Abtretung an den Schuldner der Forderung.[395] Warum diese Vermischung von Gläubigereigenschaft und Eigentümerstellung notwendig oder hilfreich sein soll, erschließt sich nicht. Eine Forderung hat bereits einen Inhaber, nämlich den Gläubiger, ohne den sie nicht existiert. Es lässt sich nicht erkennen, dass der Eigentümer etwas anderes sei als der Gläubiger oder andere Rechte habe. Das gleiche Problem stellt sich im Übrigen bei Anteilsrechten.

g) Surrogate

Die sachenrechtliche Wirkung kann auch unter Umständen an ein Surrogat anstelle der ursprünglichen Sache anknüpfen. Diese sachenrechtliche Wirkung ist aber auf bestimmte Fallsituationen beschränkt, nämlich auf den Gläubigerschutz. Es kann vorkommen, dass die Sache, die verkauft wurde, untergeht, indem sie beispielsweise zerstört oder unwiederbringlich verloren geht, bevor der Verkäufer sie dem Käufer überlässt. In vielen Fällen greift dann ein Versicherungsschutz ein. Dann fragt sich, ob der Käufer, der die untergegangene Sache bereits bezahlt hat, in einer Insolvenz des Verkäufers ein Recht an der Versicherungszahlung hat. Wäre er ein Verbraucher, hätte er bereits mit Vertragsschluss ein Separationsrecht an der ursprünglichen Sache erhalten. Nach einigem Dafürhalten soll dieses nicht einfach entfallen. Ein solches Recht am Surrogat, dass das Recht an der ursprünglichen Sache substituiert, wird überwiegend bejaht, um den Wert des Separationsrechts nicht auszuhöhlen.[396] Es soll jedenfalls dann ein Separationsrecht am Surrogat geben, wenn der Ersatz unmittelbar und auf einfach nachzuvollziehendem Wege erbracht wurde, wie es bei einer Versicherung der Fall sein soll.[397] Dabei kommt es nicht darauf an, ob die Umwandlung in ein Surrogat im Interesse des Eigentümers erfolgte oder gegen seinen Willen.[398] Auch der Ersatzkauf eines neuen Autos für ein geliehenes Auto, das gestohlen wurde, macht das neue Auto zum Surrogat, das der Eigentümer des gestohlenen Autos beanspruchen kann.[399] Die Erstreckung auf das Surrogat geht soweit, dass ein Separationsrecht auch dann bestehen kann, wenn die Sache dem Eigentümer gestohlen wurde. Handelte es sich um eine vertretbare Sache, die im Vermögen des Diebes nicht mehr individualisierbar ist, aber mengenmäßig

395 Hessler, Allmän Sakrätt, S. 339f.
396 Lilja, National Reports on the Transfer of Movables in Sweden, S. 50f.
397 Håstad, Sakrätt, S. 166.
398 Håstad, Sakrätt, S. 166.
399 Hessler, Allmän Sakrätt, S. 41.

vorhanden, so soll ein Separationsrecht an der entsprechenden Menge bestehen.[400] Begründet wird dies mit der generellen Stärkung des Vindikationsrechts des Eigentümers, dem seine Sache entwendet wurde, durch das 2003 geänderte Gesetz über den gutgläubigen Erwerb. Danach verbietet sich gutgläubiger Erwerb an abhandengekommenen Gegenständen. Dies war nach alter Rechtslage noch möglich. Auf das Separationsrecht übertragen bedeutet dies, dass die Gläubiger des Diebes keinen Vorteil gegenüber dem wahren Eigentümer haben sollen, nur weil es sich um vertretbare Sachen handelt.

Neben eine Surrogation durch eine andere individualisierte Sache tritt die Surrogation durch eine Schadensersatzforderung. Auch diese ist Sachenrechtsobjekt und gebührt demjenigen, der den ursprünglichen Anspruch an der Sache hatte. Insgesamt ist dieses Thema noch nicht erschöpfend in Schweden erforscht und es wird auf eine Einzelfallbetrachtung verwiesen.

3. Fazit

Wie im deutschen Sachenrecht wird im schwedischen Sachenrecht bei den Objekten nach beweglichen und unbeweglichen Sachen unterschieden. Während im deutschen Recht jedoch eine Sache gemäß § 90 BGB als körperlicher Gegenstand definiert wird und andere Vermögensobjekte wie Forderungen oder Immaterialgüterrechte damit vom Anwendungsbereich des Sachenrechts ausgenommen werden, kommt es auf die Beschaffenheit des Bezugsgegenstands im schwedischen Sachenrecht nicht an. Sachenrechte erfordern keinen körperlichen Gegenstand. Aus deutscher Perspektive erscheint einem der Anwendungsbereich so sehr weit. Allerdings kennt auch das deutsche Recht ein »Recht am Recht«, wie §§ 1068 BGB mit seinen Regelungen zum Nießbrauch an Rechten beweist.

Eine Grenze lässt sich jedoch erkennen: So unterschiedlich die betrachteten Sachenrechtsobjekte sind, teilen sie eine bestimmte Eigenschaft. Es handelt sich um bestimmte, individualisierte Vermögensgegenstände.[401] Sachenrechte an unbestimmten Mengen kennt auch das schwedische Recht nicht. Das schwedische Sachenrecht wendet sich damit trotz Erweiterungen nicht von der Sache als Bezugsobjekt ab.

400 NJA 2009 S. 500.
401 Undén, Svensk Sakrätt, S. 60.

IV. Einfluss auf leitende Strukturprinzipien

Wenn das schwedische Recht den Umfang seiner Sachenrechte aus funktionalen Erwägungen heraus erweitert und damit das Trennungsprinzip zwischen Schuld- und Sachenrecht sowie das Prinzip vom *numerus clausus* der Sachenrechte in Frage stellt, liegt es nahe, dass auch andere Strukturen im schwedischen Sachenrecht von diesem Wandel betroffen sein könnten. Im Sachenrecht gibt es einige fundamentale Prinzipien. Sie bestimmen das Wesen des Sachenrechts und heben seine Eigenständigkeit hervor, auch wenn sie nicht ausnahmslos und auch nicht nur innerhalb des Sachenrechts gelten. Dies gilt sowohl für das deutsche wie das schwedische Sachenrecht. In dieser Hinsicht ähneln sich die beiden Rechtsordnungen stark, sind aber nicht identisch. Betrachtet man das schwedische Sachenrecht und nimmt dabei auch den Rechtsrealismus in Bezug, so fällt auf, dass dieser Rechtsbereich von einem praktischen Realismus in der Rechtsanwendung, einer offenen Argumentationsstruktur und einem Streben nach dem Gerechten und Nützlichen geprägt ist. Die Rechtsfindung ist einzelfallorientiert und bevorzugt die Billigkeitslösung gegenüber einer schematischen Lösung. Diese Herangehensweise modifiziert auch die Prinzipien, die traditionell das Sachenrecht strukturieren.

1. Absolutheitsprinzip

Sachenrechte zeichnen sich dadurch aus, dass sie Beherrschungs- und Bestimmungsrechte sind, die dem Inhaber erlauben, auf ein Objekt einzuwirken und die Einwirkung anderer darauf auszuschließen. Das sogenannte Absolutheitsprinzip besagt, dass diese Sachherrschaft absolut wirkt und allwirksam ist, d.h. sie ist losgelöst von der Verbindung mit einer bestimmten Person bzw. einem bestimmten Schuldverhältnis und richtet sich gegen jedermann. Absolute Rechte zeichnen sich damit durch ihren Fortbestand bei Übertragung des Stammrechts und ihre Beständigkeit in Insolvenz und Zwangsvollstreckung aus. Spiegelbildlich ist das Sachenrecht auch gegenüber jedermann geschützt. Diesen absoluten Schutz erkennt auch das schwedische Sachenrecht an. Das Absolutheitsprinzip besagt darüber hinaus, dass die einer Person durch ein Sachenrecht zukommende Rechtsstellung grundsätzlich unteilbar in dem Sinne ist, dass nicht mehrere Personen dieselbe Rechtsstellung innehaben können und nicht mehrere Personen »etwas« Eigentum haben können.[402] Dies kann man für das schwedische Sachenrecht nur eingeschränkt bejahen. Eigentum ist danach gerade nicht unteilbar, sofern es sich um seine Drittwirkung handelt. Die Absolutheit ist im

402 Baur/Stürner, Sachenrecht, S. 36f.

schwedischen Recht als abstraktes Potential zu verstehen. Denn die Drittwirksamkeit der Sachenrechte im schwedischen Recht ist wie bereits dargelegt zugleich relativ. Diesen anscheinenden Widerspruch löst das schwedische Recht auf, indem es die Absolutheit situationsbezogen begreift. Die Betonung liegt dabei nicht auf der Wirkung gegenüber exakt jedermann, sondern darauf, dass dies potentiell möglich ist. Denn das Eigentum in Ruhelage wirkt absolut. Diese Ruhelage wird bei jeder Transaktion angestrebt, da sie auf den endgültigen Wechsel des Inhabers des Eigentums gerichtet ist. Nur vor vollständigem Abschluss einer Transaktion besteht nach schwedischem Recht die Möglichkeit, dass eine Drittwirkung nur gegenüber bestimmten Personengruppen gegeben ist. In dieser Schwebezeit muss die Absolutheit entweder verneint werden oder widersprüchlich als relativ bezeichnet werden.

2. Typenzwang

Der Typenzwang besagt, dass die Schaffung von Sachenrechten dem Parteiwillen entzogen und der Kreis der Sachenrechte geschlossen ist (*Numerus Clausus*). Dies ist unmittelbare Konsequenz der Absolutheit der Sachenrechte und dient der Rechtssicherheit. Wie bereits dargelegt,[403] gibt es im schwedischen Sachenrecht keinen strengen *Numerus Clausus.* Es steht den Vertragsparteien allerdings nicht offen, neue Sachenrechte nach ihrem Willen zu kreieren.

3. Kausal- oder Abstraktionsprinzip

Ein anderes Strukturprinzip betrifft die Übertragung von Sachenrechten. Der Übergang des Eigentums erfordert die vertragliche Einigung der Parteien. Traditionell richtet sich die rechtsgeschäftliche Übereignung von Eigentum in den europäischen Rechtsordnungen entweder nach dem Abstraktionsprinzip oder nach dem Kausalprinzip. Das Abstraktionsprinzip entkoppelt die sachenrechtliche Wirksamkeit der Übereignung von der schuldrechtlichen Wirksamkeit und macht eine unabhängige Einigung über den dinglichen Bestand des Vertrags notwendig. Das Kausalprinzip verknüpft stattdessen beides. Die vertragliche Einigung über die dingliche Wirkung kann im Kaufvertrag selbst liegen oder in einem getrennten dinglichen Vertrag.[404] Entscheidend ist, dass die Wirksamkeit der Übereignung gegenüber Dritten in beiden Varianten von der Wirksamkeit zwischen den Vertragspartnern abhängt.

---

403 Vgl. A.IV.1.4.

404 Michaels, Sachzuordnung durch Kaufvertrag, S. 36.

Das schwedische Recht kennt das Abstraktionsprinzip als relevantes Prinzip beim Eigentumserwerb nicht.[405] Gerade die Idee eines eigenständigen dinglichen Geschäfts ist dem schwedischen Recht mittlerweile fremd.[406] Durch die starke Hinwendung zum deutschen Recht im 19. Jahrhundert gab es zwar auch im schwedischen Recht Tendenzen dahin, ein Abstraktionsprinzip anzuerkennen und zumindest beim Erwerb von Immobilien trotz fehlerhaftem schuldrechtlichen Vertrag die sachenrechtliche Wirkung nicht vom guten Glauben des Erwerbers abhängig zu machen. Dabei blieb es aber bei Diskussionen und das Abstraktionsprinzip setzte sich nicht durch.[407] Stattdessen gilt das Kausalprinzip. Danach hat der schuldrechtliche Vertrag unmittelbare Auswirkungen auf die sachenrechtliche Wirksamkeit des Geschäfts. Ist der zugrundeliegende Vertag unwirksam, kann der Erwerb auch keine Drittwirkung entfalten. Der daraus resultierende Unterschied zum deutschen Recht kann an zwei Bespielen, einmal für den Gläubigerschutz (*borgenärsskydd*) in der Insolvenz, einmal für den Umsatzschutz (*omsättningsskydd*), dargelegt werden. Für ersten gilt: Die Anwendung des Abstraktionsprinzips führt dazu, dass der Fehler des schuldrechtlichen Vertrags die sachenrechtliche Übereignung unbeschadet lässt. Es besteht lediglich ein bereicherungsrechtlicher Anspruch. Dieser wird in der Insolvenz wie eine einfache Forderung behandelt. Der Verkäufer wird folglich in der Insolvenz des Käufers nicht privilegiert. Gilt dagegen das schwedische Kausalprinzip, bewirkt die schuldrechtliche Unwirksamkeit auch eine sachenrechtliche Unwirksamkeit. Damit hat der Verkäufer ein Separationsrecht in der Insolvenz des Käufers. Er ist besser geschützt. Für die Situation des Verkehrsschutzes ergeben sich je nach Prinzip ebenfalls unterschiedliche Ergebnisse: Im Geltungsbereich des Abstraktionsprinzips erwirbt ein Dritter vom Berechtigten, auch wenn dessen schuldrechtlicher Vertrag mit dem bisherigen Eigentümer unwirksam war. Das schwedische Kausalprinzip führt hingegen dazu, dass ein Dritter in dieser Situation vom Nichtberechtigten erwirbt. Dies gelingt nur, wenn er gutgläubig ist.

Die Entscheidung des schwedischen Rechts für das Kausalprinzip wird nicht durch die funktionale Methode beeinflusst.

405 Forssell, Tredjemansskyddets Gränser, S. 70.
406 Lilja, National Report on the Transfer of Movables in Sweden, S. 13.
407 Forssell, Tredjemansskyddets Gränser, S. 68ff.

4. Konsens- oder Traditionsprinzip

Geht man von der Wirksamkeit des Kausalgeschäfts aus, stellt sich dann in einem zweiten Schritt die Frage, ob der Konsens der Parteien für die sachenrechtliche Wirksamkeit genügt oder ob es einer weiteren Tuns bedarf. Das ist die Unterscheidung zwischen Konsens- und Traditionsprinzip. Nach dem Konsensprinzip genügt für sachenrechtliche Wirksamkeit der Vertragsschluss, ein Kaufvertrag hat so bereits unmittelbar eine translative Funktion.[408] Nach dem Traditionsprinzip erfordert der Eigentumsübergang neben der vertraglichen Einigung die Übergabe der verkauften Sache oder eine Maßnahme, die der Übergabe nach dem Willen des Gesetzgebers entsprechen soll. Das Traditionsprinzip ist damit nicht auf die faktische Übergabe beschränkt, sondern kann auch durch Eintragung oder Publikmachung anderer Art erfüllt werden. Entscheidender Unterschied zum Konsensprinzip bleibt der zusätzliche Akt. Im Gegensatz zum Konsensprinzip, im Schwedischen *avtalsprincip* genannt, ist im schwedischen Recht grundsätzlich noch eine Übergabe oder ein vergleichbares Element für die sachenrechtliche Wirksamkeit vonnöten (*traditionsprincip*). Dieser zusätzliche Akt kann je nach Art der übertragenen Sache unterschiedlich sein. Es kommen die physische Übergabe, eine Mitteilung oder die Eintragung in ein Register in Betracht. Die physische Übergabe ist der Regelfall. Eine symbolische Übergabe oder eine bloße entsprechende Willensausübung wie beim Besitzkonstitut lässt das schwedische Recht jedoch im Gegensatz zum deutschen Recht nicht genügen.

Das Traditionsprinzip findet sich in einigen schwedischen Gesetzen wieder. So legen § 1 Abs. 2 und § 2 *Lag (1936:83) angående vissa utfästelser om gåva* (Gesetz über Schenkungen) fest, dass eine Schenkung erst gegenüber den Gläubigern des Schenkenden gilt, wenn die Sache übergeben wurde. Auch beim Erwerb von Schuldscheinen ist die Übergabe nach § 22 *Lag (1936:81) om skuldebrev* entscheidend für die Wirkung gegenüber Gläubigern. Überraschenderweise ist es jedoch nicht explizit beim Kauf von beweglichen Sachen gesetzlich geregelt, wo es naheliegend wäre, da es dort in der Regel gilt.

Das *traditionsprincip* spielt eine wichtige Rolle im schwedischen Sachenrecht und ist daher wiederholt Thema verschiedener Abhandlungen und Reformbestrebungen gewesen. Hintergrund ist auch, dass das schwedische Recht kein Besitzkonstitut anerkennt und daher in den meisten Fällen auf eine echte Besitzverschiebung angewiesen ist. Angestoßen durch die Arbeit von *Göranson*[409] im Jahre 1985 wurde dieses Prinzip für den Verbrauchsgüterkauf im Jahre 2002 abgeschafft. Eine vergleichbare Gesetzesänderung ist für den Kauf von *lösöre* im Allgemeinen 2015 offiziell vorgeschlagen, aber noch nicht umgesetzt wor-

408 Michaels, Sachzuordnung durch Kaufvertrag, S. 37.
409 Göranson, Traditionsprincipen, S. 647ff.

den.[410] Bisher genügt nur in Ausnahmefällen schon der Vertragsschluss für diese Rechtsfolge. Jedoch ist weder aus der Anwendung des Traditionsprinzips noch aus der des Konsensprinzips dabei zu schlussfolgern, dass damit ein einheitlicher Eigentumsübergang zwingend sei. Die Unterscheidung in einheitliche und funktionale Herangehensweise ist nur eine weitere Systematisierung des rechtsgeschäftlichen Eigentumsübergangs. Das schwedische Recht legt das Traditionsprinzip und das Konsensprinzip darum nach der funktionalen Methode modifiziert in den einzelnen Fallgruppen unterschiedlich an. Das nach dem Traditionsprinzip erforderliche Tun, das sachenrechtliche Moment, bestimmt nicht den Eigentumsübergang gegenüber allen Dritten, sondern nur gegenüber bestimmten Gruppen Dritter. Daraus resultiert, dass für gewisse Schutztatbestände eine Tradition, für andere dagegen nur der Vertragsschluss entscheidend ist. So wird beispielsweise davon ausgegangen, dass gerade Verbrauchern der Umstand, dass der Vertrag allein nicht ausreicht, nicht bewusst ist.[411] Der schwedische Gesetzgeber hat darauf reagiert und mit § 49 *Konsumentköpslagen* eine Regelung eingeführt, nach der dem Käufer von Speziessachen ein Separationsrecht in der Insolvenz des Verkäufers schon ab Vertragsschluss zusteht.

Der Vertragsschluss bewirkt, dass die beiden Vertragsparteien jeweils einen Leistungsanspruch gegen die andere Partei erwerben (die eine Seite also einen Anspruch auf Übereignung) und der Käufer ein Verfügungsrecht über die Sache erhält. Im Verhältnis zum Verkäufer wird er Eigentümer. Außerdem erhält der Käufer einen Herausgabeanspruch gegenüber Dritten, die die Sache bösgläubig besitzen. Gegenüber anderen Dritten reicht der Vertragsschluss jedoch nicht, um Schutzwirkung für den Käufer zu entfalten. Damit nimmt das schwedische Recht eine Zwischenstellung zwischen dem Traditions- und dem Konsensprinzip ein.[412]

5. Publizitätsprinzip

In unmittelbarem Zusammenhang mit dem Traditionserfordernis steht das Prinzip der Publizität (*publicitetsprincip*). Denn die Übergabe dient gerade dem Zweck, die Transaktion öffentlich kundzutun. Die Übertragung eines dinglichen Rechts muss auch für Dritte wahrnehmbar sein, weil es gerade gegenüber Dritten Wirkung entfalten soll. Erst diese Öffentlichkeit berechtigt dazu, dass Dritte, die von der Transaktion andernfalls nichts ahnen würden, den Erwerb respektieren müssen, wenn sie nicht ein besseres Recht geltend machen können. Einerseits

410 SOU 2015:18.
411 Faber/Lilja, EPLJ 2012, 10, 13.
412 Undén, Svensk Sakrätt, S. 96.

sollen dadurch Scheintransaktionen erschwert werden, andererseits soll es ermöglichen, die Kreditwürdigkeit einer Person anhand ihrer, sich in ihrer Sachherrschaft befindlichen Vermögensgegenstände bewerten zu können.[413] Dieses Prinzip wird in Schweden im dynamischen Sachenrecht stets berücksichtigt. Häufig entscheiden sich Urteile allein an dieser Frage, ob die Handlungen der Parteien, auf die sie ihren Drittschutz gründen, in hinreichendem Maße nach außen erkennbar waren. Die Betonung des Publizitätsprinzips erscheint zwingend, wenn man bedenkt, dass das schwedische Recht keinen strengen *numerus clausus* der Sachenrechte vorsieht und Drittwirksamkeit individuell festgestellt werden muss.

6. Bestimmtheitsgrundsatz

Im schwedischen Sachenrecht gilt der Bestimmtheitsgrundsatz, *specialitetsprincipen*. Dieser Grundsatz besagt, dass Sachenrechte nur an bestimmten oder bestimmbaren Objekten bestehen können. Nur so kann die Ausschließlichkeitsfunktion, die einem Sachenrecht zukommt und maßgeblich für die drittschützende Wirkung ist, gewährleistet werden.[414] Der Bestimmtheitsgrundsatz ist auch im schwedischen Sachenrecht eine tragende Säule, da es bei aller Erweiterung des sachenrechtlichen Anwendungsfeldes unbestimmte Gattungssachen gerade nicht erfasst.

7. Vindikations – und Extinktionsprinzip

Speziell für die Transaktionssituation des dynamischen Sachenrechts sind noch strukturierende Prinzipien relevant, nach denen die dabei auftretenden Anspruchskonkurrenzen aufgelöst werden. Zum einen gibt es das *vindikationsprincip* (Vindikationsprinzip) und zum anderen das *extinktionsprincip* (Extinktions- oder Auslöschungsprinzip). Das *vindikationsprincip* bevorteilt den ursprünglichen Eigentümer. Er erhält sein Eigentum von einem Erwerber bedingungslos zurück. Das beruht darauf, dass im Ausgang konkurrierende Rechte nach ihrem Entstehungszeitpunkt beurteilt werden und dem älteren Recht zunächst der Vorrang eingeräumt wird. Das *extinktionsprincip* begünstigt dagegen den Erwerber. Voraussetzung ist der gute Glaube dieses Erwerbers hinsichtlich der Übertragungsberechtigung seines Vertragspartners. Im Falle der Anwendung dieses Prinzips kann der ursprüngliche Eigentümer die Sache nicht vom gut-

413 SOU 2015:18, S. 51.
414 von Bar, Gemeineuropäisches Sachenrecht, Bd. 1, S. 158.

gläubigen Erwerber herausverlangen. Welches Prinzip im Einzelfall zur Anwendung kommt, beruht auf einer Wertungsfrage, die der Gesetzgeber und die Gerichte vornehmen. Das *vindikationsprincip* berücksichtigt die Stellung des Eigentums im Kreis der Sachenrechte als das umfassendste Sachenrecht mit der dem Grunde nach stärksten Machtposition. Das *extinktionsprincip* fördert dagegen den freien Warenverkehr, indem es den Erwerber in seinem Vertrauen auf einen wirksamen Erwerb schützt. Gleichzeitig schränkt die Ermöglichung des gutgläubigen Erwerbs den Absolutheitsanspruch des Eigentums ein, da die Wirkung gegenüber jedermann dann nicht den gutgläubigen Erwerber einschließt, gegenüber dem gerade kein Rechtsschutz besteht. Im Hintergrund stehen folglich stets das Interesse an Rechtssicherheit durch die Vorhersehbarkeit von Rechtsfolgen bzw. gerichtlichen Entscheidungen, die Einheit der Rechtsordnung und das Interesse an einem erleichterten Warenverkehr zur Förderung des wirtschaftlichen Wohlstands.[415] Dazu kommt die verfassungsrechtlich geschützte Position des Eigentümers, derer er nicht ohne Weiteres beraubt werden darf.[416]

Das Vindikationsprinzip war lange Zeit in Schweden zurückgedrängt, da es selbst im Fall von abhanden gekommenen Sachen nicht galt. 2003 erfuhr es dann durch Einführung von § 3 *Lag (2003:161) om godtrosförvärv av lösöre* (Gesetz über den gutgläubigen Erwerb von beweglichen Sachen) eine Stärkung. Nach dieser Norm hat der Eigentümer einer Sache, die ihm gegen seinen Willen abhandengekommen ist, ein Vindikationsrecht auch gegenüber einem gutgläubigen Erwerber der Sache. Dieses Vindikationsrecht ist nur durch die Möglichkeit der Ersitzung, die einen zehnjährigen Bestand des guten Glaubens des Erwerbers voraussetzt, einer zeitlichen Beschränkung unterworfen.[417] Damit gilt in Schweden ein austariertes Verhältnis zwischen den Extremen beider Prinzipien. Es ist nicht erkennbar, dass die Besonderheiten der funktionalen Methode an dieser Stelle besonderen Einfluss genommen haben.

8. Fazit

Die aus dem deutschen Sachenrecht bekannten Prinzipien haben im Wesentlichen ihren Niederschlag auch im schwedischen Sachenrecht gefunden. Im Vergleich hinsichtlich der Strenge des *numerus clausus* ist ein Unterschied wahrzunehmen. Das deutsche Recht verfolgt das Prinzip strikter. Insgesamt lässt sich festhalten, dass die funktionale Methode über die Aufweichung der Trennung

415 Faber/Lilja, EPLJ 2012, 10, 13.
416 Faber/Lilja, EPLJ 2012, 10, 13.
417 Millqvist, Sakrättens Grunder, S. 74.

zwischen Schuld- und Sachenrecht und die Modifizierung des Absolutheitsprinzips hinaus die sachenrechtlichen Prinzipien nicht wesentlich beeinflusst hat.

4. Kapitel: Die funktionale Methode im statischen Sachenrecht

Nachdem die Einflüsse der funktionalen Methode auf das Eigentum und das Sachenrecht im Allgemeinen untersucht worden sind, soll nun der Blick auf die Eigenheiten des statischen und des dynamischen Sachenrechts gerichtet werden.

Auch wenn das schwedische Zivilrecht gerade im Sachenrecht in den Darstellungen einen eher unsortierten Eindruck hinterlässt, gibt es doch vereinzelte Zeichen einer ordnenden Gliederung.[418] Es gibt zunächst die aus dem deutschen Recht vertraute Gruppierung nach Mobilien und Immobilien. Jedoch kennt das schwedische Sachenrecht neben dieser Aufteilung in Mobiliar- und Immobiliarsachenrecht zusätzlich noch eine weitere Aufteilung. Nämlich die in statisches (*statisk sakrätt*) und dynamisches Sachenrecht (*dynamisk sakrätt*). Im Folgenden soll zunächst der Bereich des statischen Sachenrechts näher untersucht werden.

I. Anwendungsbereich

Eine verbindliche Aufzählung der Inhalte, die unter dem statischen Sachenrecht zusammengefasst werden, gibt es nicht. Das statische Sachenrecht erfährt im schwedischen Recht eine weit geringere Aufmerksamkeit als das dynamische Sachenrecht. Es gibt aber in der Literatur Hinweise, was davon erfasst sein kann. *Hessler* fasst unter dem statischen Sachenrecht die Rechtsschutzmechanismen zusammen, die es dem Inhaber eines Sachenrechts ermöglichen, dieses Recht im gesetzlich abgesteckten Rahmen auszuüben. Das sind einerseits Besitzschutzregeln, andererseits Schadensersatzregeln. Auch der Vindikationsanspruch des Eigentümers sei hier zu verorten.[419] Das statische Sachenrecht regelt zudem den

418 Es ist zuzugestehen, dass eine unangreifbare Ordnung kaum machbar ist und auch subjektiven Vorlieben folgt. Dass selbst das deutsche – vermeintlich streng sortierte – Sachenrecht sogar im BGB nicht einwandfrei geordnet ist, stellt bereits *von Bar* fest, von Bar, Gemeineuropäisches Sachenrecht, Bd. 1, S. 469.

419 Hessler, Allmän Sakrätt, S. 7.

Gebrauch der Sache und ihren Besitz.[420] *Håstad* wiederum ordnet dem statischen Sachenrecht den Besitz, die Ausübungsregeln von Miteigentum, den gesetzlichen Eigentumserwerb sowie die Unterscheidung von Immobilien und Mobilien zu.[421] *Zitting* drückt sich funktional aus und ordnet dem statischen Sachenrecht den Schutz bestimmter Funktionen des Eigentums zu, nämlich den Schutz der »Primärfunktionen« des Eigentums. Diese sieht er im Eigentum als das Recht zur Nutzung und das »Haben und Halten« der Sache an.[422] Auch *Ross* befasste sich mit der Unterscheidung. Unter *statiskt tredjemansskydd* versteht *Ross* ebenfalls den Schutz, den ein Rechtsinhaber gegen »Angriffe von außen« habe, wenn keine rechtsgeschäftliche Transaktion im Raum stehe.[423] Der statische Schutz beruht für ihn auf strafrechtlichen Regelungen gegen Störungen durch Dritte, die den Rechtsinhaber in der Ausübung seines Rechts hindern, sei es durch Besitzentzug, Zerstörung oder Verhinderung einer bestimmten Nutzung.

Vergleicht man die Zuordnungen, die *Hessler, Håstad, Zitting* und *Ross* vornehmen, erkennt man ein gemeinsames Kennzeichen des statischen Sachenrechts. Es wird deutlich, dass sich die Sache in einer konstanten Lage befindet. Die Person des Eigentümers bleibt gleich. Die Ausübung seiner Rechte, die das Eigentum mit sich bringt, kann behindert werden, aber es gibt keinen Dritten der einen gegenläufigen Anspruch geltend macht. *Håstad* bezeichnet dies als *»vilo-läge«* (Ruhelage).[424] Ziel des statischen Sachenrechts ist damit, den *status quo* einer dinglichen Rechtslage zu kennzeichnen und aufrechtzuerhalten.

Bemerkenswert ist, dass im statischen Sachenrecht die Diskussion um eine Aufteilung von Eigentumsbefugnissen nicht geführt wird. Die Vorstellung vom Eigentum im statischen Sachenrecht ist eine andere als die im dynamischen Sachenrecht. Der vertikale Schutz gegenüber staatlichen Eingriffen (Enteignung, Steuern) und der horizontale Schutz gegenüber anderen Personen (Besitzschutz, Vindikationsrecht) erforderten es nicht, das Eigentum gedanklich in seine Bestandteile aufzubrechen.[425] Im Folgenden sollen einzelne Schutzmechanismen des statischen Sachenrechts näher erläutert werden.

420 PEL/Lurger/Faber, Acquisition and Loss of Ownership of Goods, S. 270.
421 Håstad, Sakrätt, S. 15ff.
422 Zitting, Sc.St.L. 1958, 228, 230.
423 Ross, Virkelighed og Gyldighed i Retslæren, S. 206ff.
424 Håstad, Sakrätt, S. 18.
425 Andreasson, Intellektuella resurser som kreditsäkerhet, S. 392.

II. Schutzmechanismen im statischen Sachenrecht

Das schwedische Sachenrecht legt seinen Fokus auf den Drittschutz der Sachenrechte. Das statische Sachenrecht beschäftigt sich mit den Rechtsmitteln, die sicherstellen, dass sich der realökonomische Effekt eines Rechts verwirklichen lässt. Es betrifft den Schutz des Eigentümers in seinem freien Nutzen seines Rechts vor unrechtmäßigen Störungen, die ihn an eben dieser tatsächlichen oder potentiellen Ausübung seines Rechts hindern.[426] Durch den statischen Schutz erhält die Rechtsordnung dem Eigentümer sein Recht, die Sache zu nutzen, und setzt gleichzeitig das Recht um, andere von einer derartigen Nutzung auszuschließen. Dabei geht es nicht um Konflikte, die entstehen, weil beispielsweise ein anderer dem Nutzungsrecht des Eigentümers sein eigenes Nutzungsrecht an derselben Sache entgegenhält, das jenem ein Dritter eingeräumt hat. Diese Aspekte werden im dynamischen Sachenrecht verortet. Anders als dieses setzt das statische Recht kein Drei-Personen-Verhältnis voraus. Erfasst werden hingegen strafrechtliche Regelungen gegen Störungen Dritter ebenso wie das Vindikationsrecht, dass die (Wieder-)Erlangung der Sache sicherstellen soll. Damit ist dieser Schutz einerseits prozessualer Natur und andererseits von staatlichen Zwangsmitteln geprägt.

1. Gesetzliche Vorschriften zum statischen Sachenrecht

Die entsprechenden gesetzlichen Regelungen verteilen sich demnach auch auf verschiedene Gesetze. Sie werden teils dem materiellen Strafrecht entnommen, teils dem Zivilprozessrecht und dem Vollstreckungsrecht. Statisches Sachenrecht erfasst zum einen den strafrechtlichen Schutz des Eigentums, wie er im 8. Kapitel des *Brottsbalk (1962:700)* geregelt ist. Die Normen betreffen allein die Art und Höhe der Bestrafung des Täters, der eine Sache stiehlt (Kap. 8 § 1 *Brottsbalk (1962:700)*), unerlaubt für sich verwendet oder den Eigentümer anders an der Nutzung seiner Sache hindert (Kap. 8 § 8 *Brottsbalk (1962:700)*). Damit werden Störungen des Eigentums und verbotene Eigenmacht (*egenmäktigt förfarande*), die sich durch Besitzstörungen manifestiert, sanktioniert. Im 10. Kapitel des *Brottsbalk (1962:700)* sind die Verbote enthalten, die Handlungen desjenigen unter Strafe stellen, der die Sache vom Eigentümer zu Besitz erhalten hat (Leihe, Verkauf unter Eigentumsvorbehalt etc.), wenn sie den Eigentümer schädigen. Im materiellen Zivilrecht Schwedens finden sich dagegen anders als im deutschen Recht keine gesetzlichen Besitzschutzregelungen. Nach schwedischem Verständnis, das eine möglichst zurückhaltende gesetzliche Regelung von Kom-

426 Zitting, Sc.St.L. 1958, 228, 230.

plexen verfolgt und auch keine strikte Trennung der Rechtsgebiete anstrebt, genügt der Rekurs auf die strafrechtlichen Vorschriften.

Im Zivilverfahrensrecht finden sich weitere Normen, aus denen sich Rückschlüsse auf den Umfang des statischen Schutzes ziehen lassen. Im Prozessrecht ist in Kap. 15 § 4 *Rättegångsbalk (1942:740)* in der Fassung durch das *Lag (1981:828)* die Wiedereinräumung des entzogenen Besitzes durch gerichtliche Anordnung geregelt: »*Framgår det i en rättegång om bättre rätt till viss egendom att den ena parten har olovligen rubbat motpartens besittning eller vidtagit någon annan olovlig åtgärd beträffande egendomen, får domstolen förordna att besittningen genast skall återställas eller annan rättelse genast ske.*« (»Zeigt sich in einem Gerichtsprozess um ein besseres Recht an einer bestimmten Sache, dass die eine Partei den Besitz der anderen unrechtmäßig entzogen oder eine andere unrechtmäßige Maßnahme in Bezug auf die Sache getroffen hat, darf das Gericht anordnen, dass der Besitz sofort wiederhergestellt wird oder eine andere Berichtigung geschieht.«) In Kap. 27 § 4a *Rättegångsbalk (1942:740)* ist die Herausgabe einer beschlagnahmten, gestohlenen Sache an denjenigen vorgesehen, der offensichtlich ein besseres Recht an der Sache hat als derjenige, bei dem die Sache beschlagnahmt wurde.

Daneben gibt es in § 4 *Lagen (1990:746) om betalningsföreläggande och handräckning* (Gesetz über Mahnbescheide und Vollstreckungshilfe)[427] eine entsprechende Regelung zur Besitzeinräumung: »*En ansökan om särskild handräckning får avse åläggande för svaranden att vidta rättelse när sökandens besittning har egenmäktigt rubbats eller annan olovlig åtgärd har vidtagits beträffande fast eller lös egendom eller utövningen av sökandens rätt till viss egendom på annat sätt olovligen hindras*« (»Ein Ersuchen um besondere Vollstreckungshilfe darf dem Antragsgegner auferlegen, eine Berichtigung vorzunehmen, wenn der Besitz des Anspruchstellers eigenmächtig gestört wurde oder eine andere unrechtmäßige Maßnahme vorgenommen wurde, die unbewegliche oder bewegliche Sachen betrifft, oder wenn die Ausübung des Rechts des Antragstellers an bestimmten Vermögensgegenständen auf andere Weise unerlaubt behindert wird.«)

Es zeigt sich, dass nur die prozessualen Konsequenzen einer unrechtmäßigen Störung der statischen sachenrechtlichen Lage näher gesetzlich ausgestaltet sind. Die materielle Seite der Ausübungsbefugnis erfährt keine entsprechende Regelung.

427 Die besondere Vollstreckungshilfe (*särskild handräckning*) ist ein Mechanismus, der unterhalb der Ebene eines Rechtsstreits vor Gericht angesiedelt ist. Es ist ein summarisches Verfahren, das bei Widerspruch durch den Antragsgegner in ein Gerichtsverfahren übergeleitet werden kann.

2. Das Vindikationsrecht

Wird dem Sachenrechtsinhaber nicht eine Möglichkeit an die Hand gegeben, die mit seinem Recht einhergehende Ausschlussfunktion Dritten gegenüber durchzusetzen, verliert das Sachenrecht seinen Wert. Der Vindikationsanspruch schützt den Eigentümer gegen unrechtmäßige Entziehung seines Besitzes durch Dritte. Er besagt, dass der Eigentümer seine Sache von einem anderen zurückverlangen kann, wenn der andere die Sache zu Unrecht besitzt. Der Vindikationsanspruch ist für Situationen gedacht, in denen der Eigentümer mangels vertraglicher Verbindung keinen schuldrechtlichen Anspruch auf die Herausgabe der Sache geltend machen kann. Er ist somit Ausdruck der Drittwirksamkeit eines Sachenrechts. Der Vindikationsanspruch des Eigentümers ist in Schweden nicht ausdrücklich im Gesetz geregelt. Es wird als Selbstverständlichkeit angesehen, die keiner Regelung bedarf. Es sei ohne Weiteres allgemeingültig, dass ein Eigentümer von einem Unberechtigten, gerade einem Dieb, seine Sache herausverlangen könne.[428] So stellt *Hessler* ohne weitere Begründung fest, dass »A einen Anspruch auf Rückgabe des Autos habe, wenn es ihm von B gestohlen wurde.«[429] *Agell* bezeichnet auch den Schutz des Eigentumsvorbehaltsverkäufers gegenüber einer Person, die die Sache vom Vorbehaltskäufer erwirbt als *vindikationsrätt.*[430] Dies ist schlüssig, weil es ein Erwerb vom Nichtberechtigten ist, wenn die Bedingung noch nicht eingetreten ist, und der Vorbehaltsverkäufer noch Eigentümer im Verhältnis zu einem Abkäufer seines Käufers ist. Es ist jedoch keine übliche Bezeichnung im schwedischen Rechtssprachgebrauch.

Es ist verwunderlich, dass das schwedische Recht für diese Facette von Drittschutz keine ausdrücklichen Regelungen vorsieht, sich jedoch mit Lösungsansätzen für Drittschutz im Drei-Personen-Verhältnis ausgiebig beschäftigt. Dennoch gibt es Normen, die einen Rückschluss auf ein derartiges Recht zulassen. § 3 *Lag (1986:796) om godtrosförvärv av lösöre* sieht vor, dass der Eigentümer einer Sache, wenn sie ihm unrechtmäßig weggenommen wurde, diese von einem Erwerber der Sache herausverlangen kann. Hat der Erwerber die Sache seinerseits weitergegeben, so kann der Eigentümer sie auch von diesem Dritten zurückverlangen. Im Prozess muss der Eigentümer dazu ein besseres Recht an der Sache geltend machen. Er muss dazu entsprechend beweisen, dass er Eigentümer der Sache ist und dass sie ihm unrechtmäßig entzogen wurde.[431] Auch aus der Regelung in § 5 *Lag (1986:796) om godtrosförvärv av lösöre,* die dem

428 Dieselbe Auffassung herrscht in Norwegen vor, dass derart Selbstverständliches keines Gesetzes bedarf, Færstad, National Report on the Transfer of Movables in Norway and Danmark, S. 220.

429 Hessler, Allmän Sakrätt, S. 29.

430 Agell, SvJT 1965, 225, 226.

431 Prop. 2002/03:17, S. 36.

ursprünglichen Eigentümer unter bestimmten Voraussetzungen ein Lösungsrecht gegenüber einem gutgläubigen Erwerber einräumt, wird gefolgert, dass dann erst recht ein Herausgaberecht gegenüber einem bösgläubigen Erwerber bestehen müsse.[432] Im fünften Kapitel des *Jordabalk (1970:994)* wiederum gibt es für das Immobiliarsachenrecht Regelungen, die die Rechte und Pflichten bestimmen, die ein rechtmäßiger Eigentümer und ein unrechtmäßiger Besitzer gegeneinander haben. Dabei wird weder ein »Eigentümer« noch ein »Besitzer« erwähnt.[433] Kap. 5 § 1 *Jordabalk (1970:994)* lautet stattdessen: »*Avträder någon fast egendom efter klander, skall han dessutom utge ersättning för avkastning, som egendomen frambringat under tid efter det att han fick kännedom om att annan ägde bättre rätt till egendomen eller stämning delgavs honom.*« (»Gibt jemand eine Immobilie aufgrund einer *klander* [Herausgabeklage][434] heraus, soll er zudem Ersatz für die Früchte gewähren, die die Sache in der Zeit hervorgebracht hat, in der er Kenntnis vom besseren Recht eines anderen an der Sache hatte oder seitdem einer Klage darüber stattgegeben wurde.«). Die Hauptsache, nämlich die Herausgabe der Immobilie selbst, wird nicht weiter geregelt.

Die genannten Beispiele enthalten keine Anspruchsgrundlage für eine Herausgabeklage, aber es wird deutlich, dass sie alle ein solches Recht voraussetzen. Allerdings handelt es sich stets um Dreipersonenverhältnisse. Ob eine Vindikation auch in einem reinen Zweipersonenverhältnis möglich ist, wenn der Besitzer kein Dieb ist, ergibt sich daraus nicht. Aufschlussreiche Rechtsquellen gibt es dazu nicht, die Frage scheint sich nicht zu stellen. *Grenda* nimmt daher an, dass das Vindikationsrecht im Zweipersonenverhältnis »als selbstverständliche Folge des Eigentums« angesehen wird.[435]

3. Unterlassungs- und Beseitigungsanspruch

Da das Eigentum auch auf andere Weise gestört werden kann, als durch die Entziehung des Besitzes an seinem Gegenstand, fragt sich, ob das schwedische Recht auch einen dem Anspruch aus § 1004 BGB entsprechenden Schutz gewährt. Der Begriff der *negatoriska äganderättstalan* (negatorische Eigentumsklage) ist

432 Sandstedt, Sakrätten, Norden och Europeiseringen, S. 420.

433 Dass es hier trotzdem um den Herausgabeanspruch des Eigentümers geht, versteht auch *Carlson* so, die in diesem Zusammenhang zwar von »dispossession by a better right«, aber weiter von »wrongful possession« und »rightful owner« spricht, Carlson, The Fundamentals of Swedish Law, S. 318.

434 Der Begriff *klander* wird kontextabhängig gebraucht. Hier meint er die Klage des bisherigen Immobilieneigentümers gegen eine Person, die ihr Recht von einem anderen als dem Eigentümer herleitet, Martinson, SvJT 2005, 669, 679.

435 Grenda, Erwerb und Schutz des Eigentums, S. 221.

bekannt.[436] Im Mobiliarsachenrecht soll ihr jedoch kaum Bedeutung zukommen.[437] In Kap. 3 § 2 *Jordabalk (1970:994)* ist ein nachbarschaftlicher Schutzanspruch geregelt, der es dem Grundstückeigentümer erlaubt, störende Wurzeln und Äste, die von einem Nachbargrundstück herüberwachsen, zu beseitigen. Das strafrechtliche Verbot einer Besitzstörung (*besittningsrubbing*) in Kap. 8 § 8 *Brottsbalk (1962:700)* spricht ebenfalls für einen derartigen Anspruch. Eine Fülle an Fällen, wie es das deutsche Recht zu diesem Komplex hervorgebracht hat, ist im schwedischen Recht nicht nachzuverfolgen.

4. Schadensersatzansprüche

Der Eigentümer kann bei Störung seines Eigentums oder Besitzes auch Schadensersatzansprüche haben. Diese können vor einem Zivilgericht oder einem Strafgericht verfolgt werden. Nach Kap. 1 § 8 *Brottsbalk (1962:700)* kann eine Straftat auch eine Schadenersatzpflicht gegenüber dem Geschädigten nach sich ziehen. Diese Folge wird im Verfahren vor dem Strafgericht behandelt, wenn der Geschädigte (*målsägande*) es gemäß Kap. 22 § 2 *Rättegångsbalk (1942:740)* beantragt. Danach ist Voraussetzung, dass diese Erweiterung der Anklage nicht mit wesentlichen Unannehmlichkeiten (schwierige Beweiswürdigung, wesentliche Verzögerung etc.) verbunden ist und der Anspruch des Geschädigten nicht offensichtlich unbegründet ist. Der Anspruch kann sich auf die Herausgabe einer gestohlenen oder unterschlagenen Sache, ein besseres Recht an der inkriminierten Sache oder auf Schadensersatz für eine zerstörte oder verschwundene Sache beziehen. Die zivilrechtlichen Schadensersatzansprüche, die aus einem Tun resultieren, das als Straftat im Sinne des Strafgesetzes anzusehen sind, bestimmen sich nach dem *Skadeståndslag (1972:207)*, dem Gesetz über Schadensersatz. Nach Kap. 2 § 1 *Skadeståndslag (1972:207)* ist der Schädiger, der einen Sachschaden verursacht, schadensersatzpflichtig. Die gleiche Pflicht trifft denjenigen, der durch eine Straftat einen Sachschaden oder einen reinen Vermögensschaden verursacht, Kap. 2 § 2 *Skadeståndslag (1972:207)*. Es besteht jedoch kein Anspruch auf Naturalrestitution wie sich aus dem *Skadeståndslag (1972:207)* ergibt, das als Schadensersatz nur Wertersatz vorsieht. Das kann damit begründet werden, dass ein solcher Anspruch entbehrlich sei, da der Eigentümer die Sache mittels Herausgabeklage erhalten könne.[438]

436 Anderson/Reichel/Dahlberg/Samulesson, Juridikens Termer, S. 8.
437 Undén, Svensk Sakrätt, S. 66.
438 Grenda, Erwerb und Schutz des Eigentums, S. 236. Die Idee einer Anspruchshäufung ist dem schwedischen Recht dagegen fremd, da es generell in den seltensten Fällen eine ausdrückliche Anspruchsgrundlage vorsieht.

5. Statischer Schutz beschränkter dinglicher Rechte

Der statische Sachenrechtschutz beschränkter dinglicher Rechte ist nicht ausdrücklich geregelt. Man muss wohl nach der Art des Rechts differenzieren. Es ist beispielsweise anerkannt, dass die Verfügung über eine Sache, an der ein anderer bloß ein Nutzungsrecht hat, nicht strafbar ist.[439] Das ist nachvollziehbar, da mit der Verfügung keine Störung des Nutzungsrechts einhergehen muss. Andere Bereiche weisen dagegen auf statischen Schutz hin. Nach 10 kap. 4 § *Brottsbalk (1962:700)* sind Sicherungsrechte wie ein Pfandrecht geschützt, wenn derjenige, der die Sache besitzt, durch eine unrechtmäßige Verfügung dieses Sicherungsrecht vernichtet.

III. Das statische Sachenrecht im deutschen Recht

Das deutsche Sachenrecht kennt die Aufteilung nach statischem und dynamischem Sachenrecht nicht. Das Sachenrecht erfasst sowohl Rechtsverhältnisse an Sachen in Ruhelage als auch in der Transaktion.[440] Was davon dem statischen Sachenrecht in Schweden entspricht, gleicht diesem inhaltlich. In der Ruhelage umfasst das Eigentum nach schwedischem Recht die gleichen Befugnisse wie das Eigentum nach deutschem Recht. Der Vindikationsanspruch gleicht sich in der zugrundeliegenden Idee der (Wieder-)Herstellung rechtmäßiger Verhältnisse und Vereinigung von Eigentum und Besitz. In seinen Einzelheiten ist der Anspruch im deutschen Recht, gerade auch was das austarierte Eigentümer-Besitzer-Verhältnis der §§ 985ff. BGB betrifft, ausgefeilter geregelt als im schwedischen Recht. Insbesondere gibt es eine explizite Anspruchsgrundlage. Das Schutzniveau beider Rechtsordnungen gleicht sich. Es lassen sich keine Hinweise darauf finden, dass der schwedische Eigentümer in seinem Schutz gegenüber Eigentums- oder Besitzstörungen schlechter oder besser gestellt wäre als der deutsche.

IV. Fazit

Das statische Sachenrecht in Schweden ist der Teil des Sachenrechts, der weitestgehend den Vorstellungen des deutschen Sachenrechts entspricht. Das Eigentum ist hier Ausgangspunkt des Rechtsschutzes des Eigentümers. Es ist das Sachenrecht der Zwei-Personen-Verhältnisse, eines Dritten bedarf es nicht. Der Unterschied

439 Tiberg, SvJT 1964, 497, 502.
440 Baur/Stürner, Sachenrecht, S. 6.

zum Schuldrecht ist die fehlende Vertragsbeziehung. Regelungen dazu finden sich kaum, vieles wird über den Schutz von Besitz erreicht. Insgesamt entsteht der Eindruck, dass dieses Teilgebiet in Schweden als etwas Selbstverständliches angesehen wird, das näherer Auseinandersetzung nicht bedarf. Entsprechend gestaltet sich eine Durchdringung der Hintergründe schwierig. Gleichzeitig führt die Aufspaltung des Sachenrechts in dynamisches und statisches Sachenrecht dazu, dass der Begriff »*sakrätt*« im schwedischen Recht mehrdeutig wird, wenn er ohne den Zusatz »statisch« oder »dynamisch« verwendet wird. Denn während in jenem das Eigentum eine Funktion einnimmt, nämlich die des Rechtsgrundes für ein Schutzbegehren, soll es im dynamischen Sachenrecht funktionslos bleiben.

5. Kapitel: Die funktionale Methode im dynamischen Sachenrecht

Mit der Kenntnis der Grundlagen des Sachenrechts hinsichtlich seiner Rechte und ihrer Objekte, muss im nächsten Schritt eine Untersuchung des dynamischen Teils des schwedischen Sachenrechts folgen, der für einen deutschen Rechtsanwender die unbekannte Besonderheit des schwedischen Sachenrechts ausmacht. Dynamisches Sachenrecht klingt für den deutschen Juristen zunächst fremd. Denn er ist mit der Vorstellung vertraut, dass Sachenrecht gerade Zustände erfasst, die von Stetigkeit geprägt sind, während es Aufgabe des Schuldrechts ist, die Bewegungen von Vermögen zu regeln.

In Schweden wird hingegen nach dynamischem und statischem Sachenrecht unterteilt. Das ist ein Resultat der funktionalen Sichtweise, die das Eigentum nach Befugnissen aufteilt. So werden gewisse Befugnisse oder Schutzaspekte des Eigentums auf unterschiedliche Weise behandelt und es werden dafür verschiedene Bereiche im Sachenrecht entwickelt. Die funktionale Methode kommt vorwiegend im dynamischen Sachenrecht zum Tragen, während ihr im statischen Sachenrecht keine Beachtung geschenkt wird, weil ihre Besonderheit erst im Transfer des Eigentums oder bei der Einräumung mehrerer Rechte an einem Objekt Bedeutung gewinnt. Beides ist genuiner Kern des dynamischen, aber nicht des statischen Sachenrechts.

Das dynamische Sachenrecht ist neben dem statischen Sachenrecht der zweite Teil des schwedischen Sachenrechts. Hier wird die Sache nicht in »Ruhelage«, sondern in der Transaktion betrachtet. Die für das Sachenrecht eigentümliche Drei-Personen-Konstellation wird Mittelpunkt der Betrachtung. Dies ist der Teil des Sachenrechts, der in der schwedischen Lehre unter »Sachenrecht im Allgemeinen« behandelt wird, während das statische Sachenrecht nur am Rande erwähnt wird. Dieser Bewertung folgend nennt *Hessler* seine Abhandlung über das Sachenrecht im Untertitel »*Über die vermögensrechtlichen Drittschutzprinzipien*« und lässt das statische Sachenrecht nahezu unbehandelt. Die Dynamik des dynamischen Sachenrechts liegt in der sich entwickelnden Rechtssituation, in der eine Sukzession in der Rechtsinhaberschaft stattfindet. Es geht um die ordnende Funktion des Sachenrechts, die dazu dient, bestimmte Vermögenswerte bestimmten Personen zuzuordnen. Durch die Begrenztheit der Ressourcen kommt es zu Konflikten um den Zugang dazu. Das dynamische Sachenrecht regelt solche Prätendentenstreitigkeiten. Voraussetzung ist, dass eine Transaktion stattgefunden hat, so dass ein Wechsel in der Person des Berechtigten eingetreten ist oder ein solcher Wechsel zumindest geltend gemacht wird. Nach *Hessler* erfasst das dynamische Sachenrecht demnach den Schutz gegenüber Dritten, der durch eine Auswechslung eines Rechtsinhabers, sei es durch die Übertragung eines Rechts oder durch eine andere Art der Rechtsnachfolge, in Frage stehen kann.[441] Nach den Regeln des dynamischen Sachenrechts wird in einer solchen Situation bestimmt, welcher von zwei schuldrechtlichen, sich widersprechenden Ansprüchen Vorrang haben soll.[442] Es betrifft nicht das »Wie« der Ausübung eines Sachenrechts. Es bestimmt, wem eine Sache zugeordnet werden soll. Nach schwedischem Verständnis treten sachenrechtlich zu bestimmende Konsequenzen vor allem in zwei Situationen auf: beim Erwerb vom Nichtberechtigten und in der Insolvenz.[443] Damit ist dynamisches Sachenrecht eng mit dem Zwangsvollstreckungsrecht verbunden.[444]

Exkurs: Das Begriffspaar des statischen und des dynamischen Schutzes ist keine Gegenüberstellung, die nur dem skandinavisch geprägten Sachenrecht geläufig ist. Anfang des 20. Jahrhunderts dachte der Franzose *Demogue* über eine Einteilung in *sécurité statique* und *sécurite dynamique* nach.[445] Mit ersterem meinte er Fälle, die Beispiele für den Grundsatz seien, niemand könne mehr übertragen als er selbst habe (*nemo dat quod non habet).* Das schützte den Rechtsinhaber bzw. den älteren Rechtsbesitzer gegenüber einem jüngeren und spielte damit insbesondere auf Verfügungen durch einen Nichtberechtigten gegen den Willen des Eigentümers an. Unter *sécurite dynamique* verstand er demgegenüber den Schutz eines Erwerbers gegenüber konkurrierenden Erwerbern und den gutgläubigen Erwerb. Hier wurde der jüngere Rechtsbesitzer gegenüber dem älteren geschützt. Es ging ihm auf der einen Seite um den Schutz des Eigentümers und die Aufrechterhaltung des status quo, auf der anderen um den Schutz des Absatzes.[446] Trotz ähnlicher Begrifflichkeit ist die Einteilung in *sécurite dynamique* und *sécurité statique* jedoch nicht gleichzusetzen mit der schwedischen Einteilung in dynamisches und statisches Sachenrecht. Denn die Einteilung von *Demogue* betrifft jeweils Fälle, die nach schwedischem Verständnis alle Teile des dynamischen Sachenrechts sind, weil sie eine Transaktion betreffen. Auch ist eine Aufteilung des Eigentums nach seinen Funktionen bei *Demogue* nicht zu erkennen. Seine Einteilung in verschiedene Gruppen Dritter weist jedoch den Weg zur unterschiedlichen Behandlung von Aspekten einer Transaktion wie ihn sich das schwedische Recht zu eigen machte.

441 Hessler, Allmän Sakrätt, S. 7.
442 Håstad, SvJT 1988, 224, 225.
443 Zetterström, Sakrättens fyra huvudfall, S. 17.
444 Kihlman, Förutsättningsläran – obligationsrättsliga och sakrättsliga aspekter, S. 198.
445 Demogue, Les Notions Fondamentales du Droit privé, S. 72.
446 Frank, Law and the Modern Mind, S. 238f.

Im dynamischen Sachenrecht sind bestimmte Begrifflichkeiten vorherrschend, die nicht immer deutlich voneinander abzugrenzen sind. Im Bereich des dynamischen Sachenrechts finden sich Begriffe wie *sakrättsligt skydd* (sachenrechtlicher Schutz), *borgenärsskydd* (Gläubigerschutz), *skydd mot tredje man* (Schutz gegenüber Dritten), *bättre rätt* (besseres Recht). Deren nähere Bedeutung und Funktion soll im Folgenden dargestellt werden. *Äganderätt* (Eigentum) kommt dagegen in diesem Teil des Sachenrechts so gut wie nicht vor.

I. Schrittweise Befugnisverschiebung

Die Grundannahme des dynamischen Sachenrechts ist die Aufspaltung des Eigentums und eine damit einhergehende schrittweise Befugnisverschiebung in der Transaktion. Daraus folgt, dass der Drittschutz eines Sachenrechts verschiedene Ausmaße haben kann. Er kann »stärker« oder »schwächer« sein.[447] Dies bestimmt sich danach, ob der Drittschutz gegenüber jedem Dritten gilt oder nur gegenüber bestimmten Gruppen von Dritten und wie weit die Transaktion schon gediehen ist.

Eigentum wurde schon seit Menschengedenken transferiert. Als Menschen begannen miteinander zu handeln, trafen sie sich dazu und tauschten unmittelbar Gegenstände aus. Später wurde einer dieser Tauschgegenstände durch Geld ersetzt. Trotzdem wechselte beides in der Regel gleichzeitig den Besitzer – der Verkäufer gab dem Käufer die Kuh, der gab dem Verkäufer dafür das Geld. Das klingt primitiv, bildet aber auch heute noch einen großen Teil der Geschäfte des täglichen Lebens ab. Was aber hinzugetreten ist, ist, dass auch andere Formen des Eigentumsübergangs möglich und immer alltäglicher wurden. Der Verkauf ist häufig ein gestreckter Vorgang. Die Parteien einigen sich fernmündlich oder virtuell, die Ware wird in einem Lager ausgewählt, sie wird an einen Wunschort des Empfängers versendet, der Käufer zahlt mittels Banküberweisung und erhält vorher oder auch erst im Anschluss die Ware. Ziel ist nach wie vor, dass der Käufer vollständig in die Position des Verkäufers eintritt, damit die Sache fortan seinem Vermögen zugeordnet werde. Konsequenz einer solchen Streckung ist, dass zu jedem Zeitpunkt etwas zwischen die Vollendung all dieser Elemente treten kann: Die Sache kann gestohlen werden, der Verkäufer kann für insolvent erklärt werden, ein Gläubiger des Käufers kann die Sache zwangsversteigern, der Käufer kann die unbezahlte Sache weiterveräußern. Es sind vielfältige Möglichkeiten einer Drittintervention in den Zweiparteienverkauf denkbar. Diese zeitliche Streckung wirft die Frage auf, ob die Idee vom Eigentumsübergang zu einem einzigen Zeitpunkt noch zeitgemäß oder praktikabel ist. Das schwedische

447 Hessler, Allmän Sakrätt, S. 279.

Recht verneint dies und geht von einer schrittweisen Vermögensverschiebung aus. Wenn der Übergang des Eigentums nach schwedischem Recht als schrittweise bezeichnet wird (»*not at one moment in time*«, »*issue by issue*«), betrifft dies den Umfang des Drittschutzes.[448] Die Formulierung ist aus schwedischer Sicht unglücklich gewählt, suggeriert sie doch, dass Eigentum »etwas« ist, das übergehen kann. Das soll Eigentum ja gerade nicht sein. Die Formulierung wird jedoch auch von schwedischen Autoren verwendet, die vom »schrittweisen Eigentumserwerb« (»*äganderättsförvärvet ske gradvis*«) sprechen.[449] Von einer schrittweisen Übertragung der einzelnen Befugnisse des ursprünglichen Eigentümers auf den Erwerber zu sprechen, ist auch unpräzise. Denn für die einzelne Befugnis gegenüber einer bestimmten Gruppe Dritter lässt sich ein konkreter Zeitpunkt bestimmen, die Befugnisse gehen nicht in Teilaspekten nach und nach über. Der Schutz gegenüber den Gläubigern des Vertragspartners kann zu einem Zeitpunkt eintreten, in dem der Vertrag noch keine Konsequenzen gegenüber einem Rechtsnachfolger des Käufers zeitigt. Erst wenn weitere Erfordernisse in Form tatsächlicher Handlungen erfüllt sind, tritt auch dieser Personengruppe gegenüber sachenrechtliche Wirkung ein. Treffender ist, dass die absolute Wirkung nicht *en bloc* für alle Befugnisse, sondern für jede einzelne Befugnis separat erfolgt. Der sukzessive Übergang betrifft alle Rechte des Erwerbers, die mit einer Stellung als Eigentümer einhergehen.

Im Immobilienrecht wird die Trennung der sachenrechtlichen Konflikte besonders deutlich. So ist der Erwerb von *fast egendom* zwar bereits mit Vertragsschluss nicht nur gegenüber dem Vertragspartner gültig, sondern auch (teilweise) drittwirksam. Gegenüber den Gläubigern des Verkäufers von *fast egendom* ist der Erwerb bereits ab Vertragsschluss gültig und vorrangig. Gegenüber einem konkurrierenden Erwerber genügt dies nicht, selbst wenn er von dem Vertrag weiß. Hier muss die Beantragung der Eintragung in das Grundstücksregister hinzutreten. Gegenüber gutgläubigen Erwerbern besteht erst Schutz, wenn tatsächlich eine Eintragung erfolgt ist. Der jeweilige Schutz tritt damit zu drei unterschiedlichen Zeitpunkten ein. Auch das Recht des Erwerbers zur Weiterveräußerung oder zur Belastung besteht erst, wenn er als Eigentümer im Grundbuch eingetragen wurde.

Wie bereits in der Darstellung des Eigentumsbegriffs der funktionalen Methode dargelegt, wird im dynamischen Sachenrecht nie die (für einen deutschen Juristen naheliegendste) Frage gestellt: Wann ist das Eigentum übergegangen? Stattdessen wird nach dem Eintritt einzelner Rechtsfolgen gefragt, die im Laufe einer Transaktion eine Rolle einnehmen können.[450] Betrachtet man nämlich die einzelnen Gruppen von betroffenen Dritten, so lassen sich bei diesen nicht ein

448 Håstad, ERPL 2009, 725, 727.
449 Tiberg, SvJT 1964, 497, 501.
450 Hessler, Allmän Sakrätt, S. 18.

Gleichlauf, sondern durchaus verschiedene Interessen feststellen, die in diesem Zusammenhang von Bedeutung sein können. So kann gegenüber den Gläubigern des Verkäufers schon der Kaufvertrag als maßgebliches Kriterium gesehen werden, während dies gegenüber einem Umsatzkäufer als unbillig erscheinen kann.[451] Im dynamischen Sachenrecht geht es nicht darum, die Natur des Rechts, das übertragen wird, zu untersuchen. Stattdessen gilt das Augenmerk den einzelnen Schritten einer Transaktion und ihren individuellen rechtlichen Konsequenzen.[452] Es wird erforscht, welche Rechtsfolge der Vertragsschluss hat, welche die Übergabe oder welche die Kaufpreiszahlung.

Man muss beim Übergang des Eigentums folglich danach unterscheiden, gegenüber welcher Personengruppe das Eigentum beansprucht werden soll oder in welcher Funktion der Rechtsinhaber auftreten möchte. Zunächst existiert das Verhältnis zum Vertragspartner, der bisher Eigentümer war. Dann gibt es das Verhältnis zu Konkurrenten, daneben das zu Insolvenzgläubigern des Vertragspartners, sowie das Verhältnis zum wahren Eigentümer, wenn der Vertragspartner diese Eigenschaft nur vortäuschte. Schlussendlich gibt es das Verhältnis zu Abkäufern, die ihrerseits auf den wirksamen Eigentumserwerb des Erstkäufers bauen und ihr Recht von diesem herleiten. Für jedes dieser Verhältnisse sind andere rechtlich relevante Schritte erforderlich. Während im Verhältnis zum Vertragspartner der Vertragsschluss genügt, genügt dies im Verhältnis zu den Konkurrenten regelmäßig nicht. Entscheidende Eigenheit der funktionalen Methode ist, dass die denkbaren sachenrechtlichen Wirkungen keinen Einfluss aufeinander haben sollen. Die Feststellung, dass der Käufer gegenüber den Gläubigern des Verkäufers Schutz beanspruchen kann, hat danach keinerlei Auswirkung auf andere Drittbeziehungen. Es sagt auch nichts darüber aus, ob der Verkäufer gleichzeitig Schutz gegenüber den Gläubigern des Käufers genießt.[453]

Die verschiedenen Schutzrichtungen werden auch als »Funktionen des Eigentums« bezeichnet.[454] Der Schutz des Erwerbers gegenüber den Gläubigern des Veräußerers, die eine Zwangsvollstreckung in dessen Vermögen betreiben wollen, fällt darunter. Ebenso die Situation, dass über das Vermögen des Veräußerers die Insolvenz eröffnet worden ist, und deswegen die Frage aufkommt, ob der Vermögensgegenstand noch zum pfändbaren Vermögen des Veräußerers zählt. Die Situation kann auch umgekehrt eintreten, wenn es um das Verhältnis zwischen den Gläubigern des Käufers und dem Verkäufer geht. Dann ist zu klären, ob die Sache bereits pfändbares Vermögen des Käufers ist oder noch dem Ver-

451 Vinding Kruse, Das Eigentumsrecht, Bd. 2, S. 962.
452 Helin, Sc.St.L. 1989, 139, 156.
453 Håstad, SvJT 1988, 234, 243.
454 Færstad, National Report on the Transfer of Movables in Norway and Danmark, S. 226.

käufer zuzurechnen ist. Dazu kommen Fälle, in denen der Veräußerer dieselbe Sache mehrfach verkauft hat. Hier steht der Schutz des einen Käufers gegenüber einem anderen Käufer in Frage. Es kann auch eintreten, dass ein Dritter die Sache von einem Besitzer der Sache erwirbt, der nicht zu einer Veräußerung berechtigt ist. Dann gilt es zu prüfen, ob dem ursprünglich Berechtigten gegenüber dem neuen Erwerber Vorrang einzuräumen ist, und die Sache weiter seinem Vermögen zuzuordnen ist. Daneben treten vergleichbare Fragestellungen auf, wenn es um beschränkte Rechte, wie z. B. Nutzungsrechte geht. Diese können im Widerstreit zum Vollrecht, dem Eigentum, oder mit anderen beschränkten Rechten stehen, die miteinander inkompatibel sind.

II. Der Anwendungsbereich des dynamischen Sachenrechts

Der Regelungsinhalt des dynamischen Sachenrechts lässt sich mit Blick auf die Unterteilung des Sachenrechts erschließen, die in Schweden zwischen statischem und dynamischem Sachenrecht vorgenommen wird. Das dynamische Sachenrecht spielt immer dann eine Rolle, wenn es um den Vorrang eines Rechts einer Person an einer Sache gegenüber einer anderen geht. Auslöser dazu ist eine Transaktion. Es geht um das »Rechtsverhältnis zwischen Personen bezüglich eines Rechtsobjekts«.[455] Die Transaktion kann das Eigentum als solches betreffen oder auch nur ein beschränktes dingliches Recht. Entscheidend ist ein Wechsel in der Person des Rechteinhabers, der in Bezug auf die Sache zu einer Veränderung der rechtlichen Situation führt. Diese Rechtsnachfolge kann auch durch einen Erbfall ausgelöst werden.[456] Das Objekt der widerstreitenden Ansprüche kann jedes der oben genannten Sachenrechtsobjekte sein. Im Vergleich zum statischen Sachenrecht geht es nicht um die Ruhelage, sondern um eine Situation der Veränderung und Bewegung.

Das dynamische Sachenrecht ist folglich ein Recht der Konfliktfälle. Der Fokus liegt auf Situationen und personalen Beziehungen, weniger auf Objektsbezug und generellen Regelungsinhalten. Die Kollisionen des dynamischen Sachenrechts entstehen nur, wenn sich etwas »Unnormales« ereignet. Unnormal bedeutet dabei, dass der Erwerb nicht mustergültig und vor allem nicht wie von redlichen Parteien normalerweise erwartet und gewollt vonstattengeht. Stattdessen wird der Erwerbsvorgang durch eine Insolvenz, eine fehlende Verfügungsmacht oder arglistiges Verhalten eines Beteiligten gestört. Diese Risiken

455 Hessler, Allmän Sakrätt, S. 6.

456 Diese Universalsukzession wird in der Lehre im Zusammenhang mit dem dynamischen Sachenrecht nicht näher behandelt, sondern nur als weitere Erwerbsoption am Rande genannt, Hessler, Allmän Sakrätt, S. 15.

sind zwar in diesem Sinne unnormal, aber nicht ungewöhnlich. Damit die mit dem Geschäft verbundenen Risiken und Kosten kalkulierbar bleiben, muss die rechtliche Ordnung Regeln für derartige Konfliktfälle vorhalten.

Im dynamischen Sachenrecht betrachtet man Fälle, in denen eine Person Eigentum (oder ein beschränktes Sachenrecht) erhalten möchte (*»anspråk på att från annan erhålla egendom med äganderätt«*[457] (»Anspruch, von einem anderen eine Sache zu Eigentum zu erhalten«). Geht es um eine individualisierte Sache wird auch von *anspråk på äganderätt* (Anspruch auf Eigentum) gesprochen. Gleichzeitig ist mit der Formulierung *anspråk på äganderätt* nicht zugleich festgehalten, dass auch sachenrechtlicher Schutz besteht. Die Schlussfolgerungen, die man aus dem Begriff ziehen kann, sind einerseits, dass sich ein Anspruch auf eine bestimmte Sache bezieht und andererseits, dass der Anspruchsinhaber für den Fall, dass er den sachenrechtlichen Konflikt gewinnt, Eigentümer ist und nicht bloß Inhaber eines beschränkten dinglichen Rechts. Was man dagegen nicht folgern darf, ist, dass sich allein aufgrund des Eigentumsanspruchs der Konflikt mit dem Dritten lösen ließe.[458]

Grundsätzlich scheinen sich die schwedischen Autoren einig zu sein, dass in einem dynamischen Konflikt wenigstens drei Parteien involviert sein müssen: der Veräußerer, der Erwerber und ein Dritter. *Zitting* sieht darüber hinaus auch im Zweipersonenverhältnis die Relevanz von dynamischem Eigentumsschutz.[459] Er führt als Beispiel den Verkauf eines Grundstücks an, bei dem der Käufer eingetragen wird, der Vertrag aber unter einem Fehler wie einem Formmangel leidet, der es dem Verkäufer binnen einer bestimmten Frist erlaubt, eine Rückabwicklung des Vertrags und eine Rückgabe des Grundstücks zu fordern. Nach *Zitting* ist der Erwerber durch die Eintragung gegenüber allen Dritten geschützt wie ein Eigentümer. In der Schwebezeit der Rückabwicklungsfrist besteht ein Konflikt zwischen Verkäufer und Käufer, da beide ein Recht an der Sache haben. Der Verkäufer hat ein Rückgaberecht, der Käufer ist dennoch zugleich durch die Eintragung gegenüber allen Dritten wie ein Eigentümer statisch geschützt. Vom Verkäufer sind er und der Bestand seines Rechts in der Schwebezeit dagegen abhängig. *Zitting* sieht den dynamischen Schutz des Käufers als gegeben, wenn der Verkäufer sein Recht nicht geltend macht und die Frist abgelaufen ist, der Schwebezustand mithin beendet ist. Dieser Fall wird zwar auch von anderen Autoren behandelt, aber stets eingebettet in eine Kollision mit einem Dritten unter der Fragestellung, ob auch zwei Parteien gleichzeitig gegenüber den Gläubigern des jeweils anderen dynamischen Sachenrechtsschutz genießen können. *Zitting* ist entgegenzuhalten, dass er zu übersehen scheint, dass sein

457 Håstad, Sakrätt, S. 24.
458 Hessler, Allmän Sakrätt, S. 113.
459 Zitting, Sc.St.L. 1958, 228, 244.

Zwei-Personen-Verhältnis einen Dritten im Hintergrund »mitdenkt«. Denn es geht gerade nicht um das Verhältnis zwischen Erwerber und Veräußerer. Damit bleibt es bei der Maßgabe, dass dynamisches Sachenrecht Drei-Personen-Verhältnisse betrifft. Die einzelnen Konstellationen sollen im Folgenden näher beleuchtet werden.

Anzumerken ist, dass das dynamische Sachenrecht grundsätzlich nur dingliche Ansprüche behandelt. Da jedoch auch Forderungen auf generische, noch nicht individualisierte Güter kollidieren können, werden derartige Kollisionen teilweise auch als Aspekt des dynamischen Sachenrechts aufgefasst. Es findet dann Anwendung in seiner Funktion als »Recht der Anspruchskollisionen«.

1. Hesslers Schema zum dynamischen Sachenrecht

Hessler hat in seinem Hauptwerk über das dynamische Sachenrecht ein Schema eingeführt, um die möglichen Personenrelationen im dynamischen Sachenrecht darzustellen. Das Schema wurde von vielen nachfolgenden Autoren aufgegriffen und begegnet einem im Zusammenhang mit dem dynamischen Sachenrecht immer wieder. Selbst der offizielle Regierungsentwurf zum Gesetz über gutgläubigen Erwerb greift auf dieses Schema zurück.[460] Die Grundstruktur bilden zwei Personen, die durch ein Schuldverhältnis verbunden sind. Sie werden mit »A« und »B« benannt. Welcher Natur dieses Schuldverhältnis ist, ob ihm ein Kaufvertrag, eine Leihe oder ein deliktischer Anspruch zugrunde liegt, ist zunächst nicht maßgeblich. Inhaltlich sind Ansprüche erfasst, die sich auf die Erlangung oder den Erhalt eines dinglichen Rechts an einer Sache richten. Das erfasst einerseits das Eigentum als Vollrecht und damit als Grundfall den Erwerb durch Kauf oder Schenkung. Es werden aber auch Forderungsrechte, Anteilsrechte oder beschränkte dingliche Rechte umfasst, wie ein Pfandrecht des Zwangsvollstreckungsgläubigers oder ein Nutzungsrecht. Mithin alle sachenrechtlich relevanten Rechte. Einheitlich ist, dass A immer diejenige Person bezeichnet, die einen Anspruch hat, also einen Gläubiger. B ist immer der Schuldner dieses Anspruchs. In einem Kaufvertrag bedeutet das, dass der Verkäufer als A bezeichnet wird, wenn er die Kaufsache mangels Zahlung zurückhaben möchte, aber als B, wenn der Anspruch auf Übereignung der Kaufsache untersucht wird.[461] Ein sachenrechtlicher Einschlag entsteht, wenn eine dritte Person hinzutritt. Diese dritte Person bezeichnet *Hessler* als »C«. Wie zwischen A und B besteht auch zwischen C und B eine schuldrechtliche Beziehung. Der Konflikt zwischen A und C entsteht dadurch, dass sich ihre Ansprüche auf

460 SOU 1965:14, S. 15.
461 Hessler, Allmän Sakrätt, S. 8.

dasselbe Objekt beziehen und einander ausschließen. Zwischen A und C besteht dabei kein Schuldverhältnis. Sie sind zueinander Dritte. Zeitlich gesehen ist der Anspruch von C jünger als derjenige von A.[462] Der Konflikt kann sowohl aus der Perspektive des A, als auch des C untersucht werden. Person B ist das Bindeglied zwischen A und C, denn durch sein Zutun kommt es erst zu den konkurrierenden Ansprüchen. B verhält sich aktiv. Er kann die Sache an C weiterverkaufen oder ein Nutzungsrecht daran einräumen. Dabei spielt es zunächst keine Rolle, ob B berechtigt oder unberechtigt handelt.[463] Erst im Verlauf der weiteren Prüfung kann dieser Umstand zum Tragen kommen. Möglich ist auch, dass ihm die Sache von C weggenommen wird; hier verhält sich B passiv, ermöglicht aber durch seinen Besitz an der Sache, dass C daran gelangen kann. Diese Konstellation ist jedoch aus schwedischer Sicht insofern uninteressant, als dass C niemals gegenüber A obsiegen wird, wenn er die Sache eigenmächtig an sich genommen hat. Denn dieser hat überhaupt keinen Anspruch auf die Sache. Damit gehört diese Frage zum statischen Sachenrecht, das vor unberechtigten Zugriffen auf die Sache schützt. Es ist daher präziser, zu formulieren, dass dynamisches Sachenrecht Fälle regelt, in denen sich zwei schuldrechtlich wirksame Ansprüche gegenüberstehen, die nicht gleichzeitig erfüllt werden können.[464]

Die Sache, um die A und C streiten, befindet sich regelmäßig im Besitz von B. Sie kann sich aber auch im Besitz von A oder C befinden.

2. Die Fallkonstellationen nach Hessler

Hessler formuliert daraufhin die zu prüfende Frage so: »*står sig A:s anspråk mot C:s eller måste det vika, helt eller delvis?*«(»Kann der Anspruch von A gegenüber dem von C bestehen oder muss er, ganz oder teilweise, weichen?«).[465] Oder bildlicher: »*vem av A och C som tar hem spelet?*«[466] (»Wird A oder C den Sieg heimbringen?«). Begriffe wie Eigentümer oder Besitzer tauchen dabei nicht auf. A kann wie C unterschiedliche Eigenschaften haben, die für den Konflikt relevant sind. Um dies abzubilden, hat *Hessler* sein Schema in weiteren Schritten verfeinert.

462 Hessler, Allmän Sakrätt, S. 9.
463 Håstad, Sakrätt, S. 22.
464 Håstad, Sakrätt, S. 17.
465 Hessler, Allmän Sakrätt, S. 10.
466 Hessler, Allmän Sakrätt, S. 9.

a) A-I – B – C

Zunächst kann A der ursprüngliche Eigentümer sein, der keinen gültigen Vertrag über eine Übereignung mit B geschlossen hat, B hat aber Besitz an der Sache. Diesen Besitz kann B aufgrund des ungültigen Vertrags haben, aber auch durch Diebstahl erlangt haben. Denkbar ist auch, dass B aufgrund einer vertraglichen Vereinbarung mit A die Sache vorübergehend im Besitz hat, sei es wegen eines Reparaturauftrags oder einer Leihe.[467] Bei Grundstücken kann es die fälschliche Eintragung von B in das Grundbuch sein, die B zu Verfügungsmacht über das Objekt verhilft. Grundlage des Kontakts von B mit der Sache kann eine Rechtshandlung oder eine tatsächliche Handlung sein. C wiederum kommt in Kontakt mit der Sache, weil er Gläubiger des B ist oder B ihm die Sache übereignet oder anderweitig ein Recht daran einräumt. Den Situationen ist gemein, dass A keine Übereignung der Sache an B vorgenommen hat und eine solche auch nicht einvernehmlich gewollt war. In diesen Fällen wird A auch als »A-I« bezeichnet.

b) A-II – B – C

Ein zweites Szenario setzt einen Übereignungsvertrag und den grundsätzlichen Willen zur Übereignung voraus. Es stellt sich aber heraus, dass A gegen B einen Rückgabeanspruch hat. Sei es, weil der Vertrag durch Täuschung oder fehlende Verfügungsmacht unwirksam ist, oder weil die Übereignung nur unter Vorbehalt geschah und die Bedingungen für die endgültige Übereignung nicht eingetreten sind. A heißt hier »A-II«.[468] Wie A-I hat A-II nie sein Eigentum verloren. Es war aber anders als bei A-I eine Übertragung des Sachenrechts gewollt.

c) A-III – B – C

Die letzte Variante ist die, in der A die Sache von B erworben hat und der zugrundeliegende Vertrag auch nicht ungültig oder anfechtbar ist. A wird dann auch »A-III« genannt. Die Art des Erwerbs ist dabei nicht maßgeblich, auch ein Erwerb in der Zwangsversteigerung fällt darunter.[469] Bei der Frage der Drittwirksamkeit des Erwerbs wird relevant, ob dieser Erwerb auch gegenüber C als Gläubiger von B wirkt. Oder wie es sich auswirkt, dass B dem C ein beschränktes Recht an der übereigneten Sache einräumt. Auch ein Doppelverkauf kommt in Betracht.

467 Hessler, Allmän Sakrätt, S. 66.
468 Hessler, Allmän Sakrätt, S. 67.
469 Hessler, Allmän Sakrätt, S. 67.

d) C^1, C^2 und C^3

Auf der anderen Seite eines möglichen Konflikts zwischen A und C kann auch C unterschiedliche Eigenschaften haben. C ist jedoch stets Vertragspartner von B. Ein Vertragsverhältnis zwischen C und A besteht nicht. Zudem entsteht sein Anspruch auf die Sache zeitlich später als der Anspruch des A. C kann entweder ebenfalls Erwerber der Sache sein. Dann nennt man ihn dem Schema *Hesslers* nach »C^1«. Er kann auch nur Erwerber eines beschränkten Rechts, wie eines Pfandrechts, an der Sache sein. Hier heißt er »C^2«. Drittens kann er ein Gläubiger des B in einer Zwangsvollstreckung oder Insolvenz sein. In dem Fall wird C als »C^3« benannt.

e) Varianten

Die bisher beschriebenen Fälle gehen hinsichtlich der Stellung von A alle davon aus, dass A Eigentümer des umstrittenen Objekts ist oder zumindest war. A kann stattdessen auch nur ein beschränktes Recht an der Sache haben, das ihm durch B oder einen Rechtsvorgänger von B eingeräumt worden ist. In dieser Konstellation ist ebenfalls ein Konflikt mit C möglich, der entweder das Eigentum an der Sache erwirbt oder ebenfalls ein beschränktes Recht, das jedoch unvereinbar mit demjenigen von A ist. C kann ferner Geldgläubiger des B sein.

Ist A Inhaber einer Forderung gegenüber B, die auf den Erwerb einer noch nicht individualisierten Gattungssache gerichtet ist, gibt es gleichfalls unterschiedliche Konfliktsituationen. Es kann sein, dass C ein beschränktes Recht oder sogar Eigentum an der Sache hat, die B zur Erfüllung der Forderung des A dienen sollte. Die Nichterfüllung der Forderung kann A auch zur Zwangsvollstreckung in eine Sache des B zwingen, in die schon ein anderer, also C, vollstreckt.[470]

Da C^1 als Erwerber die Sache seinerseits weiterverkaufen oder belasten kann oder selbst dem Zugriff seiner Gläubiger ausgesetzt sein kann, können sachenrechtliche Konflikte auch zwischen A und diesen Rechtsnachfolgern von C entstehen. Denn deren Rechte sind nicht zwingend identisch mit denen, die C^1 erwirbt. *Hessler* bezeichnet diese Konkurrenten im »zweiten Glied« als »S«.[471]

Während es mannigfache Personenkonstellationen im dynamischen Sachenrecht gibt,[472] gibt es nur eine überschaubare Anzahl an Lösungsvarianten für

470 Hessler, Allmän Sakrätt, S. 70.

471 Hessler, Allmän Sakrätt, S. 73.

472 *Åqvist* hat dies einmal durchgerechnet und geht in einer mathematisch-logischen Herangehensweise von einer Mindestanzahl von 160 Kombinationsmöglichkeiten des A – B – C – Modells aus, bei der er acht verschiedene Kategorien von Sachenrechtsobjekten zugrunde legt, Åqvist, Rev.Int.Phil 1981, 3, 5.

den Konflikt. A kann gegen C (also gegen den Dritten) obsiegen oder A kann gegen C unterliegen (das Recht des Dritten ist stärker). A und C können gleichgestellt sein und einen Anteil des Vermögensgegenstands in Form einer paritätischen Befriedigung ihrer jeweiligen Forderung zugesprochen bekommen. Schließlich können auch beide überhaupt kein Recht an der Sache haben. Dieser letzte Fall ist theoretischer Natur, weil vorausgesetzt wird, dass die Konfliktparteien jeweils für sich genommen einen wirksamen Anspruch haben.

f) Fazit

Das A – B – C – Schema und die damit verbundene Fallgruppeneinteilung heben das personale Element des dynamischen Sachenrechts hervor. Es wird darauf abgestellt, welche Personen involviert sind und welche Interessen tangiert werden. Beteiligte Personen können Verkäufer bzw. Schenker, Erwerber, Konkurrenzerwerber, Insolvenz- oder Zwangsvollstreckungsgläubiger und Rechtsnachfolger sein. Dagegen werden die beteiligten Personen nicht nach ihrer rechtlichen Stellung benannt. Welche Position sie nach sachenrechtlichen Dimensionen haben, bleibt unerwähnt.[473] A, B und C werden nicht als Eigentümer, Besitzer, Verpfänder oder Nießbraucher bezeichnet, mögen sie es im Einzelfall auch sein. Das Schema mit Buchstaben muss daher entweder immer identisch benutzt werden oder umfassend erklärt werden. Es behindert das Rechtsverständnis für Personen, die nicht mit der schwedischen Mechanik vertraut sind. Dennoch wird es in Schweden bevorzugt, um möglichst keine Verbindung zum Eigentum herzustellen und den Rückgriff auf Konzepte zu vermeiden. Die Begründung, warum beispielsweise in einer Situation A und nicht C obsiegen soll, fehlt. Die Fallgruppen sind aus sich heraus nicht verständlich. Dass gewisse Rechte letztlich doch im Hintergrund relevant bleiben, zeigt sich auch daran, dass A und C durchaus wieder detailliert beschrieben werden. Schaut man hinter die Kulisse, zeigt sich, dass es doch wieder darum geht, ob sich das beibehaltene bzw. bestehende Sachenrecht oder das erworbene Sachenrecht durchsetzen. Der Gewinn einer Verwendung eines A – B – C – Schemas ist dann aber nicht erkennbar. Was allenfalls erreicht wird, ist eine gewisse Verdeutlichung des Relativitätsgedankens des dynamischen Sachenrechts, wenn man spezifische Personenkonstellationen bestimmt. Andererseits wird die Relativität genauso wenig oder genauso sehr deutlich, wenn ein Eigentümer einem Inhaber eines beschränkten dinglichen Rechts gegenübersteht statt ein A-I einem C^2.

473 Sandstedt, Sakrätten, Norden och Europeiseringen, S. 3.

III. Der sogenannte Dritte

Im Gegensatz zum Schuldrecht und zum statischen Sachenrecht setzt das dynamische Sachenrecht nicht ein Zweipersonenverhältnis voraus, sondern ein Dreipersonenverhältnis. Zwar stehen sich im sachenrechtlich begründeten Konflikt nur zwei Personen gegenüber, aber der Konflikt entstammt nicht einem Vertragsverhältnis zwischen den beiden. Sondern er entspringt dem Umstand, dass durch das Hinzutreten eines Dritten ein Vertragsverhältnis auf seine Außenwirksamkeit hin überprüft werden muss. Erst durch den Dritten wird relevant, ob der Inhaber eines Rechts an einer Sache auch gegenüber diesem Nicht-Vertragspartner als Inhaber anzusehen ist.[474] Das dynamische Sachenrecht stellt maßgeblich auf das Verhältnis zu einem Dritten oder auch »*tredje man*« ab. Auch im Gesetz wird dieser Begriff verwendet. So lautet beispielsweise Kap. 2 § 7 *Jordabalk (2003:626): »En överlåtelse av ett föremål som hör till en fastighet gäller inte mot tredje man, förrän […]«* (»Die Überlassung eines Gegenstands, der zu einem Grundstück gehört, gilt gegenüber Dritten nicht, bevor […]«). Dieser Dritte ist zunächst eine Person, die außerhalb eines Rechtsverhältnisses steht. Dieser Dritte ist auch im Gesetz über die Verpfändung von beweglichen Sachen, die im Besitz eines Dritten sind (*Lag (1936:88) om pantsättning av lös egendom som innehaves av tredje man*), gemeint. Im dynamischen Sachenrecht ist entscheidend, dass diese dritte Person trotzdem in einem Bezug zu dem konkret betroffenen Objekt steht, der dem Anspruch einer anderen Person daran zuwiderläuft. Der Dritte im dynamischen Sachenrecht ist ein Konkurrent. Nicht damit gemeint ist ein Dritter, der anderweitig in Kontakt mit dem Objekt tritt, z.B. weil er in Besitz der Sache ist, ohne aber Ansprüche daran geltend zu machen. In *Hesslers* Schema wird ein solcher Dritter darum nicht mit C, sondern mit U bezeichnet.[475] Der im dynamischen Sachenrecht relevante Dritte – *Hesslers* C – steht bildlich gesprochen auf der anderen Seite des Vertragspartners B. C kann wie aufgezeigt ein anderer Erwerber derselben Sache oder desselben beschränkten Rechts an der Sache sein. Diese Konstellation tritt auf, wenn der ursprüngliche Eigentümer dieselbe Sache an mehrere Personen verkauft. Der Dritte kann auch ein Gläubiger des Verkäufers sein, der sich aus der Sache befriedigen möchte und deswegen darauf Zugriff verlangt. Charakteristisch ist, dass sein Hinzutreten die Belastbarkeit der Rechtsstellung eines anderen testet. Da es um das Verhältnis zum Dritten geht, nennt man im schwedischen Recht das dynamische Sachenrecht auch häufig das Recht des Drittschutzes (*tredjemansskydd*).

474 von Bar, Gemeineuropäisches Sachenrecht, Bd. 1, S. 13.
475 Hessler, Allmän Sakrätt, S. 15.

IV. Die sachenrechtliche Wirkung

Beim Erwerb von Eigentum geht es den Beteiligten zunächst darum, dass dieser Erwerb zwischen ihnen Gültigkeit erlangt und jede Seite das Vereinbarte fordern kann und auch erhält. Hinzukommt, dass es beim Erwerb von einem Sachenrecht dem Erwerber gerade darauf ankommt, dass das erworbene Recht ihm auch im Verhältnis zu Dritten zugeordnet wird. Dies ist die sachenrechtliche oder dingliche Wirkung des Erwerbs, auf Schwedisch *sakrättsligt skydd*. Die Formulierung *sakrättsligt skydd* bedeutet, dass der in Frage stehende Eigentumserwerb auch gegenüber einer Person geschützt ist, die nicht am Erwerb als Vertragspartner beteiligt war. Entsprechend wird der Begriff teilweise synonym mit *sakrätt* (Sachenrecht, dingliches Recht) verwendet. Er wird bevorzugt, da er im Gegensatz zu *sakrätt* präziser auf das Merkmal des Drittschutzes, der Kern des dynamischen Sachenrechts ist, hinweist. Schutz bedeutet, dass die Sache dem Vermögen des Erwerbers zugeordnet wird und der Anspruch eines Dritten darauf nicht durchdringt. Was im Einzelnen dafür erfüllt sein muss, richtet sich nach verschiedenen Faktoren. Denn es kommt darauf an, in welchem Verhältnis der Erwerber und derjenige, gegenüber dem *sakrättsligt skydd* gelten soll, stehen. Dazu kommt, dass es auch Unterschiede gibt, je nachdem, welcher Art das betroffene Objekt ist. Damit sagt die Feststellung, dass »etwas sachenrechtlich geschützt sei« noch nichts darüber aus, im Verhältnis zu welchen Dritten dieser Schutz gilt. Das wird erst deutlich, wenn man die Person des Dritten ebenfalls bestimmt und nennt. Eine andere Möglichkeit ist, statt des Oberbegriffs *sakrättsligt skydd* eine der gebräuchlichen spezielleren Formulierungen wie *borgenärsskydd* (Gläubigerschutz) oder *omsättningsskydd* (Umsatz- oder Absatzschutz) zu wählen. Die Verwendung des Oberbegriffs allein lässt umgekehrt dennoch nicht darauf schließen, dass dann sowohl *borgenärsskydd* als auch *omsättningsskydd* vorliegen. Es kann damit auch nur eine der beiden Spielarten des sachenrechtlichen Schutzes gemeint sein. Eine umfassende Feststellung interessiert im schwedischen Recht auch kaum, weil die Frage nur situationsbezogen gestellt wird. In der jeweiligen Situation lässt sich in der Regel eindeutig und leicht klären, um welche Facette des *sakrättsligt skydd* es gehen soll.

Die verwendete Terminologie bezüglich der sachenrechtlichen Wirkung ist wie häufig in Schweden uneinheitlich. Dass eine Vermögensposition sachenrechtlichen Schutz genieße, wird wie erwähnt teils mit *sakrättsligt skydd*, teils mit *tredjemansskydd* dargestellt. Einen rechtlichen Unterschied macht das nicht. Die unterschiedlichen Begrifflichkeiten hängen eher damit zusammen, dass die funktionale Methode die Wirkung gegenüber dem Dritten als Kernelement herausstreichen will, während *sakrättsligt skydd* mehr nach Sachenrecht im Allgemeinen und »Konzept« klingt. Der Begriff *tredjemansskydd* bildet dagegen unmittelbarer und bildlicher ab, was schwedisches Recht mit Sachenrecht im

Unterschied zu Schuldrecht verbindet, nämlich ein Recht in seinem Verhältnis zu einem Dritten.

Was die konkrete Folge einer Bejahung von sachenrechtlicher Wirkung ist, lässt sich nicht ohne Weiteres sagen. Vom Wortlaut her kann »Schutz gegenüber Dritten« grundsätzlich verschiedene Bedeutungen haben. Es kann bedeuten, dass der Besitzer die Sache an den Berechtigten herausgeben muss. Es kann bedeuten, dass dem Geschützten ein Separationsrecht in der Insolvenz seines Vertragspartners zusteht. Welche Schutzform konkret gemeint ist, ergibt sich aus dem Kontext des jeweiligen Konflikts. Ziel ist grundsätzlich, die Sache der einen Person im Verhältnis zu der anderen konkurrierenden Person zuzuordnen. Die Zuordnung des umstrittenen Rechtsobjekts zwischen den Prätendenten muss nicht nach einem Ausschließlichkeitsprinzip erfolgen. Es kann auch sein, dass beide in ihrer Forderung nur teilweise befriedigt werden und es zu einer Verteilung des Vermögensguts kommt.[476] Dies gilt dann, wenn es sich um eine Streitigkeit in der Insolvenz zwischen verschiedenen Gläubigern handelt. Denn dann ist die gleichmäßige Befriedigung der Gläubiger zu gewährleisten.

Nicht jede Konstellation mit Dritten, die außerhalb des ursprünglichen Vertrags stehen, ist eine des dynamischen Sachenrechts, auch wenn das dynamische Sachenrecht seinen Anwendungsbereich auf drittwirksame Befugnisse an Vermögensgegenständen aller Art erweitert hat. Abzugrenzen von der sachenrechtlichen Wirkung ist die sogenannte *negotiabilitet*, die trotz einer Ähnlichkeit kein Teil des dynamischen Sachenrechts ist. Dabei geht es um die Geltung von Einwendungen eines Schuldners aus einem Vertrag, wenn die Forderung an einen neuen Gläubiger abgetreten wurde. Der neue Gläubiger erwirbt die Forderung entweder »belastet« mit den Einwendungen aus dem Vertrag oder (gegebenenfalls gutgläubig) frei von zumindest gewissen Einwendungen. Da es aber keinen Konflikt um die Zuordnung der Forderung selbst gibt, ist es keine Frage des dynamischen Sachenrechts. Auch das Verhältnis Vermieter zu einem Untermieter des Mieters ist kein Teil des dynamischen Sachenrechts, auch wenn sich Abreden zwischen Vermieter und Mieter auf das Rechtsverhältnis des daran unbeteiligten Untermieters auswirken können.[477] Für einen deutschen Rechtsanwender sind diese Ausnahmen nicht überraschend, aber für den schwedischen Rechtsanwender durchaus eine Bemerkung wert. Das verdeutlicht einmal mehr, wie weitgreifend dynamisches Sachenrecht sein kann, dass diese Abgrenzungsfrage überhaupt aufkommt.

Festzuhalten bleibt, dass die sachenrechtliche Wirkung nach schwedischem Dafürhalten relativen Charakter hat. Sachenrechtliche Wirkung soll stets nur »in einem bestimmten Verhältnis« bestehen. Wollte man eine »eingedeutschte«, an

476 Hessler, Allmän Sakrätt, S. 64.
477 Hessler, Allmän Sakrätt, S. 33f.

das deutsche Rechtsverständnis angepasste Formulierung wählen, könnte man beispielsweise sagen, dass das Eigentumsrecht im Verhältnis zum Käufer, aber nicht im Verhältnis zu den Gläubigern übergegangen ist. Darin spiegelt sich wider, dass im schwedischen Sachenrecht dem Einzelfall große Bedeutung beigemessen wird. *Strahl* drückt das so aus, dass man im wirklichen Leben nicht das abstrakte, vom Gesetzgeber in allen Facetten erdachte Eigentum vor sich habe, sondern in einer bestimmten Situation damit konfrontiert würde: »*När man talar om äganderätt, föreställer man sig knappast därmed alla de befogenheter, som kunna härflyta ur ägarens situation. I stället är det nog själva situationen man föreställer sig.*«[478] (»Wenn man vom Eigentumsrecht spricht, stellt man sich darunter kaum alle Befugnisse vor, die aus der Situation des Eigentümers fließen können. Stattdessen ist es die tatsächliche Situation, die man sich vorstellt.«). Das dynamische Sachenrecht deckt folglich nur die sachenrechtliche Wirkung im Einzelfall ab.

1. Voraussetzungen des Eintritts der sachenrechtlichen Wirkung

Man kann festhalten, dass sachenrechtliche Wirksamkeit die Voraussetzung dafür ist, dass eine Rechtsposition auch gegenüber einem bisher unbeteiligten Dritten geltend gemacht werden kann. Ginge es nur um das Verhältnis zwischen den beteiligten Vertragsparteien, genügte der Abschluss des Vertrags. Eigentum ist zwischen zwei Personen kein Abgrenzungskriterium. Erst im Zusammentreffen mit einem Dritten erhellt sich seine Funktion und das Bedürfnis einer Wirtschaftsgemeinschaft ein solches Rechtsinstitut zu haben. Das, was der Käufer mit Vertragsschluss erwirbt, ist noch kein umfassendes Eigentum, wenn er es nicht gegenüber Dritten durchsetzen kann. Nur gegenüber seinem Vertragspartner als Eigentümer bezeichnet zu werden, ergibt wenig eigenständigen Mehrwert.

Wie dargelegt[479], schließt in Schweden der schuldrechtliche Vertrag über die Verpflichtung zugleich das dingliche Geschäft mit ein. Ein Trennungsprinzip und damit ein weiteres dingliches Rechtsgeschäft wie im deutschen Recht gibt es nicht. Damit ist das Verhältnis zu Dritten noch nicht geklärt. In Schweden gilt insofern im Regelfall das Traditionsprinzip, dass für die Wirkung des Erwerbs gegenüber Dritten die Einigung der Parteien über den Eigentumsübergang nicht ausreichen lässt. Stattdessen ist darüber hinaus ein weiterer förmlicher Akt der Parteien notwendig. Die sachenrechtliche Wirksamkeit erfordert zusätzlich ein

478 Strahl, SvJT 1941, 302, 317.
479 Vgl. A.IV.4.4.

sogenanntes *sakrättsligt moment* (sachenrechtliches Moment).[480] Es beschreibt eine Schwelle, die überschritten werden muss, um der Transaktion Wirkung gegenüber Unbeteiligten zu vermitteln.

Das *sakrättsligt moment* ist je nach Art des Sachenrechtsobjekts verschieden. Denn die Eigenheiten des Objekts bestimmen, welche Maßnahme als einzige praktikabel ist, um sachenrechtliche Wirksamkeit auszulösen. Üblich sind *tradition* (Übergabe), *denuntation* (Mitteilung) oder *registrering* (Registrierung). Welches Element gefordert wird, ist entweder gesetzlich festgeschrieben oder wird durch die Gerichtspraxis festgelegt. Nur in gewissen Fällen reicht für den Eintritt der sachenrechtlichen Wirkung bereits der Abschluss des Vertrags (*avtal*).

Das *sakrättsligt moment* ist nicht nur nach der Art des Sachenrechtsobjekts verschieden, sondern ist auch ein anderes je nach Konfliktsituation, die vorliegt und entschieden werden soll.[481] Während für den Schutz des Käufers gegenüber den Gläubigern des Verkäufers das Vorliegen des einen Moments entscheidend ist, kann für den Schutz des bisherigen Eigentümers gegenüber einem gutgläubigen Erwerber ein anderes Moment maßgeblich sein. Das *sakrättsligt moment* ist damit so relativ wie das dynamische Sachenrecht unter der funktionalen Methode insgesamt.

Das *sakrättligt moment* hat darüber hinaus eine Beweisfunktion,[482] da es sich um die Sichtbarmachung des Willens der Parteien handelt. Ohne *sakrättligt moment* wäre die Intention der Parteien für Dritte nicht nachvollziehbar und damit in einem etwaigen Prozess nur erschwert nachweisbar. Gleichzeitig sollen durch die Kundgabe des Wechsels des Berechtigten Scheinüberlassungen, die der Schädigung von Gläubigern dienen, verhindert oder zumindest erschwert werden.

2. Sachenrechtlich relevante Handlungen

Die einzelnen sachenrechtlichen Momente sind Handlungen, die der Erwerber, der Veräußerer oder beide gemeinsam vornehmen müssen. Sie werden im Folgenden jeweils beschrieben.

480 Im norwegischen Sachenrecht heißt diese Voraussetzung *sikringsakt* (Sicherungsmaßnahme) oder *rettsvern* (Schutz eines Rechts). In dieser Wortwahl erkennt man den Schutzaspekt des skandinavischen Sachenrechts noch deutlicher.

481 Hessler, Allmän Sakrätt, S. 89.

482 Martinson, Sakrätt avseende annat än egendom, S. 563.

a) Tradition (Übergabe)

Das wichtigste und geläufigste *sakrättsligt moment* ist die *tradition* (Übergabe). Die zentrale Stellung rührt daher, dass die Übergabe sowohl für den Gläubigerschutz als auch für den Verkehrsschutz beim Kauf beweglicher Sachen, sowie bei deren Hingabe als Pfand maßgeblich ist und damit einen weiten Bereich der alltäglichen Rechtsgeschäfte abdeckt. Grundsätzlich bedeutet Übergabe die Übertragung des Besitzes an der Sache vom Verkäufer auf den Käufer. Sowohl unmittelbarer als auch mittelbarer Besitz reicht dafür aus.[483]

Das Erfordernis des Besitzübergangs ist nur punktuell gesetzlich festgeschrieben. So lautet § 22 Abs. 1 *Lag (1936:81) om skuldebrev* (Gesetz über Schuldverschreibungen): »*Överlåtelse av löpande skuldebrev vare ej gällande mot överlåtarens borgenärer, med mindre den till vilken överlåtelsen skett fått handlingen i besittning.*« (»Die Übereignung eines Schuldscheins soll nicht gegenüber den Gläubigern des Übereignenden gelten, bis nicht derjenige, an den übereignet wird, das Dokument zu Besitz erhalten hat.«) Da die *tradition* im schwedischen Recht aber dennoch nicht legaldefiniert ist,[484] hat die Rechtsprechung die Geltungsvoraussetzungen weiter entwickelt. Dabei veränderten sich im Laufe der Zeit die Anforderungen, die an eine wirksame *tradition* gestellt wurden. Anstelle des Besitzes kam der Begriff »*rådighetsavskärande*« auf, der mit »Aufgabe (oder wörtlicher: Abschneiden) der Verfügungsmacht« übersetzt werden kann. Ob der Begriff *rådighet* gleichzusetzen ist mit Besitz, ist unklar. Der Oberste Gerichtshof spricht in verschiedenen sachenrechtlichen Urteilen aus derselben Zeit, in denen es um die Drittwirksamkeit einer Übereignung oder einer Verpfändung ging, teils vom Übergang des Besitzes, teils von einem *rådighetsavskärande.*[485] Früher wurden die Begriffe häufiger synonym verwendet.[486] Dabei ist der Oberste Gerichtshof nicht terminologisch konsequent und stellt in einem Urteil selbst fest, dass nicht sicher sei, ob es sich um »die Möglichkeit, selbst auf die Sache zuzugreifen« handelt oder um »die Möglichkeit, eine neue Übereignung oder Verpfändung vorzunehmen«.[487] Dass das Gericht dies offen ließ, ist misslich, da es sich bei den Alternativen um zwei gänzlich unterschiedliche Aspekte von Verfügungsmacht handelt.

Die Besitzerlangung durch den Erwerber ist dennoch nach wie vor ein Zeichen für eine wirksame *tradition.* Diese Besitzerlangung kann ausnahmsweise auch

---

483 SOU 1935:14, S. 97.

484 Ring/Ring-Olsen, Einführung in das skandinavische Recht, S. 225.

485 Während in NJA 1987 S. 3 und NJA 1997 S. 660 der Besitz das entscheidende Moment war, was es in NJA 1996 S. 52 und in NJA 1998 S. 379 entscheidend, ob ein *rådighetsavskärande* stattgefunden hatte.

486 Göranson, Besittning och rådighet – är det samma sak?, S. 216; auch aktuell ist diese Auffassung nicht unüblich, SOU 2015:18, S. 65 versteht *besittning* und *rådighet* als Synonyme.

487 NJA 2007 S. 413.

indirekt erfolgen: In einem Fall, den der Oberste Gerichtshof zu entscheiden hatte, wurde ein Boot verkauft, das in einer Hütte lagerte, die nicht dem Verkäufer gehörte. Der Verkäufer vermietete dem Käufer anschließend diesen Liegeplatz. Der Abschluss des Mietvertrags genügte dem Gericht, um eine Besitzergreifung des Käufers zu bejahen und ihm damit in dem Fall Gläubigerschutz zuzusprechen.[488] Es wird aber heutzutage überwiegend als ausreichend erachtet, wenn der Veräußerer seine Verfügungsmacht verliert, weil dies als ausreichende Aufopferung erkannt wird.[489] Auf die Besitzerlangung durch den Erwerber kommt es dann nicht mehr an. Früher herrschte dagegen Einigkeit darüber, dass sich die Übergabe grundsätzlich aus drei Elementen zusammensetze:[490] der Verkäufer verliert seine faktische Zugriffsmöglichkeit auf die Sache (*rådighetsavskärande*), der Käufer erhält eine selbständige Zugriffsmöglichkeit auf die Sache und drittens muss durch die Handlungen die Publizität des Geschäfts gewährleistet werden, weil es erst so für einen außenstehenden Beobachter als solches erkennbar ist. Damit ist der reibungslos funktionierende Erwerbsvorgang einer beweglichen Sache beschrieben. Problematische Fälle, in denen eines der Elemente nicht nachweisbar war oder schlicht fehlte, wurden so aus der sachenrechtlichen Wirksamkeit kategorisch ausgeklammert. Deswegen wurde nach einzelfalladäquateren Lösungen gesucht. Zunächst rückte daraufhin der Verlust der Zugriffsmöglichkeiten des Veräußerers in den Vordergrund. Dieser Aspekt wurde mit der Zeit wieder abgewertet, um Veräußerungen zu ermöglichen, bei denen ein dauerhafter Verlust aus legitimen Erwägungen heraus nicht sinnvoll erschien.[491] Hier ist der Oberste Gerichtshof so weit gegangen, bei fehlender Übergabe auch andere Anzeichen dafür prinzipiell als ausreichend zu erachten, wenn es sich um eine »kommerziell schutzwürdige« Transaktion handle.[492] Das Gericht hat dies jedoch nicht näher ausgeführt und in dem zugrundeliegenden Fall auch verneint. Grundsätzlich genügt nach allgemeinem Dafürhalten für die sachenrechtliche Wirkung, dass an einem Zeitpunkt im Zuge der Transaktion ein *rådighetsavskärande* stattgefunden hat. Es kommt insofern nicht darauf an, was die Parteien im Nachgang mit der Sache machen und ob der Verkäufer wieder Zugriffsmöglichkeiten erlangt. Dazu soll jedoch eine Einschränkung vorgenommen werden, um betrügerischen Transaktionen vorzubeugen. Deswegen genügt eine von vornherein als nur vorübergehend angelegte Übergabe den Anforderungen an eine wirksame Übergabe nicht.[493] Im Fall einer kurzfristig andauernden Besitzänderung, worunter vor allem eine versehentliche

488 NJA 1991 S. 564.
489 Hessler, Allmän Sakrätt, S. 91.
490 NJA 2000 S. 88.
491 NJA 2008 S. 684.
492 NJA 2010 S. 154.
493 Håstad in Strömholm, An Introduction to Swedish Law, S. 410.

fällt, kann das als ausreichend angesehen werden, wenn deutlich ist, dass die Parteien grundsätzlich eine dauerhafte Änderung anstreben.[494] Dies ist insofern problematisch, als eine Hin- und Hergabe der Sache schwerlich einen sicheren Rückschluss auf den eigentlichen Parteiwillen zulässt. Scheintransaktionen sind so leicht möglich. Andererseits gibt es auch andere Gründe, die es für die Parteien attraktiv machen können, die Sache zügig wieder an den Veräußerer zu geben, ohne dass der Erwerb in Frage gestellt werden soll. Denkbar ist in erster Linie, dass der Verkäufer die Kaufsache besser lagern kann als der Käufer, der einen Lagerplatz möglicherweise erst noch anmieten muss, oder dass die Sache vom Verkäufer noch aufgearbeitet werden soll. Eine eindeutige Linie hat sich in der schwedischen Rechtsprechung dazu nicht herausgebildet.

Während als Ausgangspunkt der Prüfung stets die tatsächlichen Besitzverhältnisse untersucht werden, ist die Rechtsprechung dazu übergegangen, in besonderen Fällen die subjektiven Umstände der Übergabe mit in Betracht zu ziehen: In einem Fall aus dem Jahre 1975[495] kaufte ein Mann ein Campingmobil, das er zu Reparaturzwecken beim Verkäufer zurückließ. Das Fahrzeug verblieb die gesamte Zeit bis zu seiner Insolvenz beim Verkäufer. Der Käufer hatte allerdings die einzigen Schlüssel des Wagens und ließ auch Freunde darin übernachten. Das Gericht hatte zu entscheiden, ob das Campingmobil dem Verkäufer oder der Insolvenzmasse des Käufers zuzuordnen sei. Die Mehrheitsmeinung des Obersten Gerichtshofs hielt den fehlenden Besitzübergang für auschlaggebend und verneinte eine wirksame *tradition* und damit ebenfalls die sachenrechtliche Wirkung der Transaktion. Dagegen bejahte eine abweichende Meinung die sachenrechtliche Wirksamkeit, da die Parteien eindeutig einen Verkauf der Sache angestrebt hätten.

Es kann auch bei Eheleuten und anderen Nahestehenden schwierig sein, zu bestimmen, ob eine *tradition* stattgefunden hat. Im Einzelfall wird dann ein deutliches Anzeichen für eine solche gefordert, so z. B. dass eine Sache in einer Schublade verwahrt wird, auf die nur der Erwerber Zugriff hat.[496] Die gleiche Problematik taucht bei einem Erwerb zwischen verflochtenen Gesellschaften oder Gesellschaften mit demselben Eigentümer auf. In einer Entscheidung hat der Oberste Gerichtshof für derartige Fälle den Grundsatz aufgestellt, dass es auf ein *rådighetsavskärande* beim Veräußerer ankomme.[497] Dabei stellte das Gericht nicht allein auf die faktische Zugriffsmöglichkeit ab, sondern betonte die rechtliche Verfügungsbefugnis. Handle auf beiden Seiten dieselbe natürliche Person, so sei ein *rådighetsavskärande* gegeben, wenn sie sich schadensersatz-

494 Håstad, Sakrätt, S. 226; NJA 2008 S. 684.
495 NJA 1975 S. 638.
496 Undén, Svensk Sakrätt, S. 133.
497 NJA 2007 S. 413.

pflichtig und strafbar machen könnte, indem sie gegen die Interessen der Käufergesellschaft im Namen der Verkäufergesellschaft weiter über die verkaufte Sache verfüge.

Außer für bewegliche körperliche Sachen ist die Übergabe auch bei Inhaberschuldverschreibungen (*löpande skuldebrev*) das maßgebliche sachenrechtliche Moment, weil das physische Papier Träger des Rechts ist. Gemäß § 22 Abs. 1 *Lag (1936:81) om skuldebrev* erhält der Erwerber Schutz gegenüber den Gläubigern des Verkäufers, wenn er das Papier in Besitz genommen hat (»*fått handlingen i besittning*«). Trotz des klaren Gesetzeswortlauts hat es sich etabliert, auch bei den Schuldverschreibungen für den Gläubigerschutz das *rådighetsavskärande* beim Verkäufer als sachenrechtliches Moment genügen zu lassen, wie es die parallele Entwicklung bei den beweglichen Sachen aufzeigt.[498]

Grundsätzlich beschäftigen sich die relevanten Quellen vorrangig mit dem Übergabeerfordernis im Rahmen eines Kaufs. Bei einer Schenkung hingegen ist die Übergabe jedoch ebenfalls von Bedeutung. Bei einer Schenkung ist eine Übergabe notwendige Voraussetzung für ihre sachenrechtliche Wirksamkeit, das Schenkungsversprechen allein bewirkt dies nicht.[499] Findet die Schenkung zwischen Eheleuten statt, ist darüber hinaus eine Registrierung erforderlich, wenn es sich nicht um ein Geschenk handelt, das von verhältnismäßig geringem Wert ist oder den Vermögensverhältnissen des Schenkenden entspricht, Kap. 8 § 1 Abs. 2 *Äktenskapsbalk (1987:230)*. Diese Regelung ist wiederum der besprochenen Problematik der Transaktion im Näheverhältnis geschuldet.

Im Ergebnis lässt sich festhalten, dass das Übergabeerfordernis in seiner Ausdifferenzierung durch die funktionale Methode einem Wandel unterworfen wurde. Das Erfordernis der Übergabe war in Schweden nicht immer vorhanden, lange Zeit genügte der Vertragsschluss.[500] Erst seit NJA 1925 S. 130 wird davon ausgegangen, dass sich dieser Weg in der Rechtspraxis etabliert hatte.[501] Die physische Übergabe wurde als wirksamstes Mittel gegen Scheingeschäfte angesehen und so für die meisten Übereignungen zwingend. In neuester Zeit ist eine Abkehr davon in der schwedischen Lehre zu erkennen und Stimmen werden laut, das Erfordernis der Übergabe wieder abzuschaffen. Es gibt auch einen entsprechenden Gesetzesvorschlag, der eine Abschaffung des Übergabeerfordernisses für bestimmte Geschäfte befürwortet, aber bisher noch nicht umgesetzt wurde.[502] Insgesamt sind die Tatbestandsmerkmale einer gültigen Übergabe vornehmlich von den Gerichten geprägt worden. Dabei hat sich keine eindeutige Linie herauskristallisiert. Je nach Fall werden subjektive Merkmale wie der Wille zur

498 Millqvist, Sakrättens Grunder, S. 140.
499 Håstad, Sakrätt, S. 247.
500 Vinding Kruse, Das Eigentumsrecht, Band II, S. 959.
501 Millqvist, Sakrättens Grunder, S. 123.
502 SOU 2015:18.

endgültigen Übergabe, der Verlust der tatsächlichen Sachherrschaft, der Verlust der Verfügungsbefugnis oder auch die Besitzerlangung durch den Erwerber für maßgeblich befunden. Das Übergabeerfordernis ist stets zweckgerichtet auszulegen. Deswegen wird die Frage im Rahmen des Gläubigerschutzes anders beantwortet als in Fällen des Umsatzschutzes. In Gläubigerschutzkonflikten ist die Hinwendung zum Verlust der Zugriffsmöglichkeit durch den Verkäufer als maßgebliches Element der Übergabe konsequent. Denn es geht um den Schutz des Käufers gegenüber den Gläubigern des Verkäufers. In diesem Verhältnis ist die Änderung im Vermögen des Verkäufers relevant, nicht die Veränderung im Vermögen des Käufers, die es durch den Erwerb erfährt. Unter diesem Aspekt ist es ebenfalls nachvollziehbar, dass überlegt wird, das Übergabeerfordernis in bestimmten Fällen ganz abzuschaffen und stattdessen auf den Vertragsschluss abzustellen, der die Vermögensänderung letztlich initiiert. Gleichzeitig ist diese Handhabung im Interesse der Umsatzförderung, da Geschäfte ermöglicht werden, die unter strenger Berücksichtigung der Übergabe nicht möglich wären. Die Regelungen über den gutgläubigen Erwerb sind von dieser Entwicklung dagegen nicht betroffen. Denn im Bereich des Umsatzschutzes wird nicht auf den Besitzverlust, sondern auf die Besitzerlangung abgestellt und in dieser Konstellation werden andere Interessen relevant.

b) Denuntiation (Mitteilung)

Ein anderes sachenrechtliches Moment ist die *denuntiation* (Mitteilung oder Benachrichtigung). Typische Anwendungsbereiche sind der Erwerb von beweglichen Sachen, die im Besitz eines Dritten sind, und der Erwerb von Forderungen. Handelt es sich um eine bewegliche Sache (*lösöre*), die erworben werden soll, die nicht im Besitz des Verkäufers oder des Käufers ist, sondern im Besitz eines Dritten, ist der Verkauf diesem gegenüber kundzutun. Die *denuntation* ersetzt die Übergabe. Eine *denuntation* bietet sich immer dann an, wenn eine Übergabe aus praktischen Gründen nicht möglich oder nicht gewollt ist. Gleichzeitig muss es eine Person geben, gegenüber der die Mitteilung erfolgen kann und auch muss, weil sie von der Veränderung der Eigentumsverhältnisse mittelbar betroffen ist. Eine fehlende Übergabe kann nicht beliebig durch eine Mitteilung ersetzt werden. Die *denuntation* ist jedoch nicht auf die gesetzlich geregelten Fälle beschränkt, sondern ist immer möglich, wenn die entsprechenden Umstände gegeben sind.[503] Der Dritte muss weder öffentlich mitteilen, jetzt für den Erwerber zu besitzen, noch bedarf es einer gesonderten Form der Mitteilung des Erwerbs gegenüber dem Dritten.[504] Es muss aber ausgeschlossen werden, dass der Ver-

503 Hessler, Allmän Sakrätt, S. 101.
504 Håstad, Sakrätt, S. 230.

käufer die Sache für sich weiter nutzt.[505] Dabei handelt es sich jedoch nicht um die Vereinbarung eines Besitzkonstituts. Dieses Rechtsinstitut erlaubt das schwedische Recht nicht.[506] Wie beim Übergabeerfordernis muss auch bei der Mitteilung sichergestellt werden, dass der bisherige Berechtigte seine Berechtigung an der Sache verliert. Es ist ein *rådighetsavskärande* erforderlich wie bei der Übergabe auch. Ein solches wurde beispielsweise in einem Fall vom Obersten Gerichtshof verneint, in dem B ein Boot von A kaufte und es an C weiterverkaufte, während es noch immer bei A lag. C machte zwar eine entsprechende Mitteilung an A, teilte aber gleichzeitig mit, dass B das Boot noch weiter nutzen dürfe. Das genügte dem Gericht nicht und es versagte dem C sachenrechtlichen Schutz, als die Gläubiger von B auf das Boot zugreifen wollten.[507]

Der andere typische Anwendungsbereich der Mitteilung betrifft den Forderungserwerb. Denn dann gibt es neben den Kaufvertragsparteien als Dritten noch den Schuldner der Forderung, der von diesem Erwerb betroffen ist. Gesetzlich geregelt ist die Mitteilung für die Übertragung von *enkla skuldebrev* (Orderschuldverschreibungen) in § 31 *Skuldebrevslagen (1936:81)* (Gesetz über Schuldverschreibungen). Diese Art der Schuldverschreibung lautet auf den Namen eines bestimmten Gläubigers und ermöglicht nur diesem, vom Schuldner Begleichung der Forderung zu verlangen.[508] Der Schuldner muss von einer der Kaufvertragsparteien informiert werden. Es genügt nicht, dass der Schuldner anderweitig oder zufällig von der Übertragung der Forderung und seinem damit einhergehenden neuen Gläubiger erfährt.[509] Die Mitteilung muss so übermittelt werden, dass der Schuldner davon Kenntnis nehmen kann. Die bloße Absendung der Mitteilung führt noch nicht zu sachenrechtlicher Wirksamkeit der Übertragung der Forderung.[510] Damit entspricht das Vorgehen der Reglung des deutschen Rechts für derartige Fälle in § 1280 BGB.

Dies gilt auch für Forderungen, die nicht derartig verbrieft sind. Auf sie wird § 31 Abs. 1 *Skuldebrevslagen (1936:81)* analog angewendet.[511] Die Vorschrift gilt zudem gemäß § 10 *Skuldebrevslagen (1936:81)* immer dann, wenn in dem Gesetz

505 Håstad, Sakrätt, S. 232.

506 Forssell, Tredjemansskyddet gränser, S. 67; Håstad, Sakrätt, S. 223; Eine gewisse Ausnahme bilden Fälle, in denen lösöre nach den Regeln des *Lag (1845:50 S. 1) om handel med lösören, som köparen låter i säljarens vård kvarbliva* eingetragen wird.

507 NJA 1949 S. 164.

508 Die andere Variante der Schuldverschreibung, der *löpande skuldebrev* (Inhaberschuldverschreibung), macht den jeweiligen Inhaber des Papiers zum Gläubiger und erfordert nach § 22 *Skuldebrevslagen (1936:81)* eine Übergabe des Papiers, um Wirkung gegenüber den Gläubigern des Veräußerers zu entfalten.

509 Håstad, Sakrätt, S. 256.

510 Håstad, Sakrätt, S. 259.

511 SOU 1935:14, S. 117; Insgesamt hat das *Skuldebrevlagen* wenig praktische unmittelbare Bedeutung, sondern wird vornehmlich analog auf Geldschulden angewendet, Hellner, Sc.St.L. 2000, 325, 338.

eine *överlåtelse* (Übertragung) gemeint ist, und gilt damit nicht nur für die Übereignung von Forderungen, sondern auch für die Übertragung beschränkter dinglicher Rechte, insbesondere eines Pfandrechts an einer Forderung.[512] Auch bei der Einräumung eines Pfandrechts an *lösöre* ist eine Mitteilung oder die Übergabe eines schriftlichen Dokuments, welches das Pfandrecht bestätigt, erforderlich, wenn sich das Pfandobjekt im unmittelbaren Besitz eines Dritten befindet, *Lag (1936:88) om pantsättning av lös egendom som innehas av tredje man* (Gesetz über Verpfändung von beweglichen Sachen bei Dritten).

In analoger Anwendung von § 31 Abs. 1 *Skuldebrevslagen (1936:81)* wird eine *denuntation* auch gefordert, wenn es um bestimmte Nutzungsrechte an *fast egendom* durch den bisherigen Nutzungsberechtigten geht. Als Beispiele lassen sich ein bestehendes Miet- oder Pachtrecht, das übertragen wird,[513] die Überlassung eines Anteils am Nachlass[514] sowie die Überlassung eines Dauerwohnrechts anführen.[515] In den genannten Situationen gibt es jeweils einen Dritten (Vermieter, Nachlassverwalter, Wohnungsbaugenossenschaft) außerhalb des Erwerbsverhältnisses, der Einfluss auf die Vollziehung des Erwerbs hat, weil er derjenige ist, von dem Erfüllung gefordert wird. Anders sieht das der Oberste Gerichtshof dagegen beim auf den ersten Blick vergleichbaren Fall einer Überlassung eines bestehenden Holzschlagrechts (*skogsavverkningsrätt*).[516] Das Gericht begründete dies damit, dass hier der Grundstückseigentümer dieses Recht bereits einmal abgetreten habe und sich durch die Überlassung nichts für ihn ändere, weil es für ihn keinen Unterschied mache, wer tatsächlich die freigegebenen Bäume fälle. Daher käme es allein auf den Vertragsschluss als sachenrechtliches Moment an. Die Einräumung eines Nutzungsrechts an *fast egendom* ist folglich mit Vertragsschluss sachenrechtlich geschützt, wenn die Überlassung der Nutzung auf einen anderen unabhängig von der Zustimmung des Grundstückseigentümers vorgenommen werden kann. Dagegen bedarf es einer *denuntation*, wenn ein berechtigtes Interesse des Grundstückinhabers von dem Erwerb berührt wird.

c) Registrering/Inskrivning (Registrierung/Eintragung)

Beim Erwerb bestimmter Sachen ist statt einer Übergabe oder einer Benachrichtigung auch ein *registrering/inskrivning* (Eintragung) möglich. Denn nicht immer bietet sich eine tatsächliche Übergabe des Erwerbsobjekts an oder ist die Benachrichtigung eines bestimmten Dritten ausreichend. Wie die anderen sa-

512 NJA 2016 S. 661.
513 NJA 1988 S. 257.
514 NJA 1972 S. 512.
515 NJA 1971 S. 66.
516 NJA 1979 S. 451.

chenrechtlichen Momente dient die Eintragung dazu, die Transaktion für unbeteiligte Dritte sichtbar zu machen. Das Erfordernis einer Eintragung für eine Annahme von Drittwirksamkeit muss gesetzlich vorgesehen sein. Die Eintragung erfolgt bei der Vollstreckungsbehörde, beim *Lantmäteriet* (Zentralamt für Landvermessung, die eine Kombination aus Grundbuchamt und Katasteramt ist) oder dem *Transportstyrelsen* (Transportverwaltung für Seefahrt und Luftfahrt), je nachdem welcher Natur die betroffene Sache ist. Die Registrierung ist gesetzlich vorgesehen für bewegliche körperliche Sachen (*lösöre*), bestimmte Schiffe und Flugzeuge, sowie für Finanzinstrumente. Der alltäglichste Fall ist jedoch die Eintragung beim Kauf von Immobilien oder beim Erwerb beschränkter dinglicher Rechte daran. Da der Eintragungsprozess mehrere Schritte umfasst, stellt sich die Frage, ab welchem Zeitpunkt von einer sachenrechtlichen Wirkung ausgegangen werden darf. In Betracht kommen der Antrag auf Eintragung, die Bewilligung des Eintragungsantrags und schließlich die tatsächliche Eintragung selbst. Da der Eintragungsberechtigte mit seinem Antrag alles in seiner Macht stehende getan hat, wird in der Regel darauf abgestellt.

Die Registrierung oder Eintragung ist für ganz verschiedene Arten von Sachenrechtsobjekten vorgesehen. Darunter fallen bewegliche Sachen, Wertpapiere und Immobilien. Die genauen Voraussetzungen werden im Folgenden dargestellt.

Nach dem *lösöreköpslagen (Lag (1845:50 S. 1) om handel med lösören, som köparen låter i säljarens vård kvarbliva)* (Gesetz über den Handel mit beweglichen Sachen, die der Käufer in der Obhut des Verkäufers belässt) ist eine Eintragung beim Kauf von *lösöre* eine Alternative zur Übergabe. Das Gesetz bietet damit eine enge Ausnahme zum sonst in Schweden geltenden Grundsatz, dass der Vereinbarung eines Besitzkonstituts keine Drittwirkung beigemessen wird.[517] Im Gegensatz zur Übergabe unterliegt die Registrierung diversen Form- und Zeitvorgaben. Zunächst ist nach § 1 *lösöreköpslagen* ein schriftlicher Kaufvertrag unter Beisein eines Zeugen zu fertigen, der in der örtlichen Tageszeitung bekannt zu machen ist. Anschließend muss binnen einer Frist eine Anzeige bei der Vollstreckungsbehörde erfolgen. Dies zeigt, dass diese Alternative wenig praktikabel ist, denn sie bedeutet ein aufwendiges Procedere, das möglicherweise in keinem Verhältnis zum Wert des Kaufgegenstands steht. Auch ist diese Möglichkeit in Verbraucherkreisen weitgehend unbekannt und wird daher kaum praktiziert.[518] Hinzukommt, dass einer Registrierung ein entscheidendes Merkmal im Vergleich zu einer Übergabe fehlt: Der Verkäufer verliert seine Zugriffsmöglichkeit auf die Sache nicht. Er behält faktisch die Möglichkeit, die

517 Undén, Svensk Sakrätt, S. 96.
518 SOU 2015:18, S. 61; die jährliche Zahl der Registrierungen bewegt sich im niedrigen dreistelligen Bereich, SOU 2015:18, S. 65.

Sache zu verbrauchen, zu nutzen oder weiterzuveräußern. Dies würde zwar bedeuten, dass der Käufer einen Anspruch auf Schadensersatz erhalten könnte, die Sache selbst könnte aber verloren sein. Dieser Nachteil ist neben dem Vorteil zu sehen, dass durch die Registrierung sachenrechtlicher Schutz ohne Übergabe der Kaufsache eintritt.

Ebenso ist eine Registrierung als sachenrechtliches Moment erforderlich für Wasserfahrzeuge ab einer festgelegten Fahrzeuggröße, auch wenn Boote und Schiffe grundsätzlich als *lösöre* gelten. Dies hängt einerseits damit zusammen, dass solche Fahrzeuge einen beachtlichen Wert haben, und andererseits damit, dass die Finanzierung großer Schiffe regelmäßig Kredite erfordert, die durch eine Registrierung geschützt werden können. Für Schiffe ab einer Größe von 12x4m ist deshalb eine Registrierung bei der Transportverwaltung vorgesehen. Soll ein Pfandrecht an einem solchen Schiff bestellt werden, so ist das Pfandrecht ebenfalls einzutragen.[519] Gleiches gilt für Eigentumsvorbehalte in Bezug auf derartige Güter.[520] Die Einzelheiten sind im *Sjölag (1994:1009)* geregelt. Für Flugzeuge hat sich aus denselben Erwägungen ebenfalls eine solche Handhabung herausgebildet. Das Verfahren richtet sich nach dem Luftfahrtsgesetz, *Luftfartslag (1957:297)* und *Lagen (1955:227) om inskrivning av rätt till luftfartyg.*

Kap. 6 *Lag (1998:1479) om värdepapperscentraler och kontoföring av finansiella instrument* (Gesetz über Wertpapierzentralen und Kontoführung bezüglich Finanzinstrumenten) sieht die Registrierung von übertragbaren Wertpapieren wie Aktien und anderen Finanzinstrumenten[521] vor, wenn diese ohne physisch vorhandenes Papier ausgegeben werden. Jeglicher Rechtserwerb ist dabei abhängig davon, dass er in einem entsprechenden Register abgebildet wird. Gibt es hingegen einen Aktienbrief, bestimmt sich das erforderliche *sakrättsligt moment* nach § 22 *Skuldebrevlag*, da die verbriefte Aktie gemäß Kap. 6 § 8 *Aktiebolagslag (2005:551)* wie ein *löpande skuldebrev* behandelt wird, der wie eine bewegliche Sache übertragen wird. Dann ist eine Übergabe oder ersatzweise eine *denuntation* notwendig. Für bestimmte Immaterialgüterrechte sehen das *Patentlag (1967:837)* (Patentgesetz) und das *Varumärkeslag (1969:644)* (Markengesetz) ebenfalls eine Eintragung als *sakrättsligt moment* vor.

Die Eintragung ist jedoch vor allem im Immobiliarsachenrecht bedeutsam. Denn erst mit einer Eintragung (*lagfart*) ist der Erwerb von *fast egendom* umfassend sachenrechtlich geschützt. Der bloße Kaufvertrag bringt nur partiell Schutz mit sich. Ab Vertragsschluss ist der Erwerber gegenüber den Gläubigern des Verkäufers geschützt. Auf ein Verhalten des Erwerbers, das auf seine Ei-

519 Håstad, Sakrätt, S. 301.

520 Millqvist, Sakrättens Grunder, S. 138.

521 Da das Gesetz auf der europäischen Richtlinie 2014/65/EU vom 15. Mai 2014 beruht, sind Finanzinstrumente solche wie im dortigen Abschnitt C des Anhangs I definiert, darunter neben übertragbaren Wertpapieren beispielsweise Optionen, Terminkontrakte und Swaps.

gentümerstellung schließen ließe, kommt es nicht an. Anders verhält es sich gegenüber Zweiterwerbern. Gemäß Kap. 17 *Jordabalk (1970:994)* führt erst die Eintragung zum Schutz gegenüber Zweiterwerbern, es sei denn, ein gutgläubiger Zweiterwerber hat vorher die Eintragung beantragt. Entscheidend ist allein die Eintragung, eine Nutzung oder ähnliches »Eigentümerverhalten« des Käufers ist auch hier irrelevant. Die Eintragung wirkt nicht nur als sachenrechtliches Moment in dem Sinne, dass sie die Schwelle zum Drittschutz bildet. Sie hat auch auf anderem Gebiet Bedeutung: Erst die Eintragung erlaubt dem Erwerber, Rechte an dem erworbenen *fast egendom* an Dritte zu überlassen, also über das Grundstück zu verfügen.[522] Dies ist jedoch nach schwedischem Verständnis keine Frage des dynamischen Sachenrechts, da es die Ausübung des Rechts betrifft.[523] Einmal mehr wird hier die unterschiedliche Behandlung von einzelnen Befugnissen im schwedischen Sachenrecht deutlich. Daneben gibt es bei Immobilien noch die Variante des *dold ägare* (verborgener Eigentümer). Hinter diesem Begriff verbirgt sich die Situation, dass mehrere Personen gemeinsam eine Immobilie erwerben, doch nur eine Person die entsprechenden Publizitätserfordernisse erfüllt. Dadurch gibt es einen »sichtbaren« und einen »unsichtbaren« Eigentümer. Es ist anerkannt, dass die involvierten Personen *samäganderätt* (Miteigentum) erlangen. Dieses ist aber aus Sicht des »unsichtbaren« Eigentümers nicht drittgeschützt gegenüber den Gläubigern des »sichtbaren« Eigentümers. Dies ändert sich, sobald eine formgerechte Übereignung (*lagfart*) stattfindet oder durch ein entsprechendes Urteil ein *samäganderätt* rechtskräftig feststellt wird.[524]

d) Märkning (Markierung)

Für bestimmte Sachen bietet sich weder eine Übergabe noch mangels konkretem Dritten eine Mitteilung an. Auch eine Eintragung kann ausscheiden, wenn ein Register nicht vorgesehen ist. Daher gibt es noch das besondere sachenrechtliche Moment der Markierung (*märkning*). Für geschlagenes Holz auf einem fremden Grundstück sieht das *Lag (1944:302) om köpares rätt till märkt virke* (Gesetz über das Recht des Käufers an gekennzeichnetem Nutzholz) vor, dass für die sachenrechtliche Wirksamkeit einer Übereignung solchen Holzes die Markierung des betroffenen Holzes erforderlich ist. Dieses Gesetz ist derart speziell, das es nicht analog angewendet wird.[525] Das Holz muss sogar bereits geschlagen sein, die Markierung noch verwurzelter Bäume genügt nicht. Die sachenrechtliche Wirkung ist zunächst auf den Gläubigerschutz beschränkt, der Verkehrsschutz

522 Hessler, Allmän Sakrätt, S. 86.
523 Hessler, Allmän Sakrätt, S. 87.
524 Håstad, Sakrätt, S. 57; NJA 1984 S. 772.
525 Millqvist, Sakrättens Grunder, S. 153.

ist nicht umfasst, da das Merkmal der Markierung nur einen Verlust der Verfügungsmacht des Verkäufers, nicht aber eine Inbesitznahme durch den Erwerber bedeutet.[526] Es hat aber auch beim Verkehrsschutz Relevanz, da die Markierung dazu führen kann, dass der Zweiterwerber nicht als gutgläubig eingestuft werden kann, weil er die Markierung kannte oder hätte kennen können.[527]

e) Avskiljande (Absonderung, Individualisierung)

Eine Absonderung der Sache aus einem Vorrat gleichartiger Sachen kann sachenrechtliche Bedeutung haben. Betroffen sind Sachen, die von den Parteien nur ihrer Gattung nach bestimmt wurden. Die Absonderung ist insbesondere von Bedeutung, wenn eine der Parteien insolvent wird. Dann entscheidet sich die Zuordnung der Gattungssache zu dem einen oder anderen Vermögen danach, ob sie vor dem Insolvenzeintritt abgesondert war oder mit den Sachen des Insolvenzschuldners oder eines Dritten vermengt war.[528] Denn die Absonderung bewirkt, dass die Gattungssache individualisiert wird. Für Zahlungsmittel gilt hingegen, dass ihre Absonderung grundsätzlich bedeutungslos ist und keine sachenrechtliche Wirksamkeit auslöst. Etwas anderes gilt für *redovisningsmedel* (Geld oder andere Gattungssachen, die jemand für einen anderen treuhänderisch und mit Rechnungslegungspflicht verwaltet), da hier der Schuldner die Pflicht hat, über den Bestand der Forderungen oder Geldmengen Rechnung zu legen und sie zu separieren, so dass darin die Eigentumsverhältnisse hinreichend klar nachvollzogen werden können.[529] Im Verhältnis zu Gläubigern des Zahlungsgläubigers ist die Absonderung demnach sachenrechtliches Moment, auch wenn sie nicht immer in der Aufzählung sachenrechtlicher Momente vorkommt.[530] Die Konsequenz ist, dass ein Separationsrecht an den betroffenen Sachen besteht.

526 Millqvist, Sakrättens Grunder, S. 167f.
527 Hessler, Allmän Sakrätt, S. 210.
528 Hessler, Allmän Sakrätt, S. 157.
529 Die Anforderungen, die an das Merkmal der Absonderung solcher Sachen gestellt werden, sind nicht eindeutig. So entschied der Oberste Gerichtshof in einem Fall (NJA 1983 S. 109), dass Bargeld eines Restaurants vom Privatvermögen des Besitzers zwar ausreichend abgesondert war, als es sich in einem verschlossenen Plastikumschlag befand, der am nächsten Tag zur Bank gebracht werden sollte. Gleichzeitig verneinte es eine Absonderung von Barmitteln, die in einem Strumpf verwahrt wurden.
530 Hessler, SvJT 1983, 161, 196.

f) Zuschlag in der Zwangsversteigerung

Auch der Zuschlag in einer Zwangsversteigerung kann ein ausreichendes sachenrechtliches Moment darstellen. Der Erwerb im Rahmen einer öffentlichen Zwangsversteigerung ist gegenüber den Gläubigern des bisherigen Eigentümers mit Zuschlag auch dann gegenüber diesen geschützt, wenn sich die Sache noch beim bisherigen Eigentümer befindet.[531] Der Oberste Gerichtshof begründete dies damit, dass durch das öffentliche Verfahren die Rechtssicherheit in ausreichendem Maße gegeben sei.[532] Etwas anderes gelte für den Erwerb vom Insolvenzverwalter aus der Insolvenzmasse, weil dies einem gewöhnlichen Kauf ähnlicher sei.[533]

g) Avtal (Vertragsschluss)

Eine weitere Möglichkeit, sachenrechtliche Wirkung hervorzurufen, ist der Vertragsschluss selbst.

Diese Variante gilt als Auffangtatbestand. Ihr Manko besteht in der fehlenden Publizität. Andererseits ist es die einfachste Methode. Es fällt die schuldrechtliche mit der sachenrechtlichen Wirksamkeit zeitlich zusammen, da das schuldrechtliche Moment ausnahmsweise zugleich das sachenrechtliche Moment ist. Wie im Folgenden aufgezeigt, sieht das schwedische Recht diese Möglichkeit nur in ausgewählten Konstellationen vor.

Befindet sich das erworbene *lösöre* bereits im Besitz des Erwerbers, ist der Erwerb mit Abschluss des Vertrags sachenrechtlich geschützt (*korthandstradition, brevi manu traditio*).[534]

Die Übereignung eines Gebäudes auf fremdem Grundstück (*byggnad på ofri grund*) erhält mit Vertragsschluss sowohl Gläubigerschutz als auch Verkehrsschutz.[535]

Beim Verbrauchsgüterkauf im Sinne des *Konsumentköplag (1990:932)* (Verbrauchervertragsgesetz), dem besonderen Kaufrecht für den Verbraucher, hat der Gesetzgeber entschieden, von dem Erfordernis der *tradition* abzusehen. Stattdessen genügt seit 2002 gemäß § 49 *Konsumentköplag (1990:932)* bereits der wirksame Vertragsschluss, um auch eine sachenrechtliche Gültigkeit im Verhältnis zu den Gläubigern des Unternehmerverkäufers hervorzurufen. Dies wird damit begründet, dass der Verbraucher in der Regel nicht wisse, dass eine tatsächliche Übergabe der Kaufsache erforderlich sei, um sachenrechtlichen Schutz

531 SOU 2015:18, S. 69.
532 NJA 1985 S. 159.
533 NJA 1956 S. 770.
534 Håstad, Sakrätt, S. 221.
535 Håstad, Sakrätt, S. 249.

zu erlangen. Er solle so besser vor dem Insolvenzrisiko des Verkäufers geschützt werden.[536] Voraussetzung ist nach § 49 *Konsumentköplag (1990:932)* jedoch, dass es sich um eine Stücksache handelt oder dass der Verkäufer Maßnahmen zur Individualisierung wie eine Markierung, gesonderte Aufbewahrung etc. ergriffen hat. Ganz ohne Publizitätsakt kommt damit auch der Verbrauchsgüterkauf nicht aus.

Der Erwerb von *fast egendom* entfaltet mit Vertragsschluss teilweise sachenrechtliche Wirkung. Das Fehlen eines zusätzlichen *sakrättsligt moment* hängt einerseits damit zusammen, dass eine tatsächliche Besitzübertragung häufig unzweckmäßig ist, wenn es beispielsweise um ein nicht sichtbar begrenztes Grundstück ohne Zäune oder Schlösser und dergleichen geht. Andererseits ist es vor allem darauf zurückzuführen, dass der Erwerb von *fast egendom* nach Kap. 4 *Jordabalk (1970:994)* bereits bestimmten Formerfordernissen unterliegt, unter anderem muss der Vertrag schriftlich abgeschlossen werden. Damit ist eine gewisse Publizität gewährleistet. Der Vertragsschluss führt nur gegenüber den Gläubigern des Verkäufers sowie gegenüber zeitlich nachfolgenden bösgläubigen Erwerbern zu sachenrechtlichem Schutz. Erst die Eintragung in das offizielle Grundbuch (*Lagfart*) gewährt dann auch Schutz gegenüber Personen, die das *fast egendom* oder Rechte daran später gutgläubig erwerben wollen. Die Eintragung ist kein konstituierendes Merkmal eines Erwerbs, entfaltet jedoch Vermutungswirkung für einen solchen.

Darüber hinaus hat auch die Rechtsprechung weitere Fälle entwickelt, in denen der Vertragsschluss das entscheidende sachenrechtliche Moment ist. Der Oberste Gerichtshof hielt den Vertragsschluss für ausschlaggebend, wenn es um die Übereignung eines Anteils an einem *lösöre* geht, das der Veräußerer und der Erwerber zusammen besitzen.[537] Der zu beurteilende Fall betraf die Schenkung eines Vaters an seinen Sohn von Anteilen an einem Boot, zu dem beide einen Schlüssel besaßen. Als entscheidendes Interesse wurde auf die Förderung von Umsatzgeschäften verwiesen, die durch den erleichterten Verkauf von Anteilen gestärkt würden. Dagegen soll dies nicht genügen, wenn der Verkäufer einen Anteil an *lösöre* verkauft, aber gleichzeitig alleiniger Besitzer der Sache bleibt.[538] In dem Fall ging es um ein Pferd, das im Stall des alleinigen Eigentümers stand. Er überließ daran einen Anteil seinem Sohn, der dort Lehrling war. Hier wurde die Gefahr von Scheintransaktionen als derart hoch eingestuft, dass ein eindeutigeres Sichtbarmachen der geänderten Verhältnisse ratsam erschien. Ebenso soll der Vertragsschluss genügen, wenn *lösöre* nach Kap. 2 § 4 *Jordabalk (1970:994)*

536 Millqvist, Sakrättens Grunder, S. 126.
537 NJA 1998 S. 545.
538 NJA 1987 S. 3.

Zubehör einer Immobilie wird, die bereits dem Erwerber gehört.[539] Den Entscheidungen lag die Absicht zugrunde, derartige Transaktionen überhaupt zu ermöglichen, wenn eine Registrierung nicht möglich oder nicht praktikabel ist. Dies veranschaulicht zugleich, wie einzelfallbezogen die Rechtsprechung agiert und wie unterschiedlich einzelne Interessen selbst in Fällen gewichtet werden, die sich nur minimal voneinander unterscheiden.

Für die Übertragung von Immaterialgüterrechten wie Patentrecht oder Markenrecht genügt ebenfalls der Vertragsschluss.[540] Das beruht auf dem Umstand, dass weder ein physischer Gegenstand existiert, der das Recht repräsentiert, was eine Übergabe ausschließt, noch ein bestimmter Dritter davon betroffen ist, welchem gegenüber eine Mitteilung möglich wäre.

Eine Registrierung scheidet aus, weil sie mit Ausnahme der Registrierung der Verpfändung von Patenten nach Kap. 12 § 95 *Patentlag (1967:837)* gesetzlich nicht vorgesehen ist.[541]

h) God tro (Guter Glaube)

Der gute Glaube unterscheidet sich von den bisher beschriebenen sachenrechtlichen Momenten dadurch, dass es sich um ein subjektives Merkmal handelt. Da von seinem Vorliegen in bestimmten Fällen die sachenrechtliche Wirkung eines Rechts abhängt, handelt es sich dennoch um ein sachenrechtliches Moment.[542] Im Gegensatz zu den objektiven Momenten ist der gute Glaube ein zusätzliches Element, das zu einem objektiven Moment hinzutreten muss. Allein der gute Glaube bewirkt keine sachenrechtliche Wirkung. Was im Einzelnen verlangt wird, um guten Glauben zu bejahen, hängt von der Art des betroffenen Vermögensobjekts ab.

3. Sachenrechtliche Wirkung bei beschränkten dinglichen Rechten

Die oben beschriebenen *sakrättsliga momenter* gelten auch für beschränkte dingliche Rechte. Diese Rechte werden nachvollziehbarerweise nicht anders übertragen als das Vollrecht Eigentum. Dies wird gerade beim Pfandrecht deutlich. Beim Pfandrecht hängt das vor allem damit zusammen, dass beizeiten der Unterschied zwischen einer echten Übereignung der Sache und einer bloßen

539 NJA 2007 S. 652. In diesem Fall verkaufte ein Mieter Maschinen an seinen Vermieter, die sich bereits auf dem Gelände des Vermieters befanden, der Inhaber eines Betriebs war. Somit wurden die Maschinen Industriezubehör.

540 Håstad in Strömholm, An Introduction to Swedish Law, S. 410.

541 NJA 2010 S. 617.

542 Hessler, Allmän Sakrätt, S. 85.

Sicherungsübereignung nicht deutlich zu Tage tritt. Eine Sicherungsübereignung wiederum ist vergleichbar mit einem Pfandrecht und wird teilweise auch als verdeckte Bestellung eines Pfandrechts angesehen.[543] Daher liegt es nahe, die Voraussetzungen des sachenrechtlichen Schutzes eines Pfandrechts dem einer Übereignung anzupassen, um Umgehungsgeschäfte zu verhindern. Damit ein Pfandrecht sachenrechtlichen Schutz genießt, muss der Pfandnehmer eine selbständige Zugriffsmöglichkeit erhalten, die unabhängig vom Zutun oder Wissen des Pfandgebers ist. Dieser muss die Möglichkeit, selbst wie vor der Verpfändung über die Pfandsache zu verfügen, verlieren. Gleichzeitig muss die Verpfändung für Dritte erkennbar sein.[544]

4. Sachenrechtliche Wirkung bei der Sicherungsübereignung

Das schwedische Recht kennt auch Sicherungsübereignungen. Bei einer *säkerhetsöverlåtelse* (Sicherungsübereignung) überträgt eine Person ihr Eigentum an einer Sache auf eine andere zur Sicherung einer Schuld mit der Verpflichtung zur Rückübertragung, sobald die Schuld getilgt ist, oder mit der Vereinbarung, dass das Eigentum nach Erfüllung der Schuld von selbst an den Schuldner zurückfällt. Die Voraussetzungen einer Drittwirksamkeit einer Sicherungsübereignung richten sich nach dem betroffenen Objekt und entsprechen denen, die auch bei einem normalen Kaufvertrag Anwendung finden.[545]

5. Sachenrechtliche Wirkung beim Eigentumsvorbehalt

Sachenrechtlicher Schutz ist auch dann denkbar, wenn die Parteien eine Kreditsicherung bezwecken. Erlangt der Käufer Besitz, bezahlt jedoch nicht, so kann der Verkäufer die Sache nur zurückerhalten, wenn er einen entsprechenden Vorbehalt gemacht hat. § 54 Abs. 4 *Köplag* (1990:931) lautet dazu: »*Har varan kommit i köparens besittning, får säljaren häva köpet endast om han har förbehållit sig rätt till detta eller köparen avvisar varan.*« (»Ist die Ware in den Besitz des Käufers gekommen, darf der Verkäufer vom Kauf nur zurücktreten, wenn er sich das Recht dazu vorbehalten hat oder wenn der Käufer die Ware zurückweist.«). Durch die Vereinbarung eines *återtagandeförbehåll* (Rücknahmevorbehalt) kann der Verkäufer *sakrättslig skydd* erhalten, ohne dass der Käufer seine Zugriffsmöglichkeit auf die Sache verlieren muss. Denn die Sache soll so lange

543 Håstad, Sakrätt, S. 310.
544 NJA 1956 S. 485.
545 Håstad, Sakrätt, S. 207.

beim Käufer bleiben, wie er seine Vertragspflichten, nämlich die vollständige Kaufpreiszahlung, einhält. Früher nannte sich dieses Institut *ägarförbehåll* oder *äganderättsförbehåll* (Eigentumsvorbehalt). Beide Begriffe werden auch synonym verwendet. *Adlercreutz* verwehrt sich gegen den Begriff *äganderättsförbehåll*, da nicht das Eigentum beim Verkäufer bleibe, sondern er vielmehr ein Recht habe, es unter bestimmten Voraussetzungen zurückzufordern.[546] Auf *www.lagen.nu*[547] wird der *ägarförbehåll* dagegen nach wie vor mit Bezug zum *äganderätt* definiert. Denn der Vorbehalt beinhalte, dass das Eigentum beim Kauf nicht übergehe. Im nächsten Absatz wird dann von einem Verlust dieses Rechts gesprochen und zwar »*Säljaren förlorar då sin äganderätt (sitt sakrättsliga skydd) men behåller sin fordringsrätt mot köparen.*« (»Der Verkäufer verliert dann sein Eigentum (seinen sachenrechtlichen Schutz), aber behält sein Forderungsrecht gegenüber dem Käufer.«)[548] Dem soll wiederum keine überhöhte Bedeutung beizumessen sein, denn der vereinzelte Gebrauch des Eigentumsbegriffs im Zusammenhang mit dynamischem Sachenrecht wird als rein terminologisch bezeichnet.[549] Konsequenterweise hat der Oberste Gerichtshof dann auch in NJA 1975 S. 222 festgehalten, dass es auf die Wortwahl nicht ankomme. Sowohl ein *återtagandeförbehåll* als auch ein *äganderättsförbehåll* genießen sachenrechtlichen Schutz. Zu der Frage, ob der Käufer schon Eigentümer im Verhältnis zum Verkäufer sei oder nicht, ließ er sich nicht aus.

Der *återtagandeförbehåll* ist nicht gesetzlich definiert. Er fand aber im mittlerweile aufgehobenen § 25 *Konsumentkreditlag* (1992:830) Erwähnung und wurde dort wie folgt umschrieben: »*Med förbehåll om återtaganderätt avses ett avtalsvillkor som ger kreditgivaren möjlighet att återta varan, om köparen inte fullgör sin del av kreditköpsavtalet.*« (»Mit einem Vorbehalt eines Zurücknahmerechts ist eine Vertragsbedingung bezweckt, die dem Kreditgeber ermöglicht, die Ware zurückzunehmen, wenn der Käufer seinen Teil des Kreditkaufvertrags nicht erfüllt.«) Die Voraussetzungen für die sachenrechtliche Wirksamkeit eines derartigen Vorbehalts sind eine Vereinbarung spätestens im Zeitpunkt des Überlassens der Sache[550] und dass eindeutig ein Verkauf der Sache und nicht etwa eine Miete von den Parteien gewollt ist.

Die Besonderheit des *återtagendeförbehåll* liegt auch darin, dass es im Gegensatz zu anderen Sicherungsrechten kein gegenüber Dritten sichtbares sachenrechtliches Moment gibt. Daher kann der *återtagendeförbehåll* auch unter verschiedenen Umständen sachenrechtlich ungültig sein. Der *återtagendeför-*

546 Adlercreutz, Finansieringsformers rättsliga reglering, S. 61.
547 Auf dieser Webseite werden Gesetzestexte, Vorarbeiten und Kommentare dazu veröffentlicht.
548 https://lagen.nu/wiki/Ägarförbehåll (zuletzt abgerufen am 26. April 2020).
549 Sandstedt, Sakrätten, Norden och Europeiseringen, S. 6.
550 Håstad, Sakrätt, S. 185.

behåll ist nicht länger gegenüber Gläubigern des Vertragspartners durchsetzbar, wenn die Sache, auf die er sich bezieht, Teil von einer anderen wird. Entweder, indem sie Zubehör eines Grundstücks oder Gebäudes wird, oder, indem sie Teil einer anderen beweglichen Sache wird, wenn diese die Hauptsache bildet.[551] Dagegen hat ein *återtagandeförbehåll* Bestand, wenn er einen Gegenstand betrifft, der andernfalls *industritillbehör* (Industriezubehör) wäre, § 4 Abs. 1 *Jordabalk (1979:994)*. Ebenso verliert ein *återtagandeförbehåll* seine Drittwirkung, wenn der Käufer die Sache weiterverkauft, selbst wenn ihm die Verfügung über die Sache vom Verkäufer gestattet war.[552] Es ist vielmehr so, dass ein vereinbarter *återtagandeförbehåll* von Beginn an unwirksam ist, wenn die Parteien dem Käufer zugleich erlauben, die Sache bereits vor vollständiger Zahlung zu veräußern, zu verbrauchen oder in eine andere Sache einzufügen.[553] Der *återtagandeförbehåll* setzt sich grundsätzlich auch nicht am für die weiterverkaufte Sache erhaltenen Kaufpreis fort.[554] In Ausnahmefällen wurde aber eine Fortwirkung an einem Surrogat für die ursprüngliche Sache zugestanden.[555] Ausgeschlossen ist dagegen der Fortbestand, wenn dem Käufer von Anfang an erlaubt wurde, die Ware beliebig auszutauschen.[556] Das stimmt mit den Regelungen für Sachdarlehen überein, was in der Konstellation auch näher liegt als ein *återtagandeförbehåll*.

Håstad hält auch einen *återtagandeförbehåll* bei einer Schenkung für möglich,[557] führt jedoch nicht aus, an welche Bedingung dieser geknüpft sein soll, da eine Kaufpreiszahlung hier nun nicht dafür in Frage kommt.

Der *återtagandeförbehåll* bei einem *kreditköpsavtal* (Kreditkaufvertrag) führt bei einer Zwangsvollstreckung beim Vorbehaltsverkäufer dazu, dass nicht die Sache, sondern das Recht auf Erhalt der Ratenzahlungen und das Recht bei Verzug den Rücknahmevorbehalt geltend zu machen, zur Befriedigung der Gläubiger versteigert wird.[558]

---

551 Ein Beispiel sind hier Reifen, die an ein Auto montiert werden. Da sie für die normalerweise vorgesehene Funktion eines Autos unerlässlich sind, gelten sie ab Montage als Teil der Hauptsache. Daran zeigt sich, dass noch nicht einmal eine schwer rückgängig machbare Verbindung erforderlich ist, um den Eigentumsvorbehalt zum Erlöschen zu bringen, Håstad, Sakrätt, S. 187.

552 Håstad, Sakrätt, S. 191.

553 SOU 1988:63, S. 67.

554 Håstad, Sakrätt, S. 188.

555 NJA 1941 S. 711; NJA 1971 S. 288; NJA 1992 S. 414.

556 Håstad, Sakrätt, S. 194.

557 Håstad, Sakrätt, S. 199.

558 prop. 1980/81:8, S. 624ff.

6. Fazit

Das schwedische Sachenrecht verlangt für die sachenrechtliche Wirksamkeit eines Geschäfts gegenüber Dritten die Einhaltung bestimmter Formen. Diese unterscheiden sich je nach Art des betroffenen Gegenstands und nach dem betroffenen Personenkreis. Der bloße Vertragsschluss wirkt in der Regel nur gegenüber bestimmten Gruppen Dritter, während die Übergabe gegenüber fast allen Dritter Wirkung entfaltet. Eine Ausnahme hierzu bilden Fälle, in denen es zusätzlich auf den guten Glauben der Person ankommt, die die Übergabewirkung zu ihren Gunsten geltend machen möchte. Außerdem nimmt das Immobiliarsachenrecht eine Sonderrolle ein.

V. Das sogenannte bessere Recht (*bättre rätt*)

Da die sachenrechtliche Wirkung nach schwedischem Verständnis nur individuell zu bestimmen ist und nicht universal, knüpft das dynamische Sachenrecht nicht daran an, wer Eigentum oder ein sonstiges Sachenrecht geltend machen kann. Stattdessen wird der Begriff *bättre rätt* (besseres Recht) bemüht, um die Einzelfallbezogenheit zu betonen.[559]

Das *bättre rätt* bedeutet, dass sich eine der beiden widerstreitenden Parteien gegenüber der anderen mit ihrem geltend gemachten Recht durchsetzt. Das *bättre rätt* bezieht sich auf eine Vermögensposition, die drittwirksam sein kann. So formuliert NJA 2008 S. 282 in einem Fall über einen möglichen gutgläubigen Erwerb eines Bootes, dass die eine Partei ein »besseres Recht in der Bedeutung Eigentum« habe (»*har bättre rätt, i betydelsen äganderätt*«). Trotzdem beruft sich in einem Rechtstreit keine der Parteien auf ihr Eigentum.[560] Auch das Gericht entscheidet nicht auf der Grundlage, dass es ausdrücklich prüfte, welche Partei Eigentum hat. Dass im schwedischen Recht die Frage, ob jemand Eigentum erlangt habe, nicht gestellt und nicht geprüft wird, liegt in der funktionalen Methode begründet. Anstelle der Eigentumsverhältnisse werden die Einzelaspekte, die im jeweils vorliegenden Fall maßgeblich sind, geprüft. Maßgeblich kann beispielsweise sein, ob Gläubigerschutz besteht, weil die eine der Streitparteien der Käufer der Sache und die andere Seite ein Zwangsvollstreckungsgläubiger des Verkäufers ist. Dabei wird der Gläubigerschutz nicht auf Grundlage einer Prüfung des Eigentums bejaht oder verneint, sondern auf Grundlage der Prüfung der tatsächlichen Handlungen. Kann eine dieser Handlungen nach dem geltenden Rechtsverständnis eine Wirkung gegenüber Gläubigern hervorrufen,

559 Martinson, SvJT 2008, 669, 670.
560 Faber/Lilja, EPLJ 2012, 10, 10.

so wird Gläubigerschutz bejaht. Diese Art der Urteilsfindung wird zumindest angestrebt. Es gelingt nicht immer, das Eigentum auch nur in der Formulierung außen vor zu halten. In NJA 1981 S. 1 musste der Oberste Gerichtshof eine Klage von mehreren Samen gegen den schwedischen Staat um das Eigentum an einem bestimmten Landstrich entscheiden. Während der Oberste Gerichtshof zwar den Klageanspruch als *»yrkade om bättre rätt«* (Anspruch auf das bessere Recht) bezeichnete, machte er gleichzeitig deutlich, dass damit eine *»talan om äganderätt«* (Klage um das Eigentumsrecht) gemeint sei, und prüfte entsprechend ausführlich, ob die Kläger ein Eigentumsrecht hätten. In einem anderen Fall ging es um die Zwangsvollstreckung durch einen einzelnen Gläubiger in eine Sache, die nicht dem Schuldner, sondern einem Dritten gehörte. Diese Konstellation bezeichnete der Oberste Gerichtshof als *äganderättstvist* (Streit um das Eigentumsrecht).[561] Auch in einem Streit um das bessere Recht an einer Trocknungsanlage wechselte die Formulierung innerhalb der Entscheidungsbegründung und zwischen den Instanzen zwischen *bättre rätt* und *äganderätt.*[562] Manchmal bezeichnet der Oberste Gerichtshof das bessere Recht auch nach seinem situationsabhängigen Inhalt als *separationsrätt.*[563] Teils wird aber auch formuliert, dass eine Partei das bessere Recht habe, gerade *weil* sie ein Separationsrecht habe. Was jedoch gerade nicht geschieht, ist, dass jegliches sich durchsetzende *bättre rätt* im Ergebnis als Eigentum bezeichnet wird.

Ensprechend der funktionalen Methode ist das *bättre rätt* nicht gleichzusetzen mit einer umfassenden *erga omnes*-Wirkung. Seine Relativität wird gut durch ein von *Håstad* dargestelltes Beispiel[564] erläutert: A erhält von B ein Pfandrecht an einer Sache, die B danach an C verkauft. Dieser nimmt die Sache in Besitz, wissend, dass daran ein Pfandrecht besteht. B wird insolvent. In einer solchen Situation können sich A, C und B's Gläubiger um die Sache streiten. Im Verhältnis zwischen A und C obsiegt A, weil sein Pfandrecht zeitlich vor dem Erwerb der Sache durch C entstand und C nicht gutgläubig war. Weil A aber keinen Besitz an der Sache hat, hat er gegenüber den Gläubigern von B das schlechtere Recht. Gleichzeitig hat C durch seine Inbesitznahme im Verhältnis zu den Gläubigern von B das bessere Recht. Denn in diesem Verhältnis kommt es auf seinen guten oder schlechten Glauben nicht an. Streiten sich folglich zwei Parteien um das *bättre rätt* an einer Sache, so hilft es der einen nicht, zu argumentieren, ein außenstehender X sei Eigentümer der Sache und nicht die Gegenpartei. Die Behauptung, ein anderer habe ein (noch) besseres Recht, ist irrelevant. Denn eine solche Feststellung liegt außerhalb des Verhältnisses der Prozessparteien, wel-

561 NJA 1999 S. 622.
562 NJA 2014 S. 35.
563 Millqvist, Sakrättens Grunder, S. 80.
564 Håstad, Sakrätt, S. 89.

ches das einzig relevante ist. Umgekehrt hat die Entscheidung über das bessere Recht zwischen den Prozessparteien keine Auswirkungen auf andere Rechtsverhältnisse außerhalb des Rechtsstreits, mögen sie auch die streitgegenständliche Sache betreffen.[565] Die Entscheidung wirkt ausschließlich relativ, nicht absolut.

Das deutsche Recht regelt diese Relativität dagegen über seine prozessrechtliche Bestimmung der materiellen Rechtskraft, § 325 ZPO. Dadurch gilt das Ergebnis des Gerichts nur verbindlich zwischen den Parteien. Eine Relativität tritt außerdem dadurch ein, dass für beide Streitparteien jeweils ein Recht an der Sache festgestellt werden kann. Die eine Seite kann Eigentum an der Sache haben, während die andere Seite ein beschränktes Recht an derselben Sache hat. In der Situation kann es durchaus sein, dass der Eigentümer dieses beschränkte Recht gegen sich gelten lassen muss. Dann ist es im unmittelbaren Vergleich in der gegebenen Situation zum Eigentum das »bessere« Recht. Gleiches gilt, wenn der andere ein Besitzrecht vorweisen kann, das der Eigentümer gegen sich gelten lassen muss.

Das bessere Recht bezieht sich auf Rechte an Sachen, ist aber nicht an ein Drei-Personen-Verhältnis gebunden. Es kann auch im Zwei-Personen-Verhältnis geltend gemacht werden. Dies veranschaulicht ein Fall aus dem Jahre 2014: Der Oberste Gerichtshof musste entscheiden, welcher von beiden Parteien das bessere Recht an einer Trocknungsanlage zustand. A hatte die Trocknungsanlage auf das Grundstück verbracht, das im Miteigentum von ihm und seiner Frau stand. Später verkaufte er das Grundstück an B. Die zu entscheidende Frage war, ob es sich um Grundstückszubehör handelte, das mit dem Verkauf des Grundstücks auf B übergegangen war, oder ob es *lös egendom* im Eigentum des A verblieben war. B war nicht in die Klage eingebunden. Die Mehrheit entschied schließlich, dass A das bessere Recht an der Sache habe, weil es sich um Zubehör gehandelt habe.[566]

Der Begriff *bättre rätt* wird in der Lehre bei der Darstellung von Konfliktfällen des dynamischen Sachenrechts verwendet. Der Begriff taucht jedoch nicht in den materiellen Gesetzen zum Sachenrecht auf. Er wird vielmehr im Prozess als Zeichen der Verinnerlichung der funktionalen Methode verwendet. Als Fall, in dem der Oberste Gerichtshof die funktionale Methode erstmals in dieser Weise

565 Ausnahmen können sich im Falle einer Rechtsnachfolge während des laufenden Prozesses ergeben. Hier ist eine Erstreckung des Urteils möglich, Kap. 13 § 7 *Rättegångsbalk (1942:740).*

566 NJA 2014 S. 35; Die Kernfrage des Falles war, ob die Ausnahmeregel des Kap. 2 § 4 Jordabalk galt, nach der eine Sache kein Zubehör wird, wenn sie von einem anderen als dem Grundstückseigentümer auf das Grundstück verbracht wird. Nur einer der Miteigentümer, nämlich A, hatte die Trockungsanlage beschafft. Deswegen musste das Gericht entscheiden, ob dies unter die Formulierung »*annan än fastighetsägaren*« subsumiert werden kann.

anwandte, gilt NJA 1925 S. 80, in dem es um die Gültigkeit eines Pfandrechts ging.[567]

Prozessual bedeutet das, dass der Kläger bei Gericht beantragt, dass festgestellt werden solle, dass er an einer Sache das bessere Recht habe als der Beklagte. So heißt es beispielsweise in einer Klage, die einen Rechtstreit um ein Grundstück betraf[568]: »*[A] har yrkat att tingsrätten ska fastställa att han har bättre rätt än [C] till hälften av fastigheten [xy].*« (»A hat beantragt, dass das Gericht feststellen möge, dass er ein besseres Recht an der Hälfte des Grundstücks xy habe als C.«). Gleichlaufend lautet dann auch der Tenor auf die Feststellung des besseren Rechts, nicht auf die Feststellung eines spezifischen Sachenrechts.[569]

Die Klage kann statt auf Feststellung, dass der Kläger das *bättre rätt* (besseres Recht) habe, auch auf Herausgabe der Sache gerichtet sein.[570] Ist der Kläger, der sich auf sein Eigentum beruft, nicht im Besitz der Sache, kann er eine *fullgörelsetalan* (Erfüllungsklage) gemäß Kap. 13 § 2 *Rättegångsbalk (1942:740)* erheben: »*Talan om åläggande för svaranden att fullgöra något* [...]« Der Kläger, der sein Eigentum geltend macht und zugleich Besitzer der Sache ist, muss eine *fastställelsetalan* (Feststellungsklage) nach Kap. 13 § 2 *Rättegångsbalk (1942:740)* erheben: »*Talan om fastställelse, huruvida visst rättsförhållande består eller icke består, må upptagas till prövning, om ovisshet råder om rättsförhållandet och denna länder käranden till förfång.*« (»Die Klage über die Feststellung, inwieweit ein gewisses Rechtsverhältnis besteht oder nicht besteht, muss zur Prüfung angenommen werden, wenn Ungewissheit darüber besteht und diese Ungewissheit dem Kläger zum Nachteil gereicht.«) Das Urteil, das auf eine Leistung gerichtet ist, ist vollstreckbar. Verweigert der Schuldner dennoch die Leistung (regelmäßig die Herausgabe der Sache), kann sich die obsiegende Partei an die Vollstreckungsbehörde wenden, die dann das Urteil vollstreckt. Ein Urteil, das mit einer Feststellung endet, ist nicht vollstreckbar.[571]

Entsprechend sind die Regelungen der Zwangsvollstreckung formuliert, die noch einmal darauf hindeuten, dass das *bättre rätt* etwas spezifisch Sachenrechtliches ist. Das zeigt sich auch in den gesetzlichen Regelungen der Zwangsvollstreckung. Die Regeln über die Beschlagnahme zur vorläufigen Sicherung eines Anspruchs in Kap. 15 §§ 1–3 *Rättegångsbalk (1942:740)* verdeutlichen dies,

567 Lilja, National Report on the Transfer of Movables in Sweden, S. 30.

568 NJA 2013 S. 632.

569 NJA 2016 S. 661.

570 SOU 2005:3, S. 88.

571 Betrachtet man die in dem NJA publizierten Urteile des Obersten Gerichtshofs, fällt auf, dass eine überwiegende Mehrheit aus Feststellungsklagen besteht, wenn es um sachenrechtliche Konflikte geht. Selbst in Fällen, in denen eine Leistungsklage naheliegend erscheint, lauten die Urteile auf Feststellung. Dies verwundert wegen der mangelnden Vollstreckbarkeit von Feststellungsurteilen.

indem sie danach unterscheiden, ob das Begehren eine Forderung oder die Feststellung eines besseres Recht an einer bestimmten Sache betrifft. Entsprechend unterschiedlich sind die Regeln formuliert. Das bessere Recht wird nur im Zusammenhang mit einer bestimmten, individualisierten Sache verwendet. Im Kontext der Beschlagnahme muss der Anspruchsteller glaubhaft machen, ein besseres Recht an einer bestimmten Sache zu haben (»*Om någon visar sannolika skäl för att han har bättre rätt till viss egendom*«). Betrifft die Beschlagnahme dagegen eine (Geld-)Forderung, muss er gemäß Kap. 15 § 3 *Rättegångsbalk (1942:740)* glaubhaft machen, dass ihm diese Forderung zustehe, nicht, dass er daran ein besseres Recht habe (»*Om någon visar sannolika skäl för att han har en fordran*«).

Im Rechtsstreit um ein besseres Recht an einer Sache ist im schwedischen Recht auch die Möglichkeit einstweiligen Rechtsschutzes vorgesehen. Der Kläger kann gemäß Kap. 15 § 2 *Rättegångsbalk (1942:740)* die Beschlagnahme (*kvarstad*) der streitgegenständlichen Sache beantragen. Voraussetzung ist, dass der Kläger ein besseres Recht an der Sache gelten macht und dass die Gefahr der Verschlechterung, Zerstörung oder Fortschaffung der Sache besteht. Der Beschluss über ein solches Begehren enthält keinen Hinweis, welches bessere Recht der Antragsteller haben könnte, sondern er enthält nur die Formulierung, dass er das bessere Recht hat: »*X har visat sannolika skäl för att han har bättre rätt än Y till fastigheten By 1:21 i Tingstads kommun. […]. Rätten beslutar därför om kvarstad på fastigheten.*«[572] (»X hat glaubhaft gemacht, ein besseres Recht an dem Grundstück By 1:21 in dem Bezirk Tingstad zu haben. […] Das Gericht beschließt deshalb die Beschlagnahme des Grundstücks.«)

Anstelle eines Klageverfahrens kann sich der Rechtsinhaber auch eines vereinfachten Verfahrens bedienen, indem er sich an die Vollstreckungsbehörde (*kronofogdemyndighet*) wendet. Es erinnert an das deutsche Mahnverfahren. Ohne sich auf sein besseres Recht berufen zu müssen, kann sich der Anspruchsteller stattdessen auf eine Besitzentziehung berufen.[573] Es kann *vanlig handräckning* oder *särskild handräckning* beantragt werden. Ersteres wird angeordnet, wenn es um die Herausgabe von Sachen oder die Entfernung von Sachen geht. Letzteres findet Anwendung, wenn es um die Beendigung einer Besitzstörung geht. Die Vollstreckungsbehörde prüft dann summarisch den geltend gemachten Anspruch. Wenn der Schuldner nicht Einspruch einlegt, wird der Anspruch anschließend vollstreckt.

Das *bättre rätt* ist damit kein eigenständiges Recht, sondern eine im Prozess verwendete Bezeichnung für ein Recht, dass die obsiegende Partei gegenüber der unterliegenden Partei materiell-rechtlich hat.

572 Domstolsverkets Handböker, Tvistemål, Abschnitt 5, Beispiel 5:13.2.
573 SOU 2005:3, S. 89.

VI. Die Rolle des Eigentums im dynamischen Sachenrecht

Die Rolle des Eigentums im dynamischen Sachenrecht wurde eingangs angesprochen.[574] Die Frage nach der Funktion, die das Eigentum im dynamischen Sachenrecht hat, könnte man knapp mit »keine« beantworten. Dies entspräche den Aussagen der schwedischen Vertreter der funktionalen Methode. Das erklärt jedoch nicht, wieso auch im Rahmen des dynamischen Sachenrechts in Gesetz, Rechtsprechung und Lehre kein vollständiger Verzicht auf den Begriff des Eigentums zu erkennen ist. Von den Vertretern der funktionalen Herangehensweise ist dies als Unstimmigkeit erkannt worden und mit verschiedenen Erklärungsversuchen begründet worden. Vornehmlich soll Eigentum als untechnisches Mittel verwendet werden, das die Kommunikation erleichtern und vereinfachen soll. Dies korrespondiert auch mit dem Gebrauch des Begriffs im Alltag der Gesellschaft. *Lilja* regt an, den Begriff als Synonym für »rechtliche Priorität« in Bezug auf eine Sache zu verstehen.[575] Teilweise wird damit auch das Ergebnis eines Konflikts im dynamischen Sachenrecht bezeichnet, was als überflüssig, aber unschädlich eingestuft wird. Denn es lasse die grundsätzliche Idee, dass Eigentum nichts begründen könne, unberührt. Selbst wenn Eigentum im sachenrechtlichen Zusammenhang erwähnt werde, sei es von jeglichem konzeptuellen Inhalt entkleidet.[576] *Undén* versucht den Unterschied mit den Begriffen *funktionsbegrepp* und *substansbegrepp* darzustellen. Ein juristischer Begriff dürfe nicht als »Substanzbegriff« mit eigenständigem, naturrechtlichem Inhalt aufgefasst werden. Es sei hingegen gangbar, allein zur Sichtbarmachung des rechtlichen Regelsystems solche Begriffe wie einen »Funktionsbegriff« zu verwenden.[577] Eigentum sei ein Funktionsbegriff, weil es sich um einen relativen Begriff handle, da *»det juridiska begreppet äganderätt innefatter lika litet ett samhällsprogram som en naturrättslig idé. Sedan ur statsmakternas prövning av vad samhällets och enskildas interessen bjuda framgått rättsregler om äganderättens utsträckning eller inskränkning, anpasser juridiken begreppet därefter.«*[578] (»Der juristische Begriff des Eigentumsrechts beinhaltet so wenig ein gesellschaftliches Programm wie eine naturrechtliche Idee. Nachdem aus der Überprüfung durch die Staatsgewalt von dem, was die Interessen der Gesellschaft und des Einzelnen fordern, Rechtsregeln über die Ausdehnung oder Einschränkung des Eigentumsrechts entstanden sind, passt das Recht den Begriff entsprechend an.«) Das Eigentum ist daher als Argumentationsmodell abgeschafft. *Ross* führt dazu aus: »*›Ejendomsrettens Overgang‹ kan alene tages som Fællesbetegnelse for*

574 Vgl. A.II.3 und A.VI.1.
575 Lilja, National Report on the Transfer of Movables in Sweden, S. 22.
576 Lilja, National Report on the Transfer of Movables in Sweden, S. 30.
577 Undén, Några Synpunkter på Begreppsbildning inom Juridiken, S. 173.
578 Undén, Svensk Sakrätt, S. 58.

Indbegrepet af en Række retsfunktionelle Problemer. Det er disse og allene disse Funktioner, der utgør Genstand for en real Undersøgelse. Udover disse er Ejendomsretten selv intet, hverken noget, der begrunder disse Funktioner, eller som ›afgøres‹ genom dem.« (»Der Übergang des Eigentumsrechts kann nur als ein Oberbegriff für den Inbegriff einer Reihe von rechtsfunktionellen Problemen gewählt werden. Es sind diese und diese Funktionen allein, die den Gegenstand einer wirklichen Untersuchung ausmachen. Darüber hinaus ist das Eigentumsrecht selbst nichts, weder etwas, was diese Funktionen begründet, noch etwas, was durch sie bestimmt wird.«)[579] Eigentum soll folglich keine eigenständige Rolle im dynamischen Sachenrecht im Sinne einer begründenden Instanz spielen.

VII. Der Lösungsweg eines Konflikts im dynamischen Sachenrecht

Um zu bestimmen, wer sich in einem sachenrechtlichen Konflikt das Vermögensgut sichert, müssen mehrere Fragen beantwortet werden. Da das Eigentum als Ausgangspunkt nicht in Betracht kommt, kann ein Schema, in dem zunächst nach dem bestehenden Eigentum im kritischen Zeitpunkt und sodann nach etwaigen Gegenrechten gefragt wird, nicht fruchtbar gemacht werden. Es ist auch nicht üblich, dass bestimmte Schemata zur Falllösung erstellt würden. Stattdessen sieht das dynamische Sachenrecht ein anderes Muster vor, das zutage tritt, wenn man sich die einzelnen Fallgruppen potentieller Konflikte näher anschaut. Für die Lösung müssen mehrere Fragen beantwortet werden.

Zunächst ist nach den betroffenen Streitparteien zu fragen. Da es im dynamischen Sachenrecht neben einem Sachbezug stets um interpersonale Beziehungen geht, ist festzustellen, welche Position die beteiligten Parteien einnehmen. Dies hat Einfluss auf die anzuwendenden Rechtsregeln und die vorzunehmende Interessenabwägung.

Sodann muss das Begehren der Parteien ermittelt werden. Nur wenn die Begehren der Streitparteien miteinander unvereinbar sind, liegt überhaupt ein Konflikt vor. Die Streitparteien müssen zunächst beide ein schuldrechtlich wirksames Recht haben, das sich auf ein Sachenrechtsobjekt bezieht, oder ein dingliches Recht geltend machen. Klagt der Inhaber des jüngeren Rechts, geht es ihm darum, das Erlöschen des älteren Rechts festgestellt zu bekommen. Der Inhaber des jüngeren Rechts muss für die Stützung seines Rechts andere Umstände beweisen als der Inhaber des älteren Rechts. Dann muss deren Unvereinbarkeit festgestellt werden. Meinen beide, Eigentümer zu sein, so ist dies unvereinbar. Auch ein beschränktes Recht an der Sache kollidiert mit dem Eigentumsanspruch der anderen Partei, wenn diese davon ausgeht, unbelastetes

579 Ross, Ejendomsret och Ejendomsovergang, S. 26.

Eigentum begehren zu dürfen. Sind die beschränkten Rechte derselben Natur, ist nach dem Einzelfall zu differenzieren. Zwei Mietrechte sind unvereinbar. Zwei Wegerechte auf demselben Grundstück müssen es nicht sein, weil die Nutzung eines Weges durchaus durch mehrere zugleich möglich ist.

Die Natur des Streitobjekts entscheidet schließlich auch darüber, welcher Art das sachenrechtliche Moment sein muss, dessen Vorliegen eine Drittwirksamkeit nach sich zieht. Sie entscheidet auch darüber, ob ein gutgläubiger Erwerb überhaupt möglich ist. Denn nicht alle Objekte eines Sachenrechts können auch gutgläubig erworben werden.

Betrachtet man die aufgeworfenen Fragen, zeigt sich, dass auf diese Weise erreicht werden kann, nur die für den Fall wesentlichen Punkte zu klären, und so einen Weg zu wählen, in dem jede Feststellung eine Funktion für die rechtliche Lösung erfüllt. Die Wesentlichkeit bestimmt sich dabei ergebnisorientiert danach, ob ein Rechtsfaktum im vorliegenden Fall Konsequenzen hat, d. h. ob sein Vorliegen oder Nichtvorliegen einen signifikanten Unterschied für die Rechtsfindung macht. So ist es irrelevant, ob ein Insolvenzgläubiger gutgläubig ist, wenn er eine Sache zur Verwertung beansprucht, die in Wahrheit nicht seinem Schuldner gehört. Ganz anders liegt es, wenn es sich um einen Erwerb vom Nichtberechtigten handelt. Dann macht es für die rechtmäßige Zuordnung der Sache einen Unterschied, ob der Erwerber gutgläubig war oder nicht.

VIII. Zwischenergebnis

Das dynamische Sachenrecht ist der Teil des schwedischen Privatrechts, der die Kollision von Vermögensrechten behandelt und dabei insbesondere die Wirkungen eines Eigentumstransfers gegenüber Dritten regelt. Da sich das dynamische Sachenrecht auf die Kollisionssituation bezieht, können auch Kollisionen schuldrechtlicher Vermögensansprüche diesem Bereich zugeordnet werden. Diese Dritten haben ebenfalls ein rechtliches Interesse an dem Objekt, das transferiert wird. Daraus entsteht ein rechtlicher Konflikt darum, wer ein Recht an der Sache durchsetzen kann und sich letztlich den Wert der Sache oder deren Nutzungswert aneignen kann. Die Lösung wird nicht einheitlich in der Zuordnung des Eigentums gesucht, sondern unter Berücksichtigung der funktionalen Methode. Da diese von einer Unabhängigkeit der einzelnen Aspekte, die das Innehaben eines Sachenrechts mit sich bringt, ausgeht, werden stattdessen Fallgruppen gebildet, die typische Konfliktfälle umfassen. Jede dieser Fallgruppen wird anhand der jeweils für sie allein relevanten Interessen betrachtet und der Konflikt danach gelöst, ohne dass diese Lösung Auswirkungen auf eine andere Fallgruppe entfaltet. Erst am Schluss dieses Abwägungsprozesses soll – wenn überhaupt – das Eigentum (oder ein anderes Sachenrecht) stehen. Da hierin jedoch nur ein Label der obsiegenden Rechtsposition gesehen wird, die nur einen Teilausschnitt des Eigentums abbilden soll, hat diese Feststellung keine eigenständige Bedeutung.

6. Kapitel: Die Fallgruppen des dynamischen Sachenrechts

Die funktionale Methode lehnt den Rückgriff auf Konzepte zur Begründung von Rechtsfolgen ab und will stattdessen Rechtsfakten direkt mit Rechtsfolgen verknüpfen. Dazu wurden bestimmte Fallgruppen gebildet. Diese fassen bestimmte Situationen zusammen, die bei der rechtlichen Allokation einer Sache zu einer Person aufkommen können. Diese sollen ohne Rückgriff auf das Eigentum anhand ihrer jeweiligen, situationsbedingten Eigenheiten aufgelöst werden.[580] Gemeinsam ist den Fallgruppen, dass Fälle betroffen sind, in denen die Drittwirkung einer Rechtsposition vom Gesetzgeber oder der Lehre als sinnvoll erachtet wurde. Dazu wird eine Interessenabwägung vorgenommen zwischen den Interessen beider Prätendenten. Diese Abwägung wird von generellen gesetzgeberischen Zielen gesteuert.

Das dynamische Sachenrecht lässt sich in zwei Bereiche aufteilen. Der eine betrifft den *borgenärsskydd* (Gläubigerschutz) und der andere den *omsättningsskydd* (Umsatz- oder Verkehrsschutz). Beide Bereiche lassen sich wiederum in Untergruppen aufteilen. *Borgenärsskydd* umfasst den Schutz gegenüber den Gläubigern des Vertragspartners, also beim Kauf denen des Verkäufers und denen des Käufers. *Omsättningsskydd* betrifft den Schutz gegenüber konkurrierenden Erwerbern. Das umfasst den gutgläubigen Erwerb sowie die Situation eines Doppelverkaufs. Die Zwecksetzung beider Bereiche ist gänzlich verschieden. *Omsättnignsskydd* dient dem Rechtsverkehr dadurch, dass dafür gesorgt wird, dass der Erwerb einer Sache gegenüber weiteren Prätendenten durchsetzbar ist. So wird ein funktionierender Warenverkehr gewährleistet. *Borgenärsskydd* dient demgegenüber dazu, einzelne Vermögensteile in einer Insolvenzsituation oder in einer Zwangsvollstreckung einer bestimmten Person zuordnen zu können. Dem Konflikt liegt regelmäßig der Umstand zugrunde, dass die Eigentumsverhältnisse nicht so sind, wie sie mit Blick auf den unmittelbaren Besitz scheinen. In Betracht kommen zwei Konstellationen: Entweder geht es darum, dass der Besitzer seinen Erwerb schützen will oder darum, dass der

580 Andreasson, SvJT 2005, 522, 525.

eigentliche Eigentümer, der gerade nicht Besitzer ist, sein Recht schützen will. In beiden Fällen wird darüber entschieden, ob eine Sache der Gläubigerbefriedigung zugutekommt oder das Recht zur Aussonderung aus der Insolvenzmasse besteht (*separationsrätt*). Man nennt die beiden Varianten daher auch »Separationsrecht aufgrund beibehaltenen Eigentumsrechts« (*separationsrätt på grund av bibehållen äganderätt*) und »Separationsrecht aufgrund erworbenen Eigentumsrechts« (*separationsrätt på grund av förvärvad äganderätt*).[581] Der Fokus ist klar insolvenzrechtlich geprägt.

Die üblichen, schwedischen Fallgruppen betreffen den Schutz des Verkäufers gegenüber den Gläubigern des Käufers, den Schutz des Käufers gegenüber den Gläubigern des Verkäufers, den gutgläubigen Erwerb und den Doppelverkauf. *Zetterström* beispielsweise benennt sein Lehrbuch nach den Fallgruppen. Er teilt ebenfalls ein nach gutgläubigem Erwerb, Doppelverfügungen, Gläubigerschutz bei überlassenem Eigentum und Gläubigerschutz bei erworbenem Eigentum.[582] Als weitergehende Feingliederung ist noch die Aufteilung nach dem Status, in dem sich das Geschäft befindet, denkbar. Beispielsweise, wie weit die Übergabe des Kaufobjekts gediehen ist (noch beim Verkäufer befindlich, bereits auf dem Transportwege oder schon in der Empfangssphäre des Käufers) oder ob der Kaufpreis schon ganz oder erst teilweise oder überhaupt noch nicht beglichen wurde.[583]

Die Gliederung in Fallgruppen folgt damit der Unterscheidung von verschiedenen Kreisen von Dritten. Die Aufteilung nach *borgenärsskydd* und *omsättningsskydd* stellt auf die beteiligten Personen ab, nicht auf den zeitlichen Moment der Verfügung. Denkbar wäre auch eine Gruppierung nach dem zeitlichen Ablauf der Verfügungen über ein Sachenrechtsobjekt. Der Erwerber einer Sache möchte nämlich regelmäßig Schutz nicht nur gegenüber Verfügungen, die der seinen zeitlich zuvorkamen, sondern auch gegenüber später folgenden. Da in der Praxis nur ein Konflikt in eine Richtung entsteht und die theoretische Erörterung der Situation im Ganzen von untergeordnetem Interesse ist, wählen die schwedischen Juristen nicht die zeitliche Gruppierung, sondern die nach Personenverhältnissen. Eine weitere Darstellungsvariante zeigt sich bei *Vinding Kruse*, der als einer der ersten sein Lehrbuch über das Eigentum im Sinne des funktionalen Eigentumsverständnisses strukturierte. *Vinding Kruse* zog dabei eine Gliederung nach Rechtswirkungen vor, die im Zuge eines Eigentumserwerbs eintreten können. Er benennt drei als relevant: Die Prioritätswirkung, die Gültigkeitswirkung und die Verfolgungswirkung.[584] Die Prioritätswirkung meine,

581 Vgl. Millqvist, Sakrättens Grunder, S. 86ff. und 118ff.

582 Zetterström, Sakrättens fyra huvudfall, S. 20.

583 Lilja, Concepts, Functional Approaches, and Argumentation Analysis in the Field of the Transfer of Movables, S. 114.

584 Vinding Kruse, Das Eigentumsrecht, Band II, S. 969ff.

dass ein früheres Recht gegenüber einem später entstandenen Recht Vorrang genieße. Es stelle den Grundfall eines Erwerbs im Verhältnis zu anderen Erwerbern dar, wenn der Erwerb einwandfrei abliefe. Dazu bilde die Gültigkeitswirkung eine Ausnahme, die den gutgläubigen Erwerb trotz eines »Fehlers« im Umsatzprozess meine. Die dritte Rechtswirkung, die Verfolgungswirkung, betreffe das Recht des Verkäufers die Kaufsache zurückzuholen, wenn der Kaufpreis nicht beglichen wurde. Dieses Recht erlösche zu einem bestimmten Zeitpunkt. Es beschreibe die mögliche Abhängigkeit des Eigentumsrechts von der Zahlung.[585] Weil diese Rechtswirkungen ganz unterschiedliche Gründe haben, sind sie nach *Vinding Kruse* voneinander strikt zu trennen und können auch je nach Verhältnis zu einem Dritten differieren.[586] *Vinding Kruse* wählte diese Aufteilung, weil sie seiner Ansicht nach dem damaligen (dänischen) Recht am ehesten entsprach. Durchgesetzt hat sich aber die Einteilung nach Konfliktsituationen.

Die Fallgruppen sind nur zu einem geringen Grad gesetzlich geregelt. Es gibt auch keine Norm, die beispielsweise explizit regeln würde, welche Rechte der Käufer einer Sache gegenüber den Gläubigern des Verkäufers hat. Anders ist das beim *omsättningsskydd*. Es gibt ausdrückliche gesetzliche Regelungen zum gutgläubigen Erwerb. Davon abgesehen ist es Aufgabe der Gerichte und Lehre, die ungeregelten Komplexe einer Lösung zuzuführen.[587] Entscheidend ist, dass Argumente, die zur Lösung einer Art von Konfliktfällen nicht zur Lösung einer anderen Art verwendet werden, sondern eine saubere Trennung aufrecht gehalten wird. Das bedeutet nicht, dass keine Analogien vorgenommen werden dürfen. Diese müssen sich nur im »Rahmen« einer der Fallgruppen halten, da sie sonst als irrelevant angesehen werden. Ein Vergleich der Art, dass ein Gläubigerschutz-Konflikt bei einem Immaterialgüterrecht einem solchen Konflikt über ein Schuldpapier gegenübergestellt wird, ist danach denkbar, solange dieselbe Art von Personenrelation betroffen ist. Ein Schluss von bestehendem *omsättningsskydd* auf das Vorliegen von *borgenärsskydd* ist dagegen nicht vorgesehen.

Diese Konflikte im Geschäftsverkehr sollen im Folgenden näher beleuchtet werden. Man wird bemerken, dass alle Fallgruppen auch aus dem deutschen Recht geläufig sind. Dort haben sie jedoch alle mit Eigentum zu tun. Regelungen dazu halten aber teilweise das deutsche Insolvenz- und Anfechtungsrecht neben dem Sachenrecht bereit. Dies soll am Ende des Abschnitts aufgegriffen werden.

585 Vinding Kruse, Das Eigentumsrecht, Band II, S. 985.
586 Vinding Kruse, Das Eigentumsrecht, Band II, S. 982.
587 Faber/Lilja, EPLJ 2012, 10, 10.

I. Erwerb von Eigentum

Obgleich das dynamische Sachenrecht nicht ausdrücklich nach dem Erwerb von Eigentum fragt, wird es erst bei einer Transaktion von Eigentum (oder einem anderen subjektiven Sachenrecht) akut. Daher soll ein kurzer Blick auf die verschiedenen Arten des Eigentumserwerbs, die in Schweden vorgesehen sind, geworfen werden. Auch wenn die Rolle des Eigentums in der Transaktion verneint wird, ist dennoch auch in moderner Zeit die Rede davon, dass Eigentum (*äganderätt*) erworben werden kann. Verschiedene Vorarbeiten zu Gesetzen zeugen davon: »*Äganderätt förvärvas genom laga fång och uppkommer genom ett konkret förvärv.*«[588] (»Das Eigentumsrecht wird durch legalen Erwerb erworben und entsteht durch einen konkreten Erwerb.«) Ähnlich lautet eine Formulierung zum Thema Eigentumserwerb kraft Ersitzung: »*Den som har förlorat äganderätten till viss egendom på grund av att någon har blivit ägare till den genom hävd [...].*«[589] (»Derjenige, der das Eigentumsrecht an einem bestimmten Vermögensgegenstand aus dem Grund verloren hat, dass ein anderer durch Ersitzung daran Eigentümer geworden ist [...]«) Das ist konsequent, da das schwedische Recht Eigentum garantiert und dessen Nutzen nicht zuletzt in seiner Weitergabe liegt.

Es gibt drei verschiedene Kategorien eines nach schwedischem Recht möglichen Eigentumserwerbs (*laga fång*). Es gibt originären, derivativen und ausschließenden Erwerb. Der Erwerb erfolgt originär, wenn die Sache nicht von einem anderen Eigentümer erworben wird, auch nicht von einem, der sich fälschlich als solcher ausgibt. Originärer Erwerb (*originära fång*) ist folglich der Erwerb von Eigentum ohne eine Herleitung von einem vorherigen Eigentümer. Darunter fällt der Fund einer herrenlosen Sache, die Herstellung einer neuen Sache, auch durch Bearbeitung einer alten, oder die Vermengung, Vermischung oder Zusammenfügung von Sachen. In den Fällen einer Bearbeitung, die zur Entstehung einer neuen Sache führt, wird ein Erwerb durch den Bearbeitenden jedoch nur bejaht, wenn seine Arbeitsleistung als wertvoller eingeschätzt wird als der Wert des bearbeiteten Materials.[590] Auf den Wert der neu entstandenen Sache kommt es in dem Vergleich nicht an. Irrelevant ist auch, ob der Bearbeitende das Material gegen den Willen des Materialeigentümers verarbeitet und ob er diesen entgegenstehenden Willen kannte.[591] Der originäre Erwerb durch schlichte Besitzergreifung einer herrenlosen Sache ist durch diverse Gesetze beschränkt. Die Ansichnahme von Naturalien aus Forst oder Feld (Gras, natürlich gefällte Bäume, Steine, Torf etc.) ist in Kap. 12 § 2a *Brottsbalk (1962:700)* als Beschädigung

588 SOU 2005:3, S. 85.

589 Prop. 2002/03:17, S. 49.

590 Diese Erwerbsart wird auch als *äganderätt genom specifikation* im Gegensatz zur *ockupation* beim Fund bezeichnet, Undén, Svensk Sakrätt, S. 86.

591 Håstad, Sakrätt, S. 47.

(*åverkan*) strafbar, der nicht ordnungsgemäß gemeldete Fund einer Sache ist nach Kap. 10 § 8 *Brottsbalk (1962:700)* ebenfalls strafbar. Daneben gibt es noch einschränkende spezialgesetzliche Regelungen für Kulturgüter und Funde zu See.[592]

Derivativer Erwerb (*derivativa fång*) bedeutet, dass sich das Eigentum von einem anderen ableiten lässt. Dies betrifft Fälle von Kauf, Schenkung und Tausch. Es ist nicht gesetzlich geregelt, dass ein Kauf die Pflicht des Verkäufers zur Übereignung der Kaufsache enthält.[593] Dies wird als selbstverständliches Merkmal eines Kaufs stillschweigend vorausgesetzt. Da der Kauf in der Regel durch die Lieferung der Sache seiner Erfüllung zugeführt wird, wird daraus geschlussfolgert, dass der Kauf den Eigentumsübergang beinhaltet.[594] Eine seltene explizite Bemerkung findet sich bei *Ramberg/Herre*, die den Eigentumserwerb als das Hauptziel des Käufers beschreiben und damit der Eigentümerwechsel das Charakteristikum des Kaufs ausmache.[595] *Hessler* nennt die Vollendung des Eigentumsübergangs auf den Erwerber »faktischen Vollzug« (und merkt an, dass dieser etwas anderes sei als der sachenrechtliche Vollzug, der gegenüber Dritten gelte, auch wenn dieser beim Erwerb beweglicher Sachen regelmäßig mit Besitzübergang gleichzeitig mit dem faktischen Vollzug erfolge).[596]

Der derivative Erwerb unterteilt sich in *singularfång* (Einzelrechtsnachfolge) und *universalfång* (Gesamtrechtsnachfolge). Ersterer beruht auf einem einvernehmlichen Vertrag, die Gesamtrechtsnachfolge dagegen auf allgemeinen erbrechtlichen oder testamentarischen Regelungen oder den Regeln über die Vermögensverteilung des Ehevermögens bei einer Scheidung. Im Fall der Gesamtrechtsnachfolge durch Erbe erhält der Erwerber nur so viel Recht, wie der bisherige Rechtsinhaber selbst hatte.[597] Im Unterschied dazu kann im Wege der Einzelrechtsnachfolge mehr erworben werden. Dies trifft im Vergleich zwischen Erwerber und Veräußerer zu, wenn der Erwerber gutgläubig erworben hat, der Veräußerer aber nicht zum Verkauf berechtigt war.[598] Diese dritte Kategorie des Erwerbs, auch ausschließender Erwerb (*exstinktiva fång*) genannt, erfasst die Erlangung von Eigentum ohne Zutun des ursprünglichen Eigentümers, der diese Position verliert. Er ähnelt insofern dem originären Erwerb, da er nicht von bisherigen Eigentumsverhältnissen abhängt. Der ausschließende Erwerb kann

592 Kulturminneslagen (1988:950) und Sjöfyndslagen (1918:163).

593 Anders im deutschen Recht, in dem § 433 Abs. 1 S. 1 BGB ausdrücklich statuiert, dass der Verkäufer verpflichtet ist, dem Käufer »das Eigentum an der Sache zu verschaffen«.

594 Millqvist, Sakrättens Grunder, S. 30; Lehrberg, Köprätt, S. 59.

595 Ramberg/Herre, Allmän Köprätt, S. 19.

596 Hessler, Allmän Sakrätt, S. 32.

597 Sandstedt, Sakrätten, Norden och Europeiseringen, S. 391.

598 Håstad, Sakrätt, S. 48.

durch gutgläubigen Erwerb, Ersitzung oder auch öffentliche Versteigerung eintreten.[599]

Der rechtsgeschäftliche Eigentumserwerb von *lösa saker* ist formlos möglich. Der Erwerb von *fast egendom* erfordert etwas mehr. Die Parteien müssen einen schriftlichen Kaufvertrag schließen, der unter anderem eine Erklärung des Verkäufers enthalten muss, dass er die Immobilie auf den Käufer überträgt (»*Förklaring av säljaren att egendomen överlåtes på köparen*«), Kap. 4 § 1 Abs. 1 *Jordabalk (1970:994)*. Der Käufer soll sich dann gemäß Kap. 20 Abs. 1 *Jordabalk (1970:994)* um die Eintragung in das Grundstücksregister bemühen. Die Eintragung (*lagfart*) wird nur vorgenommen, wenn der Kaufvertrag von den Parteien und zwei Zeugen unterschrieben wurde. Fehlen die Zeugen, ruht die Eintragung und wird erst vorgenommen, wenn der Verkäufer nicht binnen angemessener Zeit Klage erhoben hat, dass der Verkauf ungültig sei, Kap. 20 § 8 *Jordabalk förordningen (1970:994)*. Die Eintragung ist keine Voraussetzung für die schuldrechtliche Wirksamkeit des Vertrags. Sie hat aber teilweise sachenrechtliche Bedeutung. Die Konkurrenz zwischen mehreren Erwerbern oder der Erwerb vom Nichtberechtigten wird unter Hinzuziehung der Eintragung oder des Eintragungsantrags gelöst.

Die drei genannten Erwerbsvoraussetzungen genügen, wenn es um das Verhältnis allein zwischen bisherigem Rechtsinhaber und neuem Rechtsinhaber geht und dieses Verhältnis auch nicht gegen den Willen des bisherigen Rechtsinhabers begründet wurde. Löst ein Erwerb eines subjektiven Sachenrechts jedoch einen Konflikt mit einem Dritten aus, handelt es sich um einen Fall, der unter die Regeln des dynamischen Sachenrechts fällt. Dann müssen für die Wirksamkeit des Erwerbs gegenüber dem Dritten weitere Umstände hinzutreten. Diese unterscheiden sich nach Art des Konflikts. Daher wird der Erwerb des Eigentums als solcher in Schweden nicht als Frage des Sachenrechts verstanden.[600] Er ist aus Sicht des dynamischen Sachenrechts nicht von Interesse. Im Folgenden sollen daher die Voraussetzungen von Gläubigerschutz und Umsatzschutz untersucht werden, wobei der Fokus auf Eigentumsverschiebungen aufgrund von Kaufvertrag gerichtet sein soll.

599 Millqvist, Sakrättens Grunder, S. 30.

600 Grenda, Erwerb und Schutz des Eigentums an Mobilien im deutschen und schwedischen Recht, S. 61.

II. Erwerb eines beschränkten dinglichen Rechts

Wie bereits erläutert, kennt das schwedische Recht auch beschränkte dingliche Rechte, die nicht nur zwischen den Vertragsparteien, sondern auch gegenüber Dritten wirken können. Darunter fallen beispielsweise gewisse Nutzungsrechte, Sicherungsrechte und Zurückbehaltungsrechte. Diese Rechte eint, dass es ein »Mutterrecht« gibt, ohne dessen Bestand sie selbst nicht existieren können. Außerdem sind sie ohne die Mitwirkung des Inhabers des »Mutterrechts«, sei es auch nur ein vermeintlicher Inhaber, nicht zu begründen. Der Erwerb eines beschränkten dinglichen Rechts ist daher nur mittels derivativem Erwerb oder ausschließendem Erwerb möglich.[601] Beide Erwerbsformen folgen den Mustern beim Erwerb von Eigentum. Der originäre Erwerb eines beschränkten dinglichen Rechts scheidet aus, da die Entstehung eines solchen Rechts aus dem »Nichts« nicht möglich ist.

III. Schutz gegenüber Gläubigern – borgenärsskydd

Der *borgenärsskydd* umfasst Situationen, in denen sich der Verkäufer Ansprüchen der Gläubiger des Käufers ausgesetzt sieht. Daneben erfasst er Kollisionen zwischen dem Käufer und den Gläubigern des Verkäufers. Ebenso sind Konstellationen denkbar, in denen ein Eigentümer seine Sache einem anderen vorübergehend zur Nutzung, Verwahrung, Reparatur etc. überlässt, und die Gläubiger dieses Besitzers auf die Sache zugreifen. Der Besitzer kann auch unrechtmäßig in den Besitz der Sache, die einem anderen gehört, gekommen sein, beispielsweise durch Diebstahl. Eine weitere Variante ist, dass die Konkurrenz aus einem beschränkten dinglichen Recht erwächst. Dann fragt sich, ob die Gläubiger die Sache nur vorbehaltlich dieses Rechts verwerten können. Es geht also um den Schutz gegenüber Gläubigern eines anderen, häufig denen eines Vertragspartners. Dieser *borgenärsskydd* wird wiederholt als das Kernelement des dynamischen Sachenrechts bezeichnet, um die Bedeutung dieser Funktion eines dinglichen Rechts herauszustreichen, wenn es darum geht, unzureichende Vermögensmassen unter Gläubigern aufzuteilen.[602]

Der *borgenärsskydd* betrifft folglich den Schutz gegenüber einer Vollstreckung durch Dritte. Dieser Teil des dynamischen Sachenrechts hat damit zum einen insolvenzrechtliche Bezüge, weil er in der Insolvenz (*konkurs*) eines Beteiligten Anwendung findet. Daneben erfasst dieser Bereich die Zwangsvollstreckung durch einzelne Gläubiger aufgrund eines Vollstreckungstitels (*ut-*

601 Håstad, Sakrätt, S. 48.

602 Håstad, Sakrätt, S. 93; Ussing, Rev. Int. de Droit comparé 1952, 5, 9.

mätning).[603] Gläubigerschutzfragen werden mithin immer dann akut, wenn eine Person nicht länger in der Lage ist, ihren schuldrechtlichen Zahlungsverpflichtungen nachzukommen. Das führt dazu, dass ihre Gläubiger Sachen dieser Person verwerten dürfen, um die Schulden zu tilgen. Handelt es sich bei diesen Sachen um solche, die in dem Zeitpunkt bereits an einen Dritten verkauft waren, entsteht ein Konflikt darum, wem diese Sache nun gebührt. Es kann auch sein, dass der Erwerber einer Sache zahlungsunfähig wird, bevor er den Kaufpreis bezahlt hat. Auch hier fragt sich, ob die Gläubiger des Käufers auf die Sache zugreifen können oder ob es dem Verkäufer gelingt, die Sache zurückzuerhalten. In der Folge entsteht ein Konflikt mit denjenigen Personen, die ebenfalls Rechte an dieser Sache geltend machen.

In all diesen Fällen geht es ausschließlich um das Verhältnis zu Gläubigern des anderen, die auf die Sache zugreifen wollen, um eine andere Forderung zu befriedigen, auch wenn der Begriff des Gläubigers als solcher weiter ist. Es geht den Gläubigern im Unterschied zu einzelnen Rechtsnachfolgern des anderen letztlich nicht darum, die Sache selbst zu erhalten. Der gutgläubige Konkurrent, der dieselbe Sache erwerben will und einen entsprechenden Vertrag schließt, ist zwar auch Gläubiger des anderen, weil der andere ihm nun die Sache schuldet. Er ist aber nicht Gläubiger im Sinne des *borgenärsskydd*. Ein ähnliches Beispiel ist der Mieter einer Sache des Vertragspartners: Der Mieter ist Gläubiger des Vermieters, der die Überlassung der Mietsache schuldet. Verkauft der Vermieter die vermietete Sache an einen anderen, stellt sich auch die Frage, ob das Recht des Mieters oder das des Käufers stärker ist. Es ist jedoch keine Frage des *borgenärsskydd*, weil der Mieter ein unmittelbares Recht an der Sache hat. Der Gläubiger des *borgenärsskydd* leitet das seine hingegen vom Insolvenz- oder Zwangsvollstreckungsschuldner ab. Deswegen kann der Gläubiger des *borgenärsskydd* nicht mehr Rechte haben als der Insolvenzschuldner selbst gegenüber dem Erwerber hatte. Dieser Gläubiger kann die Sache nur dann für sich beanspruchen (und dies nur ihrem Wert nach, da er nur einen Anspruch am Erlös aus ihrer Verwertung hat), wenn die Sache noch dem Vermögen des Insolvenzschuldners zuzurechnen ist. Der Gläubiger der Einzelzwangsvollstreckung oder der Insolvenz ist ein Geldgläubiger, kein Sachgläubiger.

Der *borgenärsskydd* kann auch aus der Perspektive der Gläubiger betrachtet werden. Dann ist der Gläubiger der aktive Part, der die Vermögensunterlage für seine Forderung gegen den zahlungsunfähigen Schuldner retten möchte und zu verhindern sucht, dass eine Sache durch einen Dritten der Vermögensmasse entzogen wird. Dieser Fall ist genauso denkbar, wie der bereits beschriebene umgekehrte. Trotzdem ist in der Regel in der Literatur mit *borgenärsskydd* der

603 von Bar, Gemeineuropäisches Sachenrecht, Bd. 1, S. 473.

Schutz *gegenüber* den Gläubigern gemeint.[604] Die Gläubiger haben nur ein Recht an der Sache in dem Umfang, in dem es beim Insolvenzschuldner besteht. Hat dieser beispielsweise eine Sache vom Nichteigentümer erworben, können sich auch die Gläubiger nur gegen den ursprünglichen Eigentümer durchsetzen, wenn dieser Erwerb nach den Gutglaubensvorschriften gültig ist. Auf ihre eigene Gutgläubigkeit kommt es nicht an. Hier zeigt sich ein gewisses Abweichen von der postulierten Relativität der Drittwirksamkeit, bei der nur auf das Verhältnis der beteiligten Personen geschaut werden solle. Da die Gläubiger ihr Recht von dem Insolvenzschuldner ableiten, müssen dieser und sein Erwerb in die Lösung zwangsläufig eingebunden werden.

Wie in der funktionalen Methode üblich, werden zur Lösung dieser Konflikte nicht die Eigentumsverhältnisse an der betroffenen Sache überprüft. Dies ist zumindest das erklärte Ziel. Stattdessen werden Argumente gesucht, die für die eine oder die andere Position sprechen. Der Drittwirksamkeit eines Rechts im Verhältnis zu den Gläubigern des Vertragspartners liegt der Gedanke zugrunde, dass diese Gläubiger vor Scheingeschäften oder nachträglichen Verfälschungen des Zeitpunkts einer Verfügung geschützt werden sollen.[605] Ebenso soll verhindert werden, dass einzelne Gläubiger unrechtmäßig bevorteilt werden. Ziel ist es, die Vermögensmasse des zahlungsunfähigen Schuldners einerseits möglichst groß zu halten und andererseits eine gleichmäßige Verteilung des verbliebenen Vermögens unter den Gläubigern zu gewährleisten. Vor dem Hintergrund dieser Interessenlage bestimmen der schwedische Gesetzgeber und die Gerichte, in welchen Situationen ein Schutz bejaht werden soll. Nach Vorliegen des für relevant befundenen sachenrechtlichen Moments entscheidet sich dann, welcher Partei das bessere Recht an der Sache zugesprochen werden soll.

Der Gläubigerschutz setzt je nach Art des Vermögensgegenstands und teilweise auch nach Art des Erwerbs (insbesondere ob ein Kauf oder eine Schenkung zugrunde liegt oder ob der Kauf zwischen Verbraucher und Unternehmer stattfindet) unterschiedliche Umstände voraus. Das sachenrechtlich relevante Moment variiert. In Ermanglung umfassender Gesetzgebung kann man die relevanten Normen auf wenige eingrenzen. Zu nennen sind § 22 und § 31 *Lag (1936:81) om skuldebrev*, die die Grundlage diverser Analogien bilden, das *Lag (1845:50 s.1) om handel med lösören, som köparen låter i säljarens vård kvarbliva* und die Spezialfälle Kap. 2 § 9 *Sjölag (1994:1009)* für Schiffe und § 2e *Lag (1955:227) om inskrivning av rätt till luftfartyg* für Flugzeuge. Im Übrigen beruhen die Lösungen auf Präzedenzfällen der Rechtsprechung. Nicht alles ist eindeutig oder unumstritten.

604 Hessler, Allmän Sakrätt, S. 32.
605 Hessler, Allmän Sakrätt, S. 90.

1. Separationsrätt (Separationsrecht)

Regelmäßig wird der Vorrang der einen Partei gegenüber den Gläubigern auch mit »Separationsrecht« (*separationsrätt*) beschrieben, wenn er Insolvenzsituationen betrifft.[606] Das Separationsrecht bedeutet, dass sein Inhaber die Trennung der Sache aus dem Vermögen des Insolvenzschuldners verlangen kann, weil sie nicht zur Insolvenzmasse gehört. Denn der Inhaber des Separationsrechts ist im Verhältnis zu den Insolvenzgläubigern als Eigentümer der Sache anzusehen.

Hintergrund ist die Regelung, nach der sich der Umfang der Insolvenzmasse bestimmt. Zur Insolvenzmasse eines Insolvenzschuldners gehört gemäß Kap. 3 § 3 *Konkurslag (1987:672) »all egendom som tillhörde gäldenären när konkursbeslutet meddelades [...]«* (»das gesamte Eigentum, das dem Schuldner zum Zeitpunkt der Mitteilung des Insolvenzbeschlusses gehört«). Entsprechendes regelt Kap. 4 § 17 *Utsökningsbalk* für die Zwangsvollstreckung, in dem es heißt *»Lös egendom får utmätas, om det framgår att egendomen tillhör gäldenären [...]«*. (*»Lös egendom* darf gepfändet werden, wenn ersichtlich ist, dass es dem Schuldner gehört.«) Entscheidend ist also, dass der Schuldner Eigentümer derjenigen Sachen ist, auf die die Gläubiger zur Befriedigung ihrer Forderungen zugreifen wollen. Eigentum soll dabei wie stets funktional sein und soll nur Eigentum im Verhältnis zu den Gläubigern bedeuten. Aus Praktikabilitätserwägungen und um zu verhindern, dass der Schuldner Vermögenswerte beiseiteschafft, gibt es daneben noch Vermutungsregelungen, nach denen Vermögenswerte dem Schuldnervermögen zugerechnet werden, die eigentlich einem Dritten gehören. Das betrifft vor allem die Vermutung, dass der Insolvenzschuldner als Eigentümer derjenigen Sachen angesehen wird, die sich in seinem Besitz befinden. Gleiches gilt für die Sachen in einem gemeinsamen Haushalt, der beispielsweise mit einem Ehepartner geteilt wird, wenn nicht deutlich ist, dass die Sache ausschließlich dem anderen gehört.[607] Diese Eigentumsvermutung kann widerlegt werden, wenn bewiesen wird, dass ein Dritter an dem betroffenen Vermögensgegenstand ein sachenrechtlich geschütztes besseres Recht hat.

Auch wenn im Zusammenhang mit Gläubigerschutz stets vom Separationsrecht gesprochen wird, lassen sich weder in Urteilen noch in Ausführungen der Lehre Hinweise darauf finden, was für einer Natur dieses Separationsrecht ist. Ebenso wenig ist geklärt, wie sich seine Funktion neben dem Eigentum bestimmen lässt. Das Separationsrecht wird nicht ausdrücklich als eigenständiges subjektives Sachenrecht verstanden, gleichzeitig wird es als vorhanden betrachtet, wenn Drittschutz gegenüber Insolvenzgläubigern besteht, was darauf schließen lassen kann, dass es nicht bloße akzessorische Aussonderungsbefug-

606 Håstad, Sakrätt, S. 25.
607 Vgl. Kap. 4 Utsökningsbalk.

nis, sondern ein neu entstandenes Sachenrecht sei.[608] Es erwächst auch nicht aus einem Vertrag, weil der Eigentümer auch in der Insolvenz eines Diebes ein Separationsrecht hat. Ebenso wenig ist die Kaufpreiszahlung Quelle dieses Rechts, weil die Kaufpreiszahlung nicht das sachenrechtliche Element ist, ab dessen Vorliegen von einem Separationsrecht ausgegangen wird. Es könnte sich schließlich um eine Befugnis handeln, die dem Eigentum entspringt. Das widerspräche aber wiederum dem schwedischen Ansatz, dass Eigentum nicht zur Begründung von Rechtspositionen dienen kann. Da ein Separationsrecht vorliegt, wenn man Drittschutz gegenüber den Gläubigern bejaht, könnte auch dieser Umstand die Ursache bilden.[609] Argumentiert man mit dem schwedischen Ansatz, dass Eigentum höchstens das Ergebnis eines Abwägungsprozesses sein kann, könnte man vermuten, dass die Bejahung eines Separationsrechts erst zur Bejahung des (relativen) Eigentums führt. Dann lässt sich aber nicht erklären, wieso das Separationsrecht besteht. Bei einer reinen Betrachtung der Anwendungsfälle muss man dann auch den Eindruck gewinnen, dass ein schwedisches Separationsrecht wie ein deutsches Aussonderungsrecht darauf beruht, dass der Berechtigte Eigentum an der betroffenen Sache hat. Auch wenn dies von der schwedischen Lehre nicht ausgesprochen wird.

2. Schutz des Verkäufers gegenüber den Gläubigern des Käufers

Eine Variante des *borgenärsskydd* ist die Situation, in der sich der Schutz auf das »beibehaltene Eigentum« gründet.[610] Nach *Hesslers* A-B-C-Schema stellt sich das so dar: Der ursprüngliche Eigentümer der Sache ist A. Im Besitz der Sache ist jedoch B, der die Sache von A erworben hat und anschließend insolvent wurde. Durch die Insolvenz treten die Gläubiger von B in Konkurrenz zu A. Sowohl A als auch die Gläubiger von B beanspruchen die Sache. Der Schutz des Verkäufers gegenüber den Gläubigern des Käufers kann in verschiedenen Situationen relevant werden. Hat der Käufer die Sache noch nicht bezahlt, ist dem Verkäufer daran gelegen, den Kaufpreis zu erhalten. Dies dürfte bei einem insolventen Käufer schwierig sein. Deswegen wird der Verkäufer versuchen, die gekaufte Sache zurückzufordern. Gleichzeitig werden die Gläubiger versuchen wollen, die Sache für sich zu verwerten. Der Verkäufer hat dasselbe Interesse, wenn er den

608 von Bar, Gemeineuropäisches Sachenrecht, Bd. II, S. 362.

609 von Bar, Gemeineuropäisches Sachenrecht, Bd. II, S. 361. *von Bar* weist treffend darauf hin, dass es zu einem Zirkelschluss führen muss, wenn man die Drittwirkung mit der Wirkung gegenüber Insolvenzgläubigern begründe und gleichzeitig diese Wirkung damit begründe, dass das Recht ein drittwirksames Recht sei. Er spricht sich daher für eine Trennung des Zwangsvollstreckungsrechts vom Sachenrecht aus. von Bar, aaO.

610 Millqvist, Sakrättens Grunder, S. 86ff.

Kaufpreis noch nicht erlangt hat. Die Regeln des *borgenärsskydd* bestimmen, wann ihm das möglich sein soll und wann er dagegen auf eine Forderung gegen die Insolvenzmasse angewiesen sein soll.

Innerhalb dieses Konfliktkreises lassen sich weitere Untergruppen bilden. Je nachdem, wo sich die Sache gerade befindet, lassen sich andere Lösungen denken. Die Sache kann noch beim Verkäufer sein, sich bereits beim Käufer oder auf dem Transportweg (*in transitu*) befinden. Gleiches gilt für die Zahlung des Kaufpreises. Der Käufer kann bereits vollständig (vor-)geleistet haben, den Kaufpreis noch voll schulden oder bereits ratenweise erfüllt haben. All dies sind Argumente, die es im Konfliktfall zu prüfen und zu gewichten gilt.

Der Verkäufer nimmt grundsätzlich eine bessere Position ein als ein Käufer in der umgekehrten Lage. Denn dem Verkäufer stehen diverse Sicherungsmittel zur Verfügung, mit denen er das Insolvenzrisiko seines Käufers für sich mindern kann. Ein wichtiger Fall des Gläubigerschutzes ist derjenige, in dem sich der Verkäufer das Eigentum an der verkauften Sache (bzw. ein Zurücknahmerecht daran) zunächst vorbehalten hat. Durch die Rechtsstellung als Vorbehaltseigentümer erhält er Priorität gegenüber den Gläubigern des Käufers, solange dieser den Kaufpreis noch nicht vollständig beglichen hat. Dieser Zurücknahmevorbehalt (*återtagandeförbehåll)* ist mit einer Einschränkung behaftet. Er ist gegenüber den Gläubigern nur gültig, wenn er nicht mit dem Zusatz eingeräumt wurde, dass der Vorbehaltskäufer die Erlaubnis erhält, die Vorbehaltswaren weiterzuveräußern, noch ehe er sie selbst vollständig bezahlt hat. Verkauft der Vorbehaltskäufer die Sachen ohne vertragliche Ermächtigung vorzeitig weiter, so erlischt der Zurücknahmevorbehalt daran ebenfalls. Auch wenn sich herausstellt, dass der Vertrag, aufgrund dessen eine Sache übertragen wurde, unwirksam ist, ist der Veräußerer der Sache gegenüber den Gläubigern des Käufers geschützt und hat ein Separationsrecht.[611] Denn wenn er die Sache schon nicht an den Käufer verloren hat, soll er sie auch nicht an dessen Gläubiger verlieren können.

Voraussetzung eines Separationsrechts ist, dass es sich auf eine individualisierte Sache bezieht.[612] Dies ist Ausfluss des geltenden Spezialitätsprinzips. Unzweifelhaft hat derjenige ein Separationsrecht, der eine Sache verliehen oder zur Verwahrung gegeben hat oder anders eine Sache einem anderen anvertraut hat ohne dabei sein Eigentum daran aufzugeben. Dies gilt als Grundsatz des schwedischen Rechts.[613] Voraussetzung ist, dass die Sache zum Zeitpunkt des Herausverlangens noch individualisiert werden kann.[614] Anders sind Fälle gelagert, in denen jemand einer anderen Person Sachen anvertraut, damit diese sie

611 NJA 1985 S. 178.
612 Millqvist, Sakrättens Grunder, S. 98.
613 Prop. 2008/09:88, S. 54.
614 Håstad, Sakrätt, S. 153.

selbst verwerte, beispielsweise aufgrund eines Sachdarlehens (*försträckning*). Hier erwartet der ursprüngliche Eigentümer nicht, dieselbe Sache wiederzuerhalten, sondern nur eine gleichartige und gleichwertige. Damit hat der ursprüngliche Eigentümer kein Separationsrecht. Diese Unterscheidung wird nicht nach der Bezeichnung der Vertragsbeziehung getroffen, sondern nach den zugrundeliegenden Parteiinteressen. Erfolgt die Übergabe der Sache an den anderen und deren Nutzung im Interesse des Übergebenden, hat er ein Separationsrecht in der Insolvenz des Verwahrers. Liegt die Übergabe im Interesse des Verwahrers, weil er nach seinem Willen frei über die Sache verfügen kann und nicht die identische Sache zurückgeben muss, hat der Übergebende kein Separationsrecht.[615]

Je nach Transaktionsobjekt wird das Separationsrecht des Verkäufers an verschiedene sachenrechtliche Momente geknüpft. Kauft der Käufer als Verbraucher von einem Unternehmer, verliert der Unternehmer sein Separationsrecht mit dem Vertragsschluss. Ist kein Verbraucher involviert, verliert er es beim Verkauf beweglicher Sachen mit Übergabe, Registrierung im Anwendungsbereich des *Lösörekpslag* oder *denuntiation*, wenn die Sache bei einem Dritten in Gewahrsam ist. Beim Verkauf von Immobilien ist wiederum der Vertragsschluss ausschlaggebend. Gleiches gilt für Bauwerke auf fremdem Grund. Werden Forderungen oder Anteilsrechte verkauft, verliert der Verkäufer sein Recht daran im Verhältnis zu den Gläubigern des Käufers mit Benachrichtigung entsprechend § 31 *Lag (1936:81) om skuldebrev*.[616]

3. Schutz des Käufers gegenüber den Gläubigern des Verkäufers

Beim Schutz des Verkäufers geht es verkürzt ausgedrückt darum, bis wann er eine Sache noch für sich beanspruchen kann, obwohl er sie verkauft hat. Demgegenüber geht es beim Schutz des Käufers darum, ab wann er die Sache für sich beanspruchen kann, weil er sie erworben hat. Es geht um ein Separationsrecht in der Insolvenz des Verkäufers aufgrund erworbenen Eigentums. Aus dieser unterschiedlichen Ausgangslage ergibt sich, dass der *borgenärsskydd* des Käufers und des Verkäufers teils unterschiedlichen Regeln folgt. Wenn der Käufer die Kaufsache bereits bezahlt hat, sie aber beim Verkäufer zunächst verblieben ist, haben dessen Gläubiger theoretisch eine Zugriffsmöglichkeit darauf. Gleiches gilt, wenn sich eine Sache des Käufers beim Verkäufer beispielsweise aus Reparaturgründen befindet. Denkbar ist auch der Fall, dass der Verkäufer den Ver-

615 Håstad, Sakrätt, S. 154.
616 Hessler, Allman Sakrätt, S. 249ff.

kauf einer Sache an einen Käufer seinen Gläubigern nur vortäuscht, um die Sache der Insolvenzmasse zu entziehen.

Wiederum wird der Konflikt danach gelöst, welcher Partei die Sache zuzuordnen ist, ohne dabei ausdrücklich auf die Eigentumsverhältnisse abzustellen. Der Schutz des Käufers gegenüber den Gläubigern des Verkäufers besteht ab dem Zeitpunkt, an dem wirksam das *sakrättsligt moment* vorlag. Spiegelbildlich zum Verlust des Verkäufers gewinnt der Käufer mit Erfüllung des sachenrechtlichen Moments ein Separationsrecht in der Insolvenz des Verkäufers. Wie aufgezeigt, richtet sich dies nach dem Objekt der Transaktion. Man kann festhalten, dass der Schutz des Käufers gegenüber den Gläubigern des Verkäufers schon mit Vertragsschluss eine seltene Ausnahme darstellt. Eine solche Ausnahme bildet der Erwerb von *fast egendom*. Hier gewährt bereits der Vertragsschluss Schutz gegenüber den Gläubigern des Verkäufers.[617]Bei anderen Sachen ist in der Regel eine Inbesitznahme des Käufers zwingende Voraussetzung dafür. Die eigenmächtige Inbesitznahme durch den Käufer soll nicht genügen, um dem Käufer Vorrang gegenüber den Gläubigern zuzusprechen, da er dann nicht schutzwürdiger als die übrigen Gläubiger sei.[618] Dies ist eine nachvollziehbare Entscheidung, wird jedoch nicht näher begründet, sondern bleibt als vermeintliche Selbstverständlichkeit stehen. Es gibt auch keine gesetzliche Regelung, die Aufschluss geben könnte. Befindet sich die Sache im Zeitpunkt der Insolvenzeröffnung noch beim Verkäufer, so hat der Käufer nur ein Separationsrecht, wenn er trotzdem das Vorliegen eines geeigneten sachenrechtlichen Moments nachweisen kann, beispielsweise eine Registrierung nach dem *Lösöreköpslag*.

4. Gleichzeitiger Schutz beider Vertragspartner gegenüber Gläubigern

Betrachtet man den Schutz des Käufers gegenüber den Gläubigern des Verkäufers und den Schutz des Verkäufers gegenüber den Gläubigern des Käufers, ist man versucht, zu schlussfolgern, dass die Bejahung des Schutzes für den Käufer gleichzeitig eine Verneinung des Schutzes des Verkäufers bedeuten muss. Dies bedeutete nach schwedischem Verständnis aber eine Vermengung zweier unterschiedlicher Fragen und führte auch zu falschen Antworten.[619] Denn es beruht auf der Annahme, dass der Schutz gegenüber Dritten im Eigentum verankert ist, und da das Eigentum zur selben Zeit nur bei einer Person bestehen kann (das Miteigentum sei hier ausgeklammert), muss dieses auch für seine Drittwirkung gelten. Da das im schwedischen Recht abgelehnt wird, gehen das Eigentum und

617 Forssell, Tredjemansskyddets gränser, S. 67.
618 Undén, Svensk sakrätt, S. 145; Millqvist, Sakrättens grunder, S. 130.
619 Hessler, Allmän Sakrätt, S. 71.

damit auch der sachenrechtliche Schutz auf den Käufer nur dann in einem Zeitpunkt über, wenn Vertragsschluss, Übergabe und Kaufpreiszahlung zusammenfallen. Sonst erfolgt der Übergang sukzessive.[620] Dieser sukzessive Übergang kann dazu führen, dass Befugnisse beim Verkäufer verbleiben, während der Käufer bereits Befugnisse erhält.

Ein Beispiel ist, dass der sachenrechtliche Schutz des Verkäufers bis zur Kaufpreiszahlung auch über die Übergabe hinaus ausgedehnt werden kann, wenn sich der Verkäufer einen Eigentumsvorbehalt oder ein anderes »Rücknahmerecht« einräumt. Wie erläutert, ist der Verkäufer dadurch gegenüber den Gläubigern des Käufers geschützt. Gleichzeitig erlangt der Käufer in diesem Fall zunächst ein bedingtes Eigentum (*villkorlig äganderätt*). So heißt es in 2 kap. 4 § 3 st *Sjölag (1994:1009): »Den som har förvärvat ett skepp eller skeppsbygge under villkor som innefattar äganderättsförebehåll eller är att jämställa med ett sådant förbehåll har rätt till inskrivning av sin villkorliga äganderätt.«* (»Wer ein Schiff oder Schiffsbauwerk unter der Bedingung erwirbt, die einen Eigentumsvorbehalt oder einen gleichgestellten Vorbehalt beinhaltet, hat das Recht, sein bedingtes Eigentum eintragen zu lassen.«) Dieses bedingte Eigentum genießt Schutz gegenüber den Gläubigern und Rechtsnachfolgern des Verkäufers. Formuliert man es mit Eigentumsbegriffen, bedeutet das, dass der Käufer trotz Eigentumsvorbehalts des Verkäufers im Verhältnis zu dessen Gläubigern bedingter Eigentümer wird. In anderen Fällen erlangt der Käufer diesen Schutz erst mit Übergabe. Auf den Fortschritt einer ratenweisen Bezahlung der Sache kommt es dabei nicht an.[621] Eine andere Möglichkeit ist, dass der Käufer den Kauf registriert.[622] Durch dieses *registrering* erlangt er gegenüber den Gläubigern des Verkäufers Schutz, obwohl sich die Sache selbst noch beim Verkäufer befindet. Gleiches gilt für *märkt virke* (geschlagenes Nutzholz). Die Markierung vermittelt dem Käufer gemäß dem *Lag (1944:302) om köpares rätt till märkt virke* (Gesetz über den Schutz des Käufers von markiertem Nutzholz) sachenrechtlichen Schutz gegenüber den Gläubigern des Verkäufers. Da es gleichzeitig aber noch nicht zu einer Übergabe an den Käufer gekommen ist, hat der Verkäufer ein Zurückbehaltungsrecht, falls der Käufer noch nicht gezahlt hat. Dieses Zurückbehaltungsrecht (*stoppningsrätt, detentionsrätt*) wirkt gegenüber den Gläubigern des Käufers. Vergleichbares könne man auch hinsichtlich der Besitzverhältnisse sagen, nämlich, dass der eine »Besitz mit Hinblick auf § 61 *köplag*« (der das *stoppningsrätt* des Verkäufers regelt) und der andere »Besitz im Hinblick auf das

620 Undén, Sakrätt, S. 120.
621 Undén, aaO.
622 Håstad, JFT 2009, 327, 328.

Lösöreköpslag« habe, wenn *stoppningsrätt* und sachenrechtlicher Schutz durch Registrierung oder Markierung zusammenträfen.[623]

Damit haben sowohl Käufer als auch Verkäufer zur selben Zeit einen sachenrechtlichen Schutz an derselben Sache. Aus diesem Grunde hält es beispielsweise *Håstad* für sinnlos, darüber zu diskutieren, wer Eigentümer der Sache in dem Moment sei.[624] Denn es könnten auch beide Eigentümer sein, weil sie beide einen Schutz genießen würden, wie er dem Eigentümer zusteht. Es handele sich um eine rein »terminologische« Frage; eine Schlussfolgerung von der Eigentümerstellung in einem Verhältnis auf die in einem anderen sei ausgeschlossen.[625] In der schwedischen Literatur taucht auch der Begriff des »doppelten« Eigentums auf.[626] Gemeint sind damit Fälle von Ratenkäufen unter Eigentumsvorbehalt. In der Schwebezeit zwischen Vertragsschluss und vollständiger Kaufpreiszahlung sollen sowohl der Verkäufer als auch der Käufer Schutz gegenüber den Gläubigern des anderen haben. *Hessler* bezeichnet diese Situation auch als »begrenztes« Eigentum, da es vom Recht eines anderen eingeschränkt werde.[627]

Wie diese Situation aufgelöst wird, wenn beide Parteien zur selben Zeit insolvent werden, wird in der schwedischen Rechtswissenschaft nicht problematisiert. Die Lösung müsste wohl lauten, dass die Gläubiger des Verkäufers sein Rücknahmerecht pfänden, während die Gläubiger des Käufers den Anspruch auf das Eigentum belastet mit diesem Rücknahmerecht pfänden. Das ähnelt der Situation zwischen Vorbehaltseigentum und Anwartschaftsrecht im deutschen Recht.

5. Ausnahme vom borgenärsskydd

Der unter den genannten Voraussetzungen bestehende *borgenärsskydd* gilt nicht ausnahmslos. Der sachenrechtliche Schutz gegenüber den Gläubigern schützt in der Insolvenz nämlich nur unter der weiteren Voraussetzung, dass der Erwerb nicht mit insolvenzrechtlichen Mitteln angegriffen wird. Ein solches Mittel ist das *återvinning* (Anfechtung). Trotz sachenrechtlichen Schutzes ist nämlich eine Anfechtung von Rechtsgeschäften erlaubt, die gläubigerbenachteiligend sind und innerhalb einer bestimmten Frist vor der Insolvenz im Wissen um diese Umstände abgeschlossen wurden.[628] Die detaillierten Voraussetzungen regelt

623 Håstad, Sakrätt, S. 223.
624 Håstad, Sakrätt, S. 184.
625 Håstad, aaO.
626 Hessler, SvJT 1954, 417, 419.
627 Hessler, aaO.
628 Håstad, Sakrätt, S. 118.

Kap. 4 *Konkurslag (1987:672)*. Ist die Anfechtung erfolgreich, kann der Erwerber keine Rechte gegenüber den Insolvenzgläubigern geltend machen, obwohl er die üblichen Erfordernisse für einen *sakrättsligt skydd* erfüllt hat.[629] Eine erfolgreiche Anfechtungsklage setzt sich auch gegenüber den Gläubigern des Käufers durch, wenn dieser ebenfalls in Insolvenz geraten sollte.[630] Das Gericht erklärt dann den Erwerb für ungültig und ordnet die Rückabwicklung der erbrachten Leistungen an. *Återvinning* dient der Verwirklichung des Gleichbehandlungsprinzips in der Insolvenz und kommt nur in Betracht, wenn überhaupt dem Grunde nach sachenrechtlicher Schutz bestehen könnte. Andernfalls fehlte es schon an einem Konflikt mit den Gläubigern. Deswegen wird die insolvenzrechtliche Anfechtung auch als Ausnahme zum Gläubigerschutz bezeichnet.

Auch Rechte, die nur mit sachenrechtlichem Schutz im Umfang eines *förmånsrätt* (dazu sogleich) ausgestattet sind, können durch *återvinning* angefochten werden.[631]

6. Schutz von beschränkten dinglichen Rechten

Nicht nur das Eigentum kann Bezugspunkt einer sachenrechtlichen Kollision mit den Insolvenzgläubigern des Vertragspartners sein. Eine sachenrechtliche Kollision kann auch zwischen den Gläubigern des Eigentümers und dem Inhaber eines beschränkten dinglichen Rechts an der betroffenen Sache entstehen. Der Inhaber eines beschränkten dinglichen Rechts hat in der Insolvenz ein sogenanntes *förmånsrätt* (Vorzugsrecht).

Der Schutz hat nur eine andere Auswirkung als beim Eigentum selbst. So wie das beschränkte dingliche Recht grundsätzlich weniger Rechtsmacht als das Eigentum vermittelt, ist der Schutz auch geringer, in dem Sinne, dass er nur auf eine anteilige Befriedigung gerichtet ist. Das funktionale Äquivalent des *förmånsrätt* sind im deutschen Recht demnach die Absonderungsrechte nach §§ 49 ff. der deutschen Insolvenzordnung. Die Hierarchie zwischen *separationsrätt* und *förmånsrätt* ist vergleichbar mit dem Unterschied im deutschen Recht zwischen Aussonderungs- und Absonderungsrechten in der Insolvenz. Der Inhaber eines *förmånsrätt* hat im Gegensatz zu demjenigen, der ein *separationsrätt* geltend macht, kein Recht auf Herausgabe einer bestimmten Sache. Sein Recht beschränkt sich darauf, dass er finanziell vorrangig aus dem Erlös vor den übrigen Gläubigern in der Insolvenz befriedigt wird. Das korrespondiert damit, dass die Rechte, die mit einem Vorzugsrecht ausgestattet sind, beschränkte dingliche

629 Hessler, Allmän Sakrätt, S. 107.
630 SOU 1970:75, S. 168.
631 Håstad, Sakrätt, S. 316.

Rechte sind. Trotzdem wird das *förmånsrätt* nach schwedischem Verständnis im Sachenrecht verortet, weil es Ausdruck von der Drittwirksamkeit eines Rechts ist.

Zum *förmånsrätt* finden sich gesetzliche Bestimmungen in verschiedenen Gesetzen. Von Relevanz sind dabei vorrangig das *Förmånslag (1970:979)* (Gesetz über Vorzugsrechte) und daneben Spezielgesetze wie das *Lag (2008:990) om företagshypotek* (Gesetz über Unternehmenshypotheken), das *Lag (1971:1072) om förmånsberättigade skatter* (Gesetz über vorzugsberechtigte Steuern) und der *Handelsbalk (1736:0123 2)* (Handelsgesetz). Generell wird zwischen allgemeinen und speziellen Vorzugsrechten, *allmänna och särskilda förmånsrätter* unterschieden. Zu den speziellen Vorzugsrechten gehören unter anderem das *panträtt* (Pfandrecht), das *retentionsrätt* (Unternehmerpfandrecht), *utmätning* (Pfändungspfandrecht) und die *företagshypotek* (Unternehmenshypothek). Es handelt sich dabei um Rechte an bestimmten Vermögensgegenständen des Schuldners. Demgegenüber beziehen sich die allgemeinen Vorzugsrechte auf das gesamte Vermögen des Schuldners und betreffen unter anderem Steuern, Abgaben, Löhne und Wirtschaftsprüfergebühren. Die allgemeinen Vorzugsrechte gelten gemäß § 2 *Förmånslag (1970:979)* nur in der Insolvenz. Die Rangreihenfolge, nach der sich die Befriedigung dieser Forderungen in der Insolvenz des Schuldners oder bei der Zwangsvollstreckung richtet, bestimmt sich nach den §§ 4–6 *Förmånslag (1970:979)*. Das stärkste Recht in dieser Rangreihenfolge ist das Separationsrecht (*separationsrätt*), das auf dem Eigentum beruht, gefolgt vom Aufrechnungsrecht (*kvittingsrätt*) und dem Vorzugssrecht (*förmånsrätt*). Am unteren Ende der Skala liegen die Forderungen ohne Vorrang (*oprioriterad fordran*) und die zurückgestellten Forderungen (*efterställd fordran*).

7. Die Rolle vom Eigentum beim Gläubigerschutz

Das Eigentum soll nach schwedischer Vorstellung für die Begründung von Gläubigerschutz nicht herangezogen werden. Entsprechend wird vermieden, über die Feststellung des Eigentums zu einer Feststellung des Vorrangs einer Partei im sachenrechtlichen Konflikt zu gelangen. Dies gestaltet sich schwierig, da der den Konflikt mit den Gläubigern auslösende Umstand gerade die Verschiebung von Eigentum ist. Denn darauf ist ein Verkauf einer Sache schlussendlich ausgerichtet. Deswegen genügt auch nicht der Besitz des Käufers, wenn der Verkäufer einen Rücknahmevorbehalt ausgehandelt hat, den er nur haben kann, weil er bis dato Inhaber des Sachenrechts war, das übertragen wird. Die Situation wird sogar »Vorrang aufgrund beibehaltenem Eigentum« genannt. Es gelingt schlicht nicht, das Eigentum aus der Transaktionssituation herauszuhalten, weil es sein Gegenstand ist. Stattdessen knüpft die Diskussion an das Bestehen oder Nichtbestehen eines Separationsrechts an. Wie bereits angesprochen, lässt sich dieses wiederum eigentlich nicht ohne ein im Hintergrund bestehendes Eigentum erklären. Letztlich muss man sagen, dass im Bereich des *borgenärsskydd* Eigentum wirkt, aber nicht benannt wird.

8. Gläubigerschutz im deutschen Recht

Der *borgenärskydd* ist etwas, das dem deutschen Recht zwar bekannt und vertraut ist, nur nicht unmittelbar im Sachenrecht verortet wird. Stattdessen wird der Schutz gegenüber Gläubigern des Vertragspartners im Insolvenzrecht behandelt. Was im schwedischen Recht mit *borgenärskydd* bezeichnet wird, entspricht der Funktion, die dem Eigentum im deutschen Insolvenzrecht zukommt.[632] Das Insolvenzrecht bezweckt die gleichmäßige Befriedigung aller Gläubiger aus dem Vermögen des Insolvenzschuldners, § 1 Abs. 1 der deutschen Insolvenzordnung. Um dieses Vermögen festzustellen, wird es zunächst von Vermögenspositionen bereinigt, für die ein Aussonderungsrecht besteht. Die übrigen Forderungen werden in Geldforderungen umgewandelt. Für den Käufer stellt sich also in der Insolvenz des Verkäufers die Frage, ob sein Erwerb schon so weit gediehen ist, dass er zur Aussonderung berechtigt ist, oder ob seine Forderung aus dem Kaufvertrag auf Übereignung in eine Geldforderung umgewandelt wird. Da seine Forderung ungesichert ist, ist die zweite Variante für ihn ungünstig, da seine Forderung dann nur nach einer Quote teilerfüllt wird. Eigentum ist ein solches Aussonderungsrecht. Gleiches gilt für die Einzelzwangsvollstreckung.

Der Unterschied zwischen den beiden Rechtsordnungen liegt in der rechtsdogmatischen Herleitung des Vorrangs in der Insolvenz. Während das deutsche Recht diesen Vorrang als Ausprägung des Eigentumsrechts sieht, schweigt das schwedische Recht. Sieht man von der systematischen Einordnung ab, gleicht die Rechtsposition des Sachenrechtsinhabers im Verhältnis zu den Gläubigern eines Vertragspartners im deutschen Recht der des schwedischen Rechtsinhabers im dynamischen Sachenrecht Schwedens.

IV. Schutz von Erwerbern – Omsättingsskydd

Im Gegensatz zum *borgenärsskydd* erfasst der *omsättningsskydd* Situationen, in denen sich ein Käufer gegenüber anderen Erwerbern durchsetzen möchte. Man könnte es auch als den Eigentumserwerb im Verhältnis zu Umsatzerwerbern bezeichnen. Während beim *borgenärsskydd* der konkurrierende Anspruch auf

632 Sandstedt, Sakrätten, Norden och Europeiseringen, S. 4.

die Verwertung der Sache zur Tilgung von Forderungen gerichtet ist, konkurrieren beim *omsättningsskydd* Rechte auf das Vermögensobjekt selbst. Diese Konfliktsituationen können entweder beim Doppelverkauf oder beim Erwerb vom unberechtigten Veräußerer auftreten. Es kann sich um den Erwerb der Sache selbst (und damit des Eigentums daran) oder um den Erwerb eines beschränkten dinglichen Rechts an der Sache, wie eines Pfandrechts, handeln. Der konkurrierende Erwerber wird auch als *singularsuccessor* (Einzelrechtsnachfolger) bezeichnet, um hervorzuheben, dass es um den rechtsgeschäftlichen Erwerb einer bestimmten Sache geht und nicht um den Erwerb mittels *universalsuccession* (Gesamtrechtsnachfolge) wie beim Erbe.[633] In *Hesslers* A-B-C-Schema ist der erste Erwerber A, während der Konkurrent C der Rechtsnachfolger von B ist, von dem C ein Recht erworben hat. Der *omsättningsskydd* ist in zwei Richtungen denkbar. Entweder begehrt der frühere Erwerber Schutz gegenüber dem späteren Erwerber oder der spätere Erwerber wendet sich gegen den früheren Erwerber. Beide Erwerber können dasselbe Recht an der Sache beanspruchen, indem sie beispielsweise beide behaupten, Eigentümer der Sache zu sein. Es können aber auch Eigentum und ein beschränktes Sachenrecht konkurrieren. In der Konstellation ist zu prüfen, ob der Erwerber, der behauptet, Eigentum erworben zu haben, das beschränkte Recht des anderen trotzdem gegen sich gelten lassen muss, oder ob er die Sache frei von derartigen Rechten Dritter erwerben konnte. In die Rubrik des *omsättningsskydd* fallen auch noch die Fälle, in denen die Sache nur ein einziges Mal verkauft wurde, der Verkäufer aber dazu nicht berechtigt war. Typische Fälle sind der Dieb, der die gestohlene Ware weiterveräußert, der Verkäufer, der ohne Vollmacht handelt, oder der Verkäufer, der die Sache selbst nicht wirksam erworben hat. Den Fällen ist gemein, dass außerhalb des Erwerbs noch der wahre, bisherige Eigentümer existiert, der dann mit dem Erwerber konkurriert.

Hessler trennt im Zusammenhang mit dem *omsättningsskydd* noch zwischen »absolutem« und »relativem« Schutz. Mit »absolutem« Schutz ist gemeint, dass die Rechtsstellung einer Person nur von ihrem Verhalten abhängig ist. »Relativer« Schutz besteht dagegen, wenn noch Handlungen oder Eigenschaften aufseiten des Konkurrenten hinzutreten müssen, die aber noch nicht eingetreten sind.[634] Dies kann der Fall sein, wenn der Zweiterwerber die Sache noch nicht besitzt oder bösgläubig ist. Ein anderer Zweiterwerber kann diese Voraussetzungen dann noch erfüllen. Damit besteht der Schutz nur relativ im Verhältnis zum ersten Zweiterwerber.

Der Absatzschutz umfasst zwei, sich widersprechende Aspekte. Aus verallgemeinerter Sicht des Ersterwerbers (*Hesslers* A) geht es darum, Doppelverfü-

633 Håstad, Sakrätt, S. 16.
634 Hessler, Allmän Sakrätt, S. 372.

gungen zu verhindern. Aus Sicht des Zweiterwerbs (*Hesslers* C) geht es darum, den Warenumsatz zu fördern. Die gleiche Interessenlage besteht zwischen ursprünglichem Eigentümer und dem Erwerber, der vom vermeintlichen Eigentümer erwirbt. Es stehen sich das Interesse am Bestandsschutz des Eigentums und das Interesse am Schutz des Erwerbs von Eigentum gegenüber. Je nachdem, was favorisiert wird, muss Verkehrsschutz verneint oder bejaht werden. Dies wird in Schweden situationsabhängig gelöst.

Im Vergleich zum Gläubigerschutz ist der Absatzschutz umfassender gesetzlich geregelt. Die Varianten des *omsättningsskydd* spiegeln sich in der Systematisierung des *Jordabalk (1970:994)* in Bezug auf den Erwerb von Immobilien wider. Das 17. Kapitel des *Jordabalk (1970:994)* beschäftigt sich mit Doppelverfügungen des rechtmäßigen Eigentümers, während sich das 18. Kapitel mit gutgläubigem Erwerb vom Nichtberechtigten befasst. Auch auf dem Gebiet des *lös egendom* gibt es mit dem *Lag (2003:161) om godtrosförvärv av lösöre* (Gesetz über den gutgläubigen Erwerb von beweglichen Sachen) eine vergleichsweise präzise gesetzliche Normierung.

1. Gutgläubiger Erwerb des Eigentums

Der ursprüngliche Eigentümer kann sich der Situation ausgesetzt sehen, dass eine Person »seine« Sache beansprucht und behauptet, diese rechtmäßig erworben zu haben. Dieser Erwerb fand nicht zwischen dem ursprünglichen Eigentümer und dem Erwerber statt, sondern zwischen dem Erwerber und einem Dritten. Dieser vermittelnde Teil wäre in *Hesslers* Schema »B«, während der bisherige Eigentümer »A« und der neu hinzutretende Erwerber »C« wäre. Entscheidend ist, dass B grundsätzlich nicht befugt war, das Eigentum wirksam auf C zu übertragen. B ist weder Eigentümer der Sache, noch zu einer Verfügung darüber befugt.[635] Das kann verschiedene Gründe haben: B kann die Sache an C übertragen haben, nachdem er die Sache von A selbst erworben hat, dieser Erwerb aber unwirksam war. B kann die Sache von A gestohlen haben und B geriert sich nunmehr trotzdem als verfügungsbefugter Eigentümer gegenüber C. In dieselbe Richtung geht der Fall, dass A eine Sache dem B vorübergehend anvertraut hat und B sie nunmehr an C veräußert. Weiterhin kann A sich beim Verkauf der Sache an B das Eigentum daran auch vorbehalten haben und B verkauft dennoch die Sache weiter an C. Teilt man den gutgläubigen Erwerb daher in Fallgruppen ein, ergeben sich folgende: Doppelverkauf, Verkauf trotz Eigentumsvorbehalts, Verkauf von anvertrauten Sachen, Verkauf trotz ungülti-

635 Lilja, National Report on Transfer of Movables in Sweden, S. 54.

gem Vorerwerb sowie Verkauf von Sachen, die dem ursprünglichen Eigentümer unrechtmäßig weggenommen wurden.

In all diesen Fällen stehen sich das Vertrauen von A in den Bestand seines Eigentums und das Vertrauen von C auf einen erfolgreichen Erwerb von Eigentum gegenüber. Grundsätzlich gilt auch im schwedischen Recht, dass niemand mehr Rechte übertragen kann als er selbst hat.[636] Der gutgläubige Erwerb bildet hierzu eine Ausnahme. Kommen mehrere Faktoren zusammen, kann es sein, dass der Neuwerber C obsiegt, weil er die Sache gutgläubig erworben hat und A das Eigentum so verloren hat. Dies setzt mehreres voraus: Der unberechtigte Veräußerer muss Besitz an der veräußerten Sache haben und es muss sich um einen rechtsgeschäftlichen Erwerbsvorgang handeln.[637] Voraussetzung ist ferner auf Erwerberseite, dass der Erwerber A Besitz an der Sache erlangt und dass er gutgläubig ist. Sind all diese Voraussetzungen erfüllt, ist der Erwerb von C gegenüber A wirksam. Diese sachenrechtliche Wirkung des gutgläubigen Erwerbs wird durch die Möglichkeit eines Rückkaufs eingeschränkt. Einerseits bewirkt der gutgläubige Erwerb, dass der Erwerber gegenüber dem bisherigen Eigentümer geschützt ist und das *bättre rätt* hat. Andererseits tritt dieser Zustand erst unumkehrbar ein, wenn die Frist für einen Rückkauf tatenlos verstrichen ist. Denn das schwedische Recht sieht vor, dass der bisherige Eigentümer innerhalb einer bestimmten Frist die Möglichkeit hat, die Sache vom gutgläubigen Erwerber gegen eine Entschädigung zurückzuerhalten. Es handelt sich um den sogenannten *lösen.*

Die grundsätzlichen Tatbestandsvoraussetzungen für einen gutgläubigen Erwerb lassen sich der Norm über den gutgläubigen Erwerb von *lösöre* entnehmen. § 2 Abs. 1 *Lag (2003:161) om godtrosförvärv av lösöre* (Gesetz über den gutgläubigen Erwerb von beweglichen Sachen) schreibt folgende Voraussetzungen vor: »*Har någon förvärvat lösöre genom överlåtelse från någon annan som hade egendomen i sin besittning men varken var ägare till den eller behörig att förfoga över den på det sätt som skett, får förvärvaren äganderätt till egendomen, om han har fått den i sin besittning och var i god tro*«. (»Hat jemand bewegliche Sachen durch eine Übereignung von einer anderen Person erworben, die den Vermögensgegenstand in ihrem Besitz hatte, aber weder dessen Eigentümer war, noch befugt war, darüber auf die erfolgte Art und Weise zu verfügen, erhält der Erwerber das Eigentum an diesem Vermögensgegenstand, wenn er ihn zu Besitz erhalten hat und in guten Glauben war.«) Diese Norm gilt ausschließlich für den Erwerb von beweglichen Sachen, soll aber im Folgenden als Richtschnur gelten, während die Ausnahmen an gegebener Stelle diskutiert werden.

636 Håstad in Strömholm, An Introduction to Swedish Law, S. 415.
637 Håstad in Strömholm, An Introduction to Swedish Law, S. 415.

a) Objektive Voraussetzungen des gutgläubigen Erwerbs

Wie man § 2 Abs. 1 *Lag (2003:161) om godtrosförvärv av lösöre* (Gesetz über den gutgläubigen Erwerb von beweglichen Sachen) entnehmen kann, hat der gutgläubige Erwerb mehrere objektive Voraussetzungen, die kumulativ vorliegen müssen. Sie betreffen die Art des Erwerbs, die fehlende Berechtigung des Verkäufers und das erforderliche sachenrechtliche Moment sowie die Besitzverhältnisse. Ein gutgläubiger Erwerb ist nur mittels einer rechtsgeschäftlichen Übereignung, also nur durch Kauf, Tausch oder Schenkung möglich, nicht im Rahmen einer Universalrechtsnachfolge wie dem Erbe.

Ferner ist Voraussetzung, dass der Übereignende die Sache besitzt. Denn erst dieser Besitz erweckt den äußeren Anschein der Berechtigung des Übereignenden und ist Basis des Vertrauens des Erwerbers.[638] Es genügt mittelbarer Besitz des Übereignenden, wenn der unmittelbare Besitzer mitteilt, dass er für den Übereignenden besitze.[639] Korrespondierend ist auf Erwerberseite zu fordern, dass dieser selbst Besitz an der Sache erlangt. Auch hier genügt es, falls die Sache nicht im unmittelbaren Besitz des Übereignenden, sondern eines Dritten ist, dass dieser unmittelbare Besitzer über den Erwerb informiert wird.[640] Befindet sich die Sache beispielsweise bei einem unabhängigen Frachtführer, genügt für die Besitzerlangung des Erwerbers, dass er das Konnossement erwirbt.[641] Eine Ersetzung der Besitzerlangung durch eine Eintragung nach dem *lösöreköpslag* oder eine Markierung der Sache ist dagegen nicht ausreichend.[642] Denn diese beiden Mittel sind explizit nur für Gläubigerschutz bestimmt. Entscheidende sachenrechtliche Momente sind folglich die Übergabe (*tradition*) oder ersatzweise die Mitteilung (*denuntation*). Eine weitere Voraussetzung ist das fehlende Eigentum des Übereignenden und seine fehlende Verfügungsbefugnis. Der Übereignende kann also behaupten, Eigentümer des Vermögensgegenstands zu sein oder als Stellvertreter des wahren Eigentümers zu dessen Übereignung jedenfalls berechtigt zu sein. Da der gutgläubige Erwerb durch seine Formulierung mit »weder – noch« ein Zweifaches voraussetzt, nämlich, dass der Veräußerer weder Eigentümer noch Verfügungsberechtigter ist, ist ein gutgläubiger Erwerb von Minderjährigen oder anderen Geschäftsunfähigen nicht möglich, weil diese trotz fehlender Verfügungsbefugnis Eigentümer bleiben.[643] Aus demselben Grund ist ein gutgläubiger Erwerb vom Insolvenzschuldner nach dem *Godtrosförvärvlag (1986:796)* nicht möglich, da dieser mit dem Insolvenzbeschluss

638 Håstad, Sakrätt, S. 65.
639 Håstad, Sakrätt, S. 66.
640 Håstad, aaO.
641 Prop. 1985/86:123, S. 20.
642 SOU 1965:14, S. 85; Hessler, Allmän Sakrätt, S. 125.
643 Håstad, Sakrätt, S. 79.

zwar seine Verfügungsbefugnis, nicht aber sein Eigentum verliert. Ein bevollmächtigter Vertreter des Eigentümers erfüllt wiederum die objektiven Voraussetzungen für einen gutgläubigen Erwerb auf Veräußererseite, wenn er sein rechtliches Können mit dem Geschäft überschreitet.

Ein gutgläubiger Erwerb von *fast egendom* hat andere Voraussetzungen. Maßgeblich ist auf objektiver Seite, dass der Veräußerer zu seiner Legitimierung im Grundbuch eingetragen ist (öffentlicher Glaube). Das bloße Ersuchen einer Eintragung reicht nicht aus.[644] Der Erwerb von diesem Veräußerer muss außerdem den allgemeinen Formvorschriften eines Erwerbs von Immobilien nach Kapitel 4 *Jordabalk* genügen.

Ein gutgläubiger Erwerb ist auch im Rahmen einer Zwangsversteigerung auf Betreiben eines einzelnen Gläubigers möglich, da dort gemäß Kap. 14 § 1 *Utsökningsbalk (1981:774)*, abgesehen von einigen spezifischen Ausnahmen, dieselben Regeln gelten wie für ein normales Rechtsgeschäft. Damit gelten für die Zwangsversteigerung von *lösöre* die Regeln des *Lag (2003:161) om godtrosförvärv av lösöre*. Daneben wird der Vindikationsanspruch eines bisherigen Eigentümers, dessen Sache fälschlicherweise als zum Schuldnervermögen gehörend versteigert wurde, einer zeitlichen Beschränkung unterworfen. Dieser kann gemäß Kap. 4 § 20 *Utsökningsbalk (1981:774)* die Sache vom Versteigerungserwerber nur heraus verlangen, wenn er binnen einer Monatsfrist eine Klage auf sein *bättre rätt* erhebt. Die Frist beginnt mit der Mitteilung der Vollzugsbehörde über die Pfändung. Tut er dies nicht, so ist der Erwerb in der Zwangsversteigerung unabhängig vom guten Glauben des Erwerbers vorrangig.

b) Subjektive Voraussetzungen des gutgläubigen Erwerbs

Neben den objektiven Voraussetzungen ist für den gutgläubigen Erwerb eine subjektive Komponente entscheidend. Der Erwerber muss als gutgläubig angesehen werden. Der bisherige Eigentümer muss, will er dem entgegentreten, beweisen, dass der Erwerber tatsächlich eine schädliche Kenntnis hatte. Für den Erwerber kommt es dagegen nicht darauf an, zu beweisen, dass er im Gegenteil tatsächlich gutgläubig war. Stattdessen muss der Erwerber Umstände beweisen, deren rechtliche Bewertung dafür spricht, dass er die wahren Eigentumsverhältnisse oder Verfügungsbefugnisse nicht kennen musste (»*inte borde ha misstänkt*« (»nicht hätte misstrauisch sein müssen«)).[645] Gab es nach den dargelegten Umständen für einen durchschnittlichen Käufer Anlass zu Misstrauen, scheidet ein gutgläubiger Erwerb aus, unabhängig davon, ob der Erwerber tatsächlich

644 Hessler, Allmän Sakrätt, S. 96.
645 Millqvist, Sakrättens Grunder, S. 64ff.

misstrauisch war oder nicht.[646] Derartige Umstände sind situationsgebunden und hängen beispielsweise von der Art der Kaufsache, deren Wert oder dem Ort des Kaufs ab.[647] Da es um das Verhältnis zwischen Erwerber und Drittem geht, muss der gute Glauben des Erwerbers im Zeitpunkt der Übergabe vorliegen. Es genügt nicht, dass er bei einem zeitlich vorangehenden Vertragsschluss gutgläubig war, diesen guten Glauben jedoch in der Zwischenzeit verloren hat.[648]

c) Kein Ausschluss des gutgläubigen Erwerbs

Der gutgläubige Erwerb darf schließlich nicht ausgeschlossen sein. Die Ausschlussgründe können in der Natur der Sache oder darin begründet sein, dass es sich um eine abhanden gekommene Sache handelt.

Seit Einführung des § 3 *Lag (2003:161) om godtrosförvärv av lösöre* ist der gutgläubige Erwerb von abhanden gekommenen *lösöre* nicht mehr möglich. Dies gilt unabhängig davon, wie viele Zwischenerwerbe stattgefunden haben. In dieser Situation hat der ursprüngliche Eigentümer Vorrang und kann die Sache vindizieren. Dies entspricht dem allgemeinen Rechtsgefühl, begründet jedoch auch eine starke Einschränkung des Verkehrsschutzes, der durch die Möglichkeit des gutgläubigen Erwerbs gerade befördert werden soll. Voraussetzung für das Abhandenkommen ist, dass die bewegliche Sache ihrem rechtmäßigen Eigentümer gestohlen oder auf ähnliche Weise gegen seinen Willen entzogen wurde. Die Regelung ist zwar rein zivilrechtlich zu verstehen, erfasst aber damit die Vermögensstraftaten des Kap. 8 §§ 1–8 *Brottsbalk (1962:700)*, nämlich Diebstahl, Raub, unbefugter Gebrauch von Fahrzeugen und verbotene Eigenmacht. Diese Fälle eint eine Wegnahme gegen den Willen des Berechtigten. Es geht für den gutgläubigen Erwerb ausschließlich um die Wegnahme ohne den Willen des Eigentümers, ein möglicher hypothetischer Rückführungswille ist irrelevant.[649] Wird der bisherige Eigentümer hingegen durch Täuschung, Erpressung oder Drohung dazu gebracht, die Sache herauszugeben, greift die Regelung des § 3 *Lag (2003:161) om godtrosförvärv av lösöre* nicht, da ein Mitwirkungsakt des Eigentümers vorliegt.[650] Da es sich um eine zivilrechtliche Regelung handelt, kommt es auch nicht darauf an, ob tatsächlich eine anklagefähige Straftat oder eine Verurteilung vorliegt. Es genügt, dass der wahre Eigentümer sein Eigentum nachweisen kann und ebenso nachweisen kann, dass die Sache gegen seinen Willen aus seinem Besitz entfernt wurde (»*olovligen tagit*«).[651] Die objektive Erfüllung

646 NJA 2005 S. 502.
647 SOU 2000:56, S. 51 ff.
648 Undén, Sakrätt, S. 147.
649 Prop. 2002/03:17, S. 18.
650 Millqvist, Sakrättens Grunder, S. 72.
651 Prop. 2002/03:17, S. 36.

der genannten Straftatbestände spricht dafür. Auch wenn in § 3 *Lag (2003:161) om godtrosförvärv av lösöre* nur der Eigentümer selbst genannt ist, steht dessen Vindikationsrecht auch einer Versicherung zu, die das Recht durch Zahlung des Schadens übernommen hat.[652] Ebenso wie der Rückkaufanspruch verjährt der Herausgabeanspruch des bestohlenen Eigentümers gegenüber dem gutgläubigen Erwerber sechs Monate nach Kenntniserlangung.

Ob eine Sache gutgläubig erworben werden kann, hängt von ihrer Natur ab. Für *lösöre* ist dies bejaht worden und gesetzlich im *Lag (2003:161) om godtrosförvärv av lösöre* geregelt. Für anderes *lös egendom* und *fast egendom* wird dies unterschiedlich beantwortet. Ein gutgläubiger Erwerb soll regelmäßig nur möglich sein, wenn ein solcher gesetzlich vorgesehen wurde.[653] *Fordringar* (Forderungen) können nicht gutgläubig erworben werden, da es an einem legitimierenden Rechtsschein mangelt.[654] Auch *Byggnader på annans grund* sind vom gutgläubigen Erwerb ausgeschlossen.[655] Ebenfalls aufgrund fehlender Rechtsscheinträger sind Immaterialgüterrechte nicht gutgläubig erwerbbar.[656]

d) Rechtsfolgen eines gutgläubigen Erwerbs

Der wirksame gutgläubige Erwerb hat zunächst die Rechtsfolge, dass der Erwerber gegenüber dem bisherigen Eigentümer das bessere Recht an der Sache hat. Entsprechend der funktionalen Methode könnte man alternativ formulieren, dass jener (nur) diesem gegenüber das Eigentum an der Sache erworben habe. Die Option des Rückerwerbs durch den ursprünglichen Eigentümer durch die Zahlung eines *lösen* ist nur in einigen Fällen nach § 5 *Lag (2003:161) om godtrosförvärv av lösöre* vorgesehen. Die Regelung über die Rückkaufmöglichkeit dient dazu, einem besonderen Affektionsinteresse des bisherigen Eigentümers entgegenzukommen. Der dazu fällige Betrag, *lösen* genannt, bestimmt sich nach dem Preis, den der Erwerber gezahlt hat (gedeckelt durch den aktuellen Marktwert der Sache) sowie den Kosten für etwaige, an der Sache vorgenommene Verbesserungen. Dies ist Ausdruck des *vederlagsprincip* (Genugtuungs- oder Entschädigungsprinzip). Dagegen legen andere Stimmen für die Preisbestimmung das *värdeprincip* (Wertprinzip) zugrunde, nach dem nur der aktuelle Marktpreis ausschlaggebend sein soll.[657] Der Gesetzgeber hat sich in § 6 *Lag (2003:161) om godtrosförvärv av lösöre* für die erstgenannte Variante entschieden. Hat der gutgläubige Erwerber die Sache seinerseits weiterverschenkt oder vererbt, hat der

652 NJA 2004 S. 633.
653 NJA 2009 S. 182.
654 Håstad, Sakrätt, S. 76.
655 Håstad, Sakrätt, S. 77; SOU 1965:14, S. 65f; NJA 1952 S. 407.
656 SOU 1985:10, S. 38.
657 SOU 2000:56, S. 15.

aktuelle Erwerber keine Kosten für die Sache gehabt. Trotzdem muss der vorherige Eigentümer einen *lösen* zahlen, wenn er sie zurückerhalten will. Der Beschenkte oder Erbe darf sich nämlich den Betrag anrechnen lassen, den der Schenker oder Erblasser als *lösen* erhalten hätte, hätte sich die Rückforderung gegen diesen gerichtet.[658] Hat ein Dritter ein sachenrechtlich geschütztes Recht an der Sache, muss der *lösen* zu einem Teil, der dem Wert dieses Rechts entspricht, gemäß § 7 *Lag (2003:161) om godtrosförvärv av lösöre* an diesen Dritten gezahlt werden. Das Rückkaufsrecht des bisherigen Eigentümers verjährt sechs Monate, nachdem dieser von dem Erwerb und der Person des Erwerbers Kenntnis erlangt hat oder hätte erlangen müssen, so dass er seinen Anspruch hätte geltend machen können.[659]

2. Gutgläubiger Erwerb eines beschränkten dinglichen Rechts

Der Erwerber einer Sache kann mit der Situation konfrontiert sein, dass der Verkäufer an derselben Sache einem anderen ein beschränktes dingliches Recht an eben dieser Sache eingeräumt hat. Im Schema *Hesslers* ist dies die Konstellation A III – C^2. Daneben ist die Situation denkbar, dass ein Nichtberechtigter am Eigentum eines anderen einem Dritten ein beschränktes Recht einräumt. Dabei ist die Frage zu behandeln, unter welchen Voraussetzungen der Eigentümer dieses beschränkte Recht gegenüber sich gelten lassen muss. Dies wäre *Hesslers* Kombination A I – C^2. Die Voraussetzungen des gutgläubigen Erwerbs eines beschränkten dinglichen Rechts richten sich nach der Art der betroffenen Rechte und nach dem involvierten Sachenrechtsobjekt.

Kap. 18 § 1 *Jordabalk (1970:994)* bestimmt die Voraussetzungen eines gutgläubigen Erwerbs eines *nyttjanderätt* an *fast egendom* vom Nichtberechtigten. Danach ist ein solcher Erwerb gültig, wenn derjenige, der das Nutzungsrecht gewährt, eingetragen war, und der Erwerber des Nutzungsrechts nicht wusste, dass es sich bei seinem Vertragspartner nicht um den wahren Verfügungsberechtigten handelt. Im Immobiliarsachenrecht kommt es also neben dem guten Glauben auf die Eintragung an.

Die Anforderungen an den gutgläubigen Erwerb eines *panträtt* sind geringer als bei den Gebrauchsrechten. Hier genügt es, wenn der Nichtberechtigte erst zeitgleich oder sogar nach der Überlassung des Pfandrechts eingetragen wird, Kap. 18 § 2 *Jordabalk (1970:994)*. Ein weiterer Unterschied liegt darin, dass im Fall, dass der Erwerber seinerseits das Pfandrecht einem anderen überlässt (*Hesslers S*), der schlechte Glaube des Ersterwerbers nicht schadet, wenn der

658 6 § Godtrosförvärvslag (1986:796); Håstad, Sakrätt, S. 71.
659 Millqvist, Sakrättens Grunder, S. 70.

Dritte in gutem Glauben ist. Diese Möglichkeit soll es für Nutzungsrechte nicht geben.[660]

Nutzungsrechte an Anteilsrechten oder Forderungen können wiederum sachenrechtlich gegenüber späteren Erwerbern des Anteilsrechts oder der Forderung geschützt sein. Die ziehbaren Nutzungen sind in diesen Fällen insbesondere Zinsen oder Dividenden, also Früchte des Rechts. Die Voraussetzung für einen sachenrechtlichen Schutz gegenüber späteren Erwerbern der Forderung oder des Anteilsrechts ist eine entsprechende Mitteilung (*denuntation*) gegenüber dem Schuldner.[661]

Pfandrechte an beweglichen Sachen können nach § 8 Abs. 1 *Lag (2003:161) om godtrosförvärv av lösöre* gutgläubig erworben werden. Die Regeln entsprechen denen über den gutgläubigen Erwerb des Eigentums. Rechtsfolge ist, dass der gutgläubige Erwerber die Sache, an der er ein Pfandrecht erworben hat, an deren rechtmäßigen Eigentümer nur herausgeben muss, wenn dieser an den Inhaber des Pfandrechts eine Geldsumme zahlt, deren Höhe der Höhe der Forderung entspricht, die das Pfandrecht sichert.

Während das *Lag (2003:161) om godtrosförvärv av lösöre* neben *lösöre* auch ausdrücklich den gutgläubigen Erwerb von Pfandrechten vorsieht, werden Zurückbehaltungsrechte (*retentionsrätter*) nicht erwähnt. Laut den Vorarbeiten solle der gutgläubige Erwerb eines *retentionsrätt* der Entwicklung durch die Rechtspraxis vorbehalten bleiben.[662] Hierzu gibt es nur vereinzelt Material. Teilweise wird für das Zurückbehaltungsrecht des Unternehmers, der das Zurückbehaltungsrecht wegen notwendiger Reparaturen der Sache geltend macht, vertreten, dass dieses Recht unabhängig vom guten Glauben des Unternehmers an die Verfügungsbefugnis des Bestellers entstehe.[663] Ob ein Erwerb eines bestehenden *retentionsrätt* möglich ist, bleibt unklar.

Folgerichtig gilt für den gutgläubigen Erwerb von beschränkten Rechten grundsätzlich nichts anderes als für den gutgläubigen Erwerb des Eigentums selbst. Das wird im deutschen Recht nicht anders gehandhabt. Dort gilt, dass der Erwerber bloß belastetes Eigentum erhalten kann, wenn an der erworbenen Sache ein beschränktes dingliches Recht besteht, wie sich aus §§ 936, 891, 892 BGB ergibt. Durch die Fortgabe seiner Befugnisse hat der Inhaber des Vollrechts seinen Handlungsspielraum diesbezüglich beschränkt. Der Schutz des Inhabers des beschränkten dinglichen Rechts endet jedoch dort, wo ein gutgläubiger Erwerb möglich ist.

660 Hessler, Allmän Sakrätt, S. 143.
661 Forssell, Tredjemansskyddets Gränser, S. 154.
662 Prop. 1985/86:123, S. 15.
663 SOU 1965:14, S. 77.

3. Gutgläubiger Erwerb nach anderen Gesetzen

Neben dem *Lag (2003:161) om godtrosförvärv av lösöre* und dem *Jordabalk (1970:994)* gibt es in Schweden noch weitere Gesetze, die Regelungen zum gutgläubigen Erwerb enthalten. Kap. 3 § 2 *Konkurslag (1987:672)* regelt die Situation, dass ein Insolvenzschuldner nach Eröffnung des Insolvenzverfahrens über sein Eigentum verfügt, obwohl er dazu nicht mehr berechtigt ist. Ein solcher Erwerb hat danach Bestand, wenn er innerhalb eines Tages nach Veröffentlichung des Insolvenzbeschlusses vorgenommen wird und der Insolvenzbeschluss dem Erwerber unbekannt war und er auch keine anderen Umstände kannte, die ihn zur Annahme der Insolvenz hätten verleiten müssen. Der Insolvenzschuldner muss die Sache weder besitzen, noch muss der Erwerber unmittelbaren Besitz erlangen.[664] Der Insolvenzverwalter hat jedoch die Möglichkeit, die Sache zurückzuerlangen, wenn er dem Erwerber den gezahlten Kaufpreis nebst notwendigen Kosten erstattet.

Auch wenn einfache Forderungen nicht gutgläubig erworben werden können, kann etwas anderes gelten, wenn es sich um eine schriftliche Forderung handelt, da das Papier den erforderlichen Rechtsschein in der Öffentlichkeit schafft. Das Gesetz über Verträge enthält eine Gutglaubensvorschrift, die für Schuldverschreibungen und schriftliche Verträge gilt, die nur zum Schein abgeschlossen wurden oder in Wahrheit nur zur Sicherheit überlassen wurden. Dann ist ausnahmsweise gemäß § 34 *Lag (1915:218) om avtal och andra rättshandlingar på förmögenhetsrättens område* (Gesetz über Verträge) ein gutgläubiger Erwerb der Forderung durch einen Dritten möglich, obwohl sie zwischen den Vertragsparteien der Scheinvereinbarung selbst keine rechtliche Wirkung entfaltet. Der gutgläubige Erwerb wird hier zugelassen, weil eine täuschende Partei nicht schutzwürdig ist.

Finanzinstrumente, die nur virtuell registriert sind, können gemäß Kap. 6 § 4 *Lag (1998:1479) om värdepapperscentraler och kontoföring av finansiella instrument* (Gesetz über Wertpapierzentralen und Kontoführung bezüglich Finanzinstrumenten) ebenfalls gutgläubig von einer Person erworben werden, die fälschlich als Eigentümer registriert ist, wenn der Erwerber im Zeitpunkt der Registrierung seines Erwerbs nichts von der Fehlerhaftigkeit des Registers wusste oder hätte wissen müssen.

Ähnlich ist die Situation, wenn ein Kommissionär die Sache an einen Erwerber verkauft und dabei gegen Abmachungen mit dem Kommittenten verstößt oder der Kommissionsvertrag ausgelaufen ist.[665] Nach § 26 *Kommissionslag (2009:865)* kann der Erwerber die Sache trotzdem gutgläubig erwerben, wenn er diese

664 Millqvist, Sakrättens Grunder, S. 79.
665 Håstad, Sakrätt, S. 62.

Umstände nicht kannte und nicht kennen musste. Es ist für den gutgläubigen Erwerb nicht erforderlich, dass der Erwerber, der an der Verfügungsbefugnis des Kommissionärs nicht zweifelt, Besitz erlangt.[666] Eine Rückkaufoption mittels *lösen* ist hier nicht vorgesehen.

Schließlich können Inhaberschuldverschreibungen (*löpande skuldebrev*) nach § 14 *Lag (1936:81) om skuldebrev* gutgläubig erworben werden, wenn der Übereignende das Dokument besitzt und der Nachweis einer ununterbrochenen Erwerbskette gelingt. Die Gültigkeit der vorherigen Erwerbsvorgänge muss nicht nachgewiesen werden.

Damit gibt es für schwedische Verhältnisse vergleichsweise viele gesetzliche Vorschriften, die den gutgläubigen Erwerb behandeln. Von den genannten Vorschriften vermeiden die meisten die Erwähnung von Eigentum und verwenden stattdessen Begriffe wie »darf geltend machen« oder »erhält das Recht an der Sache«. Dagegen wird im *Lag (2003:161) om godtrosförvärv av lösöre* ausdrücklich vom Erhalt des Eigentums (*äganderätt*) gesprochen. Das Gesetz über Finanzinstrumente hat diese Wortwahl übernommen. Dies ist auffällig, widersprechen die Formulierungen in diesen vergleichsweise modernen Gesetzen damit doch dem Postulat der funktionalen Methode, das Eigentum vollständig auszuklammern.

4. Gutgläubiger Erwerb durch Ersitzung (hävd)

Einen Sonderfall des gutgläubigen Erwerbs stellt die Ersitzung (*hävd*) dar. Im Gegensatz zum gutgläubigen Erwerb nach § 2 *Lag (2003:161) om godtrosförvärv av lösöre* ist die Ersitzung nach § 4 *Lag (2003:161) om godtrosförvärv av lösöre* auch möglich, wenn es sich um eine gestohlene Sache handelt oder der Veräußerer beim Verkauf nicht im Besitz der Sache war.[667] Voraussetzung ist, dass der Erwerber während der zehnjährigen Ersitzungszeit gutgläubig war und die Sache in der Annahme besessen hat, ihr Eigentümer zu sein (»*innehaft det med äganderättsanspråk*«). Eine Innehabung der Sache durch seine Rechtsvorgänger, die diesen Voraussetzungen ebenfalls genügt, wird auf die Ersitzungszeit angerechnet. Das Rückkaufsrecht des § 5 *Lag (2003:161) om godtrosförvärv av lösöre* steht dem früheren Eigentümer gegenüber dem Erwerber, der die Sache durch Ersitzung erworben hat, nach den gleichen Voraussetzungen zu wie gegenüber einem sonstigen gutgläubigen Erwerber.

Die Ersitzung von beweglichen Sachen wurde erst 2003 eingeführt und lehnt an die ältere Entsprechung im Immobiliarsachenrecht an. Der *Jordabalk*

666 Prop. 2008/09:88, S. 59; Håstad, Sakrätt, S. 75.
667 SOU 2000:56, S. 126f.

(1970:994) sieht in Kap. 16 zwei Varianten von Ersitzung von Immobilien vor.[668] Die eine erfordert neben der Eintragung, den guten Glauben des Erwerbers und eine Ersitzungszeit von zehn Jahren, während der niemand eine Klage auf ein besseres Recht an der Immobilie erhoben haben darf. Die andere Variante ermöglicht die Ersitzung unabhängig vom guten Glauben, sieht aber eine Ersitzungszeit von zwanzig Jahren vor.

5. Doppeldispositionen

Doppeldispositionen kommen immer dann zustande, wenn ein Berechtigter einem anderen ein Recht einräumt, das er zuvor bereits einem anderen eingeräumt hat. Man könnte diese Konstellation auch zu der Fallgruppe des gutgläubigen Erwerbs hinzufügen, da auch hier die Regeln über den gutgläubigen Erwerb zur Anwendung kommen. Die Voraussetzungen sind jedoch nicht identisch mit denen eines »klassischen« gutgläubigen Erwerbs. Im Unterschied zu den übrigen Konstellationen des gutgläubigen Erwerbs war derjenige, der dieselbe Sache mehrmals veräußert oder daran konkurrierende Rechte einräumt, zunächst Eigentümer oder zumindest verfügungsberechtigt. Aus diesem Grund erscheint der bisherige Eigentümer auch weniger schützenswert als ein völlig unbeteiligter Eigentümer. Das hat zur Folge, dass der gutgläubige Erwerb im Zusammenhang mit Doppeldispositionen für Arten von Vermögensgegenständen eröffnet ist, bei denen ein Erwerb vom Nichtberechtigten gänzlich ausgeschlossen ist. Deswegen werden in der schwedischen Literatur Doppeldispositionen in der Regel gesondert behandelt.[669] Auch das *Lag (1998:1479) om värdepapperscentraler och kontoföring av finansiella instrument* (Gesetz über Wertpapierzentralen und Kontoführung bezüglich Finanzinstrumenten) hält sich in seiner Systematik an diese Unterscheidung, indem es in seinem § 3 den gutgläubigen Erwerb bei einer Doppelverfügung und in § 4 den gutgläubigen Erwerb vom Nichtberechtigten regelt.

668 Im *Jordabalk* von 1734 war noch eine Ersitzung seit unvordenklicher Zeit enthalten und eine Ersitzung durch Besitz oder durch Nutzung vorgesehen. Dieses Institut wurde bei der Neuauflage des *Jordabalk* nicht übernommen. Es gilt aber noch, wenn eine solche Ersitzung zum Zeitpunkt der Gesetzesüberarbeitung schon vorlag. Die Ersitzungsdauer wurde regelmäßig mit »zwei Menschenalter« angegeben, SOU 2005:116, S. 86.

669 Vgl. Håstad, Sakrätt, Kap. 8 und 9, der in dem einen Abschnitt den gutgläubigen Erwerb und in dem anderen Doppeldispositionen darstellt.

a) Der Doppelverkauf

Beim Doppelverkauf entsteht der sachenrechtliche Konflikt zwischen den zwei oder mehr potentiellen Käufern der Sache, mit denen der Verkäufer jeweils einen Kaufvertrag über dieselbe Sache geschlossen hat. Es geht um die Frage, welchem von mehreren Käufern ein und derselben Sache vom selben Verkäufer die Sache zustehen soll.

Geht der Verkauf einer beweglichen Sache nicht unmittelbar mit ihrer Übergabe einher, kann es sein, dass der Verkäufer die Sache ein weiteres Mal an eine andere Person verkauft. Ein solches doppeltes Versprechen war schon Gegenstand einer Regelung im Gesetz von 1734. Dort lautet Kap. 5 § 1 *Handelsbalk (1736:0123 2): »Säljer man tvem ett; gälde skadan åter, [...] och den behålle godset, som förstköpte.«* Dies bedeutet: Verkauft jemand eine Sache an zwei Personen, darf die Person die Sache behalten, die sie zuerst kaufte. Der Verkäufer schuldet dann dem anderen Käufer Schadensersatz. Die Regel für den Doppelverkauf gilt noch heute. Sie schweigt dazu, wie es sich auswirkt, wenn eine der beiden Prätendenten eine Handlung vornimmt, die als sachenrechtliches Moment gewertet wird. Deswegen wurde früher vertreten, dass stets der erste Käufer obsiege. Dieser Streit ist mittlerweile obsolet. Einhellig wird auf die Erfüllung des relevanten sachenrechtlichen Moments abgestellt.[670]

Grundsätzlich wird der Konflikt zwischen den beiden Prätendenten jedoch zunächst nach dem Prinzip zeitlicher Priorität gelöst. Wer zuerst einen gültigen Vertrag abschließt, obsiegt. Denn sein Vertrauen in den Bestand des Vertrags ist schutzwürdiger als das Vertrauen desjenigen, der einen Vertrag schließt, ohne zu prüfen, ob dies überhaupt noch durchsetzbar möglich ist. Daran deutet sich bereits die Ausnahme an. Denn wenn der Zweiterwerber vom Ersterwerb nichts ahnt und ihm dieses Unwissen auch nicht vorwerfbar ist, er mit anderen Worten gutgläubig ist, ist er nicht weniger schützenswert in seinem Vertrauen als der Ersterwerber. Diese Pattsituation wird durch eine Entscheidung des Gesetzgebers aufgelöst. Indem der Gesetzgeber den Warenverkehr und damit eine stete Verschiebung von Gütern zwischen verschiedenen Personen als wichtiges gesellschaftliches Gut fördern möchte, führt er dieses Argument zugunsten des gutgläubigen Zweiterwerbers an. Damit wird sein Interesse stärker gewichtet und übertrumpft dasjenige des Ersterwerbers. Zwingende Voraussetzung ist jedoch, dass der Zweiterwerber Besitz an der Sache erlangt oder ein anderes einschlägiges sachenrechtliches Moment zu seinen Gunsten anführen kann. Der Ersterwerber obsiegt, wenn er die Sache als erster in Besitz nimmt. Dagegen soll es ihm nicht unmittelbar helfen, wenn er den Erwerb nach dem *Lösöreköpslag* registriert oder – im Falle von abgeschlagenem Holz – dieses markiert. Diese Maßnahmen

670 Undén, Sakrätt, S. 118f.

könne zusätzlich auch der Zweiterwerber vornehmen. Da ihm dann aber die Registrierung bzw. Markierung des Ersterwerbers auffallen müsse, sei er regelmäßig nicht gutgläubig.[671]

Wird ein Immaterialgüterrecht auf mehrere Personen übertragen, so gilt das Prioritätsprinzip. Der frühere Erwerber hat Vorrang gegenüber einem späteren, auch wenn dieser gutgläubig war.[672] Der gutgläubige Erwerb ist ausgeschlossen, da es als Kriterium für die Verschiebung des Rechts nur den Vertragsschluss gibt, da es sich um ein körperloses Gut handelt und ein Register nicht existiert.

Beim Doppelverkauf von *fast egendom* gilt grundsätzlich ebenfalls das Prioritätsprinzip. Maßgeblicher Zeitpunkt ist der Antrag auf Eintragung. Dies gilt für den Zweiterwerber gemäß Kap. 17 § 2 *Jordabalk (1970:994)* jedoch nur, wenn er in dem Zeitpunkt nichts von dem Ersterwerb wusste und auch nicht hätte wissen müssen.

Fordringar (Forderungen) können gutgläubig erworben werden, wenn sie mehreren Personen verkauft werden. Der spätere Erwerber erhält Vorrang, wenn er dem Schuldner der Forderung gegenüber zuerst als neuer Gläubiger mitgeteilt wird und gutgläubig hinsichtlich der Verfügungsbefugnis des Veräußerers ist (§ 31 Abs. 2 *Lag (1936:81) om skuldebrev*). Im Unterschied zu einem Erwerb einer Forderung vom Nichtberechtigten ist danach beim Doppelverkauf von Forderungen ein gutgläubiger Erwerb möglich. Etwas anderes gilt jedoch bei der Kollision mehrerer Geldforderungen. Es ist denkbar, dass A eine Geldforderung gegen B hat, dieser aber sein Geld ausgibt, um eine Forderung von C zu begleichen. Der Unterschied besteht darin, dass sich dieser Anspruch auf eine Gattungssache bezieht. An einer solchen kann kein drittwirksames Recht bestehen. Daher gilt, dass derjenige obsiegt, dessen Forderung zuerst beglichen wird. Auf guten Glauben kommt es dabei nicht an.

b) Mehrfache Einräumung beschränkter dinglicher Rechte

Der Verkäufer kann eine Sache nicht nur mehrmals verkaufen. Er kann auch dasselbe beschränkte dingliche Recht mehreren Personen getrennt einräumen. Zu denken ist hier vor allem an die Vermietung desselben Objekts an zwei verschiedene Personen für denselben Zeitraum. Ein Konflikt tritt auf, wenn diese Rechte nicht zeitgleich nebeneinander bestehen können, ohne sich gegenseitig zu beeinträchtigen. Es gibt zu der erwähnten Regelung des Doppelverkaufs im *Handelsbalk* eine ähnliche für gleichartige beschränkte Rechte in Kap. 13 § 2 *Handelsbalk (1736:0123 2)*, der das Verhältnis mehrerer Nutzungsrechte bzw. Mietrechte regelt. Danach gilt der Prioritätsgrundsatz. Der jüngere Rechtsinha-

671 Hessler, Allmän Sakrätt, S. 210.
672 SOU 1985:10, S. 39.

ber kann sich nur durchsetzen, wenn er vor dem anderen Besitz an der Sache erlangt, an der ihm ein beschränktes Recht eingeräumt wurde. Zusätzlich muss er im Zeitpunkt der Inbesitznahme guten Glaubens sein.[673]

Im Fall von mehreren, unvereinbaren Nutzungsrechten an einer Immobilie kann derjenige von beiden Konkurrenten, dem zwar später ein Nutzungsrecht eingeräumt wurde, dennoch obsiegen, wenn er zuerst die Eintragung seines Rechts beantragt und dabei in gutem Glauben ist, Kap. 17 *Jordabalk (1970:994).*

c) Verhältnis eines Erwerbs zu bereits bestehenden beschränkten dinglichen Rechten

Eine weitere Frage, die sich im Zusammenhang mit einem gutgläubigen Eigentumserwerb stellt, ist, wie sich der Erwerb der Sache zu einem bereits bestehenden beschränkten dinglichen Recht verhält. Entweder erlischt dieses aufgrund des neuen Eigentümers oder der neue Eigentümer tritt in die Stellung des bisherigen ein und muss das beschränkte Recht hinnehmen. Er erwirbt dann belastetes Eigentum. Dies hängt von der Art des beschränkten dinglichen Rechts ab.

Für Nutzungsrechte (*nyttjanderätter)* an *fast egendom* gilt nach Kap. 17 *Jordabalk (1970:994)*, dass ein älteres Nutzungsrecht bestehen bleibt, wenn es eingetragen war. Daneben wird seine Fortgeltung bejaht, wenn es in Form eines entsprechenden Vorbehalts in den Immobilienkaufvertrag aufgenommen wird oder wenn der Käufer anderweitig davon Kenntnis hatte oder haben musste. Daneben gilt eine solche Einschränkung, dass der Erwerber das Recht sich gegenüber gelten lassen muss, wenn dies gesetzlich vorgeschrieben ist. Ein Beispiel dafür ist das Nutzungsrecht in Form eines Leitungsrechts für Elektrizität (*rätt till elektrisk kraft*), das ohne Eintragung oder vertraglichen Vorbehalt kraft Gesetzes gemäß Kap. 7 § 11 *Jordabalk (1970:994)* Vorrang gegenüber einem Erwerb des damit belasteten Grundstücks hat. Dies ist ebenso der Fall für Miete und Pacht, wenn der Mieter oder Pächter bereits Besitz an dem betroffenen *fast egendom* begründet hat und sein Miet- oder Pachtvertrag in Schriftform vorliegt, Kap. 7 § 13 *Jordabalk (1970:994).*

6. Zwischenergebnis

Die Untersuchung der Fallgruppen, die im dynamischen Sachenrecht von Bedeutung sind, zeigt, dass der Erwerb gegenüber unterschiedlichen Gruppen von Dritten zu unterschiedlichen Zeitpunkten als vollzogen angesehen wird. Aller-

673 SOU 1965:14, S. 73.

dings sind diese Unterschiede teils marginal. Betrifft der Erwerb bewegliche Sachen gilt er im Verhältnis von Käufer zu den Gläubigern des Verkäufers mit Konkretisierung, im Verhältnis von Verkäufer zu Gläubigern des Käufers dagegen erst mit Übergabe an den Käufer. Die Kaufpreiszahlung durch den Käufer führt wiederum dazu, dass der Verkäufer oder seine Gläubiger eine übergebene Sache auch nicht mehr zurückfordern können, da ihr *stoppningsrätt* erlischt. Im Verhältnis des Käufers zu früheren Eigentümern der Sache kommt es auf die Übergabe und seinen guten Glauben an, sofern die Sache nicht gestohlen war. Im Verhältnis des Käufers zu einem anderen Käufer derselben Sache vom selben Verkäufer kommt es ebenfalls auf die Übergabe und den guten Glauben an. Grundsätzlich ist der Besitzübergang das Element mit der umfassendsten Wirkung. Es kommt ihm beim Umsatzschutz mehr Bedeutung zu als beim Gläubigerschutz.

7. Die Rolle des Eigentums beim Umsatzschutz

Die Darstellung vom gutgläubigen Erwerb vom Nichtberechtigten und von Doppelverfügungen zeigt, dass in diesem Zusammenhang nicht vollständig auf das Konzept Eigentum verzichtet wird. Nichtberechtigter ist meist derjenige, der nicht Eigentümer ist. Hier kann von einer Prüfung der Eigentumsverhältnisse nicht abgesehen werden. Auch das subjektive Element, der gute Glaube, kann sich in einer Variante auf die Eigentümerstellung beziehen. Dann muss geprüft werden, ob die Umstände, die für das Vorliegen des guten Glaubens vorgetragen werden, bei ihrem tatsächlichen Vorhandensein eine Eigentümerstellung begründen würden. Eigentum wird dabei zwar so interpretiert, dass es ausschließlich das Eigentum im abgrenzten Verhältnis zum gutgläubigen Erwerber umfasst. Aber schon bei der Beschreibung desjenigen, der sich gegen den gutgläubigen Erwerb zur Wehr setzt, tauchen Schwierigkeiten auf, wenn man ihn nicht als bisherigen Eigentümer ansehen kann. Der Ersatz mit »Berechtigter« ergibt wenig Sinn, weil die Folgefrage nach der Art der Berechtigung wieder eine Umschreibung der Eigentümerstellung nach sich zöge. Damit steht das Eigentum im Hintergrund dieses Problemkomplexes. Im Vordergrund bleibt die Interessenabwägung. Sie ist jedoch nicht das ausschließliche Entscheidungskriterium. Diesen Bruch mit der schwedischen funktionalen Methode gibt auch die Wortwahl der maßgeblichen Gesetze wieder, die in ihrer Formulierung ebenso wenig auf das Eigentum verzichten. Damit zeichnet sich dasselbe Problem ab, das sich auch beim Verhältnis zwischen Gläubigerschutz und Eigentum einstellt.

8. Der Doppelverkauf im deutschen Recht

Auch wenn die Einteilung des dynamischen Sachenrechts für das Auge des Juristen mit deutschem Hintergrund fremd wirkt, so wirken doch die Inhalte nicht fremd. Alle erfassten Konfliktfälle können auch im deutschen Recht auftreten. Ihre Lösung folgt jedoch anderen Prinzipien. Das hängt einerseits mit dem Abstraktionsprinzip zusammen und andererseits damit, dass das deutsche Recht den besitzlosen Eigentumserwerb nach § 930 BGB anerkennt.

Der Doppelverkauf wird durch die Anwendung von Abstraktions- und Trennungsprinzip gelöst. Der Verkäufer kann aus sachenrechtlicher Perspektive so viele Kaufverträge über dieselbe Sache abschließen, wie er möchte. Da er seine eingegangene Schuld tatsächlich nur einem einzigen Käufer gegenüber erfüllen kann, macht er sich den anderen Käufern gegenüber schadensersatzpflichtig. Das regelt sich wiederum nach Schuldrecht und bleibt sachenrechtlich unbeachtlich. Da es sich jeweils um eine Forderung handelt, nämlich um den Anspruch aus dem Kaufvertrag auf Übereignung, können diese Forderungen auch nebeneinander bestehen. Denn die Forderungen verschiedener Gläubiger sind relativ und verändern sich durch den jeweils anderen Kaufvertrag, von dem der jeweilige Gläubiger ja nicht Partei sind, nicht. Eine Prioritätsregel findet sich nicht.[674] Entscheidend ist, welcher der Käufer zuerst unmittelbaren Besitz an der Sache erlangt. Erfolgt der Erwerb des Käufers, der Besitz erlangt, unter Eigentumsvorbehalt, ändert dies nichts: Sein Besitzrecht aus dem Kaufvertrag kann er dem Zweiterwerber, der unbedingtes Eigentum erwirbt, nach § 986 Abs. 2 BGB entgegenhalten. Geht der erste Erwerb nach § 930 BGB vonstatten, kann dagegen der zweite Erwerber obsiegen, wenn ihm gegenüber später nach §§ 929 S. 1, 932 BGB Eigentum vom Verkäufer übertragen wird und er gutgläubig Besitzer wird. Behält dagegen der Verkäufer den unmittelbaren Besitz und überträgt das Eigentum nur nach § 930 BGB, obsiegt derjenige, der die zeitlich frühere dieser Übertragungen erwirkte. Es kommt folglich genau wie im schwedische Recht auf das sachenrechtliche Moment an, in diesem Fall die Besitzerlangung, und im Falle des Zweiterwerbers zusätzlich auf seinen guten Glauben.

V. Verknüpfung mehrerer Konfliktverhältnisse

Die dargestellten Fallgruppen waren nach einzelnen Funktionen des Eigentums getrennt, wie es die funktionale Methode vorsieht. Die Funktion »Einwirkungsausschluss gegenüber Erwerbern« hat keinen Einfluss darauf, wie Konflikte im Zusammenhang mit der Funktion »Einwirkungsausschluss gegenüber

674 Michaels, Sachzuordnung durch Kaufvertrag, S. 277.

Geldgläubigern des Vertragspartners« zu lösen sind. Diese Unabhängigkeit, die eine gewollte Ignoranz für andere Funktionen mit sich bringt, wirft die Frage auf, ob Kollisionsfälle von Konfliktverhältnissen auftreten können, und wie diese zu lösen sind. Es ist durchaus denkbar, dass in einer Situation mehrere Konflikte auftreten. Gerade in Kettenkaufverträgen, in denen ein Gut von einer Person über mehrere Stationen zu einer anderen gelangt, ist es wahrscheinlich, dass an mehreren Stellen Konfliktpotential entsteht. Hierzu gibt es in der schwedischen Rechtsprechung und Literatur keine eindeutigen Handlungsanweisungen.[675] Der Eifer, mit dem das Konzept von Eigentum vermieden wird, kann auch dazu führen, dass sinnvolle Verknüpfungen außer Acht gelassen werden.

Martinson spricht einen weiteren Aspekt an. Dadurch, dass alle Beziehungen einzeln analysiert werden ohne dass dabei ein Gesamtbild entsteht, kann es zu einem ewigen Kreislauf von Klagen kommen. Er entwickelt dazu ein Beispiel:[676] Wenn A und C beide Käufer sind, wird deren Konflikt nach Regeln des gutgläubigen Erwerbs gelöst. Wenn nun die Gläubiger des Verkäufers B sich gegen A oder C wenden, richtet sich dieser Konflikt nach den Regeln des Gläubigerschutzes. Dabei bliebe der gutgläubige Erwerb außer Betracht. Das könne zu einem Szenario führen, in dem A gegen C gewönne, die Gläubiger gegenüber A obsiegten, aber die Gläubiger gleichzeitig gegen C verlören. *Martinson* hält dies aber für unschädlich, da sich die Situation in der Praxis durch das Verhalten der involvierten Personen lösen würde.[677] Auch *Lindskog* bringt ein Beispiel einer solchen zirkulären Situation: »B ist Eigentümer einer Aktie einer Aktiengesellschaft. An dieser räumt er A ein Vorkaufsrecht ein ohne die Aktiengesellschaft davon zu informieren. Einen Aktienbrief gibt es nicht. B verkauft seine Aktie an C, der in Bezug auf As Recht bösgläubig ist. C informiert die Leitung der Aktiengesellschaft über seinen Erwerb. B wird insolvent.« Weil sich die Regeln für *borgenärsskydd* von den Voraussetzungen für *omsättningsskydd* unterscheiden, kommt es in einer derartigen Situation zu dem Ergebnis, dass A ein besseres Recht als C hat,[678] weil C wusste, dass B dem A ein Vorkaufsrecht gewährt hatte. Aber A hat kein besseres Recht als die Gläubiger von B, da A sein Vorkaufsrecht den Gläubigern nicht angezeigt hat und es auch nicht in einem Aktienbrief vermerkt ist. Gegenüber diesen hat wiederum C ein besseres Recht, da er seinen Erwerb angezeigt hat. Wie die Lösung aussehen könnte, wenn alle drei Parteien zugleich in einem Raum säßen und jede die Aktie verlangen würde, wird von *Lindskog* nicht weiterverfolgt. *Lindskog* merkt an, dass ein derartiges Ergebnis auch bei einem Gleichlauf des sachenrechtlichen Schutzes nicht ausgeschlossen

675 Martinson, EPJL 2014, S. 283.

676 Martinson, SvJT 2014, 662, 665.

677 Martinson, aaO.

678 Vorausgesetzt, dass ein Vorkaufsrecht sachenrechtliche Wirkung haben kann, Lindskog, SvJT 2011, 265, 287.

sei. Das Risiko dafür sei aber höher, wenn der Schutz an unterschiedliche Voraussetzungen anknüpfe und Aspekte der einen Personenkonstellation nicht bei einer anderen Personenkonstellation berücksichtigt würden.[679]

Martinson und *Lindskog* werfen eine interessante Frage auf, lassen sie dann jedoch offen in der Annahme, dass sich diese in der Praxis nie stellte. Das entspricht der funktionalen Methode, die sich mit Recht nicht abstrakt, sondern nur konkret anlassbezogen auseinandersetzt. Eine umfassende, theoretische Ordnung ist kein Ideal, das erstrebenswert erscheint.[680] Da das Szenario jedoch vorstellbar ist, wäre es angebracht, auch eine abstrakte rechtliche Lösung dafür bereitzuhalten.

VI. Fazit

Es hat sich gezeigt, dass die beiden Fallgruppen des dynamischen Sachenrechts aufgrund ihrer unterschiedlichen Interessenlage unterschiedlich gelöst werden. Anknüpfungsmomente für sachenrechtlichen Drittschutz werden fallspezifisch gesucht und hängen von mehreren Faktoren ab. Neben der Art der Kollision beeinflussen die Natur der kollidierenden Rechte, die Person des Rechtsinhabers und die Natur des Sachenrechtobjekts selbst die Lösung. Das führt zu einer großen Menge an Kombinationsmöglichkeiten, die nicht ohne weiteres zu überblicken sind. Da die funktionale Methode aber strikt auf den Einzelfall schaut, scheint diese gewisse Unübersichtlichkeit von ihren Vertretern akzeptiert zu werden. Allerdings weisen die Beispiele einer Verknüpfung der beiden großen Fallgruppen darauf hin, dass es durchaus Situationen geben kann, in denen eine Verbindung der Einzelfälle erwogen werden könnte und auch sollte.

Die Lösungen, die sich in den Einzelfällen ergeben, weichen hingegen kaum von den Ergebnissen ab, die auch in einem auf der absoluten Zuordnung des Eigentums beruhenden Recht gefunden werden. Zugleich wird deutlich, dass in beiden Fallgruppen des dynamischen Sachenrechts entgegen anderslautender Aussagen in der Lehre das Eigentum im Hintergrund stets mittelbar einbezogen wird.

679 Lindskog, aaO.
680 Sandstedt, Sakrätten, Norden och Europeiseringen, S. 117.

7. Kapitel: Umsetzung der funktionalen Methode in der Rechtspraxis

Nachdem die Grundzüge der funktionalen Methode im dynamischen Sachenrecht beleuchtet wurden, soll im Folgenden ein Blick auf die Umsetzung in der Praxis geworfen werden. Die funktionale Methode blieb in Schweden nicht ein theoretischer Vorschlag, sondern wurde von Gesetzgeber, Gerichten und Lehre rezipiert und entwickelt. Die Auswirkungen des funktionalen Ansatzes auf die jeweilige Arbeitsweise sind merklich. Spuren der funktionalen Idee lassen sich zudem in der Auswahl und Gewichtung der Rechtsquellen belegen.

I. Die schwedischen Rechtsquellen

Schweden ist eine parlamentarische Monarchie[681] mit knapp über zehn Millionen Einwohnern.[682] Diese Staatsform wirkt sich mittelbar auch auf das Zivilrecht aus, da sich die parlamentarische Staatsform in den verschiedenen Rechtsquellen des Sachenrechts widerspiegelt, unter denen die Ausarbeitungen auf den einzelnen (vor-)parlamentarischen Stufen von bedeutendem Gewicht sind. Der Hinweis auf die Staatsbevölkerung wiederum ist interessant, weil Schweden mit Blick auf die Bevölkerung ein eher kleines Land ist.[683] Auch das hat Auswirkungen auf das Recht. Es gibt zahlenmäßig weniger Fälle, die vor Gerichten verhandelt werden, so dass rein aus statistischen Wahrscheinlichkeitserwägungen manche Rechtsprobleme bloß theoretischer Natur bleiben dürften. Gleichzeitig kann eine geringe Fallzahl die Hinwendung zu Einzelfällen im Gegensatz zur umfassenden,

681 Carlson, The Fundamentals of Swedish Law, S. 25.

682 Laut dem schwedischen Statistikamt hatte Schweden Ende 2019 ca. 10,3 Millionen Einwohner, https://www.scb.se/hitta-statistik/sverige-i-siffror/manniskorna-i-sverige/sveriges-befolkning/ (26. April 2020).

683 Schwedens Bevölkerungsstruktur wurde teilweise gerne als »homogen« bezeichnet. Das spiegelt sich in gewissem Maße in der Politik wider, die in den vergangenen einhundert Jahren mit Ausnahme von sehr kurzen Unterbrechungen von der sozialdemokratischen Partei beherrscht wurde, Bader Ginsburg/Bruzelius, Civil Procedure in Sweden, S. 14.

vorweggenommenen Kodifizierung von Rechtslösungen befördern. Schweden schöpft sein Recht aus geschriebenem und ungeschriebenem Material; Lehre und Rechtsprechung haben einen starken Einfluss auf die Rechtsfortbildung.

1. Geschriebenes Recht als Rechtsquelle

Die Gesetzgebung ist grundsätzlich die wichtigste Rechtsquelle im schwedischen Recht. Viele der zivilrechtlichen Gesetze sind dabei auf die erstmalige Kodifikation des Zivilrechts im 18. Jahrhundert zurückzuführen. Das *1734-års lag* ist eine Gesetzessammlung aus dem Jahre 1734 und gilt als Grundlage des schwedischen Zivilrechts. Es ist offiziell noch immer teilweise in Kraft. Es beruht auf einer nur losen Systematik, getrennt nach gesellschaftlich relevanten Bereichen, die noch nicht die wissenschaftliche Konzeption des Preußischen Allgemeinen Landrechts oder des Code Civil erreichte und daher auch als »Proto-Kodifikation« bezeichnet wird.[684] Das Gesetzeswerk ist in neun Bücher (*balker*) aufgeteilt, von denen sich die zivilrechtlichen mit Grundstücksrecht, Baurecht, Erbrecht, Eherecht und Handelsrecht beschäftigen. Die meisten seiner einzelnen Abschnitte wurden aber in der Zwischenzeit von neueren Gesetzen abgelöst. Andererseits finden sich im Buch über Handelsrecht und im Baugesetzbuch immer noch Regelungen, die nicht durch neuere abgelöst wurden.[685] Auch lebt die Einteilung des *1734-års lag* mit Erweiterungen weiter in der semioffiziellen Gesetzessammlung *Sveriges Rikes Lag*, die die wichtigsten schwedischen Gesetze versammelt, und das unter Juristen am meisten verbreitete Gesetzeswerk ist.[686] Das *förmögenhetsrätt* (Vermögensrecht) als Unterordnung des Zivilrechts regelt neben anderen Rechtsgebieten das Schuld- und Sachenrecht. Der schwedische Gesetzgeber hat es vermieden, eine konsistente, aufeinander aufbauende Gesetzesmaterie zu schaffen, wie es für Kodifikationen üblich ist. Stattdessen finden sich vereinzelte eigenständige Gesetze zu bestimmten Themenkomplexen, die voneinander unabhängig sind.

Bezogen auf das Sachenrecht zeigt sich, dass insbesondere dieses von einem Leitbild des Einzelfalls geprägt ist, was zu einer punktuellen Rechtssetzung führt. Insgesamt ist die Regelungsdichte im schwedischen Sachenrecht viel dünner als im deutschen Recht. Vorhandene Vorschriften sind in verschiedenen Gesetzen verstreut und regeln auch nicht alle Sachverhalte. Einzig für das Immobiliarsachenrecht enthält der *Jordabalk (1970:994)* Regelungen, die vergleichsweise de-

684 Husa, Nordic Law – Between Tradition and Dynamism, S. 25.

685 Vgl. nur Kap. 1 § 5 *Handelsbalk* über den mehrfachen Verkauf einer Sache, der seit 1736 im Wortlaut unverändert gilt; *Byggningabalk* (1734:0123 1).

686 Hellner, Sc.St.L. 2000, 325, 328.

tailliert und umfassend sind. Man könnte fast von einer Kodifikation im modernen Sinne sprechen. Denn das Gesetz beginnt mit Regeln zu Grundstücken und Zubehör, beschäftigt sich dann mit dem Erwerb von Immobilien, den Rechtswirkungen einer Herausgabeklage und führt beschränkte Rechte an Immobilien auf, um dann mit Normen zu gutgläubigem Erwerb und Ersitzung zu enden. Trotzdem bleibt der Grundtenor, dass das schwedische Sachenrecht nur sporadisch durch den Gesetzgeber geregelt wurde und stattdessen »auf ausgewählte, praktisch bedeutsame Fragen fokussiert ist«.[687] Dass daraus folgt, dass vieles vom Gesetzgeber ungeregelt bleibt, wird durchaus nicht als Manko aufgefasst, sondern als Kennzeichen der funktionalen Methode verstanden, die gerade nicht dem Ideal einer umfassenden Systematisierung nachstrebt.[688] Dadurch soll eine einzelfallgerechte Rechtsprechung gefördert werden. Auffällig ist, dass es keine Normen gibt, die allgemeine Prinzipien regeln wie man es aus dem BGB kennt. Das hängt auch mit der in Schweden gängigen Annahme zusammen, dass es keines Gesetzes bedürfe, wenn dessen Regelungsgehalt von vornherein generell bekannt und nicht umstritten sei.[689]

Auf der anderen Seite wird ein gewisser Vorrang des geschriebenen Rechts auch durch die Gerichte anerkannt. In einem Fall vor dem Obersten Gerichtshof argumentierte eine Partei, dass ihr sachenrechtlicher Schutz aufgrund eines Vertrags zustünde, ohne dass es auf eine Übergabe ankäme. Das Gericht verneinte dies mit Berufung auf das allgemein geltende Traditionsprinzip und stellte ausdrücklich fest, dass die Abschaffung selbigen Prinzips nur durch den Gesetzgeber erfolgen könne, da es bereits in der Rechtsordnung etabliert sei. Dies sollte gelten, obwohl das Traditionsprinzip im Bereich des zugrundeliegenden Falles gerade nicht gesetzlich geregelt war.[690]

Was im Bereich des Sachenrechts geregelt ist, lässt sind insbesondere in folgenden Gesetzen auffinden. Diese Gesetze werden in der *Svensk Författningssamling* (SFS, Schwedische Verfassungssammlung) veröffentlicht, die vergleichbar mit den deutschen Bundesgesetzblättern ist:

- für das Immobiliarsachenrecht der *Jordabalk* in seiner aktuellen Form, die er durch das *Lag (1970:994)* erhalten hat,
- das *Lag (1986:796) om godtrosförvärv av lösöre,* das den gutgläubigen Erwerb beweglicher Sachen betrifft,
- Lag (1904:48) om samäganderätt über gemeinsames Miteigentum,
- das *Konsumentköplag (1990:932)* über Kaufverträge von Verbrauchern,
- das *Lag (1936:81)om skuldebrev* über Schuldverschreibungen,

687 Samuelsson, Europarättslig Tidskrift 2009, 63, 79.
688 Sandstedt, Sakrätten, Norden och Europeiseringen, S. 117.
689 Hellner, Sc.St.L. 2000, 325, 329.
690 NJA 1997 S. 660.

- der *Handelsbalk (1736:0123 2)* über Vertragsrecht sowie
- der *Utsökningsbalk (1981:774)* über Zwangsvollstreckung und
- das *Konkurslag (1987:672)* über Insolvenz.

Neben die Gesetze des schwedischen Gesetzgebers treten immer engmaschigere EU-Gesetze, die unmittelbare Geltung in Schweden als Mitgliedstaat beanspruchen und so dazu beitragen, dass die Gesetzesdichte auch in Schweden zunimmt. Diese betreffen im Zivilrecht bisher vorrangig kaufrechtliche Fragen und solche des Verbraucherschutzes und erfassen das Sachenrecht nicht unmittelbar.[691]

2. Gesetzgebungsmaterialien

Die Vorarbeiten zu den Gesetzen (*förarbeten;* auch *travaux préparatoires*) sind im System der schwedischen Rechtsquellen von großer Bedeutung. Die Vorarbeiten zu verabschiedeten Gesetzen werden umfangreich veröffentlicht. Darunter fallen die verschiedenen Berichte, Protokolle und Vorschläge, die im Gesetzgebungsverfahren von Regierung (*regeringen*), Parlament (*riksdagen*) und Gesetzgebungsrat (*lagrådet*) erstellt werden. Sie dienen der Interpretation der häufig rudimentären Rechtsregeln, die am Schluss als Gesetz beschlossen werden. Dabei enthalten sie Details, die sich dem Wortlaut des Gesetzes nicht unmittelbar entnehmen lassen. Ihnen kommt bei der Auslegung ein hohes Gewicht zu, weswegen manche sie für die Rechtspraxis als wichtiger einstufen als das betroffene Gesetz selbst.[692]

Einem Gesetzesentwurf geht regelmäßig eine Untersuchung durch eine vom zuständigen Minister ausgewählte Kommission voraus. Diese berichtet dann nach den Richtlinien, die sie vom Minister oder der Regierung erhält, über die aktuelle Rechtslage und macht einen detaillierten Vorschlag, der zu einzelnen Paragraphen auch Kommentare enthält. Diese Berichte heißen *Statens offentliga utredningar,* kurz *SOU* (Staatliche Öffentliche Untersuchungsberichte), und sind öffentlich zugänglich. Die Empfehlungen der Kommission werden regelmäßig im Gesetzgebungsrat (*lagråd*), der mit Richtern des *Högsta Domstolen* (Oberster Gerichtshof) und des *Högsta Förvaltingsdomstolen* (Oberstes Verwaltungsgericht) besetzt ist, weiter diskutiert und gegebenenfalls verändert und erweitert. Der Gesetzgebungsrat überprüft den Gesetzesvorschlag aus einer rechtstechnischen Perspektive. Seine Funktion ist rein beratend. Daneben wird der Vorschlag interessierten Vereinigungen zugänglich gemacht, um nach deren Stellungnahme auch deren Stimmen einzuarbeiten. Erst dann legt die Regierung ihren darauf

691 Hellner, Scandinavian Studies in Law 2000, 325, 332.
692 Carlson, The Fundamentals of Swedish Law, S. 292.

basierenden und gegebenenfalls überarbeiteten Regierungsentwurf (*proposition*) dem schwedischen Parlament, dem *riksdag*, zur Abstimmung vor. Der Vorschlag der Regierung für ein neues Gesetz wird in den *propositioner*, kurz *prop.* (Vorlage), veröffentlicht. Die Protokolle der Sitzungen und damit die Diskussionen über die Gesetzesentwürfe im Parlament werden in den *riksdagens protokoller* veröffentlicht.

Gerade die *SOU* stellen eine wichtige Quelle bei der Gesetzesauslegung dar, da sie eine umfassende Prüfung des Stoffes in rechtlicher und politischer Hinsicht enthalten. Die teleologisch-historische Auslegung ist daher in Schweden von besonderer Bedeutung.[693] Dabei steht es den Gerichten frei, welche Vorarbeiten sie wählen, um Hilfestellung bei ihrer Entscheidung zu erhalten. Eine vorgeschriebene Hierarchie gibt es nicht und selbst abgelehnte Gesetzesvorschläge dürfen zurate gezogen werden.[694] Die *SOU* werden von Gerichten jedoch häufiger zu Rate gezogen als die *propositioner*, auch weil letztere eher politische Zwecke verfolgen und nicht so abwägend gehalten sind wie die *SOU*.[695] Eine rechtliche Bindungswirkung wird den Gesetzgebungsmaterialen nicht beigemessen, auch eine gewohnheitsrechtliche oder faktische Bindung gibt es nicht. Das schmälert aber nicht den Einfluss dieser Quellen auf die Rechtsfindung. Die intensive Beachtung der Gesetzgebungsmaterialien steht ganz in der Tradition der funktionalen Methode. Die Einbindung von Institutionen außerhalb der Legislative ermöglicht eine breite gesellschaftliche Einflussnahme und kommt so der Idee des praxisnahen Rechts entgegen.

3. Ungeschriebenes Gewohnheitsrecht

Neben die Gesetze tritt als Rechtsquelle ungeschriebenes Recht in Form von Gewohnheitsrecht. Hierunter fallen feste Handelsbräuche, auf die Gerichte bei ihren Entscheidungen zurückgreifen.[696] Ferner ist zu beobachten, dass häufig mit einem Verweis auf die Selbstverständlichkeit und Offensichtlichkeit einer Lösung für ein Rechtsproblem argumentiert wird. Dabei tritt das schwedische Verständnis zu Tage, nur das Notwendigste oder Zweifelhafteste einer konkreten Regelung zuzuführen, während anderes als schlicht gegeben stillschweigend vorausgesetzt wird. So heißt es in den Vorarbeiten zum *Kommissionslag (2009:865)* an einer Stelle »*Denna skyldighet följer redan av allmänna principer, och det är knappast nödvändigt att ta in en motsvarande bestämmelse i den nya*

693 Ring/Olsen-Ring, Einführung in das skandinavische Recht, S. 10.
694 Carlson, The Fundamentals of Swedish Law, S. 47.
695 Bengtsson, SvJT 2011, 777, 777f.
696 Ring/Olsen-Ring, Einführung in das skandinavische Recht, S. 11.

lagen.«[697] (»Diese Pflicht folgt bereits aus allgemeinen Prinzipien und es ist kaum notwendig, eine entsprechende Bestimmung in das neue Gesetz aufzunehmen.«). Ebenso wenig finden sich beispielsweise ausdrückliche Regelungen zur Geschäftsführung ohne Auftrag oder zur allgemeinen Leistungskondiktion im Bereicherungsrecht (*condictio indebiti*).[698] Dies wirkt aus deutscher Perspektive gerade wegen der Relevanz dieser Bereiche fremd, wird aber in der schwedischen Rechtswissenschaft nicht als Nachteil empfunden.

4. Rechtsprechung

Rechtsquellen sind neben den Gesetzen und den Vorarbeiten zu den Gesetzen die Gerichtsentscheidungen insbesondere des Obersten Gerichtshofs, dem *Högsta Domstol*.

In Ermangelung einer umfassenden Kodifikation sind die Entscheidungen der Gerichte für die Rechtspraxis von bedeutendem Gewicht, auch wenn ihre Entscheidungen nicht eine so einnehmende Rolle spielen wie es Präzedenzfälle im englischen Recht tun.[699] Für Zivilsachen gibt es einen Instanzenzug, der dem deutschen ähnelt. Die Gerichte der ersten Instanz heißen *Tingsrätt*, vergleichbar dem deutschen Amts- und Landgericht. Davon gibt es 46 in Schweden.[700] Legt eine Partei ordnungsgemäß Rechtsmittel ein, gelangt die Sache zum *hovrätt*, der Berufungsinstanz,[701] vergleichbar dem Oberlandesgericht oder dem Landgericht bei Berufungssachen. Schweden hat sechs solcher *hovrätter*.[702] Lässt das *hovrätt* Rechtsmittel zu, beschäftigt sich der *Högsta Domstolen* (Oberster Gerichtshof) mit der Sache, vergleichbar dem Bundesgerichtshof, mit dem Unterschied, dass auch Tatsachen erneut geprüft werden können.[703] Eine Zuständigkeitsaufteilung nach Amtsgericht und Landgericht gibt es im Zivilrecht nicht. Alle Zivilsachen werden zunächst vom *tingsrätt* entschieden.[704] Der Oberste Gerichtshof befasst sich gemäß *Kap. 54 § 9 Rättegångsbalk (1942:740)* (Gerichtsverfahrensgesetz) nur nach besonderer Zulassung mit einer Sache. Näheres ist in *Kap. 54 § 10 Rät-*

697 Prop. 2008/09:88, S. 52.
698 Carlson, The Fundamentals of Swedish Law, S. 50.
699 Hellner, Scandinavian Studies in Law 2000, 325, 329.
700 Carlson, The Fundamentals of Swedish Law, S. 36.
701 *Kap. 49 § 12 Rättegångsbalk (1942:740):* »Damit das Berufungsgericht das Urteil oder den Beschluss des Amtsgerichts überprüft, ist eine Berufungszulassung erforderlich, wenn nichts anderes vorgeschrieben ist.«
702 Carlson, The Fundamentals of Swedish Law, S. 36.
703 Ring/Olsen-Ring, Einführung in das skandinavische Recht, S. 253.
704 Kap. 1 § 1 *Rättegångsbalk (1942:740): »Tingsrätt är allmän underrätt och, om ej annat är föreskrivet, första domstol.«* (»Das Amtsgericht ist das allgemeine unterste Gericht und, wenn nichts anderes vorgeschrieben ist, das Gericht erster Instanz.«).

tegångsbalk (1942:740) geregelt. Eine Zulassung wird nur erteilt, wenn es sich um eine Frage handelt, die für die Rechtsfortbildung von Bedeutung ist und Präzedenzwirkung hätte. Auch wenn die Entscheidung offensichtlich grob rechtsfehlerhaft oder willkürlich ergangen ist, wird die Sache vor dem Obersten Gerichtshof zugelassen. Obgleich die Präzedenzgeeignetheit für die Zulassung relevant ist, lässt sich daraus keine strikte Bindungswirkung von Entscheidungen des Obersten Gerichtshofs für die unteren Instanzen herleiten. Praktisch tritt diese Wirkung häufig dennoch ein.[705]

Bei ihrer Entscheidung greifen die Gerichte vor allem auf die Vorarbeiten zu den Gesetzen und die Erkenntnisse der Lehre zurück. Die Gesetze selbst werden ebenfalls angewendet, sie spielen jedoch keine hervorgehobene Rolle. Eine »lehrbuchmäßige« Herleitung des Rechts aus unterschiedlichen, den Fall betreffenden Normen wie es dem deutschen Recht eigen ist, ist eher selten. Häufig steht eine individuelle Interessenabwägung im Vordergrund, bei der kaum Normen zitiert werden. Dies hängt einmal damit zusammen, dass es in vielen Bereichen kaum belastbare Gesetzesmaterialien gibt. Zum anderen ist es Ausdruck der funktionalen Methode, die in Schweden auch die Art der Rechtsfindung leitet und eine normenhierarchische, deduktive Herangehensweise ablehnt.

Die Entscheidungen des Oberste Gerichtshofs werden im *Nytt Juridiskt Arkiv (NJA)* (Neues Juristisches Archiv) veröffentlicht.[706] Teilweise werden auch relevante Entscheidungen der Berufungsgerichte in einer Entscheidungssammlung, *Rättsfall från hovrätterna (RH)* (Rechtsfälle der Berufungsinstanz), publiziert.

Bemerkenswert ist, dass die Richter des Obersten Gerichtshofs (aktive wie pensionierte) neben ihrer Rolle in der Rechtsprechung auch noch an der Gesetzgebung mitwirken. Denn sie besetzen zusammen mit anderen den *lagråd* und damit ein Komitee, das Gesetzesentwürfe, bevor sie zur Entscheidung im Parlament angenommen werden, prüft. Die Prüfung umfasst dabei gemäß Kap. 8 § 22 *Regeringsformen (1974:152)* rechtliche Fragen, wie die Gesetzmäßigkeit des Vorschlags, die Vereinbarkeit mit Verfassungs- und anderem bestehenden Recht oder etwaige Anwendungsprobleme. In Verbindung mit der starken Rolle der Gerichte für die Bestimmung des geltenden Rechts wird hierin eine personale Durchmischung der Gewalten deutlich. Einmal mehr zeigt sich darin die funktionale Methode, die theoretische Grenzen zugunsten praktischer Ergebnisse zu überwinden sucht.

705 Lehrberg, Praktisk juridisk metod, S. 142.

706 Die Urteile haben ein Aktenzeichen, es hat sich aber allgemein eingebürgert, sie schlicht nach NJA – Jahr der Entscheidung – erste Seite im Jahrgangsband zu zitieren.

5. Lehre

Da in Schweden viele Rechtsbereiche ohne Kodifizierung auskommen, hat die Lehre bedeutenden Einfluss auf die Anwendung und Interpretation des Rechts.[707] Das tatsachenabhängige, punktuell verstandene Recht lässt breiten normativen Freiraum für die Lehre. Die Kommentierung von Gesetzen ist dennoch nicht in dem Maße verbreitet, wie man es aus Deutschland kennt. Das bedeutet nicht, dass es gar keine Kommentare gibt. Ein Beispiel ist die Verlagsgruppe Karnov, die Gesetzestexte in Kommentierung herausgibt. Sie bietet jedoch keinen spezifischen Sachenrechtskommentar an. Es finden sich aber Kommentare zum allgemeinen Vermögensrecht, die auch teilweise sachenrechtliche Fragen behandeln.

In Gerichtsurteilen kommt der juristischen Lehrmeinung eine hohe Bedeutung zu. Vielfach greifen Gerichte auf Lehrmeinungen in ihrer Urteilsbegründung zurück.[708] Auch sind Richter am höchsten Gericht forschend tätig,[709] so dass ihre selbst entwickelte Lehrmeinung Niederschlag in den gerichtlichen Entscheidungen findet.

Insgesamt gibt es im Vergleich zu deutschem Sachenrecht eine recht überschaubare Anzahl an Lehrbüchern, die sich mit dem schwedischen Sachenrecht beschäftigen. Als prägendes Hauptwerk kann man »*Sakrätt avseende lös egendom*« (»Sachenrecht bezüglich *lös egendom*«) von *Torgny Håstad* benennen. Daneben haben *Henrik Hessler* mit »*Allmän Sakrätt*« (»Allgemeines Sachenrecht«) und *Östen Undén* mit »*Svensk Sakrätt – Lös egendom*« entscheidenden Einfluss auf das schwedische Sachenrecht genommen. Dabei wird die von *Undén* vorgenommene Gliederung und Schwerpunktsetzung von *Håstad*[710] als veraltet bezeichnet, da sich *Undén* nicht auf Fragen des Drittschutzes fokussiert, sondern seinen Schwerpunkt noch auf die klassische Objektbezogenheit der Sachenrechte legt. *Göran Millqvist* mit »*Sakrättens Grunder: en lärobok i sakrättens grundläggande frågeställningar avseende lös egendom*« (»Grundlagen des Sachenrechts: ein Lehrbuch über die grundlegenden Fragestellungen des Sachenrechts zum *lös egendom*«) und *Stefan Zetterström* mit »*Sakrättens fyra huvudfall*« (»Die vier Hauptfälle des Sachenrechts«) haben zwei Lehrbücher verfasst, die auch aktuell neu aufgelegt werden. Die anderen Abhandlungen sind dagegen auf dem Stand des vergangenen Jahrhunderts, wobei *Håstads* Werk mit der letzten Auflage im Jahre 2000 und einer Erweiterung im Jahre 2004 noch am aktuellsten ist.

---

707 Carlson, The Fundamentals of Swedish Law, S. 51.

708 Ring/Olsen-Ring, Einführung in das skandinavische Recht, S. 12.

709 Zu nennen sind hier nur Henrik Hessler und Torgny Håstad, die beide *Justitieråd* (Justizrat, Titel der Richter am Obersten Gerichtshof) waren und bekannte Bücher zum Sachenrecht verfasst haben.

710 Håstad, Sakrätt, S. 18.

Aus deutscher Perspektive fällt auf, dass es vergleichsweise wenig Literatur zum schwedischen Sachenrecht, insbesondere dem statischen Teil, gibt. Insbesondere gibt es kein Werk, das das Sachenrecht in seinem statischen und seinem dynamischen Teil in all seinen Prägungen umfassend behandelt.[711] So stellt *Håstad* in seinem Sachenrechtslehrbuch fest: »*Dessa frågor [om statisk sakrätt] faller egentligen utanför ramen för denna framställning, men de kann inte helt förbigås, eftersom de inte tas upp i någon annan del av juristutbildningen.*«[712] (»Das statische Sachenrecht fällt eigentlich aus dem Rahmen dieser Darstellung, kann aber nicht ganz ausgespart werden, da es sonst in keinem Teil der juristischen Ausbildung behandelt wird«). Das mag zum einen daran liegen, dass das schwedische Gesetzesmaterial zum Sachenrecht viel rudimentärer als das deutsche ist. Zum anderen daran, dass ein systematische Durchdringung dem funktionalen Ansatz widerspräche, der sich gegen Schematisierungen wendet.

Dass es sich bei der schwedischen Methode um eine Methode handelt, die in anderen Sachenrechtsordnungen unbekannt ist, wird nur spärlich in der schwedischen juristischen Lehre erwähnt. Es sind die Autoren *Martinson, Håstad, Sandstedt, Lilja* und *Andreasson* zu nennen, die sich mit dem Phänomen intensiver auseinandersetzen, da sie im Rahmen rechtsvergleichender Studien in Kontakt mit kontinentaleuropäischem Sachenrecht traten. Sie wenden sich in ihren Aufsätzen zu dem Thema entsprechend auch weniger an das heimische Publikum als an einen internationalen Kreis.

6. Fazit

Es zeigt sich bereits in der Gewichtung der Rechtsquellen, dass im schwedischen Sachenrecht eine pragmatische Perspektive vorherrscht, die die Wandelbarkeit von Recht und dessen Nützlichkeit für die Gesellschaft in den Vordergrund rückt. Geschriebenes Recht ist nur eine von mehreren Rechtsquellen und dabei nicht einmal die, die in der Anwendung vorgezogen wird. Eine verbindliche Hierarchie gibt es nicht. Die traditionellen Rechtsquellen wurden erweitert um unter anderem Rechtsprinzipien, ausländisches Recht, ökonomische Erkenntnisse, soziopolitische Erwägungen.[713] Alles, was geeignet erscheint, darf grundsätzlich in die rechtliche Analyse einbezogen werden.

Die funktionale Methode beeinflusst die Lehre nicht nur in der Darstellung, sondern auch darin, was überhaupt von der Rechtswissenschaft oder Rechts-

711 Es sei dahingestellt, ob dies einem deutschen Sachenrechtsbuch gelingt, aber es ist erkennbar, dass gegenüber dem schwedischen Sachenrecht eine breitere Darstellung von Detailfragen erfolgt.

712 Håstad, Sakrätt, S. 18.

713 Andreasson, Intellektuella resurser som kreditsäkerhet, S. 44.

dogmatik erwartet wird und wie die Rechtsquellen zu interpretieren sind. In der Rechtwissenschaft geht es in Schweden weniger darum, das geltende Recht zu benennen, als die gesellschaftliche Funktion von Regeln zu analysieren sowie ihre Zweckbestimmung zu ergründen.[714] Der Kern liegt in Funktionsbestimmungen und Zweckerwägungen, die durch Interessenanalyse und Folgenbestimmung flankiert werden. *Hellner* hebt hervor, dass »die rechtswissenschaftliche Methode ihre Wegweiser in Gesetzesmaterialien und Präzedenzfällen sowie in den Konsequenzen des Rechts für das gesellschaftliche Zusammenleben suche«.[715] Für *Grönfors* ist es wichtig, einen »Gesetzestext von außen zu lesen, soweit wie möglich befreit von seinem veralteten dogmatischen Hintergrund und direkt im Licht der gegenwärtigen Verhältnisse«.[716]

Dies stößt nicht nur auf Zustimmung, wie *Göransons* Feststellung zeigt:[717] »*I avsaknad av klar lagstiftning och en handfast begreppsapparat har svensk sakrätt med stöd av punktförfattningar, divergerande domstolsavgöranden, analogimetoder och teleologiskt baserad doktrin utvecklats till ett kasuistiskt läggspel av världsunikt slag.[…] en horrör i försöken att skapa rättslikhet åtminstone inom Europeiska unionen.*« (»In Abwesenheit einer deutlichen Gesetzgebung und einem handfesten Begriffsapparat hat sich das schwedische Sachenrecht gestützt auf punktuelle Gesetze, divergierende Gerichtsentscheidungen, Analogiemethoden und eine teleologisch grundierte Lehre zu einem kasuistischen Puzzlespiel von weltweit einzigartigem Schlag entwickelt. […] ein Horror für den Versuch, eine Rechtsangleichung wenigstens innerhalb der Europäischen Union zu schaffen.«) Dies ist eine seltene Einschätzung; die funktionale Methode wird von schwedischen Rechtswissenschaftlern regelmäßig ausschließlich gelobt. Dabei kann man ihr aus deutscher Perspektive durchaus beipflichten. Gleichzeitig ist anzuerkennen, dass dieses so in Schweden gewachsene System dort zu funktionieren scheint.

II. Die funktionale Methode in der Gesetzgebung

Der Gesetzgeber hielt und hält sich, wie in Schweden allgemein üblich, zurück. Die funktionale Herangehensweise hat sich nicht in einer entsprechend konzipierten Kodifikation niedergeschlagen. Sie bietet sich dafür jedoch auch nicht an. Der Grad von Abstraktion, den eine umfassende Kodifikation mit sich brächte, soll gerade vermieden werden. Der schwedische Gesetzgeber hat dementspre-

714 Agell, Rättsdogmatik eller konstruktiv rättsvetenskap, S. 43.
715 Hellner, Metodproblem inom rättsvetenskapen, S. 125.
716 Grönfors, Avtalslagen, S. 28.
717 Göranson, Besittning och rådighet – är det samma sak?, S. 224.

chend eine bescheidene Rolle in der Entwicklung der funktionalen Methode in Schweden eingenommen. Die vorhandenen Normen aus der Vorzeit, die sich mit dem Transfer von Eigentum befassen, bildeten jedoch einen fruchtbaren Grund für die neue Methode. Zunächst fehlte es bereits an einer Generalnorm, die den Eigentumsübergang in universal wirksamer Weise regelte. In der Hinsicht ergab sich kein Bedarf für eine explizite Gesetzesänderung. Gleichzeitig gab es mehrere verstreute Gesetze, die sich mit dem Thema des Eigentumsübergangs beschäftigten, aber dabei keine einheitliche Lösung darboten. Als Beispiel können der Gläubigerschutz des Käufers nach dem *Lag (1845:50 s.1) om handel med lösören, som köparen låter i säljarens vård kvarbliva* (Gesetz vom Handel mit beweglichen Sachen, die der Käufer in der Obhut des Verkäufers belässt) und die Vorschriften des Handelsgesetzes von 1736 über den Doppelverkauf dienen. Beide Vorschriften entstammen der Zeit vor Einführung der funktionalen Methode und behandeln trotzdem je nur eine Facette des Eigentumsschutzes, ohne auf andere Aspekte einzugehen. Die Voraussetzungen für den Schutz waren dabei verschieden: Der Gläubigerschutz nach *Lag (1845:50 s.1) om handel med lösören, som köparen låter i säljarens vård kvarbliva* setzt eine öffentliche Kundgabe des Verkaufs nach bestimmten Regeln voraus. Nach dem Handelsgesetz ist für die andere Situation, den Schutz eines späteren gutgläubigen Käufers beim Doppelverkauf, stattdessen dessen Besitzerlangung maßgeblich.[718] Dies kam dem Gedanken der Fragmentierung des funktionalen Ansatzes entgegen.

Obschon es aus Sicht des schwedischen Gesetzgebers wenig Anpassungsbedarf gab, gibt es dennoch Gesetze jüngeren Datums mit sachenrechtlicher Relevanz. Die funktionale Methode ist nicht nur die Herangehensweise in der praktischen Rechtsanwendung, sondern beeinflusst bereits die Rechtssetzung. Die Wortwahl und Systematik der sachenrechtlich relevanten Gesetze orientiert sich daran. Der Gesetzgeber ist bestrebt, die pragmatische Linie bereits im Gesetz vorzugeben und dessen jeweiligen Anwendungsbereich möglichst maßgeschneidert auf eine bestimmte Fallgruppe zu konzentrieren. Im Folgenden soll dies anhand von einigen Beispielen dargestellt werden. Eine nähere Durchsicht einschlägiger Gesetze aus dem sachenrechtlichen Bereich zeigt jedoch noch immer eine gemischte Lage. Teils sind Normen funktional formuliert. Es tauchen aber auch immer wieder einzelne Passagen auf, die substanzieller Natur sein könnten, da in ihnen vom Eigentümer, dem Eigentum oder dem Erwerb des Eigentums gesprochen wird. Die folgenden Beispiele sollen zeigen, wie sich eine funktionale Gesetzessprache gestaltet.

718 Undén, Svensk Sakrätt, S. 118f.

1. Funktional formulierte Normen

Die Trennung nach der Art der konkurrierenden Ansprüche wird in der Formulierung des *Lag (1998:1479) om värdepapperscentraler och kontoföring av finansiella instrument* (Gesetz über Wertpapierzentralen und Kontoführung bezüglich Finanzinstrumenten) deutlich, dessen sechstes Kapitel mit »*Tidpunkten för rättsverkan mot tredjeman av en överlåtelse*« (»Zeitpunkt der rechtlichen Wirkung einer Überlassung gegenüber Dritten«) überschrieben ist. Dort heißt es weiter in § 2: »*Har en anmälan om överlåtelse av ett finansiellt instrument registrerats, får instrumentet därefter inte tas i anspråk av överlåtarens borgenärer för andra rättigheter än sådana som var registrerade när anmälan registrerades.*« (»Wurde die Anmeldung einer Übereignung eines Finanzinstruments registriert, darf das Instrument danach nicht von den Gläubigern des Übereignenden für andere Rechte verwendet werden, als für solche, die schon registriert waren, als die Anmeldung registriert wurde.«) Diese Vorschrift betrifft ausschließlich das Verhältnis zu den Gläubigern desjenigen, der das Finanzinstrument übereignet. Erst im folgenden Paragraphen 3 wird das Verhältnis zu konkurrierenden Erwerbern erläutert: »*Har samma finansiella instrument överlåtits till flera var för sig, har den överlåtelse företräde för vilken anmälan om överlåtelse registrerades först. Registreringen av anmälan ger dock inte en överlåtelse företräde framför en tidigare överlåtelse, om förvärvaren när anmälan om överlåtelsen registrerades kände till eller borde ha känt till den tidigare överlåtelsen.*« (»Wurde dasselbe Finanzinstrument mehreren getrennt übereignet, hat die Übereignung Vorrang, deren Anmeldung zuerst registriert wurde. Die Registrierung einer Anmeldung verschafft einer Übereignung jedoch keinen Vorrang, wenn der Erwerber im Zeitpunkt der Registrierung der Anmeldung der Übereignung die frühere Übereignung kannte oder kennen musste.«).

Ebenso deutlich trennt § 31 *Skuldebrevslagen (1936:81)* (Gesetz über Schuldverschreibungen) nach den Konfliktsituationen und bestimmt in seinem ersten Absatz die Voraussetzungen für den Gläubigerschutz: »*Överlåter någon enkelt skuldebrev, vare överlåtelsen ej gällande mot hans borgenärer, med mindre gäldenären om åtgärden underrättats av överlåtaren eller den till vilken överlåtelsen skett; […].*« (»Überlässt jemand eine Orderschuldverschreibung, gilt die Überlassung nicht gegenüber dessen Gläubigern, wenn nicht der Schuldner davon durch den Überlassenden oder den, an den die Überlassung erfolgt, unterrichtet wird […]«) Im zweiten Absatz werden dann die Voraussetzungen für den Schutz bei Doppelverfügungen formuliert: »*Varder enkelt skuldebrev överlåtet till flere, gälle tidigare överlåtelse framför senare; dock äge den senare överlåtelsen företräde, där den tidigare än den andra meddelats gäldenären på sätt nu är sagt och förvärvaren då var i god tro.*« (»Wird eine Orderschuldverschreibung an mehrere überlassen, gilt die frühere Überlassung vor der späteren; dennoch erhält die spätere Überlassung Vortritt, wenn sie dem Schuldner auf die genannte Weise eher als die andere Überlassung mitgeteilt wird und der Erwerber gutgläubig war.«)

Der sachenrechtliche Schutz, den das *Lag (1944:302) om köpares rätt till märkt virke* dem Käufer von markiertem Nutzholz in seinem einzigen Paragraphen gewährt, ist auf den Gläubigerschutz beschränkt. Dort heißt es nur: »*Ved eller annat virke, som någon tillhandlat sig, må, ändå att virket är kvar i säljarens vård, ej tagas i anspråk för betalning av dennes gäld, om virket i fråga blivit tydligt märkt […]*« (»Feuerholz oder anderes Nutzholz, welches jemand erworben hat, darf nicht, wenn es im Gewahrsam des Verkäufers verbleibt, zur Zahlung von dessen Schulden beansprucht werden, wenn das fragliche Holz deutlich markiert wurde […].«) Die Möglichkeit des gutgläubigen Erwerbs ist daher von der Markierung nicht berührt. Dies korrespondiert mit dem Gedanken, dass der gutgläubige Erwerb auf die Besitzerlangung und nicht auf einen Besitzverlust abstellt.

Dagegen unterscheidet die Regelung in Kap. 2 § 7 *Jordabalk (1970:994)* (Gesetz über Immobilien) nicht nach den einzelnen Personengruppen, die einen relevanten Dritten ausmachen, sondern spricht allgemein vom *tredje man.* Die Norm betrifft den Drittschutz von Zubehör, das einzeln erworben wird: »*En överlåtelse av ett föremål som hör till en fastighet gäller inte mot tredje man, förrän (1.) föremålet skiljs från fastigheten på ett sådant sätt att det inte längre kan anses höra till denna […]*« (»Eine Übereignung eines Gegenstands, der Zubehör eines Grundstücks ist, gilt nicht gegenüber Dritten, bevor der Gegenstand so vom Grundstück getrennt wurde, dass er nicht länger als dazu zugehörig angesehen werden kann.«) Der sachenrechtliche Schutz hat dieselben Voraussetzungen im Verhältnis zu den Gläubigern des Grundstückseigentümers wie zu den Erwerbern des Grundstücks.[719]

Ein Gesetz, das die funktionale Herangehensweise gut illustrierte, indem es sich auf eine Funktion des Eigentums in jeweils einer konkreten, realen Situation bezog, kam über das Vorschlagsstadium nicht heraus. Nach dem Gesetzesvorschlag sollte es »*Lag om separationsrätt i vissa fall*« (»Gesetz über das Separationsrecht in bestimmten Fällen«) heißen. Es regelte jeweils das Separationsrecht und damit ausschließlich das Verhältnis zu den Gläubigern des Vertragspartners, für drei Situationen: das Recht des Verkäufers beim Eigentumsvorbehalt, das Recht des Hinterlegers bei der Verwahrung (in Form von Konsignation) und das

719 Zusätzlich zum Ende der Zubehörseigenschaft muss dann noch eine Inbesitznahme durch den Käufer hinzutreten, wie es beim Erwerb von *lösa saker* üblich ist. Der Umstand, dass ehemaliges Zubehör erworben wird, ändert daran nichts. Es findet in der Norm nur keine Erwähnung, da diese ausschließlich die Zubehörsproblematik betrifft, SOU 1947:38, S. 109.

Recht des Bestellers bei der Bearbeitung.[720] Dieser Gesetzesvorschlag wurde jedoch fallengelassen.

Es zeigt sich auch in den aktuellsten Bestrebungen des schwedischen Gesetzgebers, dass das dynamische Sachenrecht keinen Anspruch auf einheitliche Lösungen erhebt. Im Jahr 2015 wurde ein Vorschlag für eine Änderung des *Lösöreköpslag* vorgestellt. Dieser beinhaltet eine Abkehr vom bisher vorherrschenden *traditionsprincip*, das eine Übergabe oder eine Registrierung des Kaufs bei der Vollstreckungsbehörde vorsieht, wenn der Käufer eine Wirksamkeit des Kaufs gegenüber den Gläubigern des Verkäufers bewirken will. Stattdessen soll diese Wirkung bereits mit Abschluss des Kaufvertrags eintreten, wie die zuständige Kommission in ihrem Vorschlag ausführt.[721] Nach dem Vorschlag des Komitees soll diese Gesetzesänderung nur Auswirkungen auf das Verhältnis zwischen dem Erwerber und den Gläubigern des Verkäufers haben. Wann sachenrechtliche Wirksamkeit gegenüber anderen Personen, beispielsweise Konkurrenten, eintritt, soll keine Regelung erfahren.

Damit trennt ein Großteil der vorhandenen, sachenrechtlich relevanten Normen nach den beiden Anwendungsbereichen *borgenärsskydd* und *omsättningsskydd.* Der Begriff Eigentum wird nicht verwendet. Es werden jedoch unbestimmte Rechtsbegriffe wie »*överlåtelse*« (Überlassung) benutzt. Dieser Begriff ist aus sich heraus nicht verständlich und bedarf der Auslegung. Gemeint ist damit eine endgültige Überlassung eines Vollrechts. Einmal mehr verbirgt sich das Eigentum im Hintergrund.

2. Substanziell formulierte Normen

Die dargestellte, von der funktionalen Methode inspirierte Gesetzgebung gelingt jedoch nicht immer. Beispiele für substanziell formulierte Normen finden sich verstreut in verschiedenen schwedischen Gesetzen. Das gilt für mehrere Normen des Gesetzes über Immobilien, so Kap. 18 § 1 *Jordabalk (1970:994)*, in dem es um die Voraussetzungen und Konsequenzen eines gutgläubigen Erwerbs von Immobilien vom Nichtberechtigten geht: »*Har fast egendom förvärvats genom överlåtelse och var överlåtaren ej rätt ägare till egendomen på den grund att hans eller någon hans företrädares åtkomst var ogiltig eller av annat skäl ej gällde mot rätte ägaren, är förvärvet likväl giltigt, om lagfart på egendomen vid överlåtelsen var beviljad för överlåtaren och om förvärvaren vid överlåtelsen eller, när egendomen därefter överlåtits till annan, denne vid sitt förvärv varken ägde eller bort*

720 SOU 1988:63, S. 37.

721 SOU 2015:18, S. 27. Ob das Gesetz tatsächlich aufgehoben wird, ist zum jetztigen Zeitpunkt unklar.

äga kännedom om att överlåtaren ej var rätt ägare« (»Wurde eine Immobilie durch eine Übereignung erworben und war der Übereignende nicht der rechtmäßige Eigentümer der Sache, weil sein Erwerb oder der eines seiner Rechtsvorgänger ungültig oder aus anderem Grund nicht gegenüber dem rechtmäßigen Eigentümer gültig war, ist der Erwerb trotzdem gültig, wenn die Eintragung bei der Übereignung für den Übereignenden bewilligt war und der Erwerber bei der Übereignung oder, wenn das Eigentum danach auf einen anderen übertragen wurde, dieser bei seinem Erwerb weder Kenntnis davon hatte noch gehabt haben müsste, dass der Übereignende nicht der rechtmäßige Eigentümer war«). In den folgenden Paragraphen des Abschnitts des *Jordabalk (1970:994)* tauchen weitere »substanzielle« Formulierungen auf wie »*handling på vilken äganderätten grundats*« (»Handlung, auf die sich das Eigentum gründet«), »*rätte ägare*« (»rechtmäßiger Eigentümer«) oder »*förvärvet är giltigt*« (»der Erwerb ist wirksam«). Diese Formulierungen sind nicht funktional nach Fallgruppen oder Befugnissen gewählt, sondern allgemein gehalten und rekurrieren auf das Eigentum als solches.

Auch im Recht der Kommissionsgeschäfte taucht im Gesetz das *äganderätt* auf. § 23 *Kommissionslag (2009:865)*, überschrieben mit »*Kommittentens äganderätt till kommissionsvarorna*« (»Das Eigentum des Kommittenten an der Kommissionsware«*)*, ist eine Norm, die in ihrem Wortlaut extrem der funktionalen Methode zuwiderläuft. Sie lautet: »*En kommittent förblir ägare till varor som har lämnats till kommissionären för försäljning till dess att äganderätten övergår till tredje man eller, vid självinträde, till kommissionären.*« (»Ein Kommittent bleibt Eigentümer der Waren, die er dem Kommissionär zum Verkauf überlassen hat, bis das Eigentum auf einen Dritten übergeht, oder bis zu einem Selbsteintritt des Kommissionärs.)«. Mit dieser weiten Formulierung gilt die Regel sowohl für die Frage, ob der Kommittent in der Insolvenz des Kommissionärs ein Separationsrecht hat, als auch für die Frage, ob der Erwerber gegenüber den Gläubigern des Kommissionärs geschützt ist. Interessant ist, das noch im Vorschlag zu dem Gesetz von 2005 eine Formulierung gewählt worden war, die der funktionalen Methode entsprach, indem der Vorschlag die Überschrift »*förhållandet till tredje man*« (Verhältnis zu Dritten) einsetzte und statt vom verbleibenden Eigentum davon sprach, dass die Ware dem Kommittenten im Verhältnis zu den Gläubigern vorbehalten sei (»*förbehållen*«). Es waren auch zwei Paragraphen vorgesehen, von denen einer die Gläubigerschutzfrage, der andere die des Umsatzschutzes betraf.[722] Dieser Vorschlag wurde jedoch nicht umgesetzt. In der aktuellen Variante ist die Norm eine frappierende Inkonsequenz im funktionalen Ansatz.

722 SOU 2005:120, S. 17; Sandstedt, Sakrätten, Norden och Europeiseringen, S. 329ff.

Es gibt auch substanziell formulierte Normen im Bereich der beschränkten dinglichen Rechte. So lautet § 101 Patenlag (1967:837): »*Pantsättning av patent eller patentansökan gäller från tiden för ansökan om registrering enligt 95 § mot den som senare förvärvar äganderätt eller annan rätt till egendomen.*« (»Die Verpfändung eines Patents oder ein Patentantrag gilt ab dem Zeitpunkt des Eintragungsersuchens gemäß § 95 gegenüber demjenigen, der später das Eigentum oder ein anderes Recht an der Sache erwirbt.«) Diese Norm ist ein Beispiel für sachenrechtlichen Schutz gegenüber einem Rechtsnachfolger, spricht aber von der Person, die später Eigentum oder ein anderes Sachenrecht erwirbt und nicht von *sakrättsligt skydd.*

Die Vertreter der funktionalen Methode wollen diese methodischen Brüche nicht als solche wahrgenommen wissen. *Martinson* erklärt die Verwendung konzeptueller Begriffe in der Gesetzgebung mit einer dadurch erreichbaren Vereinfachung, die rein sprachlich zu interpretieren sei, und schlägt entsprechend vor, die substanziellen Begriffe zu ersetzen, z. B. »*äganderätt*« mit »*anspråk på äganderätt*« (Anspruch auf das Eigentumsrecht) und »*rätte ägaren*« (rechtmäßiger Eigentümer) mit »*någon med tidigare anspråk*« (jemand mit einem früheren Anspruch) oder »*den som gjort tidigare förvärv*« (derjenige, der einen früheren Erwerb getätigt hat).[723]Die Formulierungen des *Lag (1986:796) om godtrosförvärv av lösöre*, selbst in seiner Fassung, die es 2002 erhalten hat, lassen dagegen keinerlei Trennung erkennen. NJA 2008 S. 282 drückt dies entsprechend genauso aus: »*När det i 3 § godtrosförvärvslagen talas om bättre rätt till den egendom som frånhänts ägaren, avses frågan om vem av ägaren eller godtrosförvärvaren som har äganderätt till egendomen.*« (»Wenn es in § 3 des Gesetzes über den gutgläubigen Erwerb um das bessere Recht an der Sache, die dem Eigentümer weggenommen wurde, geht, bezweckt das die Frage, wer von Eigentümer oder gutgläubigem Erwerber Eigentum an der Sache hat.«). Diese »unschwedische« Wortwahl lässt sich im Sinne der funktionalen Methode einzig damit erklären, dass der gutgläubige Erwerb eine geschlossene Fallgruppe darstellt und es um nur um Eigentum in diesem speziellen Kontext geht.

Die Trennung nach einzelnen sachenrechtlichen Konflikten wird in den unterschiedlichen Gesetzen folglich nicht einheitlich aufrechterhalten. Obschon dies inkonsequent erscheint, zeigen die verbliebenen funktional strukturierten Gesetze dennoch den allgemeinen Grundgedanken in einem hinreichenden Maße auf, dass man zu dem Schluss kommen muss, dass auch die schwedische Gesetzgebung die funktionale Methode verinnerlicht hat.

723 Martinson, SvJT 2008, 669, 672.

III. Die funktionale Methode in der Rechtsprechung

Der skandinavische Rechtsrealismus betonte die Relevanz von gerichtlichen Entscheidungen, die Rechte mit Inhalt ausfüllten und daher eingehend zu studieren seien, um Recht in seiner tatsächlichen Form zu erforschen.[724] Statt sich auf feststehende Konzepte zu berufen, sollten praktische Erwägungen getroffen werden, die die Lösung eines Falles bestimmen sollten. Indem mehr Gewicht auf die Rechtsprechung mit ihren Einzelfällen gelegt wurde, sollte das Recht dem realen Leben näher gebracht werden und dadurch praktischer werden. Erst 1925 ergab sich die Gelegenheit für den Obersten Gerichtshof, in NJA 1925 S. 80 selbst die funktionale Methode anzuwenden.[725] Mittlerweile ist die funktionale Methode in der Rechtsprechung etabliert. Dies zeigt NJA 2008 S. 668, mit dem das schwedische Eigentumsverständnis zusammengefasst wird, wenn der Oberste Gerichtshof festhält: »*Äganderätt anses sedan länge vara ett relativt begrepp i svensk och annan skandinavisk rätt. Medan man i många andra rättssystem anser att äganderätten övergår från säljaren till köparen vid en enda tidpunkt och att denna övergång avgör ett flertal rättsfrågor – inte bara skydd mot motpartens borgenärer utan även vem som bär risken för skada och vem som har rätt till avkastningen m.m. – föredrar vi i skandinavisk rätt att behandla olika frågor för sig för att få ett mer nyanserat system, varefter reglerna ofta formuleras utan användning av termen äganderätt.*« (»Das Eigentumsrecht wird im schwedischen und anderem skandinavischem Recht seit langem als relativer Begriff angesehen. Während man in vielen anderen Rechtssystemen davon ausgeht, dass das Eigentumsrecht in einem einzigen Zeitpunkt vom Verkäufer auf den Käufer übergeht und dieser Übergang eine Vielzahl von Rechtsfolgen entscheidet – nicht nur den Schutz gegenüber den Gläubigern des Vertragspartners, sondern sogar, wer das Risiko eines Schadens trägt oder wer das Recht am Ertrag hat und noch mehr – ziehen wir es im skandinavischen Recht vor, unterschiedliche Fragen jeweils für sich zu behandeln, um ein nuancierteres System zu erhalten, wonach die Regeln häufig ohne Anwendung des Ausdrucks Eigentumsrecht formuliert werden.«) Dies bestätigt der Oberste Gerichtshof in einem weiteren Urteil, in dem es heißt: »*Vem som ska anses som ägare till en egendom kan många gånger ge upphov till skilda tolkningar. Begreppet ägare är i sig inte entydigt och frågan om vem som är ägare blir ibland rent terminologisk. Olika frågor – såsom när säljaren erhåller skydd mot köparens borgenärer, när risken för skada övergår och när rätten till varans avkastning övergår – behandlas för sig för att få ett mer nyan-*

724 Helin, Sc.St.L. 1989, 139, 141f.

725 Dabei ging es um die Drittwirksamkeit von einem Pfandrecht. Der Erwerber der Sache wusste von dem Pfandrecht, aber die Sache war dem Pfandgläubiger nicht übergeben worden. Das Gericht befand, dass das Pfandrecht, obwohl nur schuldrechtlich bestellt, wegen der Kenntnis des Erwerbers ihm gegenüber Bestand haben solle.

serat system«.[726] (»Wer als Eigentümer einer Sache angesehen sein soll, kann in vielen Fällen Anlass zu unterschiedlichen Deutungen geben. Der Begriff Eigentümer ist als solcher nicht eindeutig und die Frage, wer Eigentümer ist, ist teilweise rein terminologisch. Unterschiedliche Fragen - wie, wann ein Verkäufer Schutz gegenüber den Gläubigern des Käufers erhält, wann das Risiko für Schäden übergeht und wann das Recht auf die Früchte der Ware übergeht - werden jede für sich behandelt, um ein nuanciertes System zu erhalten.«) Die Untersuchung nachfolgender Urteile ergibt, dass die Gerichte die funktionale Herangehensweise in ihre Arbeitsweise vollumfänglich aufgenommen haben. Urteile aus dem sachenrechtlichen Gebiet, in denen zu Lösungszwecken noch auf das Eigentum als Entscheidungskriterium ausdrücklich zurückgegriffen wird, sind fast nicht vorhanden.

1. Urteilsfindung nach der funktionalen Methode

Auch die in den Urteilen gewählten Formulierungen spiegeln wider, dass es bei der Entscheidung eines sachenrechtlichen Konflikts im schwedischen Recht nicht auf das Eigentum ankommt. Das bedeutet, dass nicht geprüft wird, ob eine Partei Eigentum erworben hat oder ob eine Partei ein Besitzrecht nachweisen kann. Stattdessen lautet die Formulierung beispielsweise, ob der Kläger »einen sachenrechtlich geschützten Erwerb getätigt hat« (*anses ha gjort ett sakrättsligt skyddat förvärv*[727]) und ob er deshalb ein besseres Recht an dem Streitobjekt hat als der Beklagte. Ob dem so ist, wird danach bestimmt, ob es dem Kläger gelingt, tatsächliche Umstände zu beweisen, die einzeln oder kumulativ den Voraussetzungen für eine Bejahung sachenrechtlichen Schutzes genügen. Im Folgenden sollen einige Fälle des Obersten Gerichtshofs exemplarisch vorgestellt werden, in denen die funktionale Methode auf die eine oder andere Weise bei der Entscheidungsfindung deutlich hervortritt und die immer wieder in Urteilen oder Aufsätzen zum dynamischen Sachenrecht zitiert werden.

a) NJA 1960 S. 9

Zur Veranschaulichung des Umstands, dass schwedische Gerichte einen Rekurs auf das Eigentum in sachenrechtlichen Rechtsstreitigkeiten vermeiden, mag ein Fall von 1960 dienen. Der Oberste Gerichtshof musste sich mit der Frage beschäftigen, wer das bessere Recht an zwei Reifen eines Lastwagens habe. A hatte einen Lastwagen unter Eigentumsvorbehalt gekauft, außerdem Reifen von einem

726 NJA 2010 S. 227.
727 NJA 1998 S. 379.

anderen Verkäufer, ebenfalls unter Eigentumsvorbehalt. Nachdem er die Reifen montiert hatte, konnte er den Lastwagen nicht abbezahlen und gab ihn inklusive der Reifen an den Verkäufer zurück. Dieser wusste von dem Eigentumsvorbehalt an den Reifen. Der Verkäufer der Reifen erhob, als er ebenfalls nicht bezahlt wurde, Klage auf das bessere Recht daran. Das Gericht verneinte das bessere Recht des Verkäufers der Reifen. Dieses Urteil wurde aber nicht darauf gestützt, dass der Verkäufer des Lastwagens Eigentümer der Reifen geworden sei oder dass der Verkäufer der Reifen jedenfalls sein Eigentum daran verloren hätte. Stattdessen wurde abgewogen, ob die Montage die Geltendmachung des Eigentumsvorbehalts ausschließe. Dies wurde von einer knappen Mehrheit der Richter bejaht. Durch die Montage der Reifen seien sie »Zubehör oder Bestandteil« des Lastwagens geworden. Justizrat *Karlgren* führte in einem Zusatzvotum dazu aus, dass ein Zusammenfügen immer dann einem Eigentumsvorbehalt seine Drittwirkung nehme, wenn der Ausbau nur mit großem Aufwand oder einigem Wertverlust möglich sei.

Die Vorinstanzen hatten ihr Urteil noch darauf gestützt, dass der Verkäufer des Lastwagens vom Eigentumsvorbehalt an den Reifen wusste und daher nicht besser stehen könne als der Vorbehaltskäufer selbst.

Der Fall zeigt, wie Lösungen ohne die Zuordnung des Eigentums gesucht werden. Das Begründungskonstrukt funktioniert aber nur, wenn feststeht, dass ein wirksamer Eigentumsvorbehalt ein besseres Recht an der Sache einräumen kann. Das wiederum setzt voraus, dass ein Recht besteht, denn das Gericht »erschuf« dieses Recht nicht ad hoc. Naheliegend ist es das Eigentum, auch wenn es keine Erwähnung findet.

b) NJA 1987 S. 3

Ein Fall aus dem Jahre 1987 verdeutlicht, welche Rolle die Interessenabwägung bei der Lösung sachenrechtlicher Konflikte spielt. Der Oberste Gerichtshof hatte in NJA 1987 S. 3 darüber zu entscheiden, wem der Erlös aus der Zwangsversteigerung eines Pferdes gebühre. Dem lag folgender – verkürzt dargestellter – Sachverhalt zugrunde: B war Reittrainer, der die trainierten Pferde neben eigenen Pferden bei sich unterstellte. Über sein Vermögen wurde die Insolvenz eröffnet. Die bei ihm eingestellten Pferde wurden zwangsversteigert. Sein Sohn A war bei ihm angestellt und behauptete, vor Eintritt der Insolvenz ein Pferd von B erworben zu haben. Das Pferd gehörte ursprünglich zur Hälfte B und zur Hälfte X. Sohn A behauptete, zunächst den Anteil von X erworben zu haben. Danach sei das Pferd zwischenzeitlich in einem anderen Stall untergebracht worden, dann aber wieder zu Vater B zurückgebracht worden. Anschließend habe A auch den Anteil von B erworben, das Pferd aber zu Trainingszwecken bei diesem belassen.

In dem Verfahren forderte der Insolvenzverwalter über das Vermögen von B, festzustellen, dass ihm ein besseres Recht am Versteigerungserlös aus dem Verkauf des Pferdes zustehe als A. Dieser habe das Pferd nicht sachenrechtlich wirksam erworben und sei daher nicht gegenüber den Gläubigern des B geschützt, da es sich um eine reine Scheintransaktion ohne Besitzwechsel gehandelt habe. A machte demgegenüber geltend, dass der fehlende Besitzwechsel unschädlich sei, weil es üblich sei, Pferde beim Trainer zu belassen.

Das *tingsrätt* prüfte in der ersten Instanz, ob A gegenüber den Gläubigern des B sachenrechtlich geschützt sei, so dass ihm ein Separationsrecht zustünde, was ihm im anhängigen Verfahren ein besseres Recht gewähren würde. Das Gericht verneinte dies, weil B ununterbrochen über das Pferd habe verfügen können. Der Oberste Gerichtshof bestätigte diese Ansicht. Er legte dabei die Frage zugrunde, ob bei dem Erwerb eines ideellen Anteils an *lösöre* eine Besitzänderung zwingende Voraussetzung für eine sachenrechtliche Wirkung des Erwerbs gegenüber den Gläubigern des Veräußerers sei wie es für den normalen Erwerb von *lösöre* gelte. Diese Frage beantwortete das Gericht mittels einer Abwägung der widerstreitenden Interessen:

»Till stöd för att överlåtelse av andel i lösöre från den som äger egendomen i dess helhet bör bli gällande mot överlåtarens borgenärer i och med överlåtelseavtalet kan åberopas, att en annan ordning i många fall skulle försvåra eller rent av förhindra andelsöverlåtelser. Sådana svårigheter eller hinder uppkommer framför allt då överlåtelsen förutsätter att egendomen även i fortsättningen skall omhänderhas av överlåtaren; så är uppenbarligen förhållandet då, såsom i förevarande fall, en travtränare efter överlåtelse av andel i en av honom ägd travhäst avses skola även fortsättningsvis sköta och träna hästen. Det saknas anledning anta annat än att andelsöverlåtelser i allmänhet tillgodoser ett behov eller i vart fall har ett legitimt syfte. Mot bakgrund av det sagda måste en ordning, som innebär att förvärv av andel i lösöre blir gällande mot överlåtarens borgenärer i och med överlåtelseavtalet, anses främja intresset av en behörig omsättning.«

(»Dafür, dass die Übereignung eines Anteils an einer beweglichen Sache von demjenigen, dem die Sache ganz gehört, gegenüber dessen Gläubigern bereits mit dem Übereignungsvertrag gültig wird, spricht, dass andernfalls Anteilsübereignungen häufig erschwert oder ganz verhindert würden. Derartige Schwierigkeiten treten vor allem dann auf, wenn der Veräußerer die Sache weiterhin aufbewahren soll, wie im vorliegenden Fall, in dem ein Pferdetrainer nach der Übereignung eines Anteils an einem seiner Pferde dieses weiter betreuen und trainieren soll. Es fehlen Anhaltspunkte dafür, etwas anderes anzunehmen, als dass Anteilsübertragungen im Allgemeinen einem legitimen Zweck dienen. Nach dem Gesagten fördert eine Regel, die besagt, dass der Anteilserwerb an einer beweglichen Sache mit Vertragsschluss gegenüber den Gläubigern des Veräußerers gilt, berechtigte Verkehrsgeschäfte.«)

Dem stellte das Gericht andere denkbare Interessen gegenüber:

»*Å andra sidan kan anföras starka skäl för att det för andelsförvärvs giltighet mot överlåtarens borgenärer i fall då överlåtaren äger egendomen i dess helhet bör krävas besittningsändring (eller motsvarande åtgärd). Det främsta skälet är det syfte som krav i andra fall på s k sakrättsliga moment för erhållande av skydd mot borgenärerna i första hand anses ha, nämligen att motverka skenöverlåtelser och därigenom förhindra att egendom undandras borgenärerna. Om det vid andelsöverlåtelse inte krävs besittningsändring, skulle det vid utmätning och konkurs möta mycket stora svårigheter att tillvarata borgenärernas rätt. Kravet på besittningsändring vid överlåtelse av lösöre i dess helhet skulle också kunna kringgås genom överlåtelse av en betydande andel av egendomen; det torde inte vara möjligt att uppställa olika regler beroende på storleken av den överlåtna andelen.*«

(»Auf der anderen Seite sprechen starke Gründe dafür, dass eine Gültigkeit eines Anteilerwerbs gegenüber Gläubigern des Veräußerers in einem solchen Fall eine Besitzänderung oder etwas Entsprechendes erfordern sollten. Der vorrangige Grund dafür ist der Zweck, der auch in anderen Fällen ein sogenanntes sachenrechtliches Moment fordert, nämlich, Scheinübertragungen entgegenzuwirken und so zu verhindern, dass den Gläubigern Vermögen entzogen wird. Wenn eine Anteilsübereignung keine Besitzänderung erforderte, führte dies in der Zwangsvollstreckung und Insolvenz zu erheblichen Schwierigkeiten, die Rechte der Gläubiger zu wahren. Das Erfordernis der Besitzänderung könnte bei der Übertragung beweglicher Sachen insgesamt umgangen werden, indem nur ein bedeutender Anteil übereignet würde; es wäre nicht möglich, unterschiedliche Regeln je nach Größe des Anteils aufzustellen.«)

Das Gericht kam zu dem Ergebnis, dass dem Interesse an der Verhinderung von Scheintransaktionen ein derartiges Gewicht zugemessen werden müsse, dass es überwiege:

»*Vid en samlad bedömning av vad nu sagts måste intresset av att skenöverlåtelser motverkas anses ha en sådan tyngd, att en andelsöverlåtelse från den som äger egendomen i dess helhet inte bör vara skyddad mot överlåtarens borgenärer utan att besittningsändring kommit till stånd.*«

(»Nach einer umfassenden Bewertung des Gesagten muss das Interesse daran, Scheintransaktionen entgegenzuwirken, als derartig gewichtig angesehen werden, dass eine Anteilsüberlassung von demjenigen, der die Sache allein im Eigentum hat, nicht gegenüber den Gläubigern des Überlassenden geschützt sein soll, sofern nicht eine Besitzänderung erfolgte.«)

Daher sei eine sachenrechtliche Wirkung gegenüber den Gläubigern des B zu verneinen und der Insolvenzverwalter bzw. die Insolvenzmasse habe ein besseres Recht am Versteigerungserlös als A.

Das Urteil findet in der schwedischen Lehre Beachtung, weil es sich mit einer Situation beschäftigt, in der nicht eindeutig ist, welches *sakrättsligt moment* ausschlaggebend sein soll. Die Entscheidung für den Besitzverlust statt für den Vertragsschluss fügt sich in die allgemeinen Regeln über das sachenrechtliche Moment ein, nach denen die Drittwirksamkeit des Vertragsschlusses nur als Ausnahmemöglichkeit verstanden wird. Im Hinblick auf die schwedische Methode ist es aus einem anderen Gesichtspunkt interessant. Es verdeutlicht, wie schwedische Gerichte sachenrechtliche Problemstellungen lösen, indem sie eine Interessenabwägung vornehmen. Dabei wird zunächst das sachenrechtliche Umfeld abgesteckt (hier: Konflikt mit Gläubigern des Verkäufers). Es wird festgestellt, welche sachenrechtlich relevanten Tatsachen vorliegen, nämlich die Art des Rechtsgeschäfts (hier: Kauf), das Objekt des Rechtsgeschäfts (hier: Anteil an einer beweglichen Sache) und das Vorliegen eines sachenrechtlichen Moments wie ein Besitzwechsel (hier: Sache verbleibt beim Verkäufer). Dann wird die Frage nach dem sachenrechtlichen Schutz aufgeworfen (hier: Wirkt ein Erwerb eines Anteils ohne Verlust der Verfügungsbefugnis des Veräußerers gegenüber dessen Gläubigern?). Es werden weiter die denkbaren sachenrechtlichen Momente (hier: Vertragsschluss oder Übergabe) benannt. Die Lösung wird dann über eine Abwägung der situationsspezifischen Interessen gefunden. Im Falle fehlender Übergabe sind das auf der einen Seite die Verhinderung von Scheintranskationen und auf der anderen Seite der Wille, einen fließenden Rechtsverkehr zu ermöglichen. Hier kam das Gericht zu dem Schluss, dass das erst genannte Interesse überwiege, weswegen ein Besitzwechsel notwendig sei, an dem es hier fehle. Das Urteil zeigt aber auch, dass die Interessenabwägung nicht im rechtsfreien Raum vorgenommen wird. Sie knüpft immer wieder an vorhandene Rechtsregeln an. Weiter zeigt sich, dass nicht die Individualinteressen der beteiligten Parteien, sondern Allgemeininteressen zur Entscheidung zurate gezogen werden. Wiederum taucht das Eigentum in der Begründung nicht auf.

c) NJA 1994 S. 506

Auch NJA 1994 S. 506 stellte die Interessenabwägung in den Vordergrund, wobei das Gericht klarstellte, dass diese notwendig wurde, da es an ausdrücklichen gesetzlichen Regeln fehlte. Damit legte es ausnahmsweise deutlich eine Hierarchie der Rechtsquellen zugrunde, die in der Diskussion um die Charakteristika der funktionalen Methode häufig untergeht, da eine solche Annahme einen formalisierenden Einschlag erkennen lässt. Der zugrunde liegende Fall betraf die Frage, ob der Kläger ein Separationsrecht in der Insolvenz des beklagten Unternehmens haben solle. Das beklagte Unternehmen betrieb eine Getreidemühle mit angeschlossenem Lager, dass es auch Dritten zur Verfügung stellte. Der Kläger, ein Landwirt, hatte Getreide im Lager des Beklagten untergebracht, wo es mit dem Getreide des Beklagten und dem Dritter vermengt wurde. Der Oberste Gerichtshof hielt zunächst fest, dass es sich um einen Verwahrungsvertrag gehandelt habe und die Parteien auch trotz einer Vermischung keinen Eigentumsübergang gewollt hätten. Dann wandte sich das Gericht der Frage zu, ob die Vermischung einem Separationsrecht entgegenstehe. Es verneinte eine analoge Anwendbarkeit des *Lagen (1944:181) om redovisningsmedel* (Gesetz über die Rechnungslegung), wonach die Vermischung von Gattungssachen mehrerer Hinterleger zu deren Miteigentum führt, da das Getreide des Klägers nicht mit dem eines Dritten, sondern mit dem Getreide des beklagten Verwahrers vermischt worden war. Diesbezüglich existiere keine eindeutige Rechtslage. Da der Kläger monatlich über den aktuellen Bestand seines Getreides im Lager schriftlich informiert worden war, die Einlagerung aus praktischen Erwägungen (der Kläger hatte keine andere Lagerungsmöglichkeit) erfolgt war und die komplette Menge an Getreide bei Eintritt der Insolvenz vorhanden war, befand das Gericht, dass dies für eine ausreichende Trennung des klägerischen Getreides spreche, und bejahte dessen Separationsrecht. Die Vorinstanz hatte noch eine ausdrücklichere Interessenabwägung vorgenommen, indem sie feststellte, dass die Interessen des praktischen Lebens und des Wirtschaftsverkehrs gegen das Interesse der Geldgläubiger an der Vermeidung von masseschädigenden Scheingeschäften abzuwägen seien. Für ein Separationsrecht sprach danach, dass die Lagerung aus praktischen und wirtschaftlich sinnvollen Gründen erfolgt sei. Gegen ein Separationsrecht könne dagegen grundsätzlich sprechen, dass die Gläubiger durch die tatsächlich sichtbaren Verhältnisse im Lager getäuscht werden könnten, wenn diese für einen Verlust des Separationsrechts kraft Vermischung sprächen. Das verneinte die Vorinstanz, da die Geschäftsbücher des Beklagten die eingelagerten Mengen nebst den jeweiligen Hinterlegern exakt aufführten.

Das Separationsrecht wurde nicht auf das Eigentum des Klägers gestützt. Es wurde allerdings festgehalten, dass es ein allgemeiner Grundsatz sei, dass jemand, der einem anderen eine Sache anvertraue, ohne sie verkaufen oder verschenken zu wollen, im Allgemeinen ein Separationsrecht im Falle einer Insolvenz des Besitzers habe, sofern die Sache hinreichend individualisiert sei. Außerdem wurde mehrfach in dem Urteil das durch Vermischung entstehende Miteigentum (*samäganderätt*) problematisiert, ohne jedoch eine ausdrückliche Verknüpfung zum Separationsrecht vorzunehmen.

d) NJA 2017 S. 289

Im vergleichsweise neuen Urteil des Obersten Gerichtshofs in NJA 2017 S. 289 ging es um Drittwirksamkeit von einer vertraglichen Bedingung. Ein Vater hatte seinen fünf Kindern jeweils zu gleichen Anteilen eine Immobilie geschenkt. Im Schenkungsvertrag wurde die Anwendbarkeit des Gesetzes über das Miteigentum (*Lag (1904:48 s.1) om samäganderätt*) ausgeschlossen. Im Folgenden verkauften vier der Kinder ihre Anteile an A. Auf Antrag von A beschloss das *tingsrätt* daraufhin gemäß § 6 *Lag (1904:48 s.1) om samäganderätt* die öffentliche Versteigerung der Immobilie. Das fünfte Kind, B, erhob dagegen Widerspruch. Das Gericht hatte zu entscheiden, ob der vertragliche Ausschluss der angewendeten Norm in einem Schenkungsvertrag auch Geltung gegenüber einem Erwerber eines Anteilsrechts an einer Immobilie entfalte. Der Oberste Gerichtshof ging darauf ein, dass es sich um eine schuldrechtliche Einschränkung handelte, dass diese in einem Schenkungsvertrag enthalten war und dass es sich um einen Konflikt mit einem Erwerber und nicht um einen Gläubigerkonflikt handelte. Auch der Inhalt der Beschränkung und die Zwecke des Gesetzes über das Miteigentum sowie die strikten Formregeln des Immobiliarsachenrechts wurden in die Erwägungen mit einbezogen. Letztlich entschied das Gericht, der Einschränkung aus dem Schenkungsvertrag keine drittwirksame Geltung gegenüber einem späteren Erwerber zuzusprechen.

Interessant ist, dass jede Instanz zwar zum gleichen Ergebnis kam, dies aber stets unterschiedlich begründete. Während das erstinstanzliche Gericht seine ablehnende Entscheidung noch damit begründete, dass B nicht beweisen konnte, dass A von dem Vorbehalt in dem Schenkungsvertrag wusste, prüfte das Berufungsgericht, ob der Schenkungsvertrag Anhaltspunkte für eine Drittwirkung enthielt, ob der Schenker eine solche gewollt habe und ob die Beschenkten den Willen des Schenkers umgehen wollten. Da es dies alles verneinte, verneinte es auch eine Drittwirkung. Demgegenüber hielt der Oberste Gerichtshof den guten Glauben des Erwerbers für irrelevant und ging auch nicht vertieft einer Auslegung des Schenkungsvertrags nach. Er gründete seine Entscheidung letztlich darauf, dass die Folgen, die es hätte, wenn man einen vertraglichen Vorbehalt wie den gegebenen ohne weitere Voraussetzungen mit Drittwirksamkeit gegenüber Erwerbern ausstatte, wirtschaftlich nicht wünschenswert seien, da es den Warenabsatz behindern würde.

Die Entscheidung zeigt die Einzelfallbezogenheit des dynamischen Sachenrechts sowie die grundsätzliche Bereitschaft, jedes Recht oder jede Einschränkung eines Rechts auf seine potentielle Drittwirksamkeit zu untersuchen. Gleichzeitig wird deutlich, dass der Unterschied zwischen sachenrechtlicher Wirkung und schuldrechtlicher Wirkung aufrecht erhalten wird und dies auch als der Regelfall verstanden wird, von dem nur unter besonderen Begründungsanforderungen abgewichen werden soll. Die Trennung von Gläubigerschutz und Absatzschutz wird ausdrücklich betont. Dabei wird dennoch dargestellt, wie der Gläubigerschutz, der in diesem Fall nicht einschlägig war, in ähnlichen Situationen ausgestaltet wird. Dies ist widersprüchlich, dürfte aber dem Umstand geschuldet sein, dass das Gericht sichtlich darauf bedacht war, alle möglichen Varianten eines Schutzes aufzuzeigen, um ihn im vorliegenden Fall abzulehnen.

e) Fazit

Die Urteile zeigen, dass die Rechtsprechung die funktionale Methode in höherem Maße verinnerlicht als die Legislative. Die Zuordnung des Eigentums wird nicht ausdrücklich als Entscheidungskriterium herangezogen. Stattdessen wird auf die Mechanismen der funktionalen Methode zurückgegriffen und auf einer »direkteren« Ebene argumentiert. Statt nach dem Eigentum wird beispielsweise danach gefragt, ob eine Sache Zubehör ist oder ob eine Sache übergeben wurde. Wie schon bei der Untersuchung der Fallgruppen des dynamischen Sachenrechts festgestellt, wirkt das Eigentum im Hintergrund der Urteilsfindung. Es kommt durchaus vor, dass ein Urteil das erworbene oder beibehaltene Eigentum adressiert und in seine Erwägungen miteinfließen lässt. Als ausdrückliches Begründungselement kommt es jedoch nicht vor.

Zugleich sind die Urteile Ausdruck davon, dass die Interessenabwägung im Vordergrund steht. Diese Abwägung knüpft dabei an ergangene Urteile als Vergleichsmaßstab und gesetzliche Regelungen an. Auffällig ist auch, dass wirtschaftliche Prosperität als allgemeines Fernziel häufig in die Entscheidungsbegründung mit einfließt. Sofern es Normen gibt, wird ein Sachverhalt durchaus darunter subsumiert, meist jedoch um festzustellen, dass der Fall nicht geregelt ist, um dann eigenständig Argumente zu entwickeln. Welche Interessen zur Abwägung stehen können, soll im Folgenden untersucht werden.

2. Sachenrechtlich relevante Interessen

Da das schwedische dynamische Sachenrecht eine Berufung auf Konzepte zur Argumentation nicht vorsieht, werden stattdessen praktische Erwägungen zur Rechtfertigung einer Lösung in den Vordergrund gestellt. Die Entscheidung, nach welchen Kriterien sachenrechtliche Wirkung eintritt, beruht dann auf einer Interessenabwägung. Das bereits erwähnte Urteil in NJA 1994 S. 506 verdeutlicht die Bedeutung der Interessenabwägung als Grundlage für die Konfliktlösung im dynamischen Sachenrecht: »*Vid avsaknad av uttryckliga föreskrifter får frågor om separationsrätt i händelse av tvivel avgöras vid en vägning av skilda intressen mot varandra. Vid en sådan bedömning är det praktiska livets och den ekonomiska samfärdselns behov av väsentlig betydelse*« (»Fehlen ausdrückliche Vorschriften müssen Fragen über das Vorliegen eines Separationsrechts bei Zweifeln durch eine Abwägung der verschiedenen Interessen beantwortet werden. Bei einer solchen Beurteilung sind die Bedürfnisse des praktischen Lebens und des wirtschaftlichen Verkehrs von wesentlicher Bedeutung.«) Da überwiegend gesetzliche Regelungen fehlen, ist dies die Regel. Die Interessenabwägung ist situationsabhängig. *Vinding Kruse* hat diesen von ihm als Notwendigkeit angesehenen Umstand so dargestellt: »*The concept of transfer of property is a very comprehensive and complicated one. We must remember the deep wisdom of the early Roman sentences: distinguendum est, and divide et impera. This last sentence is not only often true in politics, but in many cases in scientific matters too, especially in jurisprudence. By distinguishing one often acquires power over human life. In the life of law we can very often only obtain the power to do justice towards the various groups of people through distinguishing between different legal effects and different factors to which the effects can be attached.*«[728] Dementsprechend kommen im dynamischen Sachenrecht unterschiedliche Interessen zur Geltung. Diese sind zwar einzelfallbezogen, aber die praktischen Erwägungen sind auf unterschiedlichen Ebenen anzusiedeln, so dass einigen ein größeres Gewicht als anderen zukommt. Es gibt Interessen auf Makroebene, wie die Förderung der allgemeinen Wirtschaft und die Erleichterung des Handels, aber auch solche auf Mikroebene wie die Vermeidung von Haftungsfällen oder den Erhalt von Vermögensmasse.[729] Auch ist es nicht so, dass jegliche denkbare Interessen Einfluss auf sachenrechtliche Konflikte hätten. Denn trotz der Aufweichung zwischen Schuld- und Sachenrecht existiert ein Konsens, dass manche Interessen nur im Zweipersonenverhältnis eines Vertrags Bedeutung erlangen sollen, während andere Interessen so gewichtet werden, dass sie auch im Verhältnis zu Außenstehenden beachtet werden sollen.

a) Vermeidung von gläubigerschädigenden Geschäften

Ein wesentliches Interesse ist die Vermeidung von *skentransaktioner* (Scheinübertragungen). In nahezu allen Urteilen, die sich mit der Frage beschäftigen, ob einer Person Vorrang gegenüber den Gläubigern des Vertragspartners einzuräumen sei, wird dieses Argument vorgebracht. Dahinter steht das Interesse, den Gläubigern eines zahlungsunfähigen Schuldners die Vermögensmasse zu erhalten, die ihnen rechtmäßig zustünde. Unter Scheinübertragungen sind Fälle zu verstehen, in denen der Veräußerer und der Erwerber eine Eigentumsübertragung fingieren, während sich tatsächlich an den Eigentumsverhältnissen nichts ändert. Dadurch kann der Veräußerer im Angesicht der drohenden Zwangsvollstreckung durch seine Gläubiger Eigentum für sich beiseiteschaffen. Zwar kennt das schwedische Recht auch die Möglichkeit der insolvenzrechtlichen Anfechtung von gläubigerschädigenden Rechtsgeschäften, das sogenannte *återvinning*. Diese Möglichkeit ist jedoch nur bedingt zielführend, denn sie greift zum einen erst nachträglich und ist zum anderen mit Beweisschwierigkeiten und

728 Vinding Kruse, Am. Comp. J. Law 1958, 500, 514.
729 Helin, Sc.St.L. 1989, 139, 158.

einer erhöhten Kostenlast für den Insolvenzverwalter verbunden.[730] Interessant ist, dass trotz dieser Schutzabsicht Gläubigerschutz in manchen Fällen schon ab Vertragsschluss ohne zusätzliche Maßnahmen gegeben sein soll, obwohl die Fingierung eines Vertrags oder die Rückdatierung eines Rechtsgeschäfts durchaus einfacher zu bewerkstelligen sein kann, als eine Übergabe oder eine Registrierung. Dies wird aber, soweit erkennbar, nicht problematisiert.

b) Förderung des Warenverkehrs

Ein konträres Interesse ist die Erleichterung des Rechtsverkehrs durch die Förderung von Transaktionen (*behörig omsättning,* berechtigter Absatz). Dieses Interesse widerstreitet mit dem Bemühen, Scheintransaktionen zu verhindern oder zu erschweren. Doch der gutgläubige Erwerber, der nichts vom rechtmäßigen Eigentümer oder einem früheren Erwerber weiß, ist ebenso schutzwürdig. Eine wichtige Richtschnur einer zielorientierten Rechtsfindung in Schweden ist die Förderung von Produktion und Handel. Praktikable Regeln, Flexibilität, Zeitersparnis, Arbeitserleichterungen und Kostensenkung bilden einige der Erwägungen ab, die zum Wohle prosperierender Wirtschaft im dynamischen Sachenrecht relevant sind.[731] Verbraucherschutzregelungen sind ebenfalls in die Interessenabwägung einzubeziehen. Das Argument der Wirtschaftsförderung taucht regelmäßig in Fällen auf, in denen die Drittwirksamkeit eines an sich schuldrechtlichen Rechts oder Vorbehalts gegenüber späteren Erwerbern geprüft wird. Es wird unabhängig vom guten Glauben des Erwerbers meist abgelehnt, um den weiteren Absatz in einer Absatzkette nicht zu hemmen.[732] Die Auswirkungen einer Bejahung im Einzelfall auf den zukünftigen Wirtschaftsverkehr werden dann als zu riskant eingestuft. Zukünftige Konsequenzen einer Drittwirksamkeit im Einzelfall werden insbesondere dann in Betracht gezogen, wenn mehrere Lösungen denkbar erscheinen.[733] Dies führt zu einer Verallgemeinerung der Einzelfallinteressen, da sie gegen zukünftige, ähnlich gelagerte Fälle abgewogen werden. In dieser Zukunftsgerichtetheit scheint das Anliegen der Rechtsrealisten zur Steuerung gesellschaftlicher Belange durch Rechtsentscheidungen hervor.

Der Unterschied zwischen dem Interesse »Warenverkehr« und »Erhalt der Vermögensmasse« ist ein geeignetes Beispiel, um zu verdeutlichen, warum das dynamische Sachenrecht meint, dass sachenrechtlicher Schutz relativ verstanden werden müsse. Das Interesse am Warenverkehr hat keine Relevanz beim Gläu-

730 Zetterström, Sakrättens fyra huvudfall, S. 16.
731 Helin, Sc.St.L. 1989, 139, 163.
732 Vgl. NJA 2017 S. 289.
733 Martinson, Juridica International 2014, 16, 18.

bigerschutz und umgekehrt hat das Interesse am Erhalt der Vermögensmasse keine Bedeutung für den Warenverkehr. Die Vertreter der funktionalen Methode sehen die Gefahr, dass eine solcher Unterschied ignoriert werde, wenn man absoluten Sachenrechtsschutz gegenüber allen Dritten einheitlich gewähre.

c) Erhalt der Regelkohärenz

Daneben sind allgemeine Interessen, die nicht nur im Sachenrecht eine Rolle einnehmen, von Bedeutung, wie die einfache Anwendbarkeit von Regelungen, die Vorhersehbarkeit von Ergebnissen oder allgemein die Rechtssicherheit.[734] Kohärenzargumente und Begründungen aus der Gesetzessystematik werden auch herangezogen, wenn auch nicht in dem Maße, wie es bei Anwendung der substanziellen Methode üblich ist.[735] Grund hierfür ist die funktionale Methode der Konflikttrennung. Universal anwendbare Regeln sind nicht vorhanden. Die Vergleichbarkeit von Spezialgesetzen ist regelmäßig gering, da durch die funktionale Formulierung ihre Begrenztheit sehr präzise ausgedrückt werden kann und auch wird. Es dürfte jedoch auch der rudimentären Gesetzesmaterie geschuldet sein. Dementsprechend liegt es bei den Gerichten, eine möglichst widerspruchsfreie Rechtsanwendung sicherzustellen. Die Bildung von Fallgruppen wie Gläubigerschutz und Absatzschutz dient dazu. Denn durch die Einordnung eines Konflikts in eine der Fallgruppen wird das Ergebnis in gewissem Grad vorgegeben.

d) Schutz der Parteiinteressen

Auch die ökonomischen Interessen und Verhältnisse der Parteien können in der Argumentation berücksichtigt werden. *Martinson* nennt als Beispiel einen Fall, in dem A an B unter Eigentumsvorbehalt ein Grundstück verkauft.[736] B fälscht den Kaufvertrag, lässt sich im Grundbuch eintragen und verkauft darauf gestützt an C. Da B die Kaufpreisraten nicht zahlt, tritt A vom Vertrag zurück. Aufgrund der Fälschung kann C das Grundstück nicht gutgläubig erwerben. Für die Bestimmung dessen, was ein besseres Recht beinhalte, müsse laut *Martinson* auch beachtet werden, dass A durch seinen Verkaufswillen sein grundsätzliches Desinteresse am Grundstück als solchem gezeigt habe, da es ihm vorrangig um den Erhalt der Kaufsumme gehe. C dagegen habe durch den Erwerb gerade sein Interesse an der Substanz bekundet und könne eher interessiert sein, gegen Zahlung einer Ablösungssumme an A das Grundstück zu behalten. Aber selbst

734 Faber/Lilja, EPLJ 2012, 10, 8.
735 Martinson, SvJT 2008, 669, 684.
736 Martinson, SvJT 2008, 669, 678ff.

Martinson scheint nicht so weit gehen zu wollen, A das Ablösungsrecht Cs aufzuzwingen, sondern stellt es vielmehr als Alternative dar, die durch eine funktionale Konfliktlösung ermöglicht werde.[737] Hier scheint der Pragmatismus der funktionalen Methode durch.

e) Maßstäbe für Interessengewichtung

Die Abwägung von Interessen setzt voraus, dass die Maßstäbe für die Gewichtung bekannt sind oder offengelegt werden. Eine Interessenhierarchie lässt sich jedoch in der schwedischen Rechtsanwendung nicht nachweisen. Auch das Verhältnis von Rechtsquellen zueinander ist nicht eindeutig.

Welche Interessen für ein Gericht ausschlaggebend für seine Entscheidungen waren, wird nicht immer deutlich artikuliert. So verwies der Oberste Gerichtshof in einer Urteilsbegründung viermal auf »allgemeine Rechtsprinzipien«, ohne näher zu erläutern, was damit gemeint war.[738] Das ist intransparent und widerspricht der Idee der funktionalen Methode, vorgefertigte Schemen und Formeln aus der Rechtsanwendung zu verbannen. Es weist auf eine weitere Schwierigkeit der Interessenabwägung hin: Die Argumentation und Gegenargumentation erfolgt leicht auf unterschiedlichen Ebenen. Das führt dazu, dass ein Argument nicht inhaltlich widerlegt wird, sondern ihm ein für die Gegenansicht sprechendes, unzusammenhängendes Argument entgegengestellt wird. Die Interessenabwägung driftet dann in eine Aufzählung der Pro- und Contra-Argumente, bei der die Seite mit den meisten Pro-Argumenten gewinnt.[739] Zweifelhaft ist auch, inwiefern die vorgebrachten Argumente tatsächlich stichhaltig sind. Ein Beispiel: Die empirische Unterfütterung des oftmals vorgebrachten Arguments der Vermeidung von Scheintransaktionen bleibt aus. So kann man sich fragen, ob es sich dabei nur noch um ein wiederholtes, aber nicht stichhaltiges Argument handelt. Es fehlt an Hinweisen auf entsprechende Statistiken, was zum Einwand verleitet, dass es sich eher um »gefühlte Wahrheiten« handeln könnte.

IV. Die funktionale Methode in der Lehre

Die schwedische Lehre war die treibende Kraft, die die funktionale Methode in der Rechtswissenschaft etablierte. In den zwanziger Jahren des zwanzigsten Jahrhunderts erschien auch das erste Standardwerk zum schwedischen Sachen-

737 Martinson, SvJT, 669, 682.

738 NJA 2009 S. 889.

739 Vgl. Lila, Concepts, Functional Approaches, and Argumentation Analysis in the Field of the Transfer of Movables, S. 94ff.

recht, das die funktionale Methode vertrat.[740] Dieses Werk von *Undén* hat heute noch Gültigkeit. Erst vierzig Jahre später folgte mit *Hesslers* Lehrbuch zum Sachenrecht eine erneute, vertiefte Beschäftigung mit dem dynamischen Sachenrecht. Es lässt sich eine Entwicklungslinie zeichnen, die vom 19. bis in die zweite Hälfte des 20. Jahrhunderts reicht. Beginnend bei *Torp*, der die Aufspaltung des Eigentums in seine Funktionen forderte, über *Fehr*[741], der die Idee zehn Jahre später belebte, indem er den getrennten Drittschutz zum wesentlichen Analysegegenstand erhob, zu *Undén*, der die funktionale Methode mit seinem Buch über das Allgemeine Sachenrecht rezipierte und ihr zum Durchbruch verhalf, bis hin zu *Hessler*, der die Fallgruppen des dynamischen Sachenrechts analysierte und der Methode ein praktisches Anwendungsschema an die Hand gab. Weiter sind *Rodhe* und vor allem für die heutige Zeit *Håstad* als Autoren zu nennen, die das schwedische Sachenrecht geprägt haben. Die genannten Autoren verfolgen dabei keine widerstreitenden Ansätze, sondern bestätigen einander. Die Anwendung der funktionalen Methode steht außer Frage, streitig sind nur Nuancierungen, die eher die Frage betreffen, welche Rechte mit welchem Sachenrechtsschutz ausgestatten sein sollten. Auffällig ist, dass die Hinwendung zur funktionalen Methode ohne eingehende Erklärung dazu auskommt. Es fehlt an einer vergleichenden Analyse der eigenen Methode und ihrer Bestandteile. Eher im Vorbeigehen wird die Abkehr von der vorherigen Doktrin erwähnt oder auf die Besonderheiten der schwedischen Methode verwiesen. Trotzdem wird deutlich gemacht, dass Konzepte und das Festhalten an Begrifflichkeiten vermieden werden soll, wenn beispielsweise *Hellner*, der auch Vorlesungen *Lundstedts* gehört hatte, deutlich macht: »*Vad jag främst vill söka lära [...] studenter i början av sina studier, är att begreppsbestämningar och rent teoretiska analyser inte kan utgöra argument i sakfrågor.*«[742] (»Was ich vornehmlich versuchen will Studenten am Anfang ihres Studiums zu lehren, ist, dass Begriffsbestimmungen und rein theoretische Analysen keine Argumente für Sachfragen darstellen können.«) Die Problematik, dass Konzeptbegriffe wie »Eigentum« nach wie vor auch in der Lehre auftauchen, wird nur vereinzelt thematisiert und dann nach Möglichkeit entkräftet. *Undén* verwendet Begriffe, die eigentlich der substanziellen Sicht zuzuschreiben sind, weiter, stellt aber zugleich klar, dass er dies in einem funktionalen Verständnis tue.[743] *Hessler* sieht in den überkommenen Begrifflichkeiten wie »Eigentum« eine praktische Form der sprachlichen Vermittlung. Es handele sich nicht um etwas rechtlich Relevantes, sondern diene nur der erleichterten Kommunikation. Er befindet sich damit in der Tradition von

740 Östen Undén, Svensk Sakrätt, Lös Egendom, 1. Aufl. 1927.

741 Fehr, Två spörmål ur svensk civilrätt, S. 15f.

742 Hellner, JT 1996/97, 535, 540.

743 Sandstedt, Comparative Property Law and the Profound Differences Between Nordic Functionalism and Continental Substantialism, S. 56.

Ross, der ebenso argumentierte. Der gleichen Auffassung ist *Martinson*, wenn er feststellt, dass es zwar konsequenter sei, »substanziell geprägte« Begriffe zu ersetzen, aber es eigentlich genüge, sie »funktionell zu verstehen«.[744] Dass dies zur verdeckten Fortführung und Weiternutzung der vermeintlich überkommenen Schemata führen könnte, scheint nicht als Hindernis wahrgenommen zu werden.

Der funktionale Ansatz wird in der Lehre als solcher nicht hinterfragt und ist voll etabliert. Im Zuge der Konfrontation mit dem kontinentaleuropäischen Sachenrecht gibt es Autoren, die auf Schwächen ihrer Methode aufmerksam werden. An der grundsätzlichen Überzeugung ändert das nichts.[745] Kritische Stimmen sind rar.[746]

744 Martinson, SvJT 2008, 669, 671.

745 Vgl. beispielsweise *Claes Martinsons* Vortrag auf dem 38. Juristmöte in Kopenhagen 2008 »Ejendomsrettens overgang – Norden kontra verden«, abrufbar unter http://nordiskjurist.org/wp-content/uploads/2013/10/http___jura.ku_.dk_njm_38_MartinsonEjendomsRF.pdf_.pdf. (zuletzt abgerufen 26. April 2020).

746 Eine Ausnahme ist dennoch zu verzeichnen. *Strömgren* hat ein umfassendes Werk über das Zubehör verfasst, in dem er sich gegen einen relativen Sachbegriff und für den Fokus auf den Objektsbezug ausspricht, um Rechtssicherheit zu gewährleisten, Strömgren, Tillbehör och accession, S. 296f.

8. Kapitel: Der Gegenentwurf zur funktionalen Methode – die substanzielle Methode (»unitary approach«)

Um die Besonderheiten der funktionalen Methode noch auf andere Weise zu verdeutlichen, bietet sich schlussendlich ein Blick auf ihr Gegenstück an. Das Gegenstück zur funktionalen Methode oder *functional approach* ist der in der englischsprachigen Literatur sogenannte *unitary approach*,[747] der im Schwedischen auch unter der Bezeichnung *substantialismen* geführt wird. Die Trennungslinie wird gemeinhin zwischen Skandinavien und Kontinentaleuropa gezogen. Es gibt jedoch weder *die* funktionale Methode, wie es *die* substanzielle Methode gibt. Sowohl das schwedische Sachenrecht als auch das deutsche bilden nur jeweils eine Variante davon ab, in Norwegen oder Frankreich sieht das Recht schon wieder anders aus, auch wenn man in beiden Länder ebenfalls eine der beiden Methoden vorfindet. Dennoch lassen sich die unterschiedlichen Wesenszüge auch in einem befriedigenden Maße anhand eines schwedisch-deutschen Vergleichs nachzeichnen. Denn die schwedische funktionale Methode hat sich gerade in Ablehnung zu der deutschen entwickelt.

Im Deutschen bieten sich die Benennung »einheitliche«, »unitäre« oder »substanzielle« Methode an. Die Bezeichnungen sind aus dem Gegensatz zur funktionalen Methode gewachsen und spiegeln zwei ihrer entscheidenden Anknüpfungspunkte wider. Ein Hinweis auf die Einheitlichkeit des Eigentums und die Gleichzeitigkeit des Eigentumsübergangs scheint in der Bezeichnung als »einheitliche Methode« auf. Die Bezeichnung als »substanzielle Methode« betont den Aspekt der Konzeptbezogenheit.

Die substanzielle Methode unterscheidet sich von der funktionalen Methode darin, dass sie ein anderes Eigentumsverständnis zugrunde legt und folglich auch den Eigentumsübergang anders behandelt.

747 Clive in: von Bar/Clive, DCFR Bd.V, S. 4379f.

I. Konzeptbegriffe im deutschen Sachenrecht

Ein Sachenrecht im Sinne der substanziellen Methode hat einen eigenständigen Bedeutungsgehalt, der es ermöglicht, Rechtsfolgen deduktiv aus ihm selbst abzuleiten. Dabei deckt der Rechtsbegriff alle denkbaren, ihm zugeordneten Rechtsfolgen gleichermaßen ab. Eine situations- oder funktionsabhängige Entscheidung findet im Grundsatz nicht statt, sondern tritt erst als Ausnahme hinzu. Bestimmend ist der Umstand, dass der konzeptuelle Rechtsbegriff als Ausgangspunkt der Argumentation und als Begründungsanker der rechtlichen Lösung dient. In Worten des dynamischen Sachenrechts bedeutet dies, dass kein Unterschied zwischen dem Schutz gegenüber den Gläubigern des Verkäufers, dem Schutz gegenüber den Gläubigern des Käufers und dem Schutz gegenüber gutgläubigen Rechtsnachfolgern gemacht wird. Alle Problemfelder nehmen gleichermaßen ihren Ausgangspunkt im Konzept »Eigentum«. Das Eigentum verschwindet nicht in der Transaktion. Der Eigentumsübergang findet *erga omnes* zu einem einzigen Zeitpunkt statt und regelt damit das Verhältnis zu allen Dritten auf dieselbe Weise, unabhängig von den Eigenheiten dieser Beziehungen.

Das bedeutet jedoch nicht, dass zwingend alle denkbaren Gruppen Dritter gleichbehandelt werden. Im konkreten Rechtsstreit ist es gar nicht notwendig, dass dies geschieht. Hier ist eine Orientierung am Einzelfall sogar der Weg, den ein rechtsstaatliches Recht gehen muss. Allerdings ist es dazu weder notwendig, dass Eigentum schrittweise übergehen zu lassen, noch es aus der Rechtsermittlung herauszulassen. Die Anerkennung von Konzepten ist nicht gleichbedeutend mit der Vernachlässigung von Interessen. Die von der funktionalen Methode verfolgte Interessenbeachtung und Folgenabschätzung im Rahmen der Rechtsfindung wird im deutschen Recht auf andere Weise geleistet. Die Interessenabwägung leistet zuvörderst der Gesetzgeber bei der Entwicklung der Rechtsnormen. Damit ist die Interessenabwägung zunächst statisch, da sie gilt, bis das Gesetz aufgehoben wird. Das bedeutet nicht, dass einer Veränderung der Interessenlage keine Beachtung geschenkt würde. Die Rechtsprechung hat durch ihre Auslegungsbefugnisse einen gewissen Spielraum zur Anpassung. Insbesondere durch die Anwendung der teleologischen Auslegung kann eine Dynamik im Recht abgebildet werden. Der Gesetzgeber stellt zudem Generalklauseln bereit, die ebenfalls Abwägungen im Einzelfall bis hin zu Billigkeitsentscheidungen ermöglichen.

Hinzukommt, dass das Eigentum im deutschen Zivilrechtsgefüge nicht allein steht, sondern in ein System von Rechtsnormen eingebettet ist. Dies gilt insbesondere für Fragen der Drittwirksamkeit. Durch verschiedene Sonderregelungen wird berücksichtigt, dass es Kollisionen mit Zweiterwerbern oder anderen Sachenrechten geben kann.

II. Eigentum im deutschen Sachenrecht

Insgesamt ähnelt die schwedische Vorstellung vom Inhalt des Eigentumsrechts der Auffassung im deutschen Recht. Auch im deutschen Recht muss das Eigentum negativ definiert werden, weil eine positive Beschreibung seines Inhalts fehlt. Das Eigentum hat jedoch im deutschen Recht in § 903 S. 1 BGB eine gesetzlich festgelegte, rechtliche Umgrenzung erhalten: *»Der Eigentümer einer Sache kann, soweit nicht das Gesetz oder Rechte Dritter entgegenstehen, mit der Sache nach Belieben verfahren und andere von jeder Einwirkung ausschließen.«* Das entspricht der dargestellten Auffassung vom Eigentum, die *Undén* entworfen hat, und die innerhalb des statischen Sachenrechts zugrunde gelegt wird. Mit Eigentum wird in beiden Rechtsordnungen eine rechtliche Herrschaft über ein Objekt bezeichnet, die umfassend ist. Die Funktionen des Eigentums für den Eigentümer, die *Basedow* im Grundsatz in der Werthaltigkeit und Wertnutzung durch die verliehene Verfügungsmacht, in der Nutzung, der Aneignung der Früchte und der Ausschließlichkeit in der Ausübung sieht,[748] sind in beiden Rechtsordnungen zu finden. Darin ist der Unterschied zwischen den Rechtsordnungen nicht auszumachen. Die Andersartigkeit entsteht auf anderer Ebene: Im deutschen Recht bildet Eigentum ein einheitliches, als unteilbares Ganzes verstandenes Konzept ab.

1. Unteilbarkeit des Eigentums

Ein wichtiger Unterschied findet sich nicht in der Erfassung als umfassendes Herrschaftsrecht oder in einzelnen Einwirkungs- und Ausschließungsrechten, sondern darin, dass das deutsche Recht das Eigentum nicht »als Summe einzelner Befugnisse«[749] versteht. Daraus resultiert, dass die Befugnisse, die das Eigentum verleiht, nicht erschöpfend aufzählbar sind.[750] Der historische Gesetzgeber des BGB sah dazu kein Bedürfnis, es ging ihm mehr darum, den wesentlichen Inhalt der dem Eigentümer zustehenden Rechte festzustellen, als eine Definition des Eigentums zu geben. Gleichzeitig bedeutet es, dass Eigentum nicht über seine Befugnisse definiert wird.[751] Ein weiteres Resultat ist, dass man das Eigentum nicht so teilen kann, *»daß dem Einen und dem Anderen eine Reihe bestimmter im Eigenthume liegender Befugnisse zugewiesen werden und dem*

748 Basedow, ZEuP 2016, 573, 575.
749 Mugdan, Motive III, S. 145.
750 Herrmann in Staudinger, Eckpfeiler des Zivilrechts, S. 983.
751 Korves, Eigentumsunfähige Sachen?, S. 13.

beiderseitigen Rechte der Charakter des Eigenthumes wird.«[752] Es kann nur einen einzigen Eigentümer zum selben Zeitpunkt geben.

Die Unteilbarkeit des Eigentums muss im Lichte der historischen Entwicklung gesehen werden. Die Idee der Unteilbarkeit beruht auf dem Vorsatz, einen Gegenentwurf zu vorher herrschenden gesellschaftlichen Verhältnissen zu erarbeiten. Der Feudalismus baute auf Strukturen auf, die ein geteiltes Eigentum mit Ober-, Unter- und Nutzungseigentum kannten, die nebeneinander standen und die Basis für die herrschenden Machtstrukturen bildeten. Im Zuge der Aufklärung ging es der bürgerlichen Freiheitsbewegung darum, die Freiheit des Individuums zu erreichen. Das musste sich auch im Eigentum als umfassendem Herrschaftsrecht widerspiegeln und sollte durch dessen Unteilbarkeit und Zuordnung zu nur einer Person erreicht werden. Indem die Befugnisse des Eigentums nicht vom Gesetzgeber a priori festgelegt wurden, erhielt der Eigentümer eine ganz neue Qualität der Freiheit, selbst zu entscheiden. Eine abgeschlossene Inhaltsangabe durch den Gesetzgeber wurde dagegen als nicht hinnehmbare Einschränkung der Freiheit angesehen und daher vermieden.[753] Neben der Unteilbarkeit resultiert aus dieser Erneuerungsbestrebung auch die Objektsbezogenheit. In den feudalen Strukturen in der Zeit vor der Aufklärung war das Eigentum am Boden ein kompliziertes Geflecht persönlicher Abhängigkeitsverhältnisse, die auf Standesunterschieden und Privilegien basierten.[754] In Abgrenzung zum Feudalismus betont die Person-Sache-Beziehung des modernen Eigentums wieder das Individuum mit seinen Freiheitsrechten.[755]

Vor diesem Hintergrund wird auch deutlich, dass Unteilbarkeit nicht bedeutet, dass das Recht nicht eine gewisse Elastizität in der Hinsicht aufweisen kann, dass es auf einen bloßen Grundkern an Befugnissen beschränkt werden kann, ohne seinen Charakter als Sachenrecht zu verlieren. Ebenso wenig ist es zwingend, dass alle denkbaren Rechte und Pflichten beispielsweise des Eigentümers bei einer Übertragung auf einen Erwerber an die Inhaberschaft des Eigentums geknüpft werden.

752 Mugdan, Motive III, S. 145.
753 Korves, Eigentumsunfähige Sachen?, S. 4f.
754 Andreasson, Intellektuella resurser som kreditsäkerhet, S. 393.
755 Derartig komplexe feudale Strukturen gab es in Schweden nie, Kohler, Die Entwicklung des schwedischen Zivilprozesses, S. 2.

2. Einheitlicher Eigentumsübergang

Die substanzielle Methode zeichnet sich dadurch aus, dass es Regeln gibt, die besagen, dass der Eigentumsübergang vollständig in einem einzigen zeitlichen Augenblick stattfindet.[756] Im deutschen Recht ergibt sich der Grundfall aus § 929 S. 1 BGB: »Zur Übertragung des Eigentums an einer beweglichen Sache ist erforderlich, dass der Eigentümer die Sache dem Erwerber übergibt und beide darüber einig sind, dass das Eigentum übergehen soll.« In diesem einen Moment erhält der Erwerber alle Befugnisse, Rechte und Pflichten, die mit dem Eigentum einhergehen: Er kann dieses erlangte Eigentum gegenüber Dritten durchsetzen, seien es Gläubiger des Verkäufers oder Konkurrenten oder Diebe. Er darf die Sache wie ein Eigentümer – der er nun ja ist – nutzen, verändern oder auch vernichten. Diese Einheitlichkeit bildet die Grundregel ab, ist aber nicht vollständig unveränderlich. Den Vertragsparteien steht es zu einem gewissen Grad offen, einzelne »Funktionen«, die mit dem Eigentum einhergehen, gesondert zu regeln. So ist es möglich, dass der Verkäufer die Sache noch weiter nutzen darf, obwohl die Parteien darüber einig sind, dass der Käufer neuer Eigentümer werden soll.[757]

Ein weiteres, mit der Unteilbarkeit korrespondierendes Merkmal des einheitlichen Ansatzes ist, dass es ein universales Merkmal gibt, nach dem sich bestimmt, ob das Eigentum transferiert wurde. Denn das Gleichzeitige in der absoluten Wirkung setzt auch voraus, dass sich diese gegenüber allen Dritten an ein und denselben Akt knüpft. Das deutsche Recht hat sich für eine Anknüpfung nach dem Übergabeprinzip entschieden. Ob dann im Einzelnen eine physische Übergabe, die Vereinbarung eines Besitzkonstituts, eine Eintragung oder eine ähnliche Handlung Wirksamkeitsvoraussetzung sind, bestimmt sich nach der Natur des Erwerbsobjekts. Daneben gibt es noch den Sonderfall des gutgläubigen Erwerbs, der ein zusätzliches subjektives Element fordert. Das ändert jedoch nichts am einheitlichen Eigentumsübergang.

III. Die Abgrenzung zwischen Sachen- und Schuldrecht im deutschen Recht

Im Hinblick auf den Kanon der beschränkten dinglichen Rechte ähneln sich deutsches und schwedisches Recht. Beide Rechtsordnungen kennen derartige Belastungen des Eigentums. Interessanter ist der Umstand, dass Rechte in Schweden mit sachenrechtlichem Drittschutz ausgestattet sein können, auch

756 Faber/Lilja, EPLJ 2012, 8, 10.

757 Faber, Scepticism about the functional approach, S. 105.

wenn sie nicht zu den Sachenrechten im klassischen Sinne zählen. Das hängt mit der erwähnten unterschiedlichen Auffassung über die Trennung von Sachenrecht und Schuldrecht zusammen, die im schwedischen Recht von der funktionalen Methode beeinflusst wird. Im deutschen Recht wird diese Trennung hingegen strikter aufrechterhalten.

1. Regelfall: Trennung

Entsprechend gibt es im BGB ein Buch für Schuldrecht und ein anderes für Sachenrecht. Dies lässt sich auf die Pandektenwissenschaft des 19. Jahrhunderts zurückführen.[758] In den Motiven zum BGB wird der Alternative eine Absage erteilt, den im dinglichen Recht als subjektivem Recht vorhandenen personalen Einschlag als Ausgangspunkt der Betrachtung zu nehmen.[759] Ein Fokus auf die interpersonalen Beziehungen gefährde die korrekte Rechtsanwendung, da so die Eigenheiten des Objektbezugs im Sachenrecht übersehen werden könnten. Schuldrechte unterliegen anderen Regeln als Sachenrechte. Die Trennung besteht nicht nur im Gesetz, sondern sie lebt auch in der Rechtsprechung und in der Rechtswissenschaft fort. Es ist aber zu bemerken, dass das dritte Buch des BGB nicht der einzige Ort im Gesetz ist, der sich mit Sachenrecht beschäftigt. Im Allgemeinen Teil finden sich Regeln, die das Sachenrecht betreffen (zu erwähnen sind hier die §§ 90ff. BGB, die gerade regeln, was überhaupt eine Sache ist). Gleiches gilt für das Familienrecht (z. B. die Eigentumsvermutung in der Ehe nach § 1362 BGB). Daneben gibt es Sachenrecht in anderen Gesetzen als dem BGB (z. B. das Wohnungseigentumsgesetz). Neben dieser rein systematischen Aufteilung hat die Abgrenzung in erster Linie materiell-rechtliche Konsequenzen. Sachenrechte wirken absolut, so dass sie von jeder Einwirkung durch Dritte nach dem Willen des Berechtigten ausgeschlossen ist. Ihr Kreis ist gesetzlich fest umgrenzt und nicht für Parteidispositionen offen. Aufgrund ihrer Dinglichkeit ist für das Recht das Vorhandensein eines Verpflichteten nicht erforderlich. Schuldrechte wirken demgegenüber rein interpersonell. Dies ist die Grundregel. Sie kommt auch im vergleichsweise streng differenzierenden deutschen Sachenrecht nicht ohne Ausnahmen aus. Die Trennlinie zwischen Sachen- und Schuldrecht ist längst nicht so scharf, wie es dem ersten Anschein nach scheinen mag.

758 Wieacker, Privatrechtsgeschichte der Neuzeit, S. 373ff.
759 Mugdan, Motive III, S. 1.

2. Grenzfälle

Auch das deutsche Zivilrecht kennt Fälle, in denen die strenge Trennung von Sachen- und Schuldrecht durchbrochen zu werden scheint. Denn das deutsche Recht kennt Drittwirkung auch außerhalb eines subjektiven Sachenrechts.

a) Drittwirkung bei der Abtretung von Forderungen

Forderungsrechte sind nach deutschem Rechtsverständnis schuldrechtliche Rechte und keine Sachenrechte. Sieht man aber von dieser kategorischen Einteilung ab, erkennt man, dass auch das deutsche Recht für Forderungsrechte Mechanismen vorsieht, die denjenigen des Sachenrechts ähneln. Damit rücken die Forderungsrechte des deutschen Rechts in bestimmten Konstellationen wieder in die Nähe der schwedischen Forderungsrechte. Offenkundig wird diese Gemeinsamkeit in den Regeln über den Schuldnerschutz bei der Abtretung nach §§ 398ff. BGB. Die Abtretung ist nichts anderes als die Übereignung einer Forderung. Das bedeutet jedoch nur die Übertragbarkeit, nicht eine Drittwirksamkeit. Eine Drittwirkung ist jedoch in den Schuldnerschutzvorschriften über den Einwendungserhalt und im Abtretungsverbot nach § 399 BGB zu erkennen. Da dadurch jedoch kein eigenes Recht des Schuldners begründet wird, sondern nur sein Befriedigungsrecht aufrecht erhalten bleibt, ist dies kein Teil des Sachenrechts und stellt die Trennung zum Schuldrecht nicht in Frage.[760] Aus schwedischer Perspektive würde man eine solche Drittwirksamkeit dagegen durchaus als Teil des dynamischen Sachenrechts einstufen. Jedenfalls dann, wenn sich die Forderung auf eine Sache richtet.

b) Drittwirkung durch Besitzrecht

Man könnte sich fragen, ob über den Umweg des Schutzes des rechtmäßigen Besitzes auch solche Rechte Schutz gegenüber Dritten gewinnen, die von ihrer Natur her rein obligatorischen Charakter haben, wie Nutzungsrechte an beweglichen Sachen. Das Besitzrecht kann nach § 986 Abs. 1 S. 1, 2. Var. BGB abgeleitet sein, so dass der unmittelbare Besitzer das Besitzrecht des mittelbaren Besitzers gegenüber dem Eigentümer geltend machen kann. § 986 Abs. 2 BGB erlaubt dem Besitzer einer nach § 931 BGB veräußerten Sache, sein relatives Besitzrecht dem neuen Eigentümer entgegenzuhalten. Damit kann ein Besitzrecht drittwirksam sein. Diese Ergebnisse sind aber dem Umstand geschuldet, dass das deutsche Recht den Besitz selbständig schützt. Dadurch wird aus dem Besitz gewährenden Schuldrecht noch kein Sachenrecht.

760 von Bar, Gemeineuropäisches Sachenrecht, S. 23.

c) Verdinglichung obligatorischer Rechte

Auch im deutschen Recht ist die strikte Trennung des Vermögensrechts in Schuld- und Sachenrecht nicht gänzlich ohne Widerspruch geblieben. Berühmt geworden ist *Dulckeit* mit seiner Schrift über die »Verdinglichung obligatorischer Rechte«, in der er diese Trennung angreift.[761] Mit dieser Bezeichnung verband er Zweierlei. Zum einen erlange nach seinem Dafürhalten der Käufer im Verhältnis zum Verkäufer schon mit Vertragsschluss ein relatives Eigentum (oder »relatives Eigen«), aus dem sich erst die Pflicht des Verkäufers zur Übergabe ergebe. Das obligatorische Recht verwandle sich mit dem Erfüllungsvorgang in ein dingliches, durch die Publizität entstehe Drittwirksamkeit. Zum anderen seien auch andere obligatorische Rechte, die mit Besitz ausgestattet seien, wie etwa das Mietrecht, quasi-dinglich wirksam und damit verdinglicht.[762] Während ersteres auf Ablehnung stieß, da es der Abstraktheit des Kaufvertrags zu der dinglichen Wirkung zuwiderliefe und dazu führe, dass der Verkäufer nach außen nur noch kraft Rechtsschein Berechtigter sei, was nicht sein könne, fand die Idee der Verdinglichung von besitzenden Rechten mehr Anklang.[763] Da *Dulckeit* in den Erscheinungsformen der Verdinglichung einen dogmatischen Bruch im Vermögensrecht erkennt, strebt er dessen Änderung an, indem er unter anderem eine Erweiterung des Eigentumsbegriffs dahingehend postuliert, ein dingliches Recht als »unmittelbares Herrschaftsrecht über jeden beliebigen Vermögensgegenstand« zu verstehen.[764] *Dörner* sieht darin dagegen keinen Systembruch, da jedes subjektive Recht mit »*dem* absoluten Sanktionsschutz ausgestattet ist, den seine Eigenart nach Auffassung des Gesetzgebers erforderlich macht«, allein der Schutzstandard sei bei dinglichen Rechten höher.[765] Die Idee der Verdinglichung obligatorischer Rechte kommt dem schwedischen Verständnis vom sachenrechtsunabhängigen Drittschutz doch recht nahe, auch wenn sich diese Ansicht im deutschen Recht nicht durchgesetzt hat.[766]

Auch ohne Verdinglichung obligatorischer Rechte gibt es im deutschen Zivilrecht mehrere Rechtsinstitute, die eine gewisse Vereinigung von obligatorischen und dinglichen Merkmalen insofern aufweisen, dass entweder ein an sich absolut wirkendes Recht nur relative Wirkungen entfaltet, oder ein relatives Recht allumfassende Wirkung beansprucht. Zu nennen sind an dieser Stelle die Vormerkung nach § 883 BGB, das gesetzliche Veräußerungsverbot nach § 135 BGB und das Anwartschaftsrecht des Vorbehaltskäufers.

761 Dulckeit, Verdinglichung obligatorischer Rechte, S. 9f. und 33.
762 Dulckeit, Verdinglichung obligatorischer Rechte, S. 11ff.
763 Michaels, Sachzuordnung durch Kaufvertrag, S. 182ff.
764 Dulckeit, Verdinglichung obligatorischer Rechte, S. 48.
765 Dörner, Dynamische Relativität, S. 87.
766 Vgl. insofern mit weiteren Nennungen *Dörner*, Dynamische Relativität, S. 83, Fußnote 19.

Die Vormerkung nach § 883 BGB hält eine durch Kaufvertrag begründete Sachzuordnung aufrecht, indem sie den Anspruch des Käufers, zu dessen Gunsten eine Vormerkung im Grundbuch eingetragen wurde, dadurch schützt, dass Verfügungen über das Grundstück, die diesem Anspruch zuwiderlaufen, im Verhältnis zum Vormerkungsinhaber die Wirksamkeit versagt bleibt. Der vorgemerkte Anspruch wird wie ein absolut-dingliches Recht behandelt, da die Vormerkung einerseits Drittwirkungen hervorruft und andererseits gutgläubig erworben werden kann.[767] Wie sich § 883 Abs. 2 BGB entnehmen lässt, beschränkt sich diese Drittwirkung jedoch auf diesen kleinen Ausschnitt, nämlich die Eigentumsverschaffung. Der Verkäufer wird durch die Vormerkung nicht daran gehindert, das Eigentum zu belasten.[768]

Das gesetzliche Veräußerungsverbot nach § 135 BGB wiederum hat zur Folge, dass die Verfügung über das Eigentum weiterhin im Verhältnis zu allen Geltung beansprucht, mit Ausnahme derer, die das Verfügungsverbot adressiert und schützen soll. Die Verfügung ist allgemein gültig, aber unwirksam gegenüber dem geschützten Personenkreis. Das relative Verfügungsverbot ermöglicht es dem Gläubiger eines Verschaffungsanspruchs diesen zu schützen. Es bewirkt die Aufrechterhaltung der Erfüllungsfähigkeit des Verkäufers, auch wenn zwischenzeitlich ein Dritter die Sache verbotswidrig erworben hat. Dadurch erhält der Übereignungsanspruch des Käufers eine quasi-dingliche Wirkung.[769] Eine Ausnahme gilt nach § 135 S. 2 BGB nur für den gutgläubigen Dritten.

Das Anwartschaftsrechts bezeichnet die Position des Erwerbers in einem mehraktigen, da bedingten, Erwerbstatbestand, der so weit fortgeschritten ist, dass der Veräußerer den Eigentumserwerb nicht mehr einseitig verhindern kann. Der Anwartschaftsinhaber hat ein dingliches Recht zum Besitz, wenn ihm das im Eigentum enthaltene Besitzrecht bereits übertragen wurde. § 985 BGB gilt auch für den Anwartschaftsinhaber.[770] Gegen Zwischenverfügungen des Veräußerers schützt ihn § 161 Abs. 1 BGB, gegen die Gläubiger in der Zwangsvollstreckung des Veräußerers gewährt das Anwartschaftsrecht ein Interventionsrecht im Sinne von § 771 ZPO.[771] Der Herausgabeanspruch und das zwangsvollstreckungsrechtliche Interventionsrecht bleiben bis zum Vollerwerb auch dem Eigentümer erhalten. Damit erinnert die Situation an die schwedische Konstellation des parallelen Gläubigerschutzes von Käufer und Verkäufer.

767 Ob die Vormerkung ein eigenständiges, wenn auch akzessorisches Recht oder nur ein verstärkendes »Attribut« der Forderung darstellt, ist dabei umstritten, Michaels, Sachzuordnung durch Kaufvertrag, S. 309f.

768 von Bar, Gemeineuropäisches Sachenrecht, Bd. I, S. 68.

769 Michaels, Sachzuordnung durch Kaufvertrag, S. 336.

770 Bassenge in Palandt, BGB, § 929 Rn. 41ff.

771 Thomas/Putzo, Zivilprozessordnung, § 771 Rn. 15.

Die genannten Grenzfälle verdeutlichen, dass die Systematik des deutschen BGB eine Flexibilität aufweist. Das ändert jedoch nichts an der Aufrechterhaltung der Trennung zwischen Schuldrecht und Sachenrecht, die bereits in den Motiven des BGB die selbständige Stellung des Sachenrechts begründete.[772] Der dynamische Rechtsbereich bleibt das Schuldrecht, wo der deutsche Gesetzgeber regelmäßig das Bedürfnis sieht, neue Vertragstypen in Spezialregelungen zu verankern.[773] Er wendet sich damit von der Regelung mittels allgemeiner Prinzipien ab und schafft abgegrenzte Bereiche, nach der jeweiligen Funktion des Vertrags. Das Sachenrecht bleibt vergleichsweise unangetastet.

IV. Kritik an der substanziellen Methode aus funktionaler Sicht

Da sich die funktionale Methode in aktiver Abgrenzung zur substanziellen Methode entwickelt hat, hat sie diverse Kritikpunkte gegen diese vorgebracht, deren nähere Betrachtung lohnt.

1. Kritikpunkte

Die substanzielle Methode wird von Vertretern der funktionalen Methode als Grund für »wirklichkeitsfremde Lösungen« angesehen, »deren formale Vorhersehbarkeit zu mangelhafter materieller Vorhersehbarkeit führe«.[774]

In der substanziellen Methode versteht man das Eigentum als Ausgangspunkt und Begründungsansatz der Problemlösung im sachenrechtlichen Kontext. Neu auftretende Rechtsprobleme werden gelöst, indem sie in das bestehende System der Sachenrechte eingeordnet und klassifiziert werden. Die Vertreter der funktionalen Methode erblicken darin das Risiko, die Wirklichkeit des rechtlichen Konflikts aus den Augen zu verlieren. Zu leicht könne man es bei der Problemlösung dabei belassen, das Eigentum zu verorten, wenn man mit diesem Schritt die Lösung beginne. Es trete ein reines Gedankenkonstrukt in den Vordergrund, das zu einer wirklichkeitsfremden Abstrahierung und Objektivierung zulasten der involvierten Personen führe.[775]

---

772 Mugdan, Motive III, S. 1.

773 So wurden zum 1. Januar 2018 fünf neue Vertragstypen in die §§ 650a ff. BGB aufgenommen, Gesetz zur Reform des Bauvertragsrechts, zur Änderung der kaufrechtlichen Mängelhaftung, zur Stärkung des zivilprozessualen Rechtsschutzes und zum maschinellen Siegel im Grundbuch- und Schiffsregisterverfahren v. 28. April 2017, BGBl. I, S. 969.

774 Martinson, SvJT 2008, 669, 671.

775 Martinson, SvJT 2008, 669, 677.

Weiterer Kritikpunkt an der substanziellen Methode ist, dass die einheitliche Behandlung unterschiedlicher Funktionen des Eigentums den modernen Gegebenheiten einer Transaktion nicht entspreche, da sie deren Komplexität missachte. Das führe entweder zu unpassenden oder ungerechten Lösungen oder dazu, dass derartig viele Ausnahmen notwendig würden, die das Konzept auf Dauer aushöhlten.[776] Die einheitliche Anknüpfung an das Eigentum erweise sich als nicht praxistauglich.

Schlussendlich klingt nach wie vor der Vorwurf der Rechtsrealisten an, dass die substanzielle Methode mit dem Eigentum auf etwas aufbaue, was in der Realität nicht existiere.

2. Eine Erwiderung

Während diese Kritikpunkte nicht gänzlich ohne Substanz sind, scheinen sie dennoch an der tatsächlichen Lage vorbeizugehen. Die substanzielle Methode ist so statisch und unflexibel nicht, wie der Eindruck erweckt wird. Der Vorwurf einer formalistischen Begriffshörigkeit des deutschen Rechts dürfte nicht mehr der aktuellen Lage entsprechen.[777] Auch das deutsche Recht sieht kein a priori festgelegtes Eigentum in dem Sinne vor, dass es für alle Zeiten unveränderlich festgelegt sei. Das ergibt sich bereits aus den Schranken, die § 903 BGB vorsieht.

Es stimmt, dass ein sachenrechtlicher Rechtsstreit durch die Zuordnung des Eigentums entschieden werden kann und regelmäßig auch entschieden wird. Das ist jedoch weder das einzige Entscheidungskriterium, noch gilt das Urteil universal. Im konkreten Rechtsstreit kann sich durchaus ein anderes Recht durchsetzen, man denke nur an das Recht zum Besitz, das den Herausgabeanspruch aus Eigentum ausschließt. Häufig sogar wird die Berufung auf den Besitz dem Kläger leichter zum Erfolg verhelfen als der schwierig zu führende Beweis seines Eigentums. Nur die relative Stärke des Rechts, nicht seine absolute, entscheidet den Rechtsstreit.[778] Durch die Beschränkung der Rechtskraft auf die beteiligten Streitparteien ist die Entscheidung über die Zuordnung des Eigentums nicht gegenüber jedermann besiegelt, sondern es kann sich in einem anderen Rechtsstreit anders darstellen. Dadurch wird nur das Eigentum nicht obsolet. So lange ein Rechtssystem unterschiedliche Rechtsfolgen für Schuldrechte und Sachenrechte vorsieht, muss es eine Rechtsquelle für letztere geben, die nicht

776 Andreasson, SvJT 2006, 437, 443.

777 Erwähnt sei hier nur das »geflügelte Wort« des BGH zum Bereicherungsrecht, dass »sich jede schematische Lösung verbiete« (BGHZ 61, 289, 292). Wenn auch kein Fall der Einzelfallgerechtigkeit im Sachenrecht, ist es dennoch Zeichen für eine generelle Offenheit und Flexibilität der Rechtsprechung.

778 von Bar, Gemeineuropäisches Sachenrecht, Bd. I, S. 511.

vertraglicher Natur sein kann. Und wenn man weiterhin bei diesen Sachenrechten in ihrem Befugnisumfang beschränkte Rechte vorsieht, muss es ein Vollrecht geben, auf dessen Inhaber diese beschränkten Rechte zurückfallen können. Ohne das Gedankenkonstrukt Eigentum hingen die Rechte, die es transportiert, alle im luftleeren Raum.

Der Vorwurf der unpassenden, ungerechten Lösungen lässt eine Untermauerung vermissen und klingt nach einer Vermutung. Die meisten Konflikte werden in der deutschen und der schwedischen Rechtsordnung der gleichen Lösung zugeführt, auch wenn der Weg dorthin ein anderer ist. Zudem kann Vieles über das vorhandene Instrumentarium der Sachenrechte und Besitzrechte gelöst werden. Auch wenn das deutsche Recht nicht so explizit von Gruppen von Dritten, mit deren Rechten ein Erwerb kollidieren kann, spricht, werden diese Personenkreise in den gesetzlichen Regelungen mitgedacht. Wie im schwedischen Recht sind die Gläubiger einer der Vertragsparteien, konkurrierende Erwerber desselben Verkäufers und frühere Eigentümer des Kaufgegenstands diejenigen, die als relevante Dritte eingestuft werden und unter bestimmte Normkomplexe subsumiert werden können. Auch das deutsche Recht regelt nicht alle Facetten der Drittbezogenheit eines Eigentumserwerbs in einer Norm oder auch nur nach derselben Regel. Das deutsche Recht sieht eine sehr ausdifferenzierte und detaillierte Regelungsdichte im Sachenrecht vor. Außerdem werden Konflikte selten rein sachenrechtlich entschieden, sondern Normen des Schuldrechts, Familienrechts oder Zwangsvollstreckungsrechts können dazu führen, dass im Ergebnis eine Lösung gefunden wird, die materiell unter rein sachenrechtlichen Gesichtspunkten nicht möglich wäre. Dies schafft zusätzliche Flexibilität. Wo sich dies als unzureichend herausstellt, kann der Gesetzgeber einschreiten. Dies hat den Vorteil einer direkteren demokratischen Legitimation als es ein Urteil zu schaffen vermag.

Schließlich ist der Einwand der Mystifizierung des Eigentums zu erwägen. Die Bestrebungen der schwedischen Rechtsrealisten waren hilfreich, um eine Besinnung auf das Wesentliche zu ermöglichen. Eine Rechtsordnung sollte sich stets bewusst sein, welche konkreten Rechtsfakten sie mit welchen Rechtsfolgen verknüpfen will. Die strikte Ablehnung von Konzepten lenkt den Blick zugleich darauf, was Konzepte überhaupt sind. Konzepte sind sprachliche Konstruktionen, die der Kommunikation dienen, indem sie eine zu übermittelnde Botschaft abkürzend zusammenfassen, aber gleichzeitig noch angemessen präzise erklären.[779] Sie können etwas aus der realen, greifbaren Umwelt betreffen oder etwas Abstraktes wie ein Gefühl. Sie basieren auf Definitionen. *Lernestedt* fasst die Funktion von Konzepten so zusammen: »*we need the concepts in communication (broadly defined) to describe, define, grasp and summarize reality in its varying*

779 Lernestedt, Sc.St.L. 2005, 157, 159.

aspects, in order to better cope with it. The concepts have a serving role, as tools.«[780] Ein Recht ohne Konzepte ist ein armes Recht, weil es sich dieses Vorteils beraubt. Erst ein Recht, das eine konsistente Herleitung aufweisen kann, ist ein überzeugendes, rechtsstaatliches und beständiges Recht. Dies gilt gerade mit Blick auf das Eigentum. Dass auch das schwedische Recht in seiner Ablehnung von Konzepten nicht ganz konsequent ist, zeigt sich an der Anerkennung von Besitz, der durchaus nicht nur faktisch, sondern auch normativ bestimmt wird. Hinsichtlich des Besitzes gibt es jedoch keine Stimmen, die diesen als untragbares Konzept aus dem Rechtsdiskurs ausscheiden wollen.

780 Lernestedt, Sc.St.L. 2005, 157, 160.

Resümee

Die Betrachtung der funktionalen Methode hat ihre Unterschiede zur im deutschen Recht vertrauten substanziellen Methode offengelegt. Daher soll zum Schluss ein Blick auf die Vor- und Nachteile der untersuchten Methode und ihre Geeignetheit für die innereuropäische Vereinheitlichung des Sachenrechts geworfen werden.

I. Vor- und Nachteile der funktionalen Methode

Jedes System hat seine Vor- und Nachteile. Wahrscheinlich gibt es *das* perfekt konsequente und nachvollziehbare Sachenrecht schlicht nicht. Schließlich sind die Ansprüche daran auch höchst unterschiedlicher Natur. Was dogmatisch schlüssig sein kann, muss nicht rechtspolitisch-wirtschaftlich sein und umgekehrt. Weil sich die Methode des schwedischen dynamischen Sachenrechts aus einer Ablehnung eines bestehenden Systems entwickelt hat, stellt sich allerdings noch deutlicher die Frage eines »Gewinns«, den ihre Anwendung mit sich bringen könnte. Gleichzeitig fallen Brüche in der stringenten Anwendung und Begründung der Methode besonders ins Auge. Dieser Abschnitt dient nicht vorrangig der Bewertung der funktionalen Methode, sondern soll vielmehr aufzeigen, welche Herausforderungen sich in ihrer Anwendung ergeben. Die Darlegung soll nicht zwingende Antworten geben, sondern auch zum Hinterfragen anregen.

1. Erweiterung des Anwendungsgebiets

Es ist eine berechtigte Frage, warum nur Sachenrechte gegenüber Dritten geschützt sein sollen, obligatorische Rechte hingegen in keinem Fall. Die Anknüpfung an eine Sache im Sinne eines körperlichen Gegenstands verliert im Lichte der gegenwärtigen technischen Entwicklung der virtuellen Welt an Schlagkraft. Eine

Lösung wäre die Erweiterung des Kreises der Sachenrechtsobjekte. Irgendwann muss man sich dann jedoch fragen, ob der Begriff »Sache« überhaupt noch der richtige ist und nicht eine komplette Verwässerung eintritt. Dieses Manko räumt ein Lösungsweg aus, der stattdessen die strikte Trennung von Sachen- und Schuldrecht aufhebt und anstelle davon zwischen fehlender, teilweiser und absoluter Drittwirksamkeit unterscheidet. Diesen Weg gibt das schwedische Sachenrecht vor, denkt ihn aber nicht bis zum Ende. Denn in letzter Konsequenz müsste der Bezug zu einer individualisierten Sache aufgehoben werden, wenn man die komplette Zusammenführung von Schuld- und Sachenrecht anstrebte.

Da das schwedische dynamische Sachenrecht auf Konfliktfällen aufbaut, eignet es sich für Fälle, die klassisch nicht dem Sachenrecht zugeordnet werden. Es gibt Tendenzen in der aktuellen Gesellschaft, die sich weg vom Streben nach eigenem Eigentum hin zu einer geteilten Nutzungsgemeinschaft bewegen. Carsharing dürfte das eindrücklichste Beispiel dafür sein. Die Idee lässt sich aber auf fast jeden weiteren kostspieligen Gegenstand ausdehnen, der nicht ununterbrochen zur Verfügung stehen muss. In einer solchen Situation wird die Drittwirksamkeit von Miet-, Leih- und Leasingverträgen stetig relevanter. Das Eigentum tritt demgegenüber in den Hintergrund.

An dieser Stelle könnte die funktionale Methode Anlass sein, das deutsche Sachenrecht zu hinterfragen. Die unter dem Schlagwort »Verdinglichung obligatorischer Rechte« bekanntgewordene Herausforderung der geradezu axiomatischen Zweiteilung von Schuld- und Sachenrecht könnte unter Heranziehung der funktionalen Methode durchdacht werden. Diese hält die Trennung und den damit verbundenen *Numerus Clausus* der Sachenrechte nicht für zwingend und kommt trotzdem zu praktisch angemessenen Ergebnissen. Gleichzeitig muss diese Vorbildfunktion dort enden, wo das schwedische Sachenrecht das Eigentum als Begründungselement angreift. Denn mit dessen Aufgabe gewinnt man nichts, sondern leitet ein Zusammenbrechen des gesamten sachenrechtlichen Systems ein. So lange eine Rechtsordnung Rechte vorsieht, die für eigenes Bestehen das Vorhandensein von Eigentum voraussetzen, muss es Eigentum geben.

2. Fokus auf den Einzelfall

Als einen Vorteil der funktionalen Methode benennen Skandinavier die enge Verknüpfung von der Lösung eines Problems mit individuellen Interessen. Es sollen nur die Interessen von Gewicht sein, die in einem bestimmten Konflikttypus eine Rolle spielen können. So können Interessen einzelfallspezifisch gewichtet werden.[781] Die Offenlegung der involvierten Interessen neben einer

781 Faber, Functional method of comparative law, S. 29.

Folgenabwägung im funktionalen Sinne könnte dazu beitragen, Rechtsprobleme zunächst unabhängig von den vorgegebenen Konzepten zu durchdringen. Dadurch könnte ein neuer Blickwinkel auf die vorhandenen Konzepte entstehen, der eine Einordnung in das System erkennt, die vorher verborgen blieb. Ohne vorschnell danach zu entscheiden, ob Eigentum der einen oder anderen Partei zuzusprechen ist, kann so berücksichtigt werden, dass besondere Umstände im Einzelfall trotz des Fehlens eines »klassischen« Sachenrechts für einen Schutz einer Rechtsposition sprechen. Auch leuchtet es ein, dass nicht in jedem Fall dieselben Interessen Berücksichtigung finden müssen, was leichter in Vergessenheit geraten kann, wenn man sich an generellen Normen orientiert.

Obschon die funktionale Methode versucht, Konflikte anhand der im Einzelfall konkurrierenden Interessen zu lösen, ist es für das dynamische Sachenrecht charakteristisch, dass es in Fallgruppen aufgeteilt ist. Dadurch werden Einzelfälle generalisiert und vorläufig eingeordnet. Die Fallgruppe determiniert auch die für relevant befundenen Interessen, die es zur Lösung abzuwägen gilt. Dies ist die äußerste Grenze einer möglichen Verallgemeinerung, ohne die funktionale Methode zu verlassen.[782] Zu bedenken ist allerdings, dass dem Rückgriff auf eine Fallgruppe dieselbe Gefahr droht, die Vertreter der funktionalen Methode beim Rückgriff auf ein Konzept sehen: nämlich die vorschnelle Einordnung, die den Blick für die tatsächlichen Umstände eintrübt.

3. Fehlende Rechtssicherheit

Ein Problem der funktionalen Methode ist, dass die Fokussierung auf den Einzelfall zu einer verringerten Rechtssicherheit führen kann. Dies liegt zum einen in einer mehrdeutigen Verwendung von Begriffen und zum anderen in der Begrenzung des sachenrechtlichen Drittschutzes auf einzelne Personenverhältnisse.

Die Konzeptablehnung der funktionalen Methode und die Aufspaltung des Eigentums in eigenständige Befugnisse ging mit einer sprachlichen Ungenauigkeit einher. Problematisch daran ist, dass die alten Begriffe mit neuem Inhalt weiterverwendet werden. Das behindert die Kommunikation und kann im schlechtesten Fall zu unerwünschten Mehrdeutigkeiten führen. So sollen Begriffe wie »Eigentümer« und »Besitzer« im dynamischen Sachenrecht keine eigene Bedeutung haben. Deswegen werden sie vermieden. Dieser Ansatz wird jedoch nicht strikt befolgt. Der Begriff des Eigentumserwerbs taucht gerade im Zusammenhang mit dem gutgläubigen Erwerb regelmäßig in Gesetzen wie in Urteilen auf. Dieses Manko ist bekannt und wird relativiert, indem den verwendeten

782 Goldhammer, Geistiges Eigentum und Eigentumstheorie, S. 86.

Begriffen die Rolle eines übergeordneten Konzepts abgesprochen wird. Selbst wenn von Begriffen, die als konzeptuell bezeichnet werden müssen (insbesondere Eigentum, Eigentümer) gesprochen wird, soll dies keine konzeptuelle Bedeutung haben.[783] Vielmehr sei die Verwendung im Kontext der funktionalen Methode zu verstehen und rein situationsabhängig. Die Weiterverwendung von alten Begrifflichkeiten in neuem Kontext ist riskant, denn umso schwerer fällt, sie in ihrem neuen Inhalt zu verstehen. Gleichzeitig wird nicht deutlich, ob nicht doch damit dasselbe gemeint ist wie eh und je. Die relativierten Bezeichnungen sind in Schweden jedoch Teil des allgemeinen juristischen Sprachgebrauchs geworden und als solche akzeptiert.[784] Zugleich wird versucht, Ersatzbegriffe zu etablieren. Dafür bedienen sich schwedische Juristen beispielsweise der Kürzel A, B und C. Das bezeichnet die involvierten Personen eines Falls im dynamischen Sachenrecht. Für schwedische Juristen ist in der Regel offenkundig, welche Position A, B und C einnehmen. Dennoch wechseln die Rollen je nach Einzelfall. Damit entsteht erneut eine Mehrdeutigkeit und eine Abstrahierung des Einzelfalls ist nicht möglich.

Der Versuch der funktionalen Methode, eine konzeptfreie Konfliktlösung zu ermöglichen, kann weiterhin dazu führen, dass der Rechtsanwender dazu verleitet wird, das Recht derart offen zu interpretieren und einzusetzen, dass die Ergebnisse willkürlich erscheinen müssen. Die Relativierung des Eigentums mit der Betonung der Einzelfallabwägung spricht dafür. Durch die Gruppierung in Fallgruppen wird zwar wieder eine gewisse Systematik aufgebaut, die für ein Gros der Fälle die Rechtsfolgen vorhersehbar macht. Diese Systematik ist jedoch stark zersplittert und von vielen Faktoren abhängig. Nimmt man beispielsweise den Fall eines vertraglich vereinbarten Vorbehalts, so kommt es bei der Begründung einer Drittwirkung auf das betroffene Objekt, auf die involvierten Parteien, auf möglicherweise vergleichsfähige bestehende Gesetze, die Art des Rechtsgeschäfts und auch auf die generelle wirtschaftliche Bedeutung der Entscheidung an. Mangels Regelfall wird jeder Fall gleichsam zu einem alleinstehenden Ausnahmefall.

Fraglich ist außerdem, wie sich die Ausschaltung des Konzepts Eigentum in der Transaktion und die Fokussierung auf einzelne Personenverhältnisse auf andere Rechtsgebiete auswirkt, in denen das Eigentum ein relevanter Faktor ist. Sowohl aus steuerrechtlicher Sicht als auch aus strafrechtlicher Sicht muss es einen bestimmten Zeitpunkt geben, ab wann eine Person als Eigentümer bezeichnet werden kann. Es fehlt an eindeutigen gesetzlichen Regelungen. Für Bereiche des Steuerrechts ist anerkannt, dass dies in der Praxis geregelt werden

783 Lilja, The Relevance of Concepts for the Transfer of Movables under the Uniform Commercial Code, S. 12.

784 Forssell, Tredjemansskyddets Gränser, S. 217.

solle.[785] Die Schwierigkeit, die in der schrittweisen Übertragung des Eigentums nach zivilrechtlichen Maßstäben erkannt wird, wird für den Erwerb von Immobilien, die einer Grundsteuer oder Einkommenssteuer unterworfen sind, steuerrechtlich so geregelt, dass der Vertragsschluss als Eigentumsübergang in diesem Sinne gelten soll, sofern der Eigentumsübergang bedingungslos und sofort erfolgen soll. Anderenfalls soll der Bedingungseintritt oder ein vertraglich vereinbarter späterer Zeitpunkt maßgeblich sein.[786] Gleiche Bestimmungsschwierigkeiten treten im öffentlichen Baurecht auf. In diesem Rechtsbereich enthält Kap. 6 § 24 *Plan- och bygglag (2010:900)* die Pflicht des Grundstückseigentümers (*fastighetsägare*), gewisse Kosten für den Bau öffentlicher Straßen und Anlagen in seiner Nachbarschaft mitzufinanzieren. Es ist nicht ersichtlich, dass der Grundstückseigentümer im Baurecht anders als mittels zivilrechtlicher Regeln bestimmt würde.[787] Das führt zu weiterer Rechtsunsicherheit.[788]

4. Begründungsverlust

Es liegt ein gewisser Reiz darin, sachenrechtliche Fragestellungen ohne darüberstehendes Konzept zu behandeln. Die Parameter, die im dynamischen Sachenrecht eine Rolle spielen, sind überschaubar. Jede Konstellation lässt sich lösen, wenn man die Bauteile hat, die sich durch eine Handvoll Fragen erschließen: Guter Glaube – ja oder nein, Insolvenz – ja oder nein, Art des betroffenen Vermögensgegenstands usw. Die skandinavische Kritik an der substanziellen Methode umfasst auch, dass die Berufung auf das Eigentum die im spezifischen Fall relevanten Interessen und Funktionen im Dunkeln lasse, die die rechtliche Lösung erst für den Rechtslaien verständlich machten. Denn der Hinweis auf das Eigentum umfasse grundsätzlich alle denkbaren, damit einhergehenden Folgen und zugrundeliegenden Interessen, auch wenn sie im Einzelfall nicht interessieren müssten.[789] Für den alltäglichen Gebrauch oder für juristische Laien im wirtschaftlichen Bereich erscheint es sicherlich einleuchtender, faktische Fragen zu stellen und darauf faktische Antworten zu geben. Für einen juristischen Laien ist die Frage, ob er etwas besitzt leichter zu beantworten

785 RÅ 1993 ref. 16.
786 RÅ 1993 ref. 65.
787 NJA 2017 S. 3.
788 Anders geht hier der ebenfalls rechtsrealistisch geprägte amerikanische UCC vor, dessen § 2–401 zwar die Relevanz von »Transfer of Title« für sachenrechtliche Fragen verneint, jedoch Regelungen zu dieser Frage vorhält, für den Fall, dass sie in anderen Rechtsgebieten relevant wird, Lilja, Concepts, Functional Approaches, and Argumentation Analysis in the Field of the Transfer of Movables, S. 63ff.
789 Faber/Lilja, EPLJ 2012, 10, 12.

als die Frage nach seinem Eigentum. Wenn eine Person eine Sache in den Händen hält, hat sie verschiedene Möglichkeiten, wie sie mit dieser Sache verfahren kann oder darf. Aber da liegt schon der Haken: Ohne Überbau wird sich aus den Fakten auf keine rechtliche Macht schließen lassen. Die besitzende Person kann die Sache gestohlen, geliehen oder gekauft haben. Jedes Mal ergeben sich andere rechtliche Konsequenzen. Es wird an dieser Stelle von Vertretern der funktionalen Methode zwar argumentiert, dass es für den Drittschutz regelmäßig eines zusätzlichen Aktes neben dem reinen Vertragsschluss bedürfe. Dieser Akt dient der Veröffentlichung der Transaktion in die Außenwelt. Erklärt wird dadurch nicht, warum der Erwerber auf diese Weise zu seinem Tun berechtigt wird. Als »Übersetzung« der Faktenlage könnte sich anbieten, in einem Rechtstreit davon zu sprechen, wer das bessere Recht hat. Denn darauf lässt sich jeder Rechtstreit herunterbrechen, er ist ein Streit *um* das Recht. Aber zugleich handelt es sich um einen Streit *aus* dem Recht. Und dies setzt voraus, dass dieses Recht allgemein definiert ist. Eine Definition, will sie eine Allgemeingültigkeit beanspruchen, kommt ohne eine Begriffsbeschreibung nicht aus. Recht ist ein menschengemachtes Gedankenwerk. Das setzt voraus, dass Begriffe einheitlich verwendet werden und es einen Konsens über ihre Bedeutung gibt. Mehrere »Teilaspekt-Eigentümer« funktionieren nicht, wenn man sie alle Eigentümer nennt, obwohl sie inhaltlich verschiedene Rechte haben. Ebenso wenig ist es hinreichend, von einem besseren Recht zu sprechen, wenn man nicht zugleich festlegt, worin das bessere Recht besteht und worauf es fußt.

Während man im Bereich des *borgenärsskydd* noch vergleichsweise unbeschadet das Eigentum unerwähnt lassen kann, ist dies im anderen Anwendungsbereich des dynamischen Sachenrechts, dem *omsättningsskydd*, schon nicht mehr ohne Weiteres praktikabel. Denn der gutgläubige Erwerb trägt schon im Wort »Erwerb« das Eigentum unterschwellig in sich. Die Schwierigkeit der Durchführung der realistischen Ideen liegt genau darin. Es ist vergleichsweise leicht, an der Oberfläche auf das Eigentum in der Erklärung der Rechtsfolgen einer Transaktion zu verzichten. Anstelle einer Aussage »A hat Vorrang gegenüber dem Insolvenzgläubiger C, weil er Eigentümer der Sache ist.« kann man überzeugend die Feststellung setzen »A hat Vorrang gegenüber dem Insolvenzgläubiger C, weil er ein Separationsrecht hat.« Das zieht die Definition des Separationsrechts nach sich, die wiederum die Definition des zugrunde liegenden Rechtsgeschäfts usw. Irgendwann wird es schwierig, das Eigentum in der Begründungskette weiter auszusparen und durch ein Rechtsfakten-Rechtsfolgen-Konstrukt zu ersetzen. Denn eine Begründung dafür, warum gerade die gewählten Rechtsfakten und Rechtsfolgen relevant sind, wird schwierig, wenn man sie nicht auf eine Rechtsquelle zurückführen kann.

Man kann an dieser Stelle einwenden, dass die Begründung nicht auf diese Weise erfolgt, sondern dass die Aussage »A hat Vorrang gegenüber dem Insolvenzgläubiger C, weil er ein Separationsrecht hat.« damit begründet wird, dass dies so in einer gesetzlichen Norm oder einem Urteil normiert wurde. Damit schneidet man die Frage ab, was der Anlass und die Begründung für eine derartige Norm oder ein derartiges Urteil waren. Geht man dieser Frage aber nach, kommt man auch hier dazu, dass an irgendeinem Punkt der Schutz des Eigentums eine Rolle spielte. Denn das schwedische Recht erkennt das Eigentum als »mächtigstes« Herrschaftsrecht an, das einem Einzelnen zustehen kann. Dieser Wert muss sich auch im Recht widerspiegeln. Selbst wenn es nicht das Eigentum ist, so muss doch irgendein Recht bestehen, das die Rechtsmacht, die geltend gemacht wird, verleiht. Andernfalls bliebe nur der Wille der Person als Quelle dieser Rechtsmacht. Und die kann auch ein Dieb sein.

Auch die verfügbaren Urteile des Obersten Gerichtshofs zeigen, dass alle Beteiligten in den Kategorien von Eigentum, Nutzungsrecht, Besitz usw. denken und diese auch ihrer Argumentation zugrunde legen. Dies wird jedoch nicht ausgesprochen. Stattdessen werden Fakten und möglichst allgemein taugliche Begriffe wie »besseres Recht« verwendet. Wenn man mit der Maxime »Der Wortlaut ist die äußerste Grenze« an diesen Umstand herangeht, kann man nur zu dem Ergebnis kommen, dass in Schweden die Verbindung zum begründenden Recht gekappt wurde.

II. Die Geeignetheit der funktionalen Methode für den innereuropäischen Dialog

Aus gemeineuropäischer Perspektive stellt sich die Frage, ob die funktionale Methode geeignet ist, als Richtschnur für ein gemeinsames europäisches Sachenrecht zu dienen. Sind die eigentumstheoretischen Erkenntnisse des schwedischen Rechts rezeptionsfähig? Die Lektüre verschiedener Kommentare und Entwürfe, die aus den Arbeitsgruppen um den DCFR heraus entstanden sind, vermitteln den Eindruck, dass anfangs eine gewisse Ignoranz gegenüber der funktionalen Methode unter den Vertretern der übrigen beteiligten Länder vorherrschte.[790] Diesem fehlenden Wissen um die Besonderheiten der funktionalen Methode wurde durch die skandinavischen Vertreter begegnet, die sich redlich bemühten, ihre Sichtweise zu erläutern, als sie gewahr wurden, dass ein Unterschied zur sonst verbreiteten Sicht bestand. Doch auch trotz dieser Erläuterungen herrscht eine Skepsis gegenüber der funktionalen Methode vor. Diese Skepsis mag von den tiefverwurzelten Sachenrechtstraditionen gespeist sein, die das Eigentum zum Anfangs- und Endpunkt allen Sachenrechts erkoren

790 Vgl. Martinson, How Swedish Lawyers Think about ›Ownership‹ and ›Transfer of Ownership‹, S. 69ff.

haben.[791] Aber könnte die funktionale Methode dennoch der Weg für Europa sein? Dazu ist zweierlei vonnöten: Einerseits muss die Methode geeignet sein, sich in die einzelnen Ländertraditionen einzufügen. Denn auch wenn es ein Sachenrecht auf europäischer Ebene im Sinne eines zusätzlichen, 28. Sachenrechts in Europa sein sollte, wird eine Implementierung ein mühsames und teures Unterfangen, wenn die Regeln gänzlich neu und vom jeweils heimischen Recht verschieden sind. Andererseits müsste die funktionale Methode auch geeignet sein, wirtschaftliche Vorteile hervorzubringen. Denn die europäische Union ist ein Binnenmarkt, der nach Gewinnmaximierung strebt. Dies kann nur gelingen, wenn in der funktionalen Methode eine Vereinfachung des Rechts liegt, die seine Anwendung erleichtert und damit wirtschaftlicher macht.

Der Abgleich der beiden Methoden hat ihre Unterschiede aufgezeigt. Sie sind beachtlich, mögen sie sich auch nicht immer in einer unterschiedlichen Lösung eines Rechtsfalls niederschlagen. Für die funktionale Methode spricht, dass die direkte Verknüpfung von Rechtsfakten und Rechtsfolgen international verständlich und klar ist. Jeder Mitgliedstaat hat sein eigenes Verständnis von Eigentum, es ist historisch über lange Zeit gewachsen. Es entstehen schnell Missverständnisse, wenn dieselben Konzeptbegriffe für verschiedene Inhalte herhalten, ohne dass es dem Gegenüber überhaupt bewusst sein mag. Auf dieser Ebene eine gemeinsame Lösung zu finden ist schwierig und kann auch kränkend sein, wenn der einen Vorstellung von Eigentum Vorrang gegenüber einer anderen eingeräumt wird. Darüber könnte es hinweghelfen, wenn man sich auf die einzelnen Funktionen des Eigentums besinnen würde.

Betrachtet man die einzelnen Funktionen, die dem Eigentum beigemessen werden, ergeben sich bereits Überschneidungen. Ein pragmatischer Ansatz verspricht ein höheres Potential, Konsens zu stiften. Ein weiterer Vorteil kann darin erkannt werden, dass durch die Entkopplung vom Eigentum neu auftretende Rechtsprobleme, in denen sich die Frage nach einer Drittwirkung stellt, einer Lösung zugeführt werden könnten, ohne dass zugleich »mehr« gewährt wird als unbedingt nötig. Denkbar ist eine Situation, in der zwar Gläubigerschutz gewollt sein könnte, während für diese Art von Geschäft andere Konsequenzen wie ein Ausschluss gutgläubigen Erwerbs nicht erstrebenswert scheinen.

Zweitens zeigen die in Schweden entwickelten Lösungen auf, dass die Trennung nach den hergebrachten Kategorien Sachenrecht, Schuldrecht, Deliktsrecht, Insolvenzrecht und Prozessrecht für eine Vereinheitlichung des europäi-

791 Schon einmal führte übrigens diese Verschiedenheit der Ansichten dazu, dass eine angestrebte Vereinheitlichung scheiterte. Auf der 7. Session der Haager Konferenz für Internationales Privatrecht stand das Kollisionsrecht des Eigentumsübergangs beim Kauf auf der Tagesordnung. Eine Lösung wurde nicht gefunden, als deutlich wurde, dass die skandinavischen Abgesandten eine gänzliche andere, nämlich funktionale, Auffassung vertraten, Ussing, Rev. Int. de Droit comparé 1952, 5, 5.

schen Zivilrechts möglicherweise eher hinderlich als förderlich ist. Die Unschärfe der Kategorien und die übergreifenden Zusammenhänge sprechen dafür, gerade Lösungen zu suchen, die sich von diesen Kategorien frei machen und dadurch die Rechtsgebiete verbinden. Schlussendlich kann man sich fragen, welche Fallkonstellationen überhaupt allein über das Sachenrecht gelöst werden müssen. Die Gläubigerschutzfragen könnten beispielsweise auch in Regelungen des Zwangsvollstreckungsrechts verortet werden.

Bedenkenswert ist die schwedische Methode aus einem weiteren Aspekt, der die innereuropäischen Belange jedoch überschreitet. Die schwedische Methode hat starke Ähnlichkeit mit dem rechtsrealistischen Eigentumsverständnis im US-amerikanischen Recht. Eine Rezeption der schwedischen Methode auf europäischer Ebene könnte sich für eine Kommunikation auf transatlantischer Rechtsebene fruchtbar machen lassen.

Gleichzeitig ist in vielen Rechtsordnungen der Erwerb von Eigentum bei gleichzeitiger Ausklammerung des Eigentums schlicht undenkbar. Diese Traditionen sollte auch EU-Recht berücksichtigen. Schwerer wiegt noch, dass der funktionalen Methode die Begründungsebene abhanden gekommen zu sein scheint. Das Recht an einer Sache muss von etwas abgeleitet werden, andernfalls fällt es der Willkür anheim. Dieses Recht muss auch in einer Transaktion unabhängig von dieser bestimmbar bleiben. Eine Lösung über »paralleles Eigentum nach Funktion« in dem Sinne, dass jeder Eigentümer genannt wird, der einen Teil von Eigentum geltend machen kann, verwirrt und schafft keinen Mehrwert.

Eine weitere Variante wäre eine Durchmischung von funktionaler und substanzieller Methode. Ein vermischender Mittelweg ist jedoch nicht ohne weiteres gangbar: Formulierte man die sachenrechtlichen Regeln nach schwedischem Vorbild einzelfallgeprägt und ergänzte eine Auffangregel über den vollständigen Eigentumsübergang, käme es zu verwirrenden Überschneidungen. Zudem gilt es zu bedenken, dass beide Methoden auch deswegen jeweils funktionieren, weil sie in komplexe Systeme in ihren heimatlichen Rechtsordnungen eingebettet sind. Als Beispiel sei der schwedische Gläubigerschutz genannt. Nicht nur die Regelungen über ein Separationsrecht sind dort relevant, sondern sie interagieren mit den Regeln über die Insolvenzanfechtung, mit Regelungen über Schenkungen usw.

Letztlich liegt das Problem darin, dass zwei Vorstellungsansätze miteinander konkurrieren, die weder als grundlegend falsch, noch als einzig richtig bewertet werden können. Trotzdem lassen sich Merkmale aufzeigen, die darauf hindeuten, dass ein Mittelweg gefunden werden kann. Fraglich ist zunächst, inwieweit die Vorstellung vom unteilbaren Eigentum einer substanziellen Methode unabdingbar ist oder ob eine gewisse Abkehr davon hinnehmbar erscheint. Die Loslösung des dinglichen Schutzes vom Eigentum in gewissen Situationen, die überdies zeitlich eingegrenzt sind durch die Gegebenheiten eines gewöhnlichen

Kaufs, schafft nicht das Eigentum als solches ab. Darauf deuten zwei Beispiele hin. Zum einen das Vindikationsrecht, zum anderen die Verfügungsbefugnis. Beides sind elementare Merkmale des Eigentums. Trotzdem kann im deutschen Recht der Vindikationsanspruch wegfallen, indem er verjährt. Am Bestand des Eigentums ändert dies nichts. Gleiches gilt für die Verfügungsbefugnis. Da sie nur die Fähigkeit der Veränderung der Güterzuordnung bedeutet, die das Eigentum vornimmt, verändert ihr Ausschluss nicht die Güterzuordnung, die durch das Eigentum bereits besteht.[792] Darin liegt gerade der Vorteil der Vorstellung des Eigentums als etwas, das unabhängig von seinen Funktionen besteht. Auch ist Drittwirkung nicht gleichzusetzen mit Eigentum. Es ist nur etwas, was Merkmal eines dinglichen Rechts ist. Eine Drittwirkung, für die nicht für alle Dritten dieselben Kriterien angewendet werden, schädigt das Konzept des Eigentums daher nicht, solange der Unterschied zwischen Drittwirkung und Recht sichtbar bleibt.

Dagegen kann es nicht funktionieren, das Eigentum als Begründungselement auszuschließen. Hier müsste sich die funktionale Methode fragen lassen, ob das Eigentum als solches nicht doch Begründungsgrundlage sein kann und muss. Die Interpretation als beliebiges Darstellungsmittel verkürzt den Nutzen des Eigentums unnötig. Auch die strikte Trennung der Eigentumsfunktionen hat gezeigt, dass diese nicht immer zu wünschenswerten Ergebnissen führen muss.

Überwiegende wirtschaftliche Vorteile lassen sich für keine der beiden Methoden feststellen, was aber auch an mangelndem statistischen Material auf diesem Gebiet liegt. Aus dogmatischer Sicht ist das funktionale Eigentumsverständnis schwer nachvollziehbar, aber nicht vollkommen unverständlich. Letztlich kann die funktionale Methode aber nur überzeugen, wenn es gelingt, ihr ein rechtliches Begründungselement an die Seite zu stellen.

III. Schlussbetrachtungen

Die funktionale Methode findet sich auf allen Ebenen des schwedischen dynamischen Sachenrechts wieder. Vom philosophischen Hintergrund, über die theoretische Begründung durch die Lehre bis hin zur praktischen Rechtsanwendung durch die Gerichte ist alles durchweht von einem zweckgerichteten Wind. Selbst in der Behandlung einzelner Tatbestandsmerkmale tritt die funktionale Sichtweise zu Tage. Der positive Effekt ist eine große Flexibilität in der Rechtsanwendung, die gesellschaftliche Neuerungen rezipieren kann ohne neue Ausnahmeregeln finden zu müssen. Die Kehrseite der Medaille ist in einer nur

792 Korves, Eigentumsunfähige Sachen?, S. 17f.

rudimentär erkennbaren Rechtssicherheit zu sehen, da es in den Händen der Gerichte liegt, was im Einzelfall funktional sein könnte.

Die Untersuchung zeigt nicht nur, was schwedisches Sachenrecht bedeutet, sie zeigt auch, wie Sachenrecht sein kann und trägt so dazu bei, etwas besser zu verstehen, *was* Sachenrecht überhaupt ist. Es ist deutlich geworden, dass das schwedische dynamische Sachenrecht tatsächlich nicht dem deutschen Verständnis von Sachenrecht entspricht. Die Besonderheit der schwedischen Methode zeigt sich bereits darin, dass ihr Anwendungsgebiet meist mit »Konfliktfälle« charakterisiert wird. Diese Bezeichnung taucht im deutschen Sachenrecht nicht in diesem Maße auf. Sie spiegelt den Fokus auf interpersonale Beziehungen wider, der im schwedischen Sachenrecht gewählt wird. Das Hauptmerkmal der schwedischen Methode ist die Orientierung am Einzelfall und den daran beteiligten Personen. Die Abwägung von Interessen geht der Einhaltung eines festgelegten Konzepts vor. Der Blick auf das Sachenrecht ist ein anderer als der des deutschen Rechts. Die schwedische Methode orientiert sich nicht am Eigentum als Ausgangs- oder Mittelpunkt des Sachenrechts. Sie nimmt stattdessen die sachenrechtlichen Dreipersonenverhältnisse in den Blick. Ein solches Dreipersonenverhältnis entsteht, wenn mehrere Prätendenten um eine Sache streiten. Im deutschen Recht wird in einer solchen Situation regelmäßig die Eigentumslage ausschlaggebend oder zumindest mitbestimmend sein. Wer der Beteiligten hat Eigentum erworben? Diese Frage stellt ein schwedischer Richter dagegen nicht. Denn es entspricht nicht der schwedischen Herangehensweise, derartige Konflikte mithilfe eines Konzepts – hier des Eigentums – zu klären. Entscheidend ist vielmehr, wer das bessere Recht an der Sache hat. Dies hängt von Fakten ab, wie der Übergabe der Sache durch den Berechtigten an den Prätendenten. Zugleich wird nach den zugrunde liegenden Interessen abgewogen, die in jeder Situation unterschiedlich sein können. Diese Interessenabwägung ist ein maßgebliches Element des dynamischen Sachenrechts. Deutsches Recht kommt häufig zum gleichen Ergebnis, knüpft seinen Befund aber an die Lokalisierung des Eigentums an.

Es gestaltet sich als komplexe Herausforderung, dass schwedische Sachenrecht mit den Kategorien des kontinentaleuropäischen Sachenrechts durchdringen zu wollen. *Håstad* hat die Auseinandersetzung über die verschiedenen Auffassungen von Eigentum und seiner Funktion einmal recht treffend »Great Religious War« genannt.[793] Nach schwedischem Verständnis ist Eigentum eine

793 Håstad, Forhandlingene ved Det 38. nordiske Juristmøde i København, 21.–23. august 2008, S. 241, abrufbar über http://nordiskjurist.org/wp-content/uploads/2013/10/http___jura.ku_.dk_njm_38_38_10_foredrag_ejendomsrettens_overgang.pdf_.pdf (zuletzt abgerufen 26. April 2020).

Glaubensfrage. Und die schwedischen Juristen haben beschlossen, nicht daran zu glauben.

Damit öffnet die funktionale Methode den Blick dafür, wie unterschiedlich Eigentum wirken kann. Sie macht deutlich, dass man hinterfragen kann, ob man alle Rechtswirkungen eines Sachenrechts in der Transaktion mit einem bestimmten Zeitpunkt verknüpfen muss oder nicht. Zugleich führt die Fragmentierung in der Rechtsanwendung zu einem erhöhten Aufwand, wenn man nie von einem festgestellten Rechtsfaktum auf mehrere Rechtsfolgen schließen kann.

Die funktionale Methode befürwortet, auf rein pragmatischem Wege eine Lösung zu suchen, immer danach strebend, was am praktischsten erscheint. Dabei werden Begründungen, die darüber hinaus gehen, wie beispielsweise methodische, vernachlässigt.[794] Es ist nicht ersichtlich, dass vertieft nach dem Warum einer Regel gefragt und gesucht würde. Das hängt auch mit dem schwedischen Verständnis von Rechtswissenschaft als solcher als anwendende, handwerkliche Wissenschaft statt als analysierende, grundsatzbildende Wissenschaft zusammen.[795] Dabei lässt die Vermeidung von festen Begriffen außer Acht, dass am Grunde jedes Begriffs eine Idee steht, die der Begriff transportiert. Auf juristischer Ebene ist eine Regelbildung und Kommunikation ohne Begriffe mit Inhalt und einheitlicher Bedeutung kaum sinnvoll denkbar. Zumindest zahlt man dafür einen dogmatischen Preis. Die Betonung, dass Recht empirisch belegbar sein müsse, führt zu einer einseitigen Beschäftigung mit dem Recht, wie es von Gerichten geschaffen wird. Durch das Studium von Gerichtsentscheidungen soll ein Rückschluss auf das geltende Recht ermöglicht werden. Eine theoretische dogmatische Unterfütterung fehlt und verliert an Bedeutung.[796] Dabei ist Recht etwas, was ohne Werte und Ethik nicht verstanden werden kann. Die positivistische Struktur der funktionalen Methode lässt außer Acht, dass es sich bei Rechtswissenschaften um eine Geisteswissenschaft handelt, die offensichtlich die Beschäftigung mit Sinn- und Wertfragen erfordert, auch wenn man anerkennen muss, dass die funktionale Methode durch ihre beabsichtigte Interessenabwägung im Einzelfall Wertfragen einfließen lässt.

Weil dem Leser in diversen Abhandlungen über die schwedische Methode im Vergleich zum kontinentaleuropäischen Sachenrecht zugerufen wird, dass es sich um eine »unüberbrückbare Lücke«[797] zwischen zwei Rechtsansichten handle, ist man geneigt, nur die Unterschiede der Rechtsordnungen zu sehen. Streitpunkt zwischen beiden Methoden sind die Frage nach der Teilbarkeit des Eigentums, dessen Absolutheit oder Relativität und seine Funktion als Quelle einer

794 Faber/Lilja, EPLJ 2012, 10, 11.
795 Sandgren, JT 2004/05, 297, 315.
796 Lagerqvist Almé, Rechtstheorie Beiheft 9 (1986), 323, 332.
797 Martinson, EPJL 2014, 280, 280.

Rechtsposition. Gleichzeitig sind beide Rechtsgebiete nicht völlig unvereinbar. Der harsche Widerspruch zum deutschen Recht, der gerne im Zusammenhang mit der Erklärung der Funktionsweise der funktionalen Methode vorgetragen wird, ist nicht so strikt wie dargestellt oder möglicherweise auch nicht so strikt wie aus Abgrenzungszwecken gewünscht. Es lassen sich im deutschen Sachenrecht funktionale Herangehensweisen lokalisieren. Ebenso ist das schwedische Recht nicht vollkommen frei von konzeptuellem Gedankengut. Das schwedische Sachenrecht mag zwar zu großen Teilen »entmystifiziert« sein, das bedeutet jedoch nicht, dass es konzept- und systemfrei ist. Zwar gelingt es in der Abgrenzung der einzelnen Fallkonstellationen des dynamischen Sachenrechts voneinander, auf die Zuordnung und überhaupt die Erwähnung des Eigentums zu verzichten. Aber schon innerhalb der jeweiligen Fallgruppen tritt das Eigentum wieder zu Tage. Denn eine Lösung eines Konflikts nach den Regeln des guten Glaubens kommt ohne die Zuordnung des Eigentums zwischen den Konfliktparteien nicht aus. In gleichem Maße entscheidet das Eigentum innerhalb eines Zwists in der Insolvenz über die Zuordnung des Vermögenswerts. Eigentum wirkt latent. Man kann zwar ein Rechtsfaktum mit einer Rechtsfolge direkt verknüpfen, aber es führte zu einer Beliebigkeit, wenn man nicht den Bogen zu einer Begründung schlagen kann, warum gerade dieses Rechtsfaktum ein Rechtsfaktum mit eben dieser Rechtsfolge sein soll. Die funktionale Methode erscheint so als pragmatisch, doch zugleich als oberflächlich. Damit vermögen es beide Rechtsordnungen nicht, ein Sachenrecht ohne Brüche, Widersprüchlichkeiten und Ausnahmen zu schaffen. Das schwedische Recht fällt immer wieder in überwunden geglaubte Muster zurück, weil es ihm nicht gelingt, das Eigentum gänzlich aus der Transaktion auszusondern. Das deutsche Recht sucht sich mit Ausnahmetatbeständen und Analogien einen Weg, rechtliche Zwitter in eine Struktur zu fügen, die so an Prägnanz verliert.

Die funktionale Methode lässt sich in ihrem Verständnis von Eigentum noch aus einem anderen Blickwinkel hinterfragen: Man kann die schwedische Eigenart des Sachenrechts auf die Frage zuspitzen, ob es Eigentum (oder ein sonstiges subjektives Sachenrecht) braucht oder ob man nur Drittwirksamkeit braucht. Die eindeutige Antwort ist: Ja, man braucht Eigentum. Man braucht Eigentum als Ausgangs- und Rückfallspunkt aller übrigen Sachenrechte, die nur existieren können, wenn es Eigentum gibt. Andernfalls bräche das System des Sachenrechts zusammen. Sachenrechte bedürfen einer Herleitung. Sie entstehen nicht ad hoc im Gerichtssaal, sondern sie bestehen bereits zuvor. Das schwedische Recht bietet mit seinem »besseren Recht« des dynamischen Sachenrechts keinen überzeugenden Ersatz an. Die funktionale Methode muss sich fragen lassen, ob sie wirklich ohne diese Begründung auskommen kann.

Trotz der Bedenken zeigt die funktionale Methode positiv auf, dass es sich lohnen kann, sich bei der Rechtsfindung maßvoll von einem interessengeleiteten Pragmatismus leiten zu lassen. Schaut man dabei auf die Entwicklung von Unteilbarkeit und Teilbarkeit des Eigentums, bemerkt man, dass die Hinwendung zu diesem wie zu jenem mit einem Auflehnen gegen die bestehende gesellschaftliche Ordnung einherging und sich das Neue auch im Eigentum als Stützpfeiler der Gesellschaft wiederfinden musste. Möglicherweise ist der Wunsch nach einem prosperierenden europäische Binnenmarkt der Schlüsselreiz, der die Beteiligten dazu ermutigt, ihre gewohnten Heimatrechte in den Hintergrund zu stellen und daraus ein europäisches Sachenrecht zu entwickeln, das weder funktional, noch substanziell, sondern schlicht gut und geeignet ist. Die Ideen, die die Studiengruppen zum DCFR entwickelt haben, sind ein sehr vielversprechender Anfang.

Literaturverzeichnis

Adlercreutz, Axel/Pfannenstill, Magnus, Finansieringsformers rättsliga reglering, 5. (rev.) Aufl., Lund 2010

Agell, Anders, Rättsdogmatik eller konstruktiv rättsvetenskap, in: Frändberg, Åke/Göranson, Ulf/Håstad, Torgny (Hrsg.), Festskrift till Stig Strömholm, Del I, Uppsala 1997, S. 35–62

Agell, Anders, Ägareförbehållets giltighet mot borgenär och senare förvärvare i nyare rättspraxis, in: SvJT 1965, S. 225–247

Akkermans, Bram, The use of the functional method in European Union property law, in: EPLJ 2013, S. 95–118

Alexander, Gregory, Comparing the Two Legal Realisms – American and Scandinavian, in: 50 American Journal for Comparative Law 2000, S. 131–174

Andersen, Kristen, Francis Hagerup – Fredrik Stand – Ragnar Knoph. Tre generasjoner i norsk rettsvitenskap, in: SvJT 1945, S. 426–433

Andersson, Torbjörn/Reichel, Jane/Dahlberg, Mattias/Samuelsson, Joel, Juridikens Termer, 10. Aufl., Stockholm 2015

Andreasson, Jens, Intellektuella resurser som kreditsäkerhet. En förmögenhetsrättsligt undersökning, Göteborg 2010

Andreasson, Jens, En funktionell syn på rättigheter och juridisk argumentation – utifrån exemplet upphovsrättshavarens ställning i konkurs, in: SvJT 2006, S. 437–452

Andreasson, Jens, Inlösen, äganderättsovergång och legal transplants, in: SvJT 2005, S. 522–538

Arvind, TT, Beyond ›Right‹ and ›Duty‹: Lundstedt's Theory of Obligations, in Nolan, Donal/Robertson, Andrew (Hrsg.), Rights and Private Law, Oxford 2012, S. 151–182

Bader Ginsburg, Ruth/Bruzelius, Anders, Civil Procedure in Sweden, Den Haag 1965

Bar, Christian von, Gemeineuropäisches Sachenrecht, Band 1, München 2015

Bar, Christian von, Gemeineuropäisches Sachenrecht, Band 2, München 2019

Bar, Christian von, The Numerus Clausus of Property Rights: A European Principle? in: Louise Gullifer/Stefan Vogenauer (Hrsg.), English and European Perspectives on Contract and Commercial Law, Essays in Honour of Hugh Beale, Oxford 2014, S. 441–454

Bar, Christian von, Sachenrecht in Europa: systematische Einführungen und Gesetzestexte, Osnabrück 2000 (zit.: *Bearbeiter* in: v. Bar)

Bar, Christian von/Clive, Eric (Hrsg.), Principles, definitions and model rules of European private law: Draft Common Frame of Reference (DCFR) / prep. by the Study Group on a European Civil Code and the Research Group on EC Private Law (Acquis Group), Full Edition, 6 Bände, München 2009 (zit.: *Bearbeiter* in v. Bar/Clive, DCFR, Bd.)

Basedow, Jürgen, Die Entwicklung des Eigentumsrechts in der Europäischen Union, in: Zeitschrift für Europäisches Privatrecht 2016, S. 573–590

Baur, Fritz/Stürner, Rolf, Sachenrecht, 18. Aufl. München 2009

Bengtsson, Bertil, SOU som rättskälla, in: in: SvJT 2011, S. 777–785

Bengtsson, Bertil, On Fragmentation in Private Law, in: Sc. St. L. 1992, S. 37–57

Bengtsson, Bertil, Särskilda avtalstyper I, Gåva, hyra av lös sak, lån, förvaring, entreprenadavtal, avtal om arbete på lös sak, sysslomansavtal och andra uppdrag, Stockholm 1976

Bergström, Svante, Sakrättsliga spörsmål rörande byggnad å annans grund, in: SvJT 1955, S. 369–387

Bergström, Svante, Om begreppet äganderätt i fastighetsrätten, in: SvJT 1956, S. 145–162

Bjarup, Jes, Skandinavischer Realismus: Hägerström, Lundstedt, Olivecrona, Ross, Freiburg/München 1978

Björne, Lars, Die nordische Rechtswissenschaft – Vielfalt und Einheit. Eine historische Übersicht, in: Zeitschrift der Savigny-Stiftung für Rechtsgeschichte. Germanistische Abteilung, Band 127, Heft 1. 2010, S. 262–292

Björne, Lars, Realism och skandinavisk realism, 1911–1950, Den nordiska rättsvetenskapens historia, Del IV, Stockholm 2007

Björne, Lars, Det nordiska rättsarvet – myt eller verklighet?, in: Förhandlingarna vid det 36 nordiska juristmötet i Helsingfors 15–17. augusti 2002. Del 2, 2003, S. 519–529

Björne, Lars, Nordische Rechtssysteme, Ebelsbach 1987

Brown, Ray Andrews, The Law of Personal Property, 2. Aufl., Chicago 1955

Brækhus, Sjur, Omsetning og kreditt : forelesninger over dynamisk formuerett (dynamisk tingsrett, panterett og materiell eksekusjons- og konkursrett), Oslo 1998

Brækhus, Sjur; Hærem, Axel, Norsk Tingsrett, Oslo 1964

Cane, Peter, Rights in Private Law, in: Nolan, Donal u. a. (Hrsg.), Rights and Private Law, Oxford 2002, S. 35–62

Carlson, Laura, The Fundamentals of Swedish Law, A Guide For Foreign Lawyers and Students, Lund 2012

Cohen, Felix, Dialogue on Private Property, in: Rutgers Law Review 1954, S. 357–387

Cohen, Felix, Transcendental Nonsense and the Functional Approach, in: Columbia Law Review (35) 1935, S. 809–849

Demogue, Rene, Les Notions Fondamentales du Droit privé. Essai critique, pour servir d'introduction à l'étude des obligations, Paris 1911

Dörner, Heinrich, Dynamische Relativität: der Übergang vertraglicher Rechte und Pflichten, München 1985

Dulckeit, Gerhard, Die Verdinglichung obligatorischer Rechte, Tübingen 1951

Faber, Wolfgang, Functional method of comparative law and argumentation analysis in the field of transfers of movables: Can they contribute to each other? in: EPLJ 2013, S. 22–53

Faber, Wolfgang, Scepticism about the Functional Approach from a Unitary Perspective, in: Faber, Wolfgang/Lurger, Birgitta, Rules for the Transfer of Movables: A Candidate for European Harmonisation of National Reforms?, München 2008, S. 97–122

Faber, Wolfgang/Lilja Martin, Employing Argumentation Analysis in the Discussion of Optimal Rules for the Transfer of Movables - Part 1: Description of the Problem and General Outline in: EPLJ 2012, S. 10–53

Faber, Wolfgang/Lurger, Brigitta, Principles of European Law - Acquisition and Loss of Ownership of Goods, 2011, Sellier, München

Fehr, Martin, Två spörsmål ur svensk civilrätt. I. Övergår äganderätten vid köp av lösöre genom blotta avtalet? II. Publicitetsprincpien, Uppsala 1913

Forssell, Hans, Tredjemansskyddets gränser. En studie av principen »köp bryter lega« och indelningen i sakrätter och obligatoriska rättigheter, Lund 1976

Frank, Jerome, Law and the Modern Mind, 6. Aufl., London 1949

Færstad, Jan-Ove/Lilja, Martin, National Report on the Transfer of Movables in Norway and Danmark in: Faber, Wolfgang/Lurger, Brigitta (Hrsg.), National Reports on the Transfer of Movables in Europe, Volume 5, München 2011, S. 211–312

Glavå, Mats/Petrusson, Ulf, Illusionen om rätten - juristprofessionen och ansvaret för rättskonstruktionerna, in: Askeland, Bjarte/Bernt, Jan-Fridthiof, Erkjennelse og engasjement. Minnessemniar for David Roland Doublet, Bergen 2002, S. 109–151

Goldhammer, Michael, Geistiges Eigentum und Eigentumstheorie, Tübingen 2012

Grenda, Nils Rasmus, Erwerb und Schutz des Eigentums an Mobilien im deutschen und schwedischen Recht, Frankfurt a. M. 2013

Göranson, Ulf, Besittning och rådighet - är det samma sak?, in: Lambertz, Göran u. a. (Hrsg.), Festskrift till Torgny, Uppsala 2010, S. 209–224

Göranson, Ulf, Traditionsprincipen. De svenska reglerna om köparens skydd mot säljarens borgenärer i komparativ och historisk belysning, Uppsala 1985

Grönfors, Kurt, Avtalslagen, 3. Aufl., Stockholm 1995

Hagerup, Francis, Forhandlingerne på det tiende Nordiske Juristmøde i Kjøbenhavn (1902)

Hart, H.L.A., Scandinavian Realism in: Cambridge Law Journal, Volume 17, Issue 2, 1959, S. 233–240

Helin, Markku, On the Evolution of Argumentation on Finnish Private Law Research, 1920–1960, in: Sc. St. L. 1989, S. 139–166

Hellner, Jan, Metodproblem inom rättsvetenskapen: studier i förmögenhetsrätt, Stockholm 2001

Hellner, Jan, The Law of Obligations and the Structure of Swedish Law, in: Sc. St. L. 2000, S. 325–241

Hellner, Jan, Positivism och metod innom rättsvetenskapen, in: Frändberg, Åke/Göranson, Ulf/Håstad, Torgny (Hrsg.), Festskrift till Stig Strömholm Del I, Uppsala 1997, S. 351–373

Hellner, Jan, Rättsteori och rättsvetenskap, in: JT 1996/97, S. 535–540

Hellner, Jan, Att tänka som en engelsk jurist, in: Carlsson, Stephan/ Thorsson, Leif (Red.), Till Gunnar Nord. Ett symposium, Stockholm 1996, S. 67–74

Henriksson, Per, Sakrättsliga moment och deras ekonomiska konsekvenser, Stockholm 2009

Hessler, Henrik, Svensk rättspraxis, Sakrätt 1964–1981, in: SvJT 1983, S. 161–215

Hessler, Henrik, Allmän sakrätt. Om det formögenhetsrättliga tredjemansskyddets principer, Stockholm 1973

Hessler, Henrik, Några anteckningar om avbetalningsköp i anslutning till en ny kommentar, in SvJT 1954 S. 417–425

Hilgendorf, Eric/Joerden, Jan C., Handbuch Rechtsphilosophie, Stuttgart 2017

Holmes, Oliver Wendell, The Path of the Law, in: Harvard Law Review 10 (1897), S. 457–478

Husa, Jaakko/Nuotio, Kimmo/Heikki Pihlajamaki (Hrsg.), Nordic Law – between tradition and dynamism, Antwerpen-Oxford 2008

Håstad, Torgny, Rättsdogmatik in absurdum?, in: SvJT 2017, S. 357–369

Håstad, Torgny, Derivative Acquisition of Ownership of Goods, in: European Review of Private Law 2009, S. 725–741

Håstad, Torgny, Äganderättens övergång i en gemensam europeisk rättsordning, in: JFT 2009, S. 327–342

Håstad, Torgny, Sakrätt avsende lös egendom, 6. Aufl. mit Supplement 2000, Stockholm 1996 und 2000

Håstad, Torgny, Lagstiftnings- och forskningsbehov inom sakrätten in: SvJT 1988, S. 224–261

Håstad, Torgny, Property Rights as Regards Personal Property, in: Stig Strömholm, An Introduction to Swedish Law, Stockholm 1988, S. 405–425

Hägerström, Axel, Inquiries into the Nature of Law and Morals, Stockholm 1953

Illum, Knud, Some Reflections on the Method of Legal Science and on Legal Reasoning, in: Sc. St. L. 1968, S. 49–65

Jägerskiöld, Stig, Roman Influence on Swedish Case Law in the 17th Century, in: Sc. St. L. 1967, S. 175–209

Jhering, Rudolf von, Geist des römischen Rechts auf den verschiedenen Stufen seiner Entwicklung, Band 3:1, Leipzig 1865

Karlgren, Hjalmar, Några Exekutionsrättsliga Oklarheter, in: SvJT 1956, S. 246–259

Karlgren, Hjalmar, En Bok om Bolag – Några Randanteckningar, in: SvJT 1956, S. 609–623

Kihlman, Jon, Förutsättningsläran – obligationsrättsliga och sakrättsliga aspekter, in: Rättsvetenskapliga studier tillägnade minnet av Knut Rodhe, Stockholm 1999, S. 197–210

Kohler, Marius, Die Entwicklung des schwedischen Zivilprozessrechts: eine rezeptionshistorische Strukturanalyse der Grundlagen des modernen schwedischen Verfahrensrechts, Tübingen 2002

Korves, Robert, Eigentumsunfähige Sachen?, Tübingen 2014

Lagerqvist Almé, Annika, The »Uppsala-School« in Sweden, in: Rechtstheorie Beiheft 9 (1986), S. 323–333

Lando, Ole, Nordic Countries, a Legal Family? A Diagnosis and a Prognosis, in: Global Jurist Advances, 2001 Volume 1 Issue 2 Article 5, S. 1–15

Laurén, Reidunn, Hägerström och juridiken, in: SvJT 2010, S. 821–836

Lehrberg, Bert, Köprätt enligt 1990 års köplag, Uppsala 2008

Lehrberg, Bert, Praktisk juridisk metod, 4. Aufl., Uppsala 2001

Lernestedt, Claes, Concepts as Property? On the Use and Abuse of Concepts, in: Sc. St. L. 2005, S. 157–176

Lejmann, Fritjof, En handbook i obligationsrätt, in: SvJT 1957, S. 383–398

Lilja, Martin, Concepts, Functional Approaches, and Argumentation Analysis in the Field of the Transfer of Movables, With a Focus on American and Scandinavian Law, Hamburg 2015

Lilja, Martin, The Relevance of Concepts for the Transfer of Movables under the Uniform Commercial Code - With a Focus on the Buyer's Protection against the Seller's Creditors, in: EPLJ 2014, S. 52–105

Lilja, Martin, National Report on the Transfer of Movables in Sweden, in: Faber, Wolfgang/Lurger, Brigitta (Hrsg.), National Reports on the Transfer of Movables in Europe, Volume 5, München 2011, S. 1–204

Liljebäck, Mattias, De besynnerliga och besvärliga belastningarna - belastningars sakrättsliga verkningar ur ett rättsekonomiskt perspektiv, in: JP 2017, S. 399–424

Lindskog, Stefan, Aktieägaravtal - kommentarer med anledning av en avhandling, in: SvJT 2011, S. 265–288

Llewellyn, Karl, Through Title to Contract and a bit beyond, in: New York University Law Quarterly Review 1938, S. 159–209

Llewellyn, Karl, Some Realism About Realism - Responding to Dean Pound, in: 44 Harvard Law Review 1931, S. 1222–1264

Lögdberg, Åke, Die schwedische Gesetzgebung über Unternehmenshypotheken, in: RabelsZ 1967, S. 319–330

Lundstedt, Anders Vilhelm, Legal thinking revised: my views on law, Stockholm 1956

Lundstedt, Anders Vilhelm, Law and Justice: A Criticism of the Method of Justice, in: Syre, Paul (Hrsg.), Interpretations of Modern Legal Philosophy - Essays in Honor of Roscoe Pound, New York 1947, S. 450–483

Lundstedt, Anders Vilhelm, Die Unwissenschaftlichkeit der Rechtswissenschaft , Band 1, Die falschen Vorstellungen von objektivem Recht und subjektiven Rechten, Berlin 1932

MacCormack, Geoffrey, Scandinavian Realism, in: The Juridical Review 1970, S. 33–55

Martinson, Claes, Litteratur, in: SvJT 2014, S. 662–672

Martinson, Claes, The Scandinavian Approach to Property Law, Described through Six Common Legal Concepts, In: Juridica International 22/2014, S. 16–26

Martinson, Claes, Bridging the Gap; Review of »Property Law, the Nordic Legal Culture and the Europeanisation - Nordic Functionalism Meets Continental Substantialism«, by Johan Sandstedt., in: EPJL 2014, S. 280–284

Martinson, Claes, Sakrätt avseende annat än egendom in: Lambertz, Göran/Lindskog, Stefan/Möller, Mikael (Hrsg.), Festskrift till Torgny Håstad, Uppsala 2010, S. 529–569

Martinson, Claes, Funktionalismen och bättre rätt till fast egendom, in: SvJT 2008, S. 669–687

Martinson, Claes, How Swedish Lawyers Think about ›Ownership‹ and ›Transfer of Ownership‹ - Are We Just Peculiar or Actually Ahead?, in: Faber, Wolfgang/Lurger, Birgitta, Rules for the Transfer of Movables: A Candidate for European Harmonisation of National Reforms?, München 2008, S. 69–96

Michaels, Ralf, Sachzuordnung durch Kaufvertrag - Traditionsprinzip, Konsensprinzip, ius ad rem in Geschichte, Theorie und geltendem Recht, Berlin 2002

Millqvist, Göran, Sakrättens Grunder: en lärobok i sakrättens grundläggande frågeställningar avseende lös egendom, 5. Aufl., Stockholm 2009

Mugdan, Benno, Die gesamten Materialien zum Bürgerlichen Gesetzbuch für das Deutsche Reich, Band III: Sachenrecht, Berlin 1899

Nial, Håkan, Nya Sakrätter?, in: SvJT 1940, 673–683

Nordling, Ernst Victor, Lagfarts- och inteckningslagarne af den 16 juni 1875 med tillhörande författningar, 2. Aufl., Upsala 1888

Olivecrona, Karl, Bentham's »Veil of Mystery«, in: Current Legal Problems, Volume 31, 1978, S. 227–237

Olivecrona, Karl, The legal theories of Axel Hägerström and Vilhelm Lundstedt, in: Sc. St. L. 1959, S. 125–150

Olivecrona, Karl, Realism and Idealism: Some Reflections on the Cardinal point in legal philosophy, in: New York University Law Review, Vol. 26, 1950, S. 120–131

Olivecrona, Karl, Law as Fact, in: Syre, Paul (Hrsg.), Interpretations of Modern Legal Philosophy – Essays in Honor of Roscoe Pound, New York 1947, S. 542–557

Olivecrona, Karl, Några synpunkter på de juridiska begreppen, in: Filosofiska föreningen och juridiska föreningen (Hrsg.), Festskrift tillägnad Axel Hägerström, Uppsala 1928, S. 221–228

Orfield, Lester, A Survey of Scandinavian Legal Philosophy – Part II, in: Wisconsin Law Review 1956, S. 585–624

Palandt, Otto (Begr.), Bürgerliches Gesetzbuch mit Nebengesetzen, 78. Aufl., München 2019 (zitiert: Bearbeiter in Palandt)

Pfordten, Dietmar von der, Rechtsethik, 2.Aufl., München 2011

Pihlajamäki, Heikki, Against Metaphysics in Law: The Historical Background of American and Scandinavian Legal Realism Compared, in: 52 American Journal of Comparative Law 2004, S. 469–488

Rakneberg Haug, Karoline, The historical development of the Scandinavian functional approach to transfer of ownership: a tale of change and continuity, in: European Property Law Journal 2017, S. 236–271

Ramberg, Christina, Mot en gemensam europeisk civillagstiftning, in: SvJT 2004, S. 459–474

Ramberg, Jan/Herre, Johnny, Allmän köprätt, 5. Aufl., Stockholm 2009

Ring, Gerhard/Olsen-Ring, Line, Einführung in das skandinavische Recht, 2. Aufl., München 2014

Rodhe, Knut, Handbok i sakrätt, Stockholm 1985

Ross, Alf, Tû-Tû, in: Sc.St.L. 1957, S. 137–153

Ross, Alf, Om ret og retfærdighed: en indførelse i den analytiske retsfilosofi, Kopenhagen 1953

Ross, Alf, Towards a realistic jurisprudence: a criticism of the dualism in law, Kopenhagen 1946

Ross, Alf, Ejendomsret og Ejendomsovergang, Kopenhagen 1935

Ross, Alf, Virkelighed og gyldighed i retslaeren : en kritik af den teoretiske retsvidenskabs grundbegreber, Kopenhagen 1934

Samuelsson, Joel, Om harmoniseringen av den europeiska privaträtten och funktionalismens funktionalitet, in: Europarättslig Tidskrift 2009, S. 63–79

Sandgren, Claes, Om teoribildning och rättsvetenskap, in: Juridisk Tidskrift 2004/05, S. 297–313

Sandstedt, Johan, Comparative Property Law and the Profound Differences Between Nordic Functionalism and Continental Substantialism – The (Ir)Relevance of Ownership, in Persson, Annina/Kristoffersson, Eleonor (Hrsg.), Swedish Perspectives on Private Law Europeanisation, Swedish Studies in European Law, Band 9, 2017, S. 53–75

Sandstedt, Johan, Sakrätten, Norden och europeiseringen -Nordisk funktionalism möter kontinental substantialism, Stockholm 2013

Schmidt, Folke, The Uppsala School of Legal Thinking, in: Sc. St. L. 1978, S. 149–175

Schultz, Mårten, Analyze This! Some Swedish Reflections on the Europeanization of Tort Law, in: European Business Law Review, 2004, Issue 2, S. 223–251

Seinecke, Ralf, Rudolf von Jhering anno 1858 – Interpretation, Konstruktion und Recht der sog. »Begriffsjurisprudenz«, in: Zeitschrift der Savigny-Stiftung für Rechtsgeschichte Germanische Abteilung 2013, S. 238–280

Sjöman, Erik, Avtalade aktieöverlåtelserestriktioners verkan gentemot ondtroende aktieförvärvare, in: SvJT 2015, S. 826–834

Staudinger, Julius von/Martinek, Michael (Red.), J. von Staudingers Kommentar zum Bürgerlichen Gesetzbuch mit Einführungsgesetz und Nebengesetzen, Eckpfeiler des Zivilrechts, Berlin Neubearb. 2008

Stone, Bradford, Uniform Commercial Code in a Nutshell, 6. Aufl., Minnesota 2005

Strahl, Ivar, Idealism och realism i Rättsvetenskapen, in: SvJT 1941, S. 302–330

Strahl, Ivar, Svensk Rättspraxis Straffrätt 1953–1958, in: SvJT 1960, S. 256–287

Strang, Johan, Two Generations of Scandinavian Legal Realists, in: Retfærd 2009, Nr. 1/124, S. 62–82

Strömgren, Peter, Tillbehör och accession, Uppsala 2012

Sundby, Nils, Legal Right in Scandinavian Analyses, in: Natural Law Forum 1968, S. 72–107

Sundell, Jan-Olof, Tysk påverkan på svensk civilrättsdoktrin 1870–1914, Stockholm 1987

Tabac, William L., The Unbearable Lightness of Title Under the Uniform Commercial Code, in: Maryland Law Review, Volume 50 (1991), S. 408–445

Thomas, Heinz/Putzo, Hans, Zivilprozessordnung, 40. Aufl., München 2019

Tiberg, Hugo, Nyttjanderättshavarens sakrättsliga skydd, in: SvJT 1964, S. 497–516

Tiberg, Hugo/Sterzel, Frederik/Cronhult, Pär, Swedish Law – A Survey, Stockholm 1994

Torp, Carl, Forhandlingerne paa det nordiske Juristmöde i Kjöbenhavn 1902, Kopenhagen 1902 (NJM 1902), Annex IV

Undén, Östen, Svensk sakrätt I. Lös egendom, 10. Aufl., Uppsala 1995

Undén, Östen, Några synpunkter på begreppsbildning inom juridiken, in: Filosofiska och Juridiska föreningarna i Uppsala (Hrsg.), Festskrift tillägnad Axel Hägerström, Uppsala 1928, S. 166–177

Ussing, Henry, Le transfert de la propriété en droit danois, in: Revue internationale de droit comparé 1952, S. 5–12

Vinding Kruse, Frederik, What Does Transfer of Property Mean with Regard to Chattels – A Study in Comparative Law, in: American Comparative Journal of Law 7 (1958), S. 500–515

Vinding Kruse, Frederik, Das Eigentumsrecht, Band 1–4, Berlin 1931

Walin, Gösta, Seperationsrätt, Stockholm 1975

Wieacker, Franz, Privatrechtsgeschichte der Neuzeit: unter besonderer Berücksichtigung der deutschen Entwicklung, 2. neuberarb. Aufl., Göttingen 1967

Wiklund, Ola, Juristokratin och Den Skandinaviska rättsrealismens uppgång och fall, in: Lundin, Anna-Karin u. a. (Hrsg.) Regeringsrätten 100 år, Uppsala 2009, S. 585–595

Zetterström, Stefan, Sakrättens fyra huvudfall, 2. Aufl., Uppsala 2008

Zitting, Simo, An attempt to analyse the owner's legal position, in: Scandinavian Studies in Law 1959, S. 227–247

Zweigert, Konrad/Kötz, Hein, Einführung in die Rechtsvergleichung, 3 Aufl., Tübingen 1996

Åqvist, Lennart, On the pure theory of third party conflicts in dynamic property law, in: Revue Internationale de Philosophie 1981, S. 3–27

Zitierte schwedische Gesetzesmaterialien

Statens Offentliga Utredningar

SOU 2015:18 (Lösöreköp och registerpant)
SOU 2005:116 (Jakt och fiske i samverkan)
SOU 2005:120 (Fondkommission – och en ny kommissionslag)
SOU 2005:3 (Sveriges tillträde till 1995 års Unidroitkonvention om stulna eller olagligt utförda kulturföremål)
SOU 2000:56 (Vindikation av stöldgods)
SOU 1994:120 (Finansiell leasing av lös egendom slutbetänkande)
SOU 1988:63 (Kommission och dylikt sakrättsliga frågor vid kommission, återtagandeförbehåll, konsignation, legotillverkning och kommissionärsbolag : slutbetänkande)
SOU 1985:10 (Pantsättning av patent betänkande)
SOU 1980:49 (Tomträtt betänkande)
SOU 1965:14 (Godtrosförvärv av lösöre betänkande)
SOU 1957:11 (Fordringspreskription m. m. betänkande)
SOU 1947:38 (Lagberedningens förslag till jordabalk. 1)
SOU 1935:14 (Lagberedningens förslag till lag om skuldebrev m. m.)
SOU 1929:22 (Lagberedningens förslag till revision av ärvdabalken. 3)

Propositioner

Prop. 2008/09:88 (Ny kommissionslag)
Prop. 2002/03:17 (Förvärv av stöldgods i god tro)
Prop. 1985/86:123 (om godtrosförvärv av lösöre)
Prop. 1980/81:8 (förslag till utsökningsbalk)
Prop. 1979/80:119 (preskriptionslag, m. m.)
Prop. 1875: 27 (inteckningsförordning)

Zitierte schwedische Rechtsfälle

Urteile des *Högsta Domstol*

NJA 2017 S. 289
NJA 2017 S. 3
NJA 2016 S. 661
NJA 2014 S. 35
NJA 2013 S. 632
NJA 2011 S. 524
NJA 2010 S. 617
NJA 2010 S. 227
NJA 2010 S. 154
NJA 2009 S. 889
NJA 2009 S. 500
NJA 2008 S. 684
NJA 2008 S. 282
NJA 2007 S. 652
NJA 2007 S. 413
NJA 2005 S. 502
NJA 2000 S. 88
NJA 1999 S. 622
NJA 1999 S. 474
NJA 1998 S. 545
NJA 1998 S. 379
NJA 1997 S. 660
NJA 1996 S. 52
NJA 1994 S. 480
NJA 1993 S. 188
NJA 1992 S. 414
NJA 1991 S. 564
NJA 1990 S. 18
NJA 1988 S. 257
NJA 1987 S. 3
NJA 1985 S. 659

NJA 1985 S. 232
NJA 1985 S. 205
NJA 1985 S. 159
NJA 1983 S. 109
NJA 1981 S. 897
NJA 1979 S. 451
NJA 1975 S. 638
NJA 1972 S. 512
NJA 1971 S. 66
NJA 1971 S. 288
NJA 1960 S. 9
NJA 1958 S. 422
NJA 1956 S. 770
NJA 1956 S. 485
NJA 1952 S. 407
NJA 1949 S. 164
NJA 1941 S. 711
NJA 1940 S. 297
NJA 1925 S. 80
NJA 1924 S. 329

Urteile des *Högsta Förvaltningsdomstol*

RÅ 1993 ref. 65
RÅ 1993 ref. 16